◎ 浙江省科技厅项目（2015C33004）和国家社科基金（项目号：13BJY148）资助

智慧旅游新业态的探索与实践

陆均良 宋夫华 ◎著

ZHEJIANG UNIVERSITY PRESS
浙江大学出版社

图书在版编目(CIP)数据

智慧旅游新业态的探索与实践/陆均良,宋夫华著. —杭州:浙江大学出版社,2017.3(2021.8 重印)

ISBN 978-7-308-16575-4

Ⅰ.①智… Ⅱ.①陆…②宋… Ⅲ.①旅游业发展—研究—中国 Ⅳ.①F592.3

中国版本图书馆 CIP 数据核字(2017)第 000055 号

智慧旅游新业态的探索与实践

陆均良 宋夫华 著

责任编辑 陈静毅

责任校对 杨利军 沈炜玲 刘 郡

封面设计 春天书装

出版发行 浙江大学出版社

(杭州市天目山路 148 号 邮政编码 310007)

(网址:http://www.zjupress.com)

排 版 杭州林智广告有限公司

印 刷 浙江新华数码印务有限公司

开 本 710mm×1000mm 1/16

印 张 26.5

字 数 420 千

版 印 次 2017 年 3 月第 1 版 2021 年 8 月第 6 次印刷

书 号 ISBN 978-7-308-16575-4

定 价 78.00 元

前 言

随着信息通信技术的进步，旅游信息化开始进入与传统旅游深度融合的发展阶段，旅游业由此进入了智慧旅游新业态发展的全新阶段，这使游客出行更加方便，企业服务更加敏捷，行业管理更加精准。尤其移动互联网的普及应用，智能终端的便捷，使得游客对智慧旅游的需求不断更迭，涌现出一批适应旅游业和谐发展的新业态案例，推动了我国旅游业转型升级并向旅游强国迈进的进程。

近几年智慧旅游建设的实践表明，我国智慧旅游发展过程中还存在一些问题，这些问题不切实解决好，对智慧旅游建设有序、可持续影响很大，也会影响中央政府要求旅游业转型升级引领服务经济增长的进展。本书介绍的核心内容主要围绕智慧旅游新业态，展开了智慧旅游中信息技术产业与旅游业深度融合研究，展开了智慧旅游发展的机制和路径研究，展开了新业态相关的应用案例研究。本书采用的方法既有业界访谈、相关调查问卷、应用案例收集、创新扩散理论等，又有直接参与智慧旅游建设的实践，有助于区、县(市)旅游的智慧建设。希望这些研究成果对当前智慧旅游建设的开展和发展有所帮助，也希望和业界共同探讨智慧旅游发展的最佳应用模式。

本书对智慧旅游新业态的探索主要通过应用实例解析，首先用智慧千岛湖建设和智慧普陀山建设作为引例，对智慧旅游新业态概念进行系统性的叙述。其次每一章后面都有一个分析案例，对论述的研究内容进行说明。本书重点介绍了智慧酒店、智慧景区、智慧旅行社、智慧目的地新业态及应用。本书还对智慧旅游的发展机制及实现路径进行了探讨，从政府管理的角度和企业经营的角度探讨发展机制，以此来探讨智慧旅游健康发展的应用模式。最后对智慧旅游发展的应用前景进行了展望。

本书具体分工如下：第一章、第二章由陆均良老师负责，第三章、第五章、第八章、第十章由黄浏英老师负责，第四章、第六章由宋夫华老师负责，第七章、第九章由陆均良老师和黄浏英老师负责。全书由陆均良老师负责统稿。

本书研究内容的完成得到浙江省旅游局领导的关心和帮助，得到杭州市旅游委员会、温州市旅游局、普陀山风景名胜区管委会、淳安县旅游委员会的帮助和指点，同时得到南京市旅游局信息中心、三亚市旅游发展委员会的指导，在此表示感谢！

本书含有丰富的应用案例，通俗易懂，有较高的参考价值。本书不仅可作为旅游管理类本科生的学习参考书，也可作为旅游管理类研究生的学习参考书，还可以作为业界智慧旅游建设的规划指导工具书，或作为行业管理部门在推进智慧旅游建设中协助政策制定的建议和理论参考。

书中难免有不妥之处，希望同行和业界予以指正。

作　者

于浙大求是园

2016 年 7 月

CONTENTS

目录

第一章　引　言

引例：浙江省智慧旅游建设示范点的启动

旅游业受智慧地球和智慧城市新概念的影响，历经旅游信息化的发展和“两化”深度融合，出现了当今智慧旅游具有较高科学旅游观的新业态，并已成为当前旅游业稳健发展的强大动力。国家旅游局确立2014年为智慧旅游年，各地政府都积极响应了智慧旅游年的建设，如浙江省的智慧旅游发展在全国是走在前面的。2014年浙江省旅游局确定了27家智慧旅游示范单位，包括智慧景区、智慧旅行社、智慧饭店等示范点，目标是通过示范点建设来带动全省智慧旅游建设。但到2014年年底评估时发现真正开展智慧旅游项目建设的示范点不多，好多示范单位一直处于观望状态，并没有开展实质性的智慧旅游建设。这说明一个与技术应用相关的新业态的推进，需要一个有效的发展机制配套，这是典型的“政府热、企业冷、两眼向上”的情况。政府部门如何推进智慧旅游？如何指导企业的开展？如何让游客有更好的智慧旅游体验？如何提高企业智慧旅游建设的积极性？这些问题一直困扰着政府智慧旅游建设的相关职能部门。

在开始的发展阶段，旅游企业对智慧旅游新业态还非常迷茫，不清楚从哪里入手开展智慧旅游建设，由此引发了课题组对本项目的研究。从2012年开始，学界又从业态建设和发展的角度掀起了智慧旅游理论体系摸索与构建的研究高潮，从创新的高度探索智慧旅游应用的理论体系及业态范式。本项目从旅游新业态的角度进行了智慧旅游理论体系的摸索，通过一些案例的分析和参与实践，形成一些对智慧旅游建设有效的观点。希望研究成果能给旅游业的转型升级和可持续发展带来新的理论指导，也为我国旅游服务业的科学发展提供新的创新理念和发展途径。

第一节　智慧旅游的发展背景

在互联网和移动互联网的浪潮下，游客的信息服务需求在不断增加，一般的网络信息服务已无法满足游客的实际需求。游客信息系统的智能处理和感知功能要求越来越高，要求信息系统能满足交叉获取和交换数据的业务需要。以前旅游都是用信息化的概念来提升旅游的管理与服务，但旅游信息化可能出现的“信息孤岛”太多，效率和效益受到了影响，在使用中又不够智慧，充其量就是利用信息系统提高了管理与服务的效率，所以出现了智慧旅游的概念，其目的就是进一步提高旅游信息化的效率和效益，消除信息化中的所有“信息孤岛”，强调数据、信息的使用效益。从理论的角度看，智慧旅游其实属于旅游信息化发展过程中的一个高级阶段，是旅游信息化的里程碑。

一、智慧旅游的产生与兴起

从产业发展的背景看，我国旅游业近几年都处于高速增长阶段，管理与服务是产业发展中的突出问题，特别是服务质量问题以及旅游安全问题，已开始影响旅游发展的生态，由此提出了对旅游信息化的更高要求，用智慧旅游改变当前旅游的发展现状和发展模式，实现旅游的精细化管理和敏捷型服务。2009年首届中国旅游信息化发展论坛（三亚）上，首次出现了智慧旅游的提法，但当时没有具体讨论智慧旅游是什么，所以也没有被人所关注，但有一点是肯定的，这次论坛对旅游信息化如何发展进行了热烈的讨论，也为海南的国际旅游岛建设如何用信息化来推动起草了专家建议书，这算是我国智慧旅游概念的起源。到2010年，旅游业界开始了智慧旅游应用的实践，最早出现的是饭店业，该年杭州黄龙饭店对外公布成立全球第一家智慧酒店，由黄龙饭店和美国IBM公司共同打造，引起了全球的轰动。至2010年年底，四川九寨沟风景区在景区信息化论坛上提出了智慧景区的概念，用智慧景区提升数字景区的建设，从此智慧旅游的新业态在全国各地不断涌现。

旅游的服务涉及多个产业的交融，除了酒店、旅行社、风景区等产业以外，还有金融业、交通服务业，也包括现在的休闲农业、传统工业等，这些不同产业的旅游发展为游客提供了不同的旅游服务，它们提供给游客的服务需要协同，需要敏捷处理相关的服务问题，这就是智慧旅游出现的产业需求，用智慧旅游提升信息化的职能，改善旅游发展的管理问题和服务问题。在互联网的影响下，尤其是移动互联网的普及应用，智慧旅游已开始借助于"互联网＋"整合这些产业的服务，使不同产业的信息系统数据流动起来，释放其数据的效能，形成智慧型的技术系统。在产业需求和游客需求的强力推动下，智慧服务、智慧管理、智慧营销对应的技术系统不断被研发出来，它们形成了智慧旅游应用的新内容，形成了智慧酒店、智慧旅行社、智慧景区、智慧乡村、智慧交通、智慧金融、智慧社区等多种新业态，其中游客得到了更实惠的服务，由此也出现了更加个性化的自由行、定制旅游等O2O服务产品。在智慧旅游新业态的影响下，我国的旅游产业开始了真正意义上的转型升级，一个面向旅游的现代服务业正在形成。

从应用的角度看，智慧旅游是一个全新概念。然而不管是旅游信息化还是智慧旅游，企业的终极目标是实现完全的电子商务，政府的终极目标是实现完全的电子政务。而以前的旅游信息化由于"信息孤岛"的存在，旅游电子商务和电子政务的效率和效益非常有限，尤其是跨界的电子商务协同，智慧旅游的提出就是为了改变信息化的现状，弥补信息化的不足。因此，智慧旅游要求信息化的技术系统有相互的感知功能，系统的数据能释放给其他系统使用，实现数据的流动性，形成所有数据的共享机制。门户网站访客的感知、营销信息定向的推送、在线直销价格的个性化、社交网络(social network service, SNS)营销的可视化等都是智慧旅游中的应用实例。智慧旅游应用给游客增添了许多非常有乐趣的体验，已逐渐成为随着移动互联网的普及应用而形成的一种业态，对旅游服务的改变和提升非常有意义，也对未来旅游业的持续发展产生积极影响。

二、研究背景

自从2009年在首届中国旅游信息化发展论坛(三亚)上出现智慧旅游概念以来,我国的智慧旅游建设在祖国大地遍地开花,不断涌现出如智慧酒店、智慧景区、智慧乡村旅游等旅游新业态。从2010年至2012年年底,全国各地各种类型的智慧旅游论坛相继出现,可以说,智慧旅游的建设和研究已成为推动旅游发展的热门话题。但是,系统性的智慧旅游发展、智慧旅游建设以及智慧旅游发展机制等方面研究并不多。如何组织一个目的地开展智慧旅游建设,如何规划一个目的地的旅游大数据,如何建设一个目的地基于互联网的服务平台,都是智慧旅游建设中面临的共性问题。我国中小旅游企业居多,仅靠企业去开展一个目的地的智慧旅游,缺乏整体性的组织策划。因此,智慧旅游的建设需要以组织为动力,以个体为动力,形成智慧旅游新业态的生态机制和路径,这就是提出本研究的初衷。

2012年5月底国家旅游局公布了第一批智慧旅游试点城市,随后各省也积极组织智慧旅游的试点工作。从各省开展的试点建设情况看,旅游企业参与的热度似乎并不高。我们认为智慧旅游建设的相关新业态没有形成,或者没有被旅游企业所接受。究其原因,智慧旅游的应用理论提炼存在不足,应用模式不清晰,因此需要从智慧旅游的服务、智慧旅游的属性、智慧旅游的应用三个层面来构建理论体系。姚国章认为智慧旅游理论体系有制度体系、基础设施体系、信息资源体系等八大组成部分。另外,智慧商务研究认为旅行前的有效信息检索能够降低购买时遇到的风险和提高旅游的质量,并能使游客在旅游目的地进行更多消费。也有研究者指出消费者对网络环境的信任、在线查询的响应速度、网络安全及信息的有用性,会直接影响消费者的满意度和智能服务的行为意向。同时智慧旅游中的信息服务质量会影响消费者的参与性,何建民围绕旅游公共信息服务首次建立了智慧旅游建设的质量标准。欧美学者认为,智能服务中的电子导游、电子导览、电子导购等手机旅游APP,可以为旅游者定制实时旅游路线服务,并为旅游目的地提升服务能力。戴斌等针对智慧旅游建设和发展开展的对策性研究也对本研究的选题产生了影响。

综上所述,现有的研究基本以单个样本的实践经验总结为主,缺乏足够的应用案例研究，内容单一，采用的方法也比较简单，没有从业态变化的角度以及引领方面提出观点，导致旅游企业对智慧旅游的认识不足。因此，在现阶段，以下几方面需要进一步研究：①信息化和旅游业深度融合的智慧旅游是怎样形成的，起决定作用的要素是什么？②信息化和旅游业深度融合的路径和机制是什么？③借鉴信息化和工业化融合的经验，探索智慧旅游新业态的应用途径。本研究也是围绕这些内容展开的。

三、研究意义

《关于促进旅游业改革发展的若干意见》(国发〔2014〕31号)为智慧旅游的发展指明了方向，因为未来旅游业的转型升级和改革，靠的就是智慧旅游的推动，即信息通信技术与旅游业深度融合的科学旅游观。

旅游业是我国重点培育的国民经济产业，智慧旅游又是智慧城市的重要组成部分，也是信息化与旅游业深度融合的产物或新生事物。随着旅游业的高速增长，旅游的管理与服务成为发展中的突出问题，而且旅游靠自身很难解决这些问题，需要信息技术(IT)的支持，通过信息化与旅游业深度融合来解决该问题。研究表明，智慧旅游的出现和发展使旅游业更易实施监控舆情信息，实现与旅游者互动交流，为旅游者提供符合其需求的个性化产品与服务，建立与旅游者长远的忠诚关系。但现阶段智慧旅游的建设还处在摸索阶段，国家旅游局推进的智慧旅游试点，许多城市还缺乏有效的落地项目，许多旅游企业还在观望，其原因就是缺乏智慧旅游的理论指导，也缺乏智慧旅游新业态应用模式的有效支持。本课题研究内容的提出，能为智慧旅游建设有效满足旅游者需求提供理论依据和方法，并在此基础上正确把握用户的内在心理需求，有的放矢地丰富旅游服务功能，改进服务水平，把基于位置的移动服务、移动商务变成常规业态，形成智慧旅游建设的有效机制与路径，从而为旅游企业开展智慧旅游建设提供理论指导。

已有研究表明，智慧旅游新业态形成受多种因素影响，如应用理论体系、公共信息服务体系、消费者服务需求、技术创新能力以及旅游供应商理念等，系统构建的技术以及游客的智慧需求是主要因素。已有研究都是围绕某个服务过程或服务功能，以实证研究或定性研究为主，国内研究偏重概念、构建体系、应用对策等，国外研究偏重消费者、服务供应商层面的智能服务；但是，智慧旅游的新业态及其相关机制和实现路径等研究都未涉及，导致众多领域企业处在观望状态，这是亟待研究的共性问题。智慧旅游新业态研究需要借鉴信息化与工业化深度融合的方法进行拓展，虽然国家旅游局以智慧旅游城市试点的方法在开展，各省也在进行不同项目的智慧旅游示范建设，但智慧旅游的理论体系还没建立，关于如何实现信息化与旅游业的深度融合以及相关业态的管理问题均未涉及，而且对智慧旅游相关的评估以及持续改进等研究也尚未展开。

为改变目前智慧旅游建设中“政府热、企业冷、两眼向上”的不利局面，我们提出智慧旅游新业态研究，就是想通过深度融合有的放矢地丰富旅游服务功能，为企业智慧建设提供有效的应用模式，建立有效的智慧旅游新业态发展机制及应用路径，为旅游企业开展智慧旅游建设提供有价值的应用案例，让旅游企业看到智慧旅游带来的可触可摸的新业态形式。

第二节　国内外相关研究综述

智慧旅游作为旅游业发展中的新生事物，近年来已成为旅游发展研究的社会热点。虽然国内与国外有许多研究内容的提法不尽一致，但旅游业服务电子化、网络化发展的趋势不变，电子化和网络化都是智慧旅游研究中的重要内容。

依赖信息技术的旅游服务转型升级正在加速进行，用信息技术全面解决旅游服务质量等问题，尤其是智慧旅游建设中的数据服务问题，已成为近年来智慧旅游研究的核心问题，数据服务问题会影响旅游者对网络环境的信任、在线查询的响应速度、安全信息的有用性，由此影响旅游者的满意度和智能服务的行为意向。在景区方面，智慧旅游研究的重点主要围绕服务中的电子导游、电子导览、电子导购等手机旅游 APP，因为它可以为旅游者提供定制实时旅游路线服务，并为旅游目的地提升服务能力。在营销方面，主要围绕市场舆情分析、营销效果评价等研究，因此智慧营销已被认为是一个有效、高效和低成本的营销方式，它促进了供应商的客户关系管理，有利于供应商与旅游者之间建立长期的互相信任关系，并可主动向游客推送其所需信息以提高其忠诚度。

一、国内研究现状

智慧旅游研究内容除了围绕管理、服务、营销以外，系统间的数据交换也是近年来研究的热点，因为智慧管理与智慧服务离不开数据的交换。通常，数据交换通过智慧数据中心的数据服务功能来实现。由于智慧旅游体系涉及技术层、应用层、产业层、关联层，甚至还涉及制度体系、基础设施体系、信息资源体系等，而这些体系间都存在数据交换的需求，因此，智慧旅游体系包括食、住、行、游、购、娱等方面的接待信息和需求信息。这些数据在不同层面的涉旅部门之间流动，是目的地经营管理活动的主要依据。智慧旅游在建设过程中，通过涉旅部门及景区、旅行社、酒店、餐饮、交通公司等旅游企业之间互相合作，通过无线互联网、电子地图整合各智慧系统的数据资源，实现基础数据的统一服务及共享，实现各类系统间的业务数据交换，消除一个个“信息孤岛”，从而实现目的地各智慧系统数据的互联互通、协同工作以及有效共享。智慧旅游技术系统是一个综合应用服务体系，其开放、协作、共享的机制为各智慧系统的接入提供了可能，有助于景区间的信息交换与共享，有助于形成广域的、互联的大智慧景区协作体系。各智慧系统间的数据可以实现及时全面的交换，从而为游客提供及时全面的信息服务，提高目的地的服务与管理的效率和水平。这里重点对具有代表性的景区、酒店相关的研究进行综述与分析。

（一）智慧景区研究综述

国内智慧景区研究起步于2010年，它是从数字景区研究的基础上发展起来的。结合对国外相关研究的分析，此部分从智慧景区管理、智慧景区服务和智慧景区营销三个大的方面对国内智慧景区相关研究进行梳理。

1. 智慧景区管理研究综述

在智慧景区管理的研究方面，邵振峰等首次从物联网的角度，结合九寨沟景区，对景区中物联网应用如何分层管理进行研究，比如，通过各种传感设备、游客携带的RFID门票、各景点的读卡器设备、IP摄像头、管理员手持3G终端设备所收集的数据,分析景区游览人员分布,从而更好地对景区内游览车辆进行调配。邓贵平和邵振峰认为将视频巡航技术和 GIS(地理信息系统)有效结合,可以解决常规视频监控系统空间定位差与业务管理系统耦合度不高的问题,从而更好地实现调控中心和景区管理实时联动,能更好地完成智慧景区的旅游管理。宋磊通过引入 3D GIS 技术,对泰山景区如何智慧化管理进行研究,认为新技术能够实现非平面景区数字化与实地管理的有效结合,可提高景区对旅游活动的掌控能力。高伟结合云计算、大数据、物联网等新技术,对九寨沟智慧景区管理体系建设进行了分析和架构,提出了景区智慧管理的可实施框架。谢攀针对目前古村落旅游存在的问题,提出了商业化程度监控系统、公安消防系统、景区电子监控系统、景区交通管理系统、景区资源管理系统、游客服务系统、景区营销推广系统等组成的古村落智慧景区管理系统的构想。

综上所述,目前智慧景区管理的研究存在以下特征:第一,对智慧景区整体管理系统的研究以及涉及微观的智能管理研究文献较少,很多研究仅仅从宏观的角度定性探讨智慧景区管理;第二,新技术的运用是智慧景区管理研究中探索最多的内容,以某一种信息技术在某知名景区中如何实现智慧景区管理的文献较多,但系统整合技术用于管理的研究文献并不多;第三,新技术研究对象实例较多,对于基础建设相对薄弱的景区整合性方法研究匮乏。可见,目前智慧景区管理研究主要存在以下问题:研究模块化应用明显,在整合框架结构上的创新平台较为缺乏;研究的着眼点往往集中在新技术、具体技术的应用,对于已有系统的整合管理研究较少;景区的不同类型和特性对于其智慧化管理的要求是不同的,国内对于这一方面的基础性理论研究还较少。

2. 智慧景区服务研究综述

笔者根据目前相关研究综述发现:智慧景区服务、智慧景区管理、智慧景区营销三者之间的研究经常交叉。关于智慧景区服务的大量研究文献始于 2011 年,研究范围和研究角度随着新技术的进步逐渐细化与深入。程书芹以鼓浪屿景区为例,提出了"智慧服务"研究的四个维度,包括新的旅游服务概念、新的技术选择、新的顾客界面、新的服务传递系统。明桂生等以游前、游中、游后等旅游决策过程为基础,对桂林智慧景区游客服务平台的研发及应用进行探讨,认为游前可以通过桂林旅游资讯网、桂林旅游目的地营销系统、桂林旅游呼叫系统满足游客获取景区信息，实现虚拟旅游、门票预订、促销咨询、服务质量投诉等需求；游中可运用移动电子商务验证系统、手机导览、手机导航、触摸屏终端、多功能旅游卡为游客整个旅游活动提供全方位的服务支持；游后通过桂林旅游目的地营销系统完成游客订单评价、手机微门户满意度调查、微信微博互动、旅游投诉等服务功能。翁秋妹以福州三坊七巷为例，从三个角度分析智慧景区的创新服务，包括新概念启发服务创新、新客户界面促进服务创新、新服务交付系统提高服务创新成果的出产比例。随后，有学者从游客的角度，构建了智慧旅游服务的评价指标体系，并进行实证研究。汪侠等以南京夫子庙秦淮风光带为例，构建了智慧景区的各项服务指标，包括3个一级指标（目标层、准则层、子准则层）、9个二级指标（景区管理智能系统、信息服务智能系统、智慧游览系统、智慧预报系统、旅游电子支付、景区综合智能系统、景区安全救助智能系统、景区智能交通系统、景区资源保护智能系统）、37个三级指标。易慧玲从信息网站服务质量出发，提出智慧旅游服务质量的五个维度，包括响应性、敏捷性、有形性、保证性、移情性。

综上所述，目前智慧景区服务的研究存在以下特征：第一，单项智慧服务的应用研究居多，整体性智慧服务的协同研究不多；第二，基于应用的功能性研究居多，基础性的方法研究不多；第三，基于技术的商务功能的定性探索居多，而涉及商务服务的行为分析的定量研究不多。当前，旅游景区的智慧服务研究主要还存在以下问题：研究结合景区实际服务需要的落地项目应用缺乏，很少与智慧景区要求的智慧或智能需求相结合，缺少有实效性的研究实例；有些研究过分强调服务理论上的合理性，对于实际操作中的可行性、实用性考虑较少；研究实例缺乏代表性，导致相关的服务研究的说服力大大降低；另外，服务研究连续性较差，缺乏对同一实例服务的跟踪和整体性研究。

3.智慧景区营销研究综述

智慧景区营销主要都是围绕社交媒体的应用研究，围绕新技术应用的整合营销研究并不多。许多研究都是围绕营销推广的定性研究，通过案例分析的实证类方法研究较为少见，对智慧景区营销的科学性和实践指导不足。这一领域的研究与国外学者的相关成果存在较大的差距。

智慧景区营销研究相关文献都集中于策略方面。林若飞从韩国首尔的

“i Tour Seoul”以及扬州“O2O”平台案例分析入手，认为旅游目的地营销的整体框架包括旅游目的地、营销策略、技术支撑、营销平台与游客沟通层面。李文璟结合武当山太极湖景区的现状，对智慧景区提出四点营销建议，包括建立配套服务完善的旅游网站，推出配套的手机移动客户端，结合电子商务开设网店吸引客源，推出虚拟旅游一类的新技术下的新卖点。李长凤等通过研究提出智慧景区的营销模式，即目的地营销、旅游客源地营销、旅游集散地营销和第三地营销的模式框架。王艳梅等对大别山智慧景区口碑影响进行分析研究，提出六点建议。这些景区的智慧营销研究基本还停留在对策性的研究层面，缺少有效的技术型方法研究。

综上所述，目前智慧景区营销的研究存在以下特征：第一，单项的营销服务研究居多，营销与服务、管理整合研究的很少见；第二，定性的应用性探索性研究居多，定量的实证性方法研究不多；第三，基于应用的系统功能性研究居多，而基于数据的营销模型研究很少见。当前，智慧景区营销的研究还存在以下两个问题：第一，研究忽视营销系统的关联性，研究成果的实用性难以论证；第二，营销研究中缺乏平台数据的支持，导致问卷数据研究的成果空泛。由此笔者认为在智慧营销这一实用性较高的领域，国内学者应该加强与国外学者的交流和合作，解决旅游景区领域国内研究现状所存在的问题。

(二) 智慧酒店研究综述

杭州黄龙饭店2010年正式对外发布成为全球首家智慧酒店的消息，由此出现了对智慧酒店研究的热潮。李臻结合前人的研究指出了智慧酒店是酒店拥有一套完善的智能化体系，通过数字化与网络化，实现酒店管理和服务的完全信息化；是基于满足住客的个性化需求，提高酒店管理和服务的品质效能与满意度，将信息通信技术与酒店管理深度融合的高端设计；是实现酒店资源与社会资源共享和有效利用的一种管理变革。智慧酒店是智慧旅游研究中的一个重要业态内容。

1. 智慧酒店的概念性研究

对智慧酒店的概念研究一直是业内比较热门的一个方向，怎样的酒店是智慧酒店，智慧酒店的理论规范是什么，一直是学者探索的内容。赵焕焱经研究提出智慧酒店的建设可分为四个方面：数字酒店客房系统、智能化酒店管理系统、酒店大堂自助式服务柜台系统、智能化控制系统。李臻研究分析了智慧酒店的四大核心价值，即科技创新价值、产业支撑价值、经济贡献价值、社会拉动价值，其核心技术为云计算、物联网、移动通信技术和人工智能。同样，王琳指出智慧酒店的核心价值体系主要在于科技平台、个性化服务平台、综合服务平台建设，智慧酒店可以实现科技创新价值、创造产业支撑价值、创造经济效益价值、实现社会拉动价值。唐建兵认为对于智慧酒店的标准概念总结为四个建设：①常规设施建设，包含网络与通信、广播电视系统、会议设施、网站服务、数字虚拟饭店；②智能系统建设，包含智能停车场管理系统、自助入住退房系统、智能电梯系统、智能监控系统、智能信息终端系统、智能控制系统、智能导航系统、智能可视对讲系统、电视门禁系统；③智能云服务建设，实现信息呈现和多媒体服务；④智慧管理建设，包含企业资源计划（enterprise resource planning，ERP）、物业管理系统（property management system，PMS）、客户关系管理（customer relationship management，CRM）系统、应急预案和应急响应系统。金康玲认为应从新的主力消费层的改变、科学技术的进步以及互联网＋社交＋个性化的酒店 3.0 生态圈的形成分析智慧酒店的建设，要围绕四个链接展开，即链接设备、链接客人、链接管理、链接体验。李爽经研究将智慧酒店的目标具体化为数字酒店客房系统、智慧型酒店营销系统、智慧型酒店管理系统以及智慧型酒店联盟。这些研究大多数还是定性和探索性的研究，很少涉及定量的实证性探索研究。

2. 智慧酒店的技术性研究

新技术在智慧酒店的应用也是业内较为独立的一个方向，它从技术应用的角度开展酒店的智能化建设探索，通过对相关文章的检索发现，这方面的文献资料相对还较少。

王文佳从技术构架的角度介绍了贝尔信智慧酒店管理系统平台，该平台由个性化服务系统、智慧管理系统、智慧经营系统、智慧安防系统四大系统组成，实现“三化”，即安全可视化、服务智能化、管理高效化，实现为客人提供个性化服务体验，通过技术的应用节省了人力物力，提高了管理效率。平台化是目前智慧酒店的热门话题，也是技术综合应用的难点。有学者从大数据建设的角度提出智慧酒店框架，如杨宏的研究通过定性分析，介绍了大数据对智慧酒店的作用,论述了大数据对酒店智慧化的服务、管理、营销方面的作用,同时对大数据在酒店落地项目选择时存在的实际问题进行了简单的分析,并指出大数据在智慧酒店领域一定有广阔的应用空间。

智慧酒店对传感器的应用比较普遍,在传感器的应用方面,黄崎通过对传感器网络技术的应用研究和实验,认为智慧酒店可以构建ZigBee的应用网络,采用无线传感器网络技术,在多媒体接入控制(MAC)层上执行IEEE 802.11e升级标准,可以实现酒店4级优先业务管理模式的应用开发。这样可使酒店在构建第三方软件信息融合的平台上,进行统一信号处理、存储、计算与反馈,满足酒店智慧服务和管理控制的应用需求。

智慧酒店的技术型研究目前还是比较零散的,缺乏有效的系统性研究成果,尤其智慧酒店的智能化服务这一方向研究还是比较少的。智慧酒店作为技术性、实用性极高的研究领域,技术方面的研究是急需提升的一个方向。尤其是技术架构的模型构建缺乏有效的理论研究支持,大多数还是实际操作性的应用探索,技术的理论性研究相对较为薄弱。

3.智慧酒店的区域性案例研究

智慧酒店研究中实例研究的占比较高,业内对于实际地区酒店智慧化的研究十分火热,这也是我国进入新常态后酒店竞争更加激烈的必然结果。

黄崎对于3个酒店集团、10多家单位酒店、10多家供应商进行了实地访谈研究,采用访谈问卷等方式收集数据,重点对酒店已投入的物联网应用以及物联网在酒店业的影响范围和前景进行了研究分析,认为案例中的物联网在酒店业的应用前景广阔。由此提出了物联网在酒店业推广的两步走计划:第一阶段是无线射频识别推广;第二阶段是对宾馆营销领域的融入和对宾馆工程设施、设备的物联管理。

2013—2014年,蔡蓉蓉和潘红雷通过对南京酒店业的整体现状的分析调查和研究,得出了有关酒店业智慧化改造过程中的四个问题:①对智慧酒店缺乏认识并存在误区;②智慧客房建设水平较低且参差不齐;③智慧酒店的建设缺乏统一标准;④智慧酒店与智慧旅游的对接未形成规模效应。他们结合这些问题提出了智慧建设中的五项对策:①形象塑造智能化;②细节服务个性化;③形象宣传智能化;④无线网络开放化和检测实时化;⑤平台共享加强形象整体化。这些研究结论对区域的酒店业智慧建设也是很好的指导。

程善兰结合大数据建设的现实环境对苏州部分酒店现状进行了案例研究分析，发现苏州酒店业智慧化过程中大数据建设和使用存在三大问题：①酒店数据整合的意识缺失、渠道狭窄；②酒店对数据挖掘深度不够；③酒店智慧客房建设水平不高且参差不齐。之后其根据苏州自身酒店行业的情况，给出了在智慧建设中应围绕身份信息管理系统、门禁安防管理系统、视听网络管理系统、客房居家管理系统、安全预警管理系统、入住环境管理系统等方面制定苏州特色的智慧酒店建设规范标准，让酒店行业统一认识，有效推动苏州地区的酒店智慧化建设进程和措施落实。

张发友以福州高星级酒店为对象，从智慧设施、信息、管理、服务四个角度进行了实际的调查和案例分析，研究发现了以下三大问题：①管理人员对智慧酒店认识理解及重视程度不够；②酒店智慧系统建设不足，大数据挖掘不深；③酒店智慧管理建设水平不高且参差不齐。之后其提出了相对应的三种措施：①智慧设施需进一步升级，加大智慧客房建设；②智慧信息需得到深入运用，注重细节的个性化；③智慧管理需更加完善，实现智慧服务系统化。

综上不同学者对于不同地域酒店业的研究成果，不难发现虽然不同城市的酒店业发展情况有所不同，但是在智慧化过程中一些共性的问题是十分明显的：①智慧酒店还缺乏统一的标准，建设实施没有具体的目标；②从业人员对于智慧酒店认识不足，智慧化的效果无法完整体现；③酒店间信息建设基础存在差异，实现的智慧化升级成果良莠不齐。已有的实践表明，基于不同地域实例的智慧酒店研究在时效性上有着较高的价值，它能提升区域酒店的整体竞争力，正在成为业内十分活跃的一个研究方向。

二、国外研究现状

国外关于智慧旅游的提法与国内不完全一致，大多数国家用电子旅游的概念开展研究，如电子酒店、电子景区等概念。近年来，关于电子酒店的研究主要围绕酒店自身的在线直销，借助互联网提升酒店电子化经营的水平。如 Carrol 等从酒店经营成本角度研究，认为竞争问题是迫使酒店开始将业务争取到自身站点直销上来的主要原因。的确，酒店只有不过于依赖网络代理商，才能强化自身电子化的获利能力。在线交互环境完美地满足了顾客对于购买前的产品和服务的互动式电子化服务的需求，通过移动互联网满足了消费者的期望，从而提升了服务，为企业增加了收入，降低了成本。社交网络也是近年来开展电子化服务的主要环境，Phelan，Chen 和 Haney 等研究了酒店如何更好地利用 Facebook 等社交媒体与顾客互动，实践证明这种在线的电子互动可赢得顾客的订房。另一种研究的视角认为，智慧旅游可以提高游客的旅游体验，在当地利益相关者之间提供智慧平台以收集和发布信息，促进当地旅游资源的有效分配，整合旅游供应商确保旅游业发展的利益在当地社会公平分配，这有利于旅游业的和谐、健康发展。

数据交换也是近年来许多学者研究的内容，有效的数据交换能帮助游客进行旅行前的信息检索，能够降低购买时遇到的风险和提高旅游的质量，并能使游客在旅游目的地进行更多消费。另外，基于云计算构建的数据中心，旅游者还可通过扫描手机二维码获得旅游服务信息以实现即时业务的数据交换，这种为旅游者提供的便捷服务使旅游供应商的智能服务和在线业务得到了进一步提升。

(一) 智慧景区研究综述

智慧景区虽然是中国学者结合自身国情提出的一个全新概念，但国外仍然有很多研究文献值得借鉴。近年来，多个旅游研究与信息技术的期刊刊登智慧旅游相关的文章，包含 *Journal of Destination Management & Marketing*（主题：smart tourism destinations），*Journal of Tourism Cities*（主题：the application of smart tourism to cities），*Information System Frontier*（主题：smart，connected hospitality and tourism），*Technological Forecasting and Social Change*（主题：smart tourism），国外关于智慧旅游、智慧景区的相关研究不断涌现。具体而言，在智慧景区领域，国外研究主要集中在电子化应用与智能技术应用两大方面。

1. 电子化应用理论探索

Hruschka 讨论如何将计算机智能服务系统运用到景区，开创了电子化与旅游景区结合的先河。随后，Loban 提出将专家系统运用到景区管理中，为管理者提供决策支持服务。Fesenmaier 提出应更多关注虚拟社区对于景区旅游营销的影响，随后 Gretzel 通过实例研究的方式论证了虚拟社交媒体的重要性越来越大，并对传统的旅游营销提出了挑战。Ozturan 以土耳其旅游为例，预见性地提出结合因特网和万维网特征的景区网络智慧化营销是未来的一种趋势。Okazaki 通过实例研究提出移动终端是景区发展必须重视的载体，也是未来移动管理的主要载体；同时 Fesenmaier 和 Kim 也从理论的层面论证了这一观点，并预测移动终端将引发旅游行业的重大变革。国外的这些研究都是跟随信息技术的进步不断探索景区电子化的应用发展，如电子导游、电子导航、电子导购等电子服务，是旅游景区电子化应用理论不断完善的真实写照，对数字景区建设具有非常好的实践指导意义。

2. 智能技术应用研究探索

Buhalis 与国内学者合作研究将信息通信技术（ICT 技术）运用在旅游景区，并提出运用信息通信技术将旅游产业结构进行信息化重组的构想。Venturini 和 Kramer 提出将行程规划系统以及解说服务等旅游景区原本就提供的信息服务进行信息化智能升级，从而提升景区服务的管理能力。Fesenmaier 对景区目的地推荐的智能系统进行实例分析后，认为将景区营销和智慧化手段有效结合可以提升景区的营销效益。Martin 基于感知理论，将移动互联网应用于景区的服务，对景区移动式的旅游服务进行实证研究，认为移动服务将是景区未来的发展趋势。Gavalas 运用协同过滤技术和“上下文感知”理论，结合无线传感器网络（WSN）以及精确定位设备设计了一套旅游推荐系统。Noguera 提出了一种新的景区移动推荐系统，汇集了混合推荐引擎和移动三维地理信息系统架构，起到非常好的智能服务效果。在该系统中，游客可以体会到新的功能，如以三维地图为基础的界面系统以及基于实时位置的旅行建议。Lamsfus 采用前人研究中提出的“上下文感知系统”的研究设想，就基于移动平台和旅游景区结合的移动系统架构思路进行了专门讨论。Lyu 从互联网和社交媒体对于景区旅游信息中心的影响，提出景区旅游信息中心应更多地关注社交媒体的影响。Arif 研究建立了旅游协同信息检索模型，确定协同规划、信息搜索、信息共享、协同决策为游客协同搜索的四个阶段，并给出支持协同信息检索的旅游景区智能系统的设计。

在智慧旅游中，智能技术被视为一个基础设施而不是作为单独的信息系统，其包含集成了硬件、软件和网络技术的各种智慧计算技术，能提供实时的对真实世界的感知，并以先进的分析技术来帮助人们在面对选择时做出更智能的决策。当下，移动设备的广泛应用，特别是智能手机及其各种 APP 应用，标志着一个无处不在的与互联网联通的时代的到来。诸多技术的发展提供了移动通道和移动服务，如云计算、物联网、移动终端互联网服务系统等成为实现旅游智慧发展目标的强大技术工具。这些技术为智慧旅游创造了大数据，利用这些大数据实现智能存储、获取、分析和决策，为旅游商业创新、运营和服务提供智慧的数据支撑与服务。

国外研究总体都是围绕景区管理、服务、营销的电子化、智能化展开，主要集中在景区的电子管理、电子服务和电子营销三个方面，并在不同的时间段，分别将新技术融于景区的管理与服务中，形成智慧景区新前沿。国外相关研究的目的性十分强，其研究目的都集中在解决或论证某一实际问题和理论上。除此之外，在国外相关的研究论文中，笔者能发现很多中国研究人员的影子，在这一领域研究中，国内外的交流相对较为频繁。

(二) 智慧酒店研究综述

关于智慧酒店，国外更多的提法是智能酒店或电子酒店，即通过信息通信技术的应用实现电子销售或电子商务，研究更多的是实体酒店在线直销，因此更多的智慧研究探索是围绕酒店的订房模式或在线直销，基于智能技术的网络分销，以及商业模式探索等内容展开的。

1. 在线直销的预订模式研究

信息通信技术的应用，使得酒店的经营产生了颠覆性的变化，商务电子化已成为酒店经营常态，特别是在线营销及预订的增长已成为市场竞争的关键因素。然而，移动互联网的出现与普及应用又表明，酒店仅靠电子邮件、网站等在线营销或销售方式已无法获取市场的竞争优势，全球化的竞争需要酒店业在当今活跃的移动市场上保持创新和灵活，寻找新的在线订房模式和营销绩效。目前有两种创新思路：一种是利用社交媒体的直销创新；另一种是利用自己的门户网站实现直销创新。如 Chan 和 Guillet 研究认为，随着游客行为的变化，利用社交媒体进行营销的重要性愈加明显。移动互联网便捷的交互功能对智慧直销将产生积极的指导意义。

传统订房模式的主要缺点是消费者选择酒店的过程比较长，因为消费者要进行比较和比价，订单的确认环节也比较复杂，要经过多个业务流程，它们都是标准的业务流程，预订效率很低，这些流程无法体现个性化和差异化的特性去满足客户。这些订房模式已无法满足智慧酒店发展的需要，随着时间的推移和移动互联网的普及，逐步在失去优势。为了减少对传统模式渠道中介的依赖，另一种提升直销能力的研究思路就是酒店的去中介策略。如 Krishnamurthy 研究后认为去中介化是电子商务管理中去除一个或者多个中介商的过程，从中可提高自己的直销比例。Plantes 研究后也认为去中介化可以直接将信息和服务传达给消费者，是借助于网络技术的一种直销行为，每个酒店都应考虑网络销售的合理比例。随着移动互联网的深入应用，酒店的智慧商务都要求订房模式不断创新，在此基础上有选择地与中介渠道进行战略合作，形成酒店自己独有的智慧商务预订模式。

2. 网络分销渠道发展研究

国外酒店的智慧商务非常重视分销渠道的作用，尤其是网络分销渠道的应用。目前有两种网络分销渠道：一种是间接网络分销渠道；另一种是直接网络分销渠道。间接网络分销是指饭店利用网络中介来分销自身产品，交纳一定的加入费并根据成交量来给予服务提供商一定的佣金，这些中介机构包括 GDS、旅游电子商务平台（大型集团 CRS、旅游门户网站等）、旅游目的地电子商务系统（DMO）等，这些间接渠道由于饭店分销渠道中成员数的增加和网络分销所需要复杂的技术设施都会造成分销成本的上升，选择使用哪个渠道开展分销变得越来越复杂；直接网络分销是指饭店不通过网络中介商分销自身产品，而是通过自身建立的网络平台或中立的第三方平台来分销产品。某些饭店集团已经从自建网站直接销售中获得了较大的收益，据统计，万豪、希尔顿通过自有网站的直接销售收入与通过网上中介的间接销售收入之比已经高达 75∶25。而从消费者角度来说，他们也不愿意在中间商那里多花钱。已有研究表明，在一些好的酒店自己的在线销售中，已有至少一半的销售来自于饭店自建网站。Greenspan 通过研究后也预计，随着在线销售的进一步发展，传统的间接分销方式带来的销售额会减少。因此，对酒店来说，如何选择间接网络分销渠道非常重要。Connor 和 Frew 使用 Delphi 方法对如何评估间接的网络分销渠道进行了研究，最后从 26 个因子中得出了前 14 个重要的关键因子，并将其归为六大类：技术因子、系统供应商因子、操作因子、营销因子、财务因子、管理因子等。这些研究成果对酒店的网络分销渠道选择具有很好的指导意义，有效推进了酒店智慧商务的发展。

3. 智慧建设下的商业模式研究

信息通信技术应用对商业的影响并不仅仅体现在功能效应，在推动旅游商业模式和市场结构变化方面也具有重要的作用。Morabito经研究认为，在大数据驱动下，智慧建设从根本上影响了商业模式的所有九个元素：①客户群体；②价值主张；③渠道；④客户关系；⑤收入来源；⑥关键资源；⑦关键活动；⑧关键的伙伴关系；⑨成本结构。因此，为了重新定义商业模式，旅游企业应确定以下要素：客户价值创造、参与者的盈利逻辑、参与者的价值网络、参与者的资源与能力和参与者的战略决策。从智慧服务的角度，服务主导逻辑和服务科学为旅游企业明确发展智慧旅游提供了机遇与挑战，也为重塑商业模式和提高竞争力提供了理论基础。根据服务主导逻辑和服务科学的思想，旅游企业应该超越组织边界与利益相关者合作，在更广泛的服务生态系统内实现价值共创体系。这种共同创造价值的模式，在很大程度上通过制度和技术交互作用实现社会与经济产业价值的松耦合。这与Buhalis和Amaranggana的动态互联智慧旅游利益相关者的观点以及VanHeck和Vervest定义的智慧商业网络允许“即插即用”的情景抓住新兴价值创造机会是相吻合的。

此外，我们必须认识到智慧旅游商业价值不仅来源于所有者，未来更重要的来源是数据信息的访问渠道，相比对价值创造的传统认识，旅游酒店在智慧旅游环境下必须考虑“价值使用”，即价值创造可通过使用数据信息、技术、基础设施而不是所有权和个体交流，传播信息知识、扩展价值链和信息网络结构有助于创造智慧旅游商业模式，这在服务创新中充满成本效益和技术应用的竞争压力。这些研究充分说明了大数据信息将是智慧旅游未来商业模式的重要内容。

在互联网的深度融合下，电子旅游将会带来旅游产业链的全面信息化、数字化、科技化，由此产生多种新型旅游自助方式，如自驾车游、在线旅游、邮轮游艇旅游、房车旅游、拇指旅游、背包旅游、沙发旅游、换房旅游等；也会促进旅游业态数据统计与政务管理的实时化与科学化。通过对世界范围内很多国家(地区/城市)在智慧旅游建设相关方面进行全面的搜索,智慧旅游建设已成为全球旅游业发展的强劲动力,国外智慧旅游相关研究及建设概览如表1-1所示。

其他关于机器人应用的智能服务,在酒店应用的研究也较为热门。

表 1-1 国外智慧旅游相关研究及建设概览

国家 (地区/城市)	智慧旅游研究及建设的主要内容
荷兰 (阿姆斯特丹)	1. 开发城市旅游 APP 软件,内容涉及机场航班信息、城市公交信息、城市地图、城市旅游视频地图、城市步行地图、城市自驾导航、城市手机导航等。 2. 开发城市旅游卡(24 小时卡、48 小时卡和 72 小时卡),实现城市旅游的信息化和便捷化,游客可凭卡免费参观加入旅游卡的博物馆并享受某些旅游产品的优惠。 3. 建立城市二维码系统,方便游客随时随地获取旅游信息并以此为基础实现旅游体验的分享和评价。
比利时 (布鲁塞尔)	“标识都市”项目:采用近距高频无线通信芯片制成带条形码的不干胶,将其粘贴到遍及布鲁塞尔大街小巷的博物馆、名胜古迹、商铺及餐馆。游客只需用智能手机在 i-nigma 网站下载条形码扫描器即可在布鲁塞尔随时随地扫描“标识都市”不干胶,方便地获取相关景点的历史文化介绍、购物优惠以及线路导航。 该项目收录了布鲁塞尔 600 多个旅游点的信息,而且以每周 50 个旅游点的速度增加。“标识都市”前期开通了英语、法语、荷兰语、德语四个版本,2012 年 9 月中文版正式面市。
英国 (伦敦)	1. 旅游观光巴士:座位上配备耳机,提供多语种旅游咨询服务;在座位上安装液晶显示器,提供景点信息;随之配有翻译导游,为游客提供旅游服务;每辆车上都配有免费无线宽带。 2. Oyster 卡:也叫牡蛎卡,可用于伦敦大多数交通工具费用的支付,免费游览诸多旅游目的地,同时还可以享受多种优惠活动。
西班牙 (巴塞罗那)	旅游公共咨询体系:位于加泰罗尼亚广场的信息中心提供全市 200 多家酒店和旅馆的信息查询和预订、剧院和其他文化娱乐活动的票务预订及货币兑换等。此外,每年夏季(6 月底到 9 月底)的旅游高峰期间设立“流动信息亭(每天 10 点到 20 点)”。

续 表

国家（地区/城市）	智慧旅游研究及建设的主要内容
意大利（威尼斯）	1. 虚拟旅游：一个是由威尼斯都市博物馆运作的“虚拟博物馆”项目，该项目整合威尼斯全市的都市文化资源，集中向游客展示当地的各处旅游景点；另一个是在威尼斯旅游官网上运作的“威尼斯全方位虚拟游览系统”，该系统采用360度全景图技术，为游客提供威尼斯“在线虚拟旅游”服务。 2. 威尼斯旅游卡：针对旅游者的消费特点，发行多种旅游卡。旅游卡集预订、支付及其他相关信息和服务于一体，兼顾当地居民和旅游者的需求，持卡者在旅游期间可以享受免费停车、优先安排、票价减免等优惠政策。旅游卡的发行量根据当天城市旅游承载量确定，从而有效地控制了游客流量，缓解了城市旅游压力。
意大利（罗马）	罗马旅游局推出的城市旅游卡内含ROMAPASS一张、信息卡一张、地图一张、罗马信息指南一份、罗马近期新闻一份，分为25欧元和27欧元两种面值。 25欧元卡包含使用者最先进入的前两个景点的门票（无须排队）及72小时内所有乘坐的市内交通费用。 27欧元卡除包含25欧元卡的内容外，还涵盖了部分郊区交通的费用。
韩国（首尔）	1. 定位服务：游客可通过智能手机下载定位软件，以所处位置为基点，免费下载周边景区的信息应用程序。 2. 智能信息服务：观光网站、二维码以及手机API提供全面的旅游信息；可通过“trip planner”制定行程线路；提供住宿、演出、电影等文化活动的网络预订服务；可用海外银行卡进行预订，并选择心仪座位；通过API，可在无网络情况下获取信息；API中除用图文并茂形式展示周边信息外，游客也可在选定景区中查看详细情况且立即连通电话服务进行全面的搜索查询；iPhoto Mosaic应用程序帮助处理旅行照片，并可直接分享至visitseoul.net。 3. 丰富的附加服务：为时间充裕的游客提供深度游推荐路线、电子书、电子报、各种优惠券等；在机场的SHOW漫游中心提供iPhone租借服务。
新加坡	1. 一站式注册服务：借助生物身份识别技术为商业人士免去烦琐的注册登记手续，目前该项服务已在新加坡商业会议旅游中得到广泛应用。 2. 智能化数字服务系统：游客可通过互联网、手机、公用电话亭、交互式电视和游客中心等渠道获得“一站式”旅游信息和服务支持，包括购买相关旅游商品或专门服务。 3. 移动旅游服务：游客可利用智能手机等移动终端，随时随地接收到旅游信息；系统可根据游客位置、需求和选择取向推送具有针对性的个性化信息服务。 4.“我行由我 新加坡”平台：游客可根据个人喜好直接在互联网上定制自己的新加坡行程，包括旅游路线规划、旅游签证、酒店预订、机票购买、活动预订、交通方式选择等。可通过邮箱订阅新加坡最近动态，了解新加坡新闻和即将举办的大型活动等信息；通过该平台实时分享自己的旅游经历。

续表

国家 （地区/城市）	智慧旅游研究及建设的主要内容
澳大利亚	澳大利亚行程定制系统： 澳大利亚旅游局提供多条景点游览路线，以电子地图的形式为游客提供行程定制服务，包括游览景点介绍、游览特色产品、游览推荐时间等，同时提供行程单下载功能（包括旅游官网及手机 APP 两种渠道）。
美国 （宾夕法尼亚州）	RFID 手腕带系统： 2006 年在 Pocono 山脉的度假区引入 RFID 手腕带系统，开始智慧旅游的尝试。游客佩带 RFID 手腕带后不用携带现金和钥匙就可以在活动区内打开自己的房间，购买食物和纪念品，参与收费的游戏活动等。同时这个手腕带也是顾客的身份证明。
美国 （纽约）	1. APP：美国纽约旅游官方网站推荐了 44 个旅游相关的 APP，为游客提供各种旅游相关的信息化电子服务。 2. YELP 手机客户端：自助游用户和当地市民均可方便地借此搜索和点评周边餐饮、购物、娱乐及查询打折信息。

三、现有研究的总结与启示

根据以上的文献研究梳理，我国智慧旅游的系统性研究还处于比较初级的阶段，现有研究对智慧旅游建设的实践指导还存在许多不足，现有的智慧实践所建设的技术系统还不够智慧。本书重点以景区和酒店智慧发展的研究为例，针对目前智慧旅游建设的现状，结合上述的文献梳理，对智慧旅游的国内外研究和应用实践进行简单的总结，并探索已有研究对我们的启示。

（一）智慧旅游研究的特点总结

从以上文献综述可以看出，国外的研究特点针对性和实用性都非常突出，研究结论都体现了一定的理论性，尤其是围绕数字景区建设以及酒店商务的电子化应用和智能技术应用的理论研究特点，值得我国智慧旅游研究借鉴，而我国在智慧景区和智慧酒店研究的实用性方面还有待进一步提升，我国对智慧旅游的研究主要存在以下几个共性的特点：

1. 实践先于理论

从众多的研究文献中，笔者发现业内一个很突出的特点，在智慧旅游新业态的探索中，大部分的研究都是验证性研究，即对已经在景区或酒店实际运用的管理、服务、营销技术和方法进行科学性论证，对已有的系统进行归纳和总结。这样的研究现状往往极易出现实践先行的技术系统，统筹性研究缺失，导致在实践的具体实施（推广）过程中出现方向性的迷失，也会造成资源的浪费甚至是实践目标的整体失败，目前很多企业对智慧旅游新业态的观望态度就是一个很好的说明。业内研究人员必须意识到这一点，应从对实例的论证研究向项目的理论模型研究整体规划上转移。

2. 各研究方向相对独立

智慧旅游的智慧是建立在数据基础上的，也就是旅游业态的管理、服务、营销的数据需要整合在一起，研究任何一个智慧型系统都不能把管理、服务、营销割裂开来。从智慧景区个例研究的三大领域研究现状不难发现，领域之间的研究相对独立，研究方向交集很少。管理方向的研究主要集中于如何更为高效科学地管理景区，服务方向的研究集中于如何提高游客在景区的游览服务体验，营销方向主要集中于如何提升景区的知名度和商业价值。但是从智慧景区的总体框架我们不难发现，看似区分的三大领域内容最终都将集成于同一个信息数据中心，共用后台统一的信息数据，许多研究文献独立的研究方式是与智慧景区探索智慧型的终极目标相左的。

3. “化零为整”研究匮乏

任何智慧旅游的研究最后都要突出一个“整”字，不管是方法研究还是技术研究，有了“整”的效果，才能产生相应的智慧。管理、服务、营销是智慧旅游十分重要的三个研究领域，现阶段业内对这三个领域的研究都已经取得了一定的成果，但是对这三个领域相对应的系统整合研究却十分匮乏。如何将各领域零碎的系统进行整合和归一化的管理是十分重要的研究内容。旅游三大领域独立的信息化并不是智慧旅游的目标。实现信息的归一化集成，为旅游管理、服务、营销提供完整配套的信息和决策支持才是我们所追求的目标。由此可以看出，只有各领域整合后才能形成互联互通的大数据，有了互联互通的大数据才能实现智慧旅游真正的终极目标。

（二）智慧旅游应用研究启示

未来对于智慧旅游的研究可以从以下几个方面得到启示。

第一，根据智慧旅游各系统互联互通的要求，加快管控平台整合方面的系统性理论研究，尤其是智能技术在景区的应用研究，只有信息系统都智能了，整合起来的平台才能产生“智慧”。对智慧旅游管控平台的系统性理论探索，使整体性的一体化研究成为智慧旅游实践的理论指导，从而形成有效的旅游新业态一体化平台。笔者也在上文中提到，如今业内管理、服务、营销三个领域是存在共通性的，将三者的数据与系统整合进同一平台有利于提高资源的管理效率和智慧性。另外，如今较为受业内认可的实例也均说明了一体化的管控平台是智慧旅游新业态研究的关键内容。

第二，加快新技术、新思维在行业内的运用研究，为系统间整合提供行为指导。智慧旅游需要更积极地吸收新的思维和新的技术，我国现阶段提出的“互联网＋”国家战略思维对于智慧旅游的发展有指导作用。如何实现系统化整合，“互联网＋整合”的思路将是一条可行的解决方案。通过有线局域网和无线互联网的结合，整合旅游业态现有的信息化系统，可以很好地打破地域和条件的限制，实现更大限度的数据和系统整合，如数据云技术、将数据云端化、实现数据实时的上传和下载为系统间的整合提供了新的研究途径。

第三，根据智慧旅游建设的现状，以及智慧旅游建设发展的需要，应重视旅游信息系统延展性研究，为系统间整合提供空间保障，这是发展全域旅游和“旅游＋”的基本要求。在智慧型信息系统的设计开发和升级过程中，为了考虑旅游新业态未来智慧建设的需要，需充分考虑系统自身的延展性，为系统的互联和提升预留想象空间，提升系统智慧应用的有效性。应从系统的硬件和软件两个方面同时开展延展性研究，为系统间的有效整合提供一定的实施空间，同时也有利于智慧型信息系统使用寿命的延长，减少整合的成本。

第三节 研究内容及总体框架

智慧旅游新业态研究是一个新型的课题，涉及技术和旅游两方面，需要开展“两化”深度融合的研究及新业态形成的路径。目前对什么是智慧旅游，什么是旅游新业态都还没有清晰的概念，尤其在企业还没有形成积极的行动，对智慧旅游建设的思路还比较模糊。而对于游客来说，不管是什么旅游，在互联网时代，能轻松地获取信息，能随时随地地获取服务并完成支付，能对旅游产品不管是游前还是游后有丰富的在线体验，能在合适的位置感知到信息和服务的存在，这样的企业服务就是智慧型的，其服务的业态就是电子型或网络型的。在互联时代这些游客的需求如何实现就涉及旅游业与信息技术的深度融合问题，涉及新业态形成机制及实现的路径问题。因此，本研究的内容以及总体方案就围绕现代游客的这些服务需求而展开。

一、研究内容及思路

智慧旅游新业态的研究内容包括以下三个专题：

（一）开展深度融合与集成创新研究

智慧旅游的发展亟须信息化与旅游的深度融合，但旅游机构的体制问题导致智慧旅游建设的持续性、新业态的有效形成存在障碍。有些地方政府只有总体规划，没有具体的落地项目；也有些地方政府有了落地项目，后续的运维出现了问题。智慧旅游没有给旅游目的地带来实质性的改变，国内现有学者大多强调概念、系统架构及对策性研究，但深度融合的管理体制需要研究，深度融合的集成创新需要研究，深度融合的信息化服务体系需要研究，包括融合指数、在线服务收入占比、旅游信息化绩效评估等。因此，我们认为，深度融合与集成创新研究需要智慧旅游新业态的视角，只有这样，智慧旅游才能向旅游企业推进，才能有助于解决旅游服务中的质量问题。

为了完成以上任务，我们拟采用深度访谈和系统分析法，了解智慧旅游开展中存在的实际问题，解决各系统集成后的管理问题以及数据的流动性问题，同时结合一些调查问卷，了解各部门对深度融合和系统整合后的实际需求，使集成创新迎合智慧旅游发展的需要。

（二）智慧旅游发展机制及路径研究

我国旅游的转型升级，最终是新业态替代相关老业态的一种变化，如未来传统营销被网络营销所替代，景区导游被电子导游、电子导览所替代，旅游预订被在线(网络)预订所替代，旅游业固定的围墙随着新技术的应用以及移动互联网的应用将逐渐被打破。可以预计，随着智慧旅游的发展，旅游还会不断产生新的业态，如旅游舆情监测、移动服务、移动商务、数据服务等。现阶段，信息化与旅游业融合正在向纵深发展，通过"互联网+"实现真正的"两化"深度融合。自从2014年确立为智慧旅游年以来，智慧旅游建设已在全国各地兴起，但是由于智慧旅游涉及服务体验，它需要旅游企业的积极参与和接受，目前还缺乏有效的应用机制。因此，智慧旅游的发展需要研究应用机制，智慧旅游的建设需要研究深度融合的规范标准，智慧旅游的新业态需要探讨实现路径，智慧旅游的新服务推广需要研究政策支持。如用云计算强大的整合机制可使各应用系统通过数据库深度融合在一起，游客通过手机二维码或APP就可以获得旅游景点的详细信息，可为旅游者提供游后社交的功能服务，使旅游供应商的智能服务得到进一步提升。

以上任务完成拟采用统计分析法和IPA分析法，在了解建设途径、管理机制、服务规范的基础上，探索智慧旅游开展中的运行机制和管理机制问题，同时采用试点法，选择1～2个旅游目的地开展智慧旅游运管试点，积累经验后以点带面，将旅游新业态再进一步推广。

(三) 案例应用研究

智慧旅游需要引导企业的积极参与，需要有激励政策，但前提是智慧旅游产生的新业态能被企业所接受，能解决企业的发展瓶颈和管理问题，以形成政府热、游客热、企业积极参与的良好局面。通过案例研究，构建智慧旅游新服务业态的应用理论，分析智慧旅游新业态在旅游市场中的适用性，为旅游企业有的放矢地选择新业态开展智慧旅游提供理论指导。为此，我们将选择国家智慧旅游试点城市以及智慧景区示范建设单位作为案例应用研究对象，通过它们建设的成功经验以及机制创新形成可触可摸的旅游服务新业态，为旅游企业转型升级和科学发展提供理论指导。

案例研究还将进行问卷调查和实证分析，测量不同运行机制和实现路径的主观意识，以形成本研究最有效的智慧旅游新业态形成机制。调查问卷发放对象包括旅游局机构、管委会、旅游企业及游客等。

以上研究内容综合了管理、技术、服务、系统等方面，强调了旅游新业态形成的发展需求和技术需求的主要影响因素。具体表现为：①首次将信息系统分析法和旅游学相结合的方法运用于新业态层面的智慧旅游研究，在研究方法上进行了突破，提高了研究的效度。②根据智慧旅游特征，运用智能服务的技术和基础理论，首次探索智慧旅游新业态的形成机制和路径，拓展了智慧旅游研究应用的深度。③根据我国智慧旅游建设的发展要求，首次提出智慧旅游建设评估与持续改进的推进策略。

二、研究总体方案

智慧旅游新业态的研究既有智慧应用的理论研究，又有新业态形成和发展的应用研究。作为一个高科技和传统业态结合的新生事物，新业态的研究既要考虑设计、开发的示范引领作用，又要考虑旅游者使用意愿及接受的情况。因此，智慧旅游新业态的研究总体方案首先要收集案例，分析它们的形成机制，把好的经验进行总结和推广，然后分析旅游者对新业态使用的接受意愿，分析他们的影响因素，从而指导智慧旅游建设的构架、技术及应用，以满足游客的实际需要。

（一）研究的阶段划分

作为一个社科基金项目，课题研究总体方案主要划分为以下几个阶段：

1. 现场调查

课题组主要奔赴了智慧旅游试点城市以及智慧旅游试点示范区进行了建设情况的调查。智慧旅游试点城市如江苏的南京、无锡、镇江，浙江的温州、杭州等。课题组现场调查了温州洞头风景区、千岛湖风景区、杭州西溪国家湿地公园、奉化溪口风景区等智慧建设的示范景区，还现场调查了海南三亚等旅游发达地区的智慧建设情况，并通过网络调查了山东、北京、天津、四川等智慧旅游建设情况，获得了非常客观的资料。

2. 访谈

在研究阶段内，课题组走访了政府行业管理部门、旅游景区管理部门，也走访了旅行社、饭店等企业。主要走访的政府行业管理部门是旅游信息中心，共访谈管理部门负责人 26 人次，访谈旅游景区管理人 31 人次，访谈旅行社相关负责人 16 人次，访谈旅游饭店相关负责人 34 人次。在访谈中主要围绕智慧建设的目的，智慧旅游新业态的共识，如何开展智慧旅游建设最省钱、有效果，智慧旅游建设中遇到最大的问题、存在的困惑，以及围绕智慧旅游发展的近期目标等进行了讨论。

3. 数据调查与分析

从游客的角度，智慧旅游都是依赖移动互联网获得体验，许多旅游新业态也与移动互联网有关，因此对于智慧旅游新业态的数据调查与获取，我们都是围绕移动互联网、社交新媒体（如微信等）等新应用而展开，调查问卷的设计也是围绕这些应用所形成的新业态了解旅游者的体验。从旅游企业的角度，智慧旅游都是围绕新技术的应用而获得的大数据体验，许多新业态都是围绕大数据建设而展开，从中获取智慧管理、智慧商务的新业态应用，如微信直销、可视化管理、新媒体营销等。但主动感知新业态的企业经营者不多，许多经营者还是在观望，因此获得的有效数据不多，目前企业还是在观望政府的推动力度。数据分析主要基于一些调查问卷，包括目的地景区调查的数据分析、游客使用行为与意愿调查的数据分析等。

4. 撰写研究报告

根据调查数据的分析，结合访谈的情况，我们撰写了本项目的研究报告。研究报告实事求是地反映了我国智慧旅游开展的现状、存在的问题，指出了开展智慧旅游新业态建设的具体路径以及所需要的相应支持机制。希望本研究报告能给区域旅游发展提供理论指导，使区域旅游发展中真正利用智慧旅游新业态推动旅游的可持续发展。同时保持政府和企业在智慧旅游建设中能相互协同，政府的推动变成企业积极的行动，使我国的智慧旅游新业态成为游客最受欢迎的业态。

（二）研究的总体方案

智慧旅游新业态研究首先在概念上需要进行梳理，我国开始出现的数字旅游概念可以说是智慧旅游的前身，近年来由于移动互联网应用的普及，尤其是云技术和物联网应用到旅游业以后，智慧旅游概念就出现了，现阶段智慧旅游的提法更多的是受智慧地球和智慧城市概念的影响。而国外有许多国家并没有智慧旅游的提法，用的更多的是电子旅游，如电子饭店、电子旅行社、电子景区,它们主要在开展电子化服务的基础上,全方位地开展了电子化管理,形成完全电子化的旅游企业,其实完全电子化旅游就是智慧旅游的表现形式。在梳理概念的基础上,还需要对“两化”深度融合的内容进行梳理,如与管理的深度融合、与服务的深度融合、与商务的深度融合以及与业务流程的深度融合等,通过借鉴其他行业的“两化”深度融合经验,研究并形成智慧旅游深度融合的应用模式。智慧旅游的应用非常广泛,在互联网时代智慧的建设离不开平台的整合,尤其“互联网+旅游”的应用,更需要集成创新研究的整合:应用系统的集成创新、服务的集成创新以及协同管理的集成创新等。在此基础上,智慧旅游的机制路径研究也是本研究的重点,需要探索智慧旅游新业态的形成机制,探索智慧旅游实施的最佳路径,并研究智慧旅游的评估与持续改进的方法。最后,案例研究始终是研究过程的重要环节,通过案例研究总结智慧旅游管理与服务改进的经验,这是新业态能否形成和推广的关键环节。具体研究的总体方案如图1-1所示。

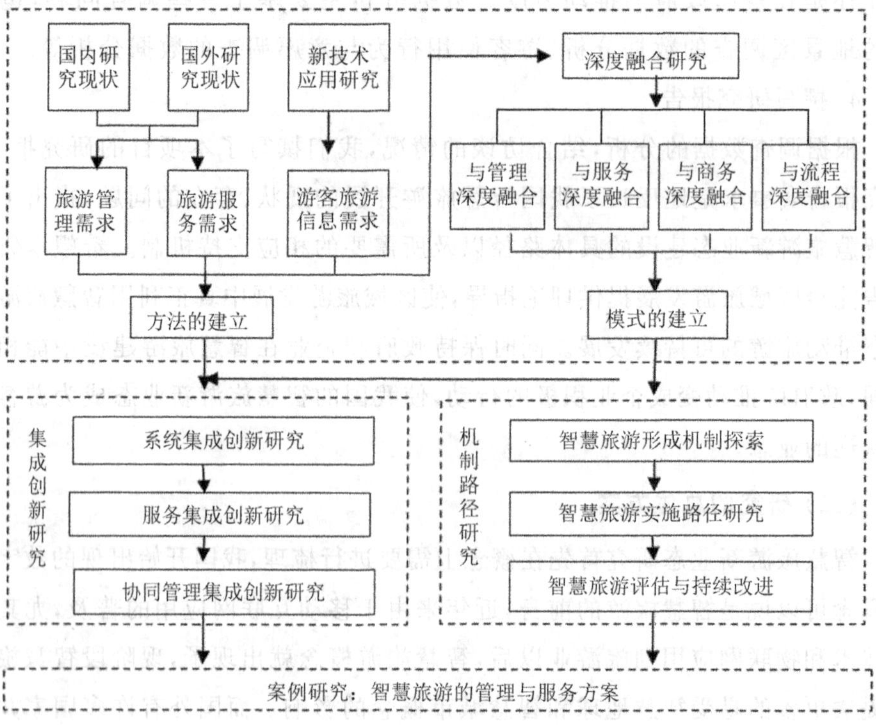

图1-1 项目研究的总体方案

在研究过程中，我们通过两条主线开展具体的研究，一条是游客角度的主线，探索游客对智慧旅游新业态的需求，由于智慧旅游大多数业态是基于“互联网＋”的形式，需要研究旅游者使用移动互联网的意愿以及新业态的接受程度、应用的影响因素等，因为它能指导智慧旅游技术系统的开发和建设，使新系统的应用体验符合游客的需求和习惯；另一条是智慧旅游的建设案例主线，通过案例分析探索智慧旅游新业态的形成机制以及开展的路径，以便总结智慧旅游建设实践经验，寻找符合游客需要的新业态发展路径，以便推广和引领智慧旅游新业态的应用。这两条主线是本课题研究的总体架构和路径。

我们主要通过发表的论文来呈现游客角度的主线，从中分析现代游客对智慧旅游的应用需求和体验需求，并形成智慧型系统所需的情感需求。本书介绍的内容主要是建设案例主线，通过这些案例介绍形成智慧旅游的发展机制思路，总结这些案例的实践经验，为智慧旅游新业态发展提供创新模型。

应用案例及分析

杭州市智慧旅游建设的应用实践

一、杭州市智慧旅游建设的创新

杭州市智慧旅游建设起步于2010年的智慧酒店建设。杭州市是全国开展最早的旅游城市，杭州市政府和市旅游委员会是智慧旅游建设的主要推动者。

（一）宏观背景

随着来杭游客数量不断增加，杭州旅游的管理和服务面临前所未有的挑战，如旅游公共服务、旅游管理服务、旅游营销等，任何一个问题解决不好，都有可能影响建设“东方品质之城，幸福和谐杭州”的目标。面对可能带来的压力，杭州市旅游委员会着眼大局，立足杭州旅游工作实际，在“杭州旅游在线平台”建设成果的基础上，积极推进杭州智慧旅游建设。

杭州市旅游委员会在旅游公共服务系统信息化建设方面，已经取得了一定的建设成果。但目前杭州旅游在线平台等旅游公共服务系统所提供的服务基本上仍是预先设定的，无法满足当前游客对个性化、智能化“主动推送”的旅游信息服务的需求；此外，较多门户网站尚未形成良好的电子商务运行机制，仅仅提供基本的信息查询，无法满足作为游客网上消费过程中“最后一步”的预订或在线支付等需求；未能切实帮助旅游企业开展个性化的信息发布、特色展示等市场营销功能。企业自建的网站也面临同样的问题。总之，旅游信息服务的内容和形式均与用户的实际需求有较大差距。

（二）现状分析

杭州市旅游委员会是主管旅游业的市政府工作部门，近年来杭州市旅游委员会围绕休闲旅游、商务旅游、文化旅游以及生态旅游四大主题，集中力量推出了以西溪湿地、京杭大运河（杭州段）、千岛湖等旅游综合体为代表的一大批休闲度假旅游产品，逐步实现了旅游产品由观光旅游向观光、休闲、商务会展“三位一体”的转变。经过多年的发展，旅游产业体系逐步完备，旅游业已成为杭州国民经济支柱产业和第三产业的龙头。在面向公众服务的旅游信息化建设方面，取得以下可喜的成绩：

1. 酒店行业信息化

杭州旅游企业中酒店行业是旅游信息化应用最早的领域，也是两极分化最严重的领域。目前，杭州星级酒店信息化应用程度普遍比较高，其内部管理基本上都采用了酒店信息管理系统，商务客房提供了互联网的接入服务，普遍采用多个网上预订系统。部分高星级酒店（四、五星级酒店）采用酒店中央预订系统 CRS 和全球分销系统 GDS，发展与国际同业的高速信息通道，大部分五星级酒店构建了 iPad 点菜系统。大多数国际连锁酒店成员独立建立网站，又在连锁集团的大旗下建立网页的链接。2010 年，杭州的黄龙饭店经过改造建设，成为全球首家智慧酒店，在国际酒店界产生了很大的影响，也为杭州的酒店信息化树立了新的标杆。但多数未评星酒店和经济性酒店在酒店综合信息化系统建设方面仍处于起步阶段。

2. 旅行社行业信息化

杭州大中型旅行社较多采用信息管理系统和业务管理系统实现业务的电子化处理，对外与国外的同行有网络的连接，建立电子商务平台开展同业采购

(比比西旅游电子商务平台),并通过互联网为网民提供在线宣传、预订和支付等信息化服务,而大多中小旅行社也在积极建立自己的旅游网站或者挂靠在别的网站(淘宝、驴妈妈、同程等)上进行宣传和在线交易,并开展基于互联网的联合网络组团业务。

3. 旅游景区信息化

作为中国数字化风景名胜区建设首批试点单位,杭州西湖国家级重点风景名胜区率先开展了数字化景区建设的探索;"两江一湖"风景名胜区建设了国家风景名胜区监管系统,利用遥感数据对景区内的土地利用、建设工程和生态环境实施监督核查;部分景区、景点已建设了门户网站、电子门禁系统、景区监控系统、电子导游、网上预售系统等。从地区分布看,杭州市区景区的信息化程度比较高,区、县(市)景区的信息化程度相对较低;从A级景区看,4A级、5A级景区信息化程度较高,1A级、2A级、3A级景区的信息化程度较低。目前,全市三家5A级风景区全部进入智慧景区建设阶段,并已基本完成《智慧景区"十三五"发展规划》的编制工作。

4. 会展行业信息化

会展业作为旅游新业态,在杭州打造"国际重要的旅游休闲中心"建设中具有举足轻重的地位。杭州大多数知名的会展项目(如休博会、西博会、茶博会等)在实际运作中,充分利用信息、网络、多媒体等新技术,创设"网上休博会""网上西博会""网上茶博会""掌上博览会",以丰富会展手段,拓展会展发展空间,提升会展影响力,为展商和参展观众带来极大的方便和效益,有效地促进了杭州休闲旅游的发展。同时,《杭州MICE》电子期刊的网上发行,杭州会奖旅游手机信息报的开发,杭州会议与奖励旅游官网(www.micehangzhou.com)、杭州会奖协会QQ群的开通进一步夯实了会奖旅游的信息化基础。

5. 十大特色潜力行业信息化

培育发展"十大特色潜力行业"作为一种独创理念,已成为杭州旅游业创新发展、跨越前行的新经验。推进茶楼、美食、演艺等十大特色潜力行业转化为旅游产品,加强环都市休闲游憩圈的建设,将杭州建设成为主客共享的国际都市休闲目的地是杭州旅游发展的一个重点。为打响城市休闲品牌,提高特色潜力行业的知名度和美誉度,各个行业协会均充分利用媒体、网站、刊物等载体及展示交流平台，宣传了发展成果，为行业发展创造了良好社会氛围。

(三) 总体架构

根据杭州智慧旅游智慧服务项目建设规划方案，建设一个“可运营、可管理、可持续发展”的智慧平台；建设以旅游智慧服务为中心的智慧服务、智慧管理、智慧营销紧密结合的旅游信息化系统等。这些需求服务层次多，范围广，应用多样，并对系统具有较高的扩展性、易用性、开放性和技术先进性要求。为了满足规划要求，便于今后杭州旅游业务的可持续性发展，提高系统的可维护性，便于运营和资源扩展开发，让更多的单位和机构参与杭州智慧旅游的建设，同时也为杭州旅游的智慧性提供基础技术支撑。通过对杭州智慧旅游的体系架构进行梳理，基于云计算、物联网、移动互联网等新一代信息技术，结合旅游行业的诸多实践，确定杭州旅游从物联到智慧需要重点解决以下五个问题：

第一，感知和管理需有机融合，让感知高效地服务于管理；

第二，解决感知的实时性、分布性和识别度的问题，让感知更加敏锐和准确；

第三，解决大数据存储、运算的问题，让平台能承载城市级数据量；

第四，解决泛在交换的问题，让数据交换高效、可靠并畅通无阻；

第五，解决服务交付、重组和复用的问题，系统功能按服务提交至平台，服务和服务可组装，并构建出不同应用系统。

在此背景下，提出杭州智慧旅游大型技术平台规划，平台总体架构如图 1-2 所示。

二、杭州智慧旅游建设的功能设计

杭州智慧旅游是云计算、大数据等先进技术在旅游行业上的应用，项目的建设将以云计算作为技术支撑平台，利用云计算中心的硬件、软件、运营机制等资源，打造全国智慧旅游建设的示范和标杆。

杭州旅游的“智慧”建设体现在“旅游服务的智慧”“旅游管理的智慧”和“旅游营销的智慧”这三大方面。

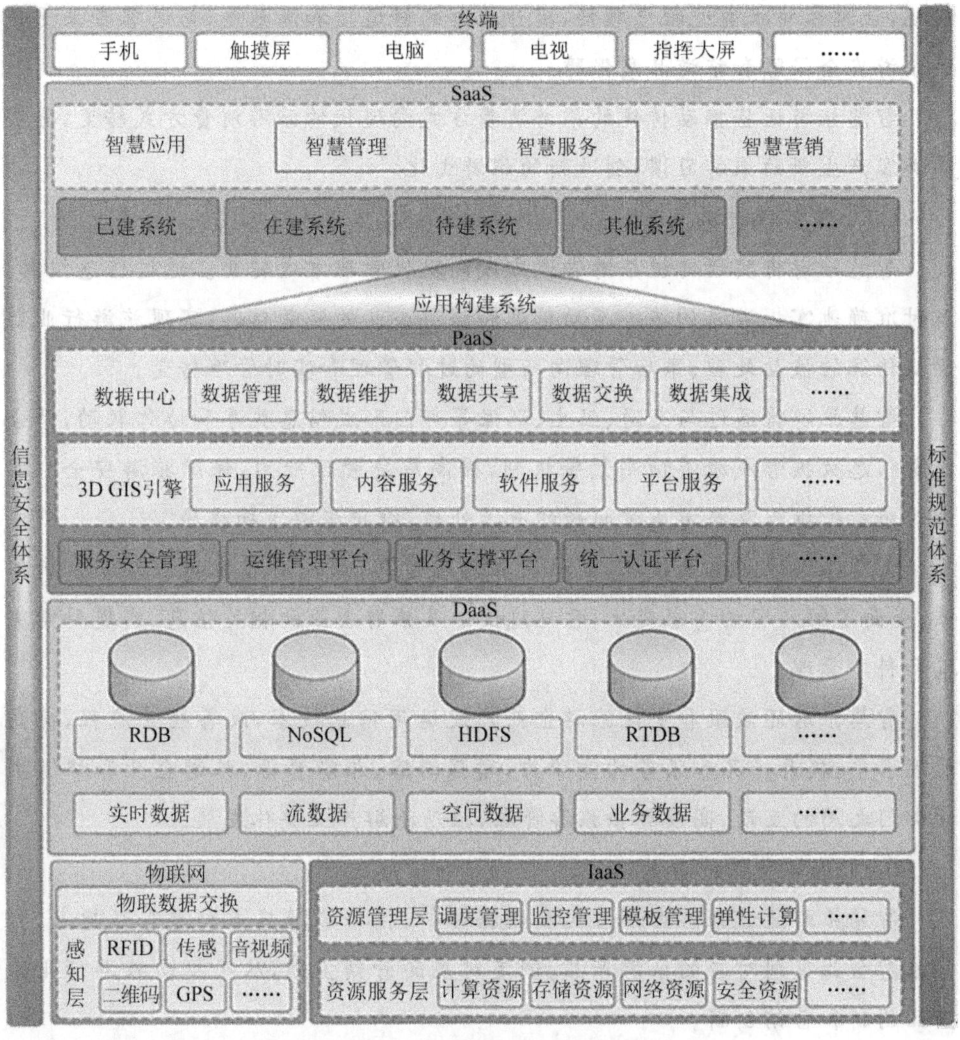

图 1-2　杭州智慧旅游平台总体架构

（一）旅游服务的智慧

智慧旅游从游客出发，通过信息技术提升旅游体验和旅游品质。游客在旅游信息获取、旅游计划决策、旅游产品预订支付、享受旅游和回顾评价旅游的整个过程中都能感受到智慧旅游带来的全新服务体验。

智慧旅游通过科学的信息组织和呈现形式让游客方便快捷地获取旅游信息，帮助游客更好地安排旅游计划并形成旅游决策。

智慧旅游通过物联网、无线技术、定位和监控技术，实现信息的传递和实时交换，让游客的旅游过程更顺畅，提升旅游的舒适度和满意度，为游客带来更好的旅游安全保障和旅游品质保障。

智慧旅游还将推动传统的旅游消费方式向现代的旅游消费方式转变，并引导游客产生新的旅游习惯，创造新的旅游文化。

（二）旅游管理的智慧

智慧旅游将实现传统旅游管理方式向现代管理方式转变。通过信息技术，及时准确地掌握游客的旅游活动信息和旅游企业的经营信息，实现旅游行业监管从传统的被动处理、事后管理向新型的过程管理和实时管理转变。

智慧旅游将通过与交通、卫生、环保等部门形成信息共享和协作联动，结合旅游信息数据形成旅游预测预警机制，提高应急管理能力，保障旅游安全。实现对旅游投诉以及旅游质量问题的有效处理，维护旅游市场秩序。

智慧旅游依托信息技术，主动获取游客信息，形成游客数据积累和分析体系，全面了解游客的需求变化、意见建议以及旅游企业的相关信息，实现科学决策和科学管理。

智慧旅游还鼓励和支持旅游企业广泛运用信息技术，改善经营流程，提高管理水平，提升产品和服务的竞争力，增强游客、旅游资源、旅游企业和旅游主管部门之间的互动，高效整合旅游资源，推动旅游产业整体发展。

（三）旅游营销的智慧

智慧旅游通过旅游舆情监控和数据分析，挖掘旅游热点和游客兴趣点，引导旅游企业策划对应的旅游产品，制定对应的营销主题，从而推动旅游行业的产品创新和营销创新。

智慧旅游根据游客的旅游习惯，将符合游客需求的旅游信息自动推送到旅游终端，实现旅游营销的智能化。

智慧旅游还可利用新媒体的传播特性，吸引游客主动参与到旅游的传播和营销中，并通过积累游客数据和旅游产品消费数据，逐步形成自媒体营销平台。

三、杭州智慧旅游系统建设的内容

杭州智慧旅游建设的前期内容主要是云数据中心的基础建设，以及基于服务的微信平台和移动端的旅游 APP 等。

（一）旅游云数据中心

通过建设旅游云数据中心，整合杭州市旅游委员会现有内部数据资源，建立基于GIS的旅游云数据中心，为杭州未来规划建设的应用系统预留数据接口，实现旅游产业信息资源的有效整合，为领导辅助决策支持系统建设、为旅游信息资源开发利用奠定基础。整体建设内容包括：建立一套完整的智慧旅游数据资源标准，整合现有内部数据资源；建立杭州旅游综合信息库；建设基于统一开放的云服务中心及GIS平台；建设旅游数据统计分析系统；规划设计并明确数据接口范围、标准、规范，设计开发数据采集应用接口；实现旅游相关运营商、旅游信息行业龙头企业、行业管理部门等接入系统的动态数据自动采集、数据储存、数据挖掘、数据备份与安全管理；实现西湖、西溪湿地等杭州5A级旅游景区的三维地理信息系统的数据采集与可视化呈现。旅游云数据中心整体架构如图1-3所示。

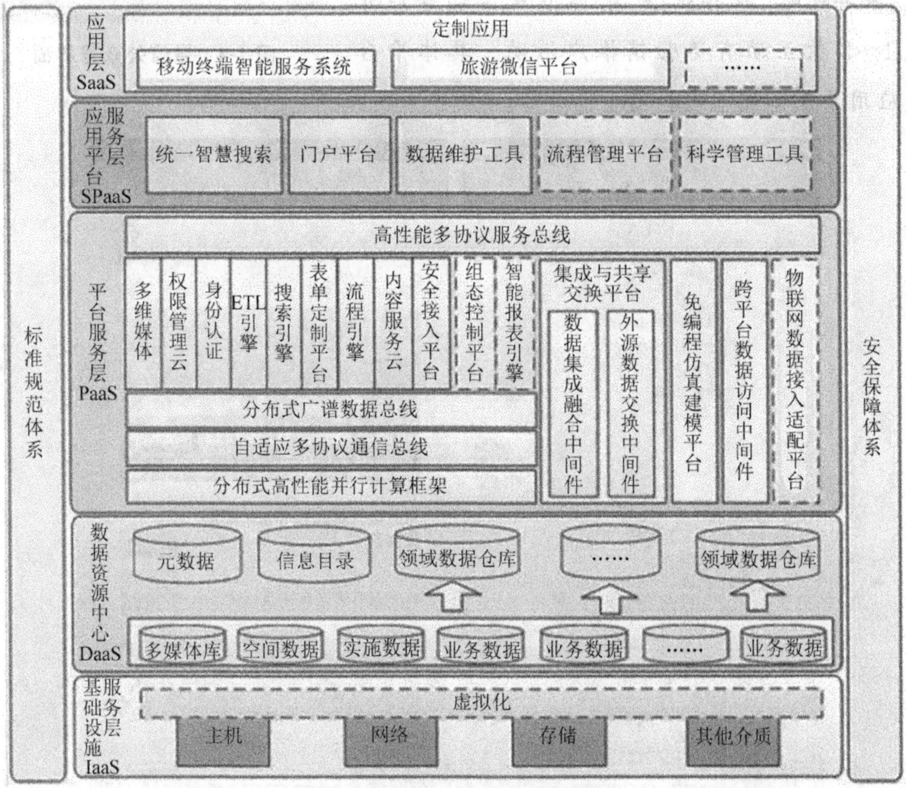

图1-3 旅游云数据中心整体架构

（二）杭州旅游微信平台

通过本期杭州旅游微信平台建设，开通杭州旅游微信公众服务号，定期向旅游消费者发送杭州旅游资讯信息和政务信息，其中政务信息面向特定微信用户发送，如杭州市旅游从业人员、旅游管理部门人员等；利用微信自定义菜单功能，通过统一的云数据中心，与杭州旅游网、手机APP等系统互联互通（涉及杭州旅游网接口、杭州手机APP数据接口、地图数据接口、导游成绩查询数据接口、旅行社查询数据接口、天气预报数据接口等），为粉丝提供各类信息查询服务（“食、住、行、游、购、娱”旅游综合资讯、旅游攻略、旅游业务、旅游节庆活动等）；开发1～2款互动有奖营销推广活动。具体平台的应用界面如图1-4和图1-5所示。

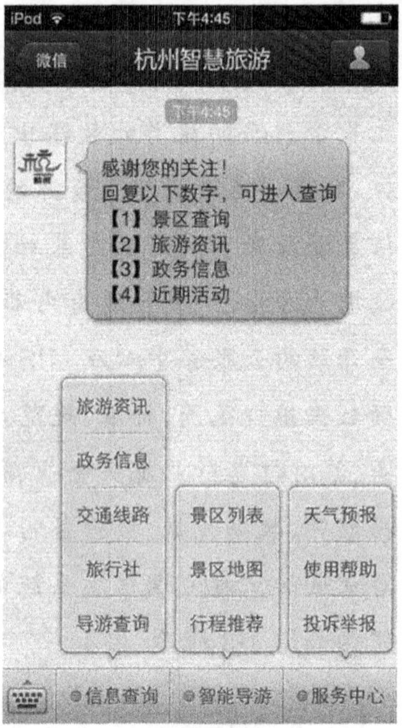

图1-4　微信公众号界面

（a）　　（b）

图1-5　公众服务互动界面

（三）杭州旅游投诉受理 APP 应用系统

通过建设“杭州旅游投诉受理 APP 应用系统”，实现旅游质量监督管理所工作人员移动办公和现场执法；将现场执法情况纳入系统，实现旅委内部各系统间的信息互联共享；让旅委各部门在第一时间获悉和处理相关旅游投诉案件，提高游客的满意度。

(1) 实现移动办公。真正意义上为工作人员的外出办公提供系统支撑，实现移动办公，突破办公场所的局限，方便工作人员随时随地办公。

(2) 便于现场取证。依托该系统，实时保存现场取得的一些不易保存的证据，如现场环境、目击者、图片等。

(3) 提高工作效率。依托该系统，将原来的投诉处理、反馈时限大大缩短，达到现场处理、现场反馈的效果，从而为游客提供快捷的投诉处理反馈服务。

（四）混合现实虚拟漫游系统

基于杭州旅游在线平台，利用混合现实、3D GIS 等数字技术构建全真实感的混合现实虚拟漫游系统，以大杭州三维实景地理信息系统为空间索引，对杭州丰富的历史文化、世界遗产、自然山水、民俗风情、传说典故等进行还原，通过整合杭州景区、景点内部已有导游、导览资源，建立统一的“杭州导游系统”，对其实现集中再现，将杭州的历史遗存、自然风光永久保存。通过多种终端同步实现物理景观向虚拟空间的移植和再现，同时加入漫游、鸟瞰、自由行走、线路搜索、电子商务等功能，让游客以现实中不可企及的视点和视角自由徜徉、观赏，带给游客如临其境的全方位、直观式体验，同时实现对重要遗产资源的保护和永续利用。

通过系统建设，构建创新性的“永不落幕”的“网上杭州文化旅游博览会”，将杭州的自然山水、文化遗产的展示、传承与保护提高到一个崭新的阶段，实现濒危资源、重点文物、遗迹古建的科学、高精度和永久的保存以及辅助文物修复，使其真正成为全人类“拥有”的文化遗产，从而推动文化与旅游的完美结合，全面提升杭州的旅游竞争力。

通过本项目的建设，实现《中国旅游业“十二五”发展规划信息化专项规划》中要求的“加强面向在线应用服务的旅游测绘，利用卫星遥感、360 度实景拍摄、虚拟现实和地理信息系统等技术大力发展线上虚拟旅游，增强城市和景区的互动式营销体验”。

（五）个性专属行程定制系统

构建“一云多屏”的行程定制子系统，充分满足个性化旅游的发展需求。系统能根据游客的特点（时间、预算、兴趣爱好、出游方式等）进行数据整理、挖掘、分析，自动为用户提供满足用户需求的个性化行程定制服务；重点针对杭州特色旅游产品或特色观光线路，以点、线、面的方式组织旅游信息资源，把各旅游景区景点、旅游区域和旅游线路与周边的“食、住、行、游、购、娱”等旅游服务信息贯穿在一起，供游客直观浏览、在线实时修正，自动生成订单；游客可收藏（打印）定制好的行程计划，自由选择是否在线支付，并能通过邮件及微博、微信等方式与朋友分享。

待建的行程定制系统通过与交通、城管、景区监控系统的互联互通，实现为游客提供实时、便利、快捷的旅游交通导引服务功能，主要内容包括：交通信息查询、旅游客流导引、车辆导引，停车位导引等。例如，游客可以利用本系统，自由选择公交、自行车、出租车等出行方式，借助公交查询系统，游客可以方便地实时查询下一辆公交车的到达时间、公交车的座位情况或附近的自行车租赁点（借还车情况）等信息，以便实时修正自己的旅行计划。

（六）旅游综合电子商务系统

新增建设“一云多屏”的杭州旅游电子商务系统。通过建立数据标准统一、业务系统集成、信息应用共享的旅游电子商务系统，游客可以通过网站、智能移动终端、呼叫中心等渠道预订杭州旅游相关产品，享受旅游消费券、积分奖励等优惠服务；实现门票、车船票、酒店、特产等旅游产品的在线预订、在线支付与线下服务的融合发展。通过与手机卡、市民卡、银行卡、信用卡等卡片形式进行对接，实现集移动手机支付、互联网远程支付、信用卡担保支付、网银、支付宝等多种方式于一体的综合化支付模式。通过与旅游咨询及投诉联动服务体系、移动终端智能服务体系等进行深度融合，创新电子商务服务模式，形成旅游诚信评价体系，为游客提供优惠、优质、放心、便捷的“食、住、行、游、购、娱”服务。整合景区、旅行社、酒店等旅游企业电子商务平台，与淘宝网、去哪儿网、微信、微游网等各类社会资源合作，构建一个体系完善、功能强大、诚信度高的综合性旅游在线交易平台。

通过对统一的旅游电子商务系统的应用开发，可以尽量缩小旅游信息化在发达地区和欠发达地区之间的差异，从而有效地带动旅游电子商务的发展。

（七）游客智能疏导系统

与杭州市交通、公安等部门进行联动，在基于GIS平台的调度中心大屏上集中显示重要地段（如高速路口、车船码头、国道等）的交通和人流情况，并进行统一指挥调度，分流和疏导游客；通过调度中心大屏，对设置在通往旅游景区道路上的限流和分流卡点进行控制，根据各旅游景区的饱和程度、车流量和路况信息，分期分批进行放行或分流，控制临时停车场增补，在特殊情况下，发送控制指令，派出旅游观光巴士，免费接送自驾游客，减轻交通压力；改变传统条件的外宣途径，在充分利用杭州市交通道路上的电子屏、车站码头的LED大屏的基础上，综合运用全媒体、互联网以及移动终端等途径，及时向外界主动推送最近时间内各主要旅游区域的游客数量情况、旅游服务接待能力情况等基本信息，通过信息化建设来做好外宣，引导还未前来、准备前来旅游的游客避开高峰期购票、游览，以避免造成游客过多而引起等待、拥挤、踩踏等状况，在发生应急事故时，实时接入杭州市旅游委员会应急联动响应系统和危机统一指挥决策系统，以便快速响应与应急处置。

四、杭州智慧旅游建设的目标

在"十三五"期间，杭州市旅游委员会从智慧城市建设、智慧旅游各类应用主体的实际出发；以完善面向公众的旅游公共服务功能、提升涉旅企业服务能力、提高旅游行政管理部门的服务水平和行业管理水平为出发点；确保杭州智慧旅游建设项目的针对性和可操作性，设立了杭州智慧旅游发展的总体目标：

到2017年，在全市基本建立起智慧旅游"公共服务""综合监管"和"市场营销"三大平台；推动智慧旅游六大体系建设，完成八大重点智慧旅游建设项目；初步实现集智慧旅游服务、管理和营销于一体的智慧旅游一体化平台；通过智慧旅游建设推动相关产业的转型升级、促进杭州市域经济社会的全面发展。

具体来讲，杭州智慧旅游系统建设可分为三个阶段：

2013年：智慧旅游基础构建及试点项目建设阶段。杭州智慧旅游在跨部门、跨行业、跨区域资源整合、共享交换和协同应用等方面取得突破；完成智慧景区、智慧酒店、智慧旅行社、智慧乡村等一批示范试点应用项目建设；初步建立杭州市智慧旅游基础支撑体系、标准规范体系和安全保障体系，促进行业技术开发和成果工程化、产业化。

2014—2015年：智慧旅游平台开发与功能提升阶段。杭州综合旅游服务平台100%覆盖游客、市民、景区以及其他涉旅企业，旅游和文化实现融合发展，杭州智慧旅游迈向国内一流、国际领先水平；建立完善的智慧旅游成果转化机制，推进智慧旅游领域“执行力度大、业务水平高、管理能力强”的专业人才梯队建设。

2016—2017年：智慧旅游平台开发与功能提升并进入快速发展阶段。杭州智慧旅游达到国际一流水平，将智慧旅游建设的“杭州模式”推广至全球。

杭州的智慧旅游建设从总体上绘制了非常清晰的蓝图，但其建设途径、管理机制太强调政府主观意识了，强调了综合监管，却很少强调综合服务或协同服务的规范，因此整个智慧旅游试点缺乏企业参与的主观意识，其建设途径还缺乏有效的激励机制。如专属行程定制系统，企业要做些什么，整个定制行程如何去提供协同服务？又如综合电子商务系统，企业和政府怎样去分工，企业要做些什么？这些都没有从整体上去落实，最终政府主观要做的智慧系统就无法落地。因此，一个区域智慧旅游建设的发展途径和管理机制都需要政府、企业的协同参与，而且智慧服务需要政府与企业合理分工，这样形成的公共服务、商务服务才有合理的服务规范。

☞ 思考题

(1) 杭州智慧旅游建设的创新点在哪里？有怎样的建设特色？

(2) 政府部门这样推动一个地区的智慧旅游建设是否有效？遵循了怎样的发展机制？

(3) 杭州智慧旅游建设的机制和途径还存在怎样的问题？如何改进？

第二章 研究引例

引例：不同角度对智慧旅游不同的理解

一位业内管理层的领导对智慧旅游的理解是：智慧旅游建立在旅游信息化基础之上，通过引入新的信息技术，提升旅游信息化的整体水平和服务能力，是旅游信息化发展的新阶段和发展方向。智慧旅游是一个动态的建设过程，将随着旅游业和信息技术的融合发展而发展。他认为政府、企业和游客对智慧旅游有不同的理解，也就是说，智慧旅游在政府、企业和游客层面分别有各自明确的指向。在政府层面，发展智慧旅游的内容包括制订智慧旅游规划和标准、基础设施建设、搭建行业监管平台、提供公共信息服务等方面，涵盖构建智慧旅游框架、牵头重点项目、建设数据中心、公共事件应急处置、指导企业诚信公开、网络舆情监测、接受处理游客投诉、提供旅游资讯等多项建设任务。在涉旅企业层面，建设内容一方面是策划事件活动，整合网络和新媒体，抓好智慧营销；另一方面是依托移动客户端和互联网终端，面向游客开展电子商务，做好旅游全程的智慧服务，实现精准、敏捷的经营管理。在游客层面，则是充分享受智慧旅游发展带来的各种便捷和优质服务，能随时随地地获取服务。由于理解不同，开展智慧旅游的机制与途径以及对其的建设期望也会产生差异。

一个基于新技术的新业态应用研究，需要相应的应用案例来开展分析。本章首先对相关的研究引例进行归纳和总结，以智慧旅游新业态研究所用的这些引例的应用和服务为导向，对相关的应用实践进行观察和梳理。课题组在研究过程中积极参与到一些区县的智慧旅游建设的实践中，一方面体验智慧旅游建设的过程，另一方面可以探索和研究业界在智慧旅游建设方面的一些应用途径和方法，为本课题的研究分析提供实践素材，这些内容形成了对本研究和读者具有参考意义的引例。下面以杭州淳安千岛湖智慧建设以及普陀山智慧建设的开展作为本研究引例进行分析。

第一节　智慧千岛湖数据中心建设引例

淳安千岛湖是中国首批国家级风景名胜区之一。近年来，千岛湖通过加大自身信息化基础设施的投入，以千岛湖门户网站、微网站等智慧营销建设为工作重心，第一期建设了千岛湖景区电子售检票系统、千岛湖旅游市场数据统计分析系统、千岛湖旅游咨询信息管理系统、千岛湖旅游奖品发放管理平台、多媒体触摸屏查询系统、景区视频监控网络等系统，并按照浙江省旅游局和杭州市旅游委员会的要求做好行业管理软件的应用推广，在景区信息化建设上取得了显著的成绩。

但是，以前千岛湖信息化建设的各信息系统间相对比较独立，不同系统之间的数据无法实现共享，难以实现整个千岛湖景区的智慧管理。而且，各系统在内容完整性和交换性方面存在严重缺陷，数据的更新和维护没有形成常态化机制，这些问题使得景区的管理者很难从整体上对景区实现有效经营和管理，服务质量的提升受到极大影响，旅游的转型升级遇到瓶颈。

淳安千岛湖风景区根据旅游发展中存在的问题，利用千岛湖作为浙江省智慧旅游目的地示范建设的机会，大力发展智慧旅游，用智慧旅游推动千岛湖旅游的转型升级。因此，本节以千岛湖景区为研究对象，在分析目前智慧千岛湖建设中存在的问题、游客的服务需求以及智慧千岛湖系统数据需求的基础上，研究如何有效地推进千岛湖景区实现数据信息资源有效共享，发挥数据信息的整体优势，最大限度地消除“信息孤岛”的存在，从而提升千岛湖旅游的管理效益与经济效益，为中国智慧景区建设提供一个典型的实践案例。

一、智慧千岛湖的数据需求

数据需求是智慧旅游建设的核心和关键，因为有了数据就有信息，有了信息就有知识,有了知识就可以产生智慧,一切智慧的形成都源于数据。智慧千岛湖建设也是一样,首先要建立数据中心,它被所有应用系统所共享,通过应用系统的使用形成管理与服务所需要的智慧。下面就对数据中心建设过程中的数据需求进行分析,首先了解一下智慧千岛湖建设的功能架构。

(一) 智慧千岛湖功能架构

根据千岛湖风景区旅游业的具体情况,智慧旅游建设的重点主要围绕智慧旅游管理、智慧旅游服务、智慧旅游营销等业务展开。智慧旅游管理的功能架构围绕旅游政务管理和湖区管理等内容展开,包括政务网站建设;智慧旅游服务的功能架构包括旅游公共服务、游客体验服务、旅游电子商务等内容,并包含所有对游客的服务;智慧旅游营销的功能架构包括 DMS 系统、市场舆情分析、营销效果评价等。千岛湖智慧旅游的功能架构如图 2-1 所示。

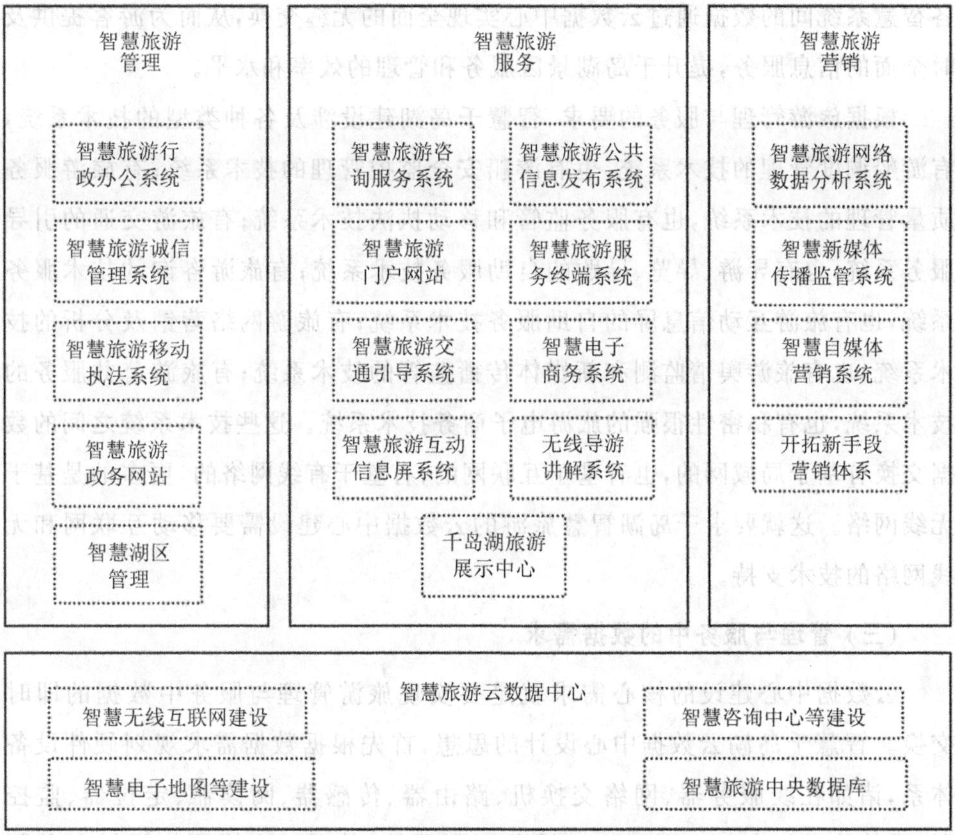

图 2-1 千岛湖智慧旅游的功能架构

(二) 智慧系统间的数据交换

旅游业是信息高度密集的行业，无论在日常业务数据处理时，还是在运营管理的过程中，都会产生大量的数据，包括食、住、行、游、购、娱等方面接待信息和游客需求信息。这些信息在各旅游实体之间流动，是千岛湖风景区经营管理活动的主要依据。在建设智慧千岛湖的过程中，需要景区、旅行社、酒店、餐饮、交通公司等旅游企业之间互相合作，通过整合各种信息资源，实现基础数据的统一管理和共享，并实现各系统间的数据交换，消除一个个“信息孤岛”，从而实现千岛湖各种智慧系统的互联互通、协同工作以及有效的服务管理，实现高效、感知、便捷服务体验的智慧千岛湖。建设中的千岛湖智慧系统是一个综合应用服务体系，其开放、协作、共享的机制为各智慧系统的衔接提供了可能，有助于旅游业界的信息交换与共享，有助于形成泛化的、互联的大智慧景区协作体系。各智慧系统间的数据通过云数据中心实现全面的无缝交换，从而为游客提供及时全面的信息服务，提升千岛湖景区服务和管理的效率和水平。

根据旅游管理与服务的要求，智慧千岛湖建设涉及各种类型的技术系统，有游船调度管理的技术系统，也有游船安全监控管理的技术系统；有旅游服务质量管理的技术系统，也有服务监管和移动执法技术系统；有旅游交通的引导服务系统，也有导游、导览、导购的自助服务技术系统；有旅游咨询的技术服务系统，也有旅游互动信息屏的自助服务技术系统；有旅游网络营销及分析的技术系统，也有旅游舆情监测和新媒体传播监管的技术系统；有旅游公共服务的技术系统，也有私密性很强的旅游电子商务技术系统。这些技术系统之间的数据交换有基于局域网的，也有基于互联网的；有基于有线网络的，更多的是基于无线网络。这就要求千岛湖智慧旅游的云数据中心建设需要移动互联网和无线网络的技术支持。

(三) 管理与服务中的数据需求

云数据中心建设的核心需求就是要实现旅游管理与服务中数据的即时交换。智慧千岛湖云数据中心设计的思想，首先根据数据需求规划硬件设备体系，诸如在线服务器、网络交换机、路由器、传感器、阅读器、定位器、监控器、手持终端设备、电子标签、二维码识别器等，并通过底层网络设计各种硬件设备的连通、接入、互访以及通信，满足旅游管理与服务信息的实时获取、传输、存储、分析、可视化表达的实际应用需求，然后根据数据流量设计具体的硬件容量。具体管理与服务中的数据需求主要包括旅游管理和旅游服务两个方面。

旅游管理的核心数据需求是管理部门随时可掌控游客量的分布和变化。当游客进入千岛湖风景区后，景区管理部门需要获得游客通行等相关数据，随时了解游客在各岛景点的时空分布、景区游客的流量和流向，并根据这些实时数据对景区内的游客流量与流向进行分流和调节，使景区内游客的流量和流向保持一定平衡，避免因为景区局部空间内游客过量而影响观赏质量和游览安全。同时，通过这些实时数据可以实现对分散于景区各个景点的管理人员进行适时、合理的调度，实现人力资源的最优化配置。

旅游服务的核心数据需求是游客可以随时随地获取信息并获得服务。游客通过手机等移动终端可随时随地了解智慧千岛湖有关的旅游服务，包括景区导游、导览和导购等移动服务，景点介绍、餐饮、娱乐、游船预订以及紧急呼救等服务；同时，要求旅游服务的相关数据可以通过 RFID、二维码、3G/4G、Wi-Fi等技术实现自动传递和获取。景区管理人员根据游客需要可通过移动终端随时主动推送旅游服务信息，如餐饮信息、安全提醒信息等。推送的旅游服务信息可以是文字、图片、音频、视频等形式，它们都来自于不同的信息系统。

二、智慧千岛湖云数据中心系统设计

(一) 云数据中心的系统架构

云数据中心架构的核心技术是云计算技术，并应用移动互联网、物联网、精准定位技术、GPS、遥感和检测等新技术，解决智慧千岛湖建设中的数据管理问题，为淳安旅游提供精准管理和敏捷服务的数据支持，也为企业提供旅游电子商务的应用数据和平台。根据千岛湖风景区管理与服务的数据需求，云数据中心的技术架构包括业务应用层、数据交换层、数据资源层和基础设施层，具体内容如图 2-2 所示。

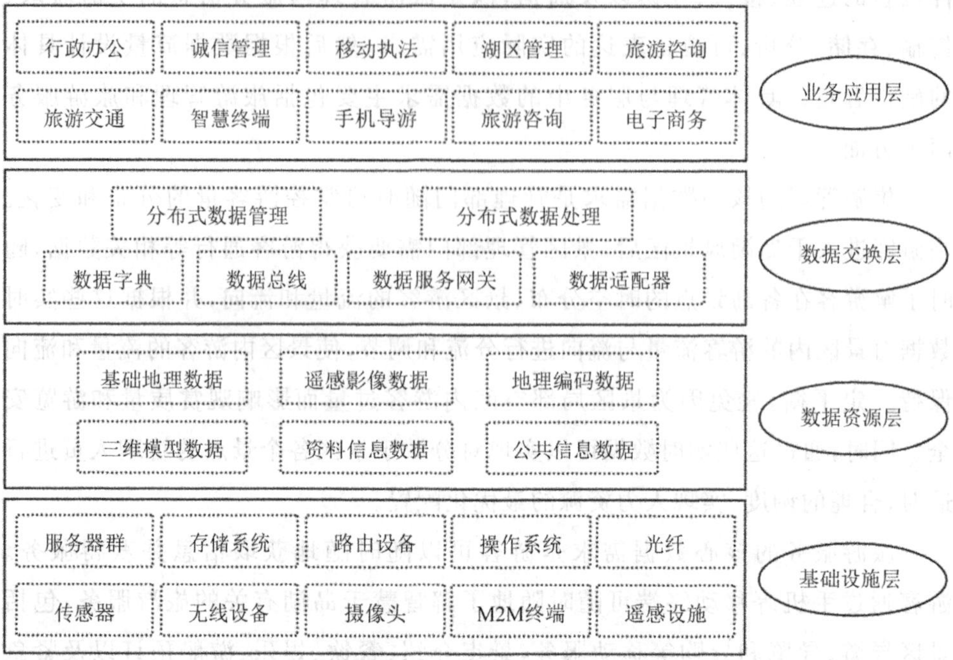

图 2-2 智慧千岛湖云数据中心的技术架构

（二）云数据中心的建设内容

智慧千岛湖云数据中心的建设内容取决于景区管理与服务的总体需求，以及游客对智慧服务体验的具体需求，即需要满足千岛湖风景区智慧旅游管理、智慧旅游服务、智慧旅游营销下各子系统的数据交换需求，这是智慧千岛湖云数据中心建设的宗旨。由于各智慧系统的规划设计与景区职能部门的需求密切相关，所以，云数据中心的建设内容应涵盖景区管理业务的地形地理、自然环境、自然资源、文化资源、基础设施、环境污染等图形数据，以及航天遥感图像、航空遥感图像、地面遥感图像、地面景观图像等图像数据；也包括自然环境、社会经济、自然景源、人文景源等属性数据以及人事、财务、酒店等业务数据库。同时，云数据中心在管理各应用系统数据的基础上，应提供云服务能力，帮助企业为游客提供云端服务，按照云服务架构对数据进行集中存储，并按照统一的交换标准通过各种平台发布，最终实现旅游信息的自动采集和智慧化服务。因此，图 2-2 中的数据资源层和基础设施层是云数据中心建设的重点内容，其中的内容充分体现了数据内容的完整性和云服务能力。

(三) 数据中心设计中的关键技术

1. 云计算

云计算是一种商业计算模式，将各种计算、存储、应用等 IT 资源进行封装，以“服务”的形式通过互联网提供给用户；它将计算任务分布在大量计算机构成的资源池上，并通过专门软件实现自动管理，无须人为参与，用户只需根据云计算平台提供的接口就能按需获取计算力、存储空间和各种软件服务。用户可以自由申请所需资源，不需要了解、知晓或者控制支持这些服务的技术基础架构，能够更加专注自己的业务，有利于提高效率、降低成本和技术创新。云计算将大大节省智慧千岛湖数据资源管理的建设成本，提高数据资源的服务效率，是云数据中心建设中实现云服务、云旅游的核心关键技术。

2. 物联网

物联网(internet of things，IOT)是目前新兴的网络技术，它将成为基于 IPv6 的下一代互联网的一个新的发展方向。以射频识别(RFID)为典型代表的标识技术是物联网发展的根源。物联网的实质是在互联网的基础上，利用 RFID 装置、红外感应器、全球定位系统、激光扫描器等信息传感设备，按约定的协议，把任何物品与互联网相连接，进行信息交换和通信，以实现智能化识别、定位、跟踪、监控和管理的一种网络。应用物联网技术实现智慧千岛湖中的景区资源管理、员工管理、固定资源管理以及 VIP 管理与服务中的数据传送。

3. 全球定位系统

全球定位系统(global positioning system，GPS)是随着现代科学技术的迅速发展而建立起来的新一代卫星导航和精密定位系统。GPS 由卫星运行系统、地面控制系统和接收机三部分组成，具有高精度、高效率、多功能、操作简便、全天候、应用广泛等特点。GPS 可为智慧千岛湖资源调查、数字导游、车辆游船调度等数据获取提供重要的技术支持。

4. 地理信息系统

地理信息系统(geographic information system，GIS)源于机助制图，是随着地图学、应用数学及计算机技术的不断发展而逐渐完善起来的一种集输入、存储、管理、查询、分析、显示、输出地理学信息为一体的新型综合技术。它以空间数据库为平台，以空间分析和地理学应用模型为支撑，实现地理学信息的模拟与综合分析，为地理学应用提供辅助决策支持。在智慧千岛湖云数据中心的建设中，GIS具有不可替代的作用，是对智慧服务数据进行高效组织与管理的最主要手段，是游客电子导游、电子导览、电子导购服务中的关键技术，它和移动互联网结合形成了智慧的移动服务。

5. 遥感技术

遥感(remote sensing，RS)技术是20世纪60年代兴起的一门综合性空间信息科学，是一种非接触的测量和识别技术。遥感的定义是：从高空或外层空间的各种平台上，使用传感器(摄影仪、扫描仪和雷达等)获取地表的信息，再将这些信息传输到地面并进行加工处理，从而实现对地面物体进行识别和监测的一门现代化应用技术科学。在智慧千岛湖建设中，遥感技术可作为智慧千岛湖规划及基础数据获得的重要依据和来源。

6. “3S”技术

将“3S”技术(GIS、RS和GPS)结合在一起的应用称为“3S”技术集成。GIS、RS和GPS在空间信息获取、动态管理分析和综合评价应用等方面各有千秋，各具长短，相互间的渗透、集成是必然的趋势，反映了空间信息系统从数据获取到数据处理再到信息生成输出的全过程。“3S”技术集成是智慧千岛湖建立的基础，也是云数据中心的主要整合技术，应用“3S”技术对智慧千岛湖进行数字化建设能将各类管理信息与地理信息有机地结合起来，实现景区的精准化管理。

三、云数据中心解决的管理问题

智慧千岛湖云数据中心为千岛湖景区的管理与服务提供数据的决策支持服务，它解决的核心管理问题是旅游服务质量问题，利用云计算、遥感技术、全球定位系统、“3S”技术、物联网等数据采集、处理技术，通过分析游客的时空行为及旅游对景区环境的影响，有效维护千岛湖景区的环境秩序，建立最优的景点配置管理模型，实现千岛湖全景区的可视化管理。具体可解决以下几方面的管理问题：

(一) 门票管理

传统的电子门票不仅让游客因购票、换票、验票浪费宝贵的时间，而且让景区管理部门的统计分析工作变得烦琐,效率低下。通过接入云数据中心,使用智慧型的电子门票,可以实现售票、验票、查询、统计的完全电子化,系统可实时提取门禁票务的相关数据,并对数据进行自动分析和统计,以图表或数字形式实时显示景区各入口人数,自动生成分析报表,并实现智能化的管理与服务,为景区游客量的监测和分流提供科学、准确的依据。

(二) 客流管理

云数据中心记录了千岛湖风景区所有的游客量信息,在预计团队游客量和网络预订游客量的基础上,通过对进入千岛湖的游客车辆和人流量的实时监测,预测进入湖区的实际游客量情况,实现对千岛湖风景区游客的分流管理,并通过引导服务系统的预警机制,制订引导管理方案,如车辆换乘方案、交通管制方案、行程分流方案等,并把这些方案信息通过有线网络或无线网络告知行程中的车辆及游客。云数据中心还可以监测各岛屿景点上的实时游客数量,当监测到游客流量数据达到或接近岛屿的承载量值时,就必须把该信息通过引导服务系统告知给游客,同时通过游船调度系统合理调度游艇进行分流。这种电子化的客流管理需要云数据中心提供精确的客流数据和灵敏的客流预测。

(三) 业务管理

云数据中心管理的数据是千岛湖实现业务精准管理的基础。行业管理用于统计千岛湖旅游的指标数据,如每年不同时间到千岛湖景区旅游的游客量、游客年龄组成、客源分布、消费能力、消费比例等指标,可以通过云数据中心轻松获取。这些指标数据可以生成各种分析报表,并对各项指标的环比、同比等指数进行计算,为千岛湖旅游管理部门的投资、建设、营销、服务等决策提供真实的依据。

云数据中心业务管理的作用还包括数据自动采集,自动提供企业经营情况表,自动统计开发建设情况表、游客统计分析表、客源分布分析表、散客情况分析表等,反映出千岛湖旅游经营情况及各种统计汇总。云数据中心还通过智能接口实现消费额自动统计,实现饭店、宾馆、餐馆、旅行社等企业数据自动接入业务管理的统计系统中,从而实现智慧的精准业务统计,为千岛湖旅游发展的预测和决策提供依据,也为千岛湖的智慧营销提供了数据支持。

（四）千岛湖生态管理

生态安全是旅游可持续发展的保障，任何旅游活动都会对环境生态产生影响。通过云数据中心收集和记录的生态信息，可以对湖区的生态信息变化进行实时监测，及时分析湖区的生态安全是否受旅游活动的影响。如湖区水的质量、空气环境的质量、噪声分贝数、岛屿土壤的质量、污水垃圾处理的方法等，这些被监测数据发生变化，就会对千岛湖风景区的植被、动物、鸟类、鱼类生长环境的生态平衡产生影响，对千岛湖风景区的生态效率产生影响，最终会影响旅游的可持续性。云数据中心通过网络及时分析和监测生态数据，并监控生态信息所形成的变化曲线，实现千岛湖生态信息变化的可视化跟踪。

四、应用展望

智慧旅游强调以游客互动体验为中心，通过新一代信息技术与旅游服务、旅游管理、旅游营销的高度融合，使旅游资源和旅游信息得到系统化整合和深度开发应用，并服务于公众、企业和政府等。智慧旅游必须以旅游信息化和旅游数据积累为基础，云数据中心建设成为数据积累和分析的核心技术手段，通过数据积累和分析形成管理的智慧、服务的智慧，最终实现游客与旅游目的地服务要素的相互感知和综合运用。

智慧千岛湖云数据中心系统的建设，能够极大提升千岛湖景区的管理与服务水平，为千岛湖成为国内示范型智慧目的地奠定良好的基础。首先，云数据中心通过无线网络覆盖破除现实空间的约束，构建了一个数据化的旅游信息空间，使游客可以从不同渠道以不同形式获取千岛湖景区的信息与服务；然后，在此基础上实现景区管理部门、旅游企业、游客之间的信息互动，分析并获取游客旅游的需求信息、旅游过程中的行为信息以及游客对旅游服务的感知信息，从而实现旅游产品服务设计、服务质量控制、旅游网络营销、旅游电子商务的智慧化管理；最后，通过整合旅游服务中的信息流，建立科学合理的协调机制与沟通机制，最终把云数据中心建设成一个以千岛湖风景区为核心，旅游产品为纽带，信息技术与传统旅游业有机结合，旅游信息合理流动、个性化使用，旅游资源有效利用的综合信息管理平台。

本研究引例构建了基于云计算的智慧千岛湖数据中心系统，简称云数据中心，包括系统架构、建设内容、关键技术，分析了云数据中心可以解决的管理问题。实践证明，云数据中心能够满足千岛湖在智慧景区建设及旅游服务信息化等方面的管理需求，所有规划的智慧型系统都运行在云数据中心的架构上，使千岛湖旅游业的信息化水平超前于旅游服务业整体的信息化水平。云数据中心基本覆盖整个景区的旅游基础信息数据库、旅游业务数据库、游客数据库，实现了旅游资源基础信息的交换和共享，以及智慧旅游必须实现的系统间数据的智慧流转。

在基于云计算的智慧千岛湖数据中心系统的基础上，千岛湖未来将通过利用新一代信息技术对旅游的相关要素进行整合，扩充并形成满足游客需求的各类智慧型服务，为广大游客提供智慧化的电子导览、电子导游、电子导购等个性化服务，为管理部门提供智慧化的管理手段，也为千岛湖旅游提供智慧化的营销平台和广阔的客源市场，建成千岛湖旅游目的地与游客可以相互感知、全方位智慧体验的旅游服务体系，为游客提供一站式、个性化的智慧服务。

淳安智慧旅游的建设以千岛湖风景区为重点，在应用实践过程中强调了数据中心建设的重要性，其应用路径是通过数据中心的建设逐步完善智慧的应用系统。未来所有的应用系统都运行在云数据中心的架构上，不管是政府建设的应用系统，还是企业建设的应用系统，都可共享同一个旅游数据中心。课题组在参与实践的过程中发现，政府规划的技术系统太多，而企业鼓励建设的系统偏少，形成整个淳安智慧旅游的建设缺乏重心，也就是游客感觉到的旅游体验偏少，因为许多服务需要企业去投入做，游客接触最多的还是企业提供的服务，整体智慧旅游的发展机制还需要完善和鼓励企业的积极参与。但从区县旅游的角度看，淳安智慧旅游的应用实践已走在其他区县的前面，领先于一般的区县旅游目的地智慧旅游建设，其智慧建设的经验还是值得借鉴和总结。

第二节　智慧普陀山建设引例

舟山的普陀山是著名的佛教圣地，又是海洋旅游的著名风景区，景区的信息化建设一直走在佛教文化景区的前列。为提升普陀山风景名胜区的整体管理及服务水平，加快旅游产业的发展升级，实现“品质普陀山、生态普陀山、文化普陀山、和谐普陀山”的“四山”建设新目标，普陀山风景名胜区管委会在数字普陀山建设的基础上，于2012年开始定位智慧普陀山的规划建设。首期规划明确“智慧普陀山”建设的指导思想、发展目标、总体架构、主要任务、建设内容和支撑保证，根据普陀山实际旅游发展情况及智慧舟山新区建设的要求，对智慧普陀山建设进行了系统性的规划。

一、智慧普陀山的总体架构

普陀山风景区的特点就是地方小、游客多，管理与服务的问题非常突出，管委会非常重视景区的信息化建设，每年投入较大的财力和物力进行信息化的提升，从信息系统的建设到数字景区的建设都取得了较好的成绩。

2012年，普陀山的游客量已达600多万人次，现有的数字景区设施已无法满足旅游管理与服务的需求，需要提供更高层次的信息技术与旅游业态深度融合才能实现普陀山旅游的转型升级，即用智慧旅游的概念打造智慧普陀山，用现代旅游服务引领普陀山的服务经济发展。“智慧普陀山”建设的总体框架是：以智慧旅游云计算为中心，从智慧管理、智慧服务、智慧营销三个方面入手，以新一代宽带泛在网、云计算、3D GIS、混合现实、人工智能等新兴信息技术为支撑，通过整合集成、开发提升、新建扩建，构建高效统一、功能丰富，跨平台、跨网络、跨终端的“基于云3D GIS的综合管理、服务和营销一体化平台”，逐步建立起特色鲜明、运转高效的智慧旅游政务管理体系、智慧旅游公共服务体系、智慧旅游市场营销体系，实现景区政务管理智能运行，使旅游者能享受便捷智能服务的智慧旅游新格局。

智慧普陀山总体框架的特点就是平台化，通过一体化平台建设，完成普陀山风景名胜区云数据中心、指挥调度中心的建设，完成云3D GIS引擎建设的整体整合，并将现有的视频监控、GPS车辆指挥调度、数字城管、办公自动化(OA)等子系统与云3D GIS引擎进行整合，实现各业务系统的互联互通，解决数字普陀山的“信息孤岛”问题。在此基础上，新增建设五大系统(云3D GIS引擎、景区智能无线集群呼叫定位、游客实时分析与智能疏导、一云多屏多媒体信息发布及移动终端智能服务系统)等，以实现普陀山三维数据的实时采集、分析挖掘、互联网及移动互联网的多方式发布和快速浏览，实现智能化监管和应急指挥调度等功能，构建智慧景区。最终实现《中国旅游业“十二五”发展规划纲要》中的“智能终端技术在数字化导览、电子地图、定位识别、移动支付、多点通信等领域的应用”“构建三网融合机制下的旅游目的地营销体系，建立跨网络、跨终端的多元化旅游营销能力”“以多媒体技术丰富旅游目的地和旅游产品宣传的文化要素”“创新电子商务服务模式，实现旅游在线服务、网络营销、网络预订和网上支付”等应用要求。智慧普陀山的实现就是用平台整合各种类型的应用系统，用数据中心整合各应用系统的数据使用问题，从而释放数据的流动性，使风景区旅游的管理与服务真正体现了智慧。

框架中的数据中心主要围绕基础数据和应用数据两大类，基础数据包括景区的基础信息数据、三维模型数据和矢量数据等；应用数据包括游客信息数据，服务类的酒店、餐饮等数据，也包括生态类数据。这些数据通过接入、交换等方式被不同的影院系统所使用，并通过网络实现管理与服务的共享。

通过对“智慧普陀山”的整体框架的规划，智慧景区建设的初步战略框架逐渐形成，并最终实现景区管理者和游客无论身处何地都可以随时随地通过多种终端设备按需获取信息并完成相应的服务操作或业务操作。

二、智慧普陀山的建设内容

作为一个数字景区的示范点，普陀山已有许多信息技术的应用及系统，如何利用现有的系统并开发一些新的智慧型系统，是普陀山信息中心必然考虑的一个问题，尤其是数据的新老系统整合问题。因此，普陀山在智慧建设中始终以数据中心为核心点，用智慧的手段和技术拓展系统的应用，采用云架构的数据中心作为系统运行的支撑点。由于智慧普陀山有许多不同方面的应用系统建设，这里只能选择其中几个典型的建设内容进行简单的介绍。

(一) 新建、扩建系统与原系统的整合应用

在“十一五”期间，“数字普陀山”开发建设了视频监控、GPS车辆指挥调度、数字城管、办公自动化等系统，完成了《“数字普陀山”建设规划方案》规定的建设任务。但是这些应用系统没有实现互联互通，存在“信息孤岛”，影响了有关服务的进一步提升。在“十二五”期间，“智慧普陀山”建设拉开了序

幕，为了遵循保护已有投资和资源的原则，用整合的思路开展智慧普陀山建设。基于云 3D GIS 引擎的应用就是整合的创新思路，它可在最大范围内升级改造和整合原有系统，并新增建设“云 3D GIS 引擎、景区智能无线集群呼叫定位、游客实时分析与智能疏导、一云多屏多媒体信息发布及移动终端智能服务”五大系统，构建基于云 3D GIS 的“智慧普陀山”综合管理、服务营销一体化平台。

普陀山的 3D GIS 引擎是面向 3D GIS 的云计算引擎，它将基础设施、平台、软件、业务内容等要素综合、高效地部署到“云”基础设施之上；提供三维地理信息基础设施服务（3D GIS IaaS）、三维地理信息平台服务（3D GIS PaaS）、三维地理信息软件服务（3D GIS SaaS）、三维地理信息内容服务（3D GIS CaaS）；以弹性的、按需获取的方式提供最广泛的基于 Web 的服务，解决普陀山旅游信息化中长期存在的“信息孤岛”问题、重复建设问题，满足了大量旅客应用对超大规模并发访问的需求。云 3D GIS 引擎支撑系统结构如图 2-3 所示。

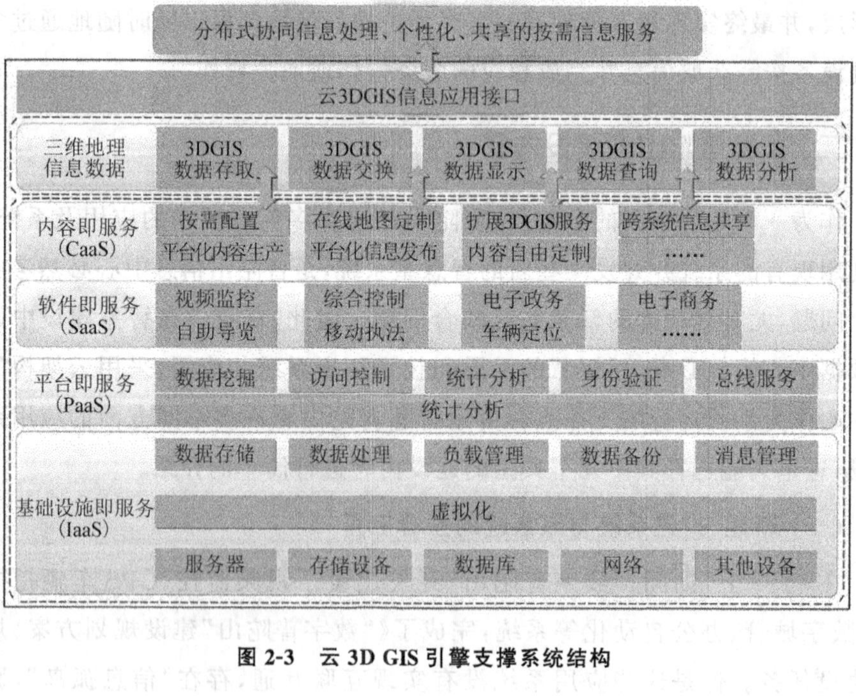

图 2-3　云 3D GIS 引擎支撑系统结构

普陀山云 3D GIS 引擎的主要功能如下：

(1) 支持实体属性数据的入库及管理。实现一键数据打包和模型批量入库。支持三维模型、贴图入库及管理。

(2) 支持自定义标注，实体属性查询、编辑。

(3) 支持地图叠加，实现二、三维电子地图无缝融合，进行二、三维的自然过渡展示。具备多比例尺、不同精度的地图显示模式。支持 2.5D 仿真地图、交互式三维全景等多种地图模式，并可快速无缝切换。

(4) 具备模型预处理功能，具有文件和数据库模式装载数据功能。

(5) 具有多终端 2.5D 地图模式下的导航功能，可快速、高效导航/定位。具备最短路径分析功能，可以进行两点间的路径分析和显示。

(6) 支持通用数据格式转换，支持主流应用系统数据互通和交换。

(7) 支持多线程内核，能实现数据后台异步调度，动态加载和删除。

(8) 基于 B/S 架构，采用 Web Service、Ajax、Objective-C、C/C++、NDK 等技术，实现跨平台引擎。

(9) 能够生成任意指定的三维全景影像路线，支持普陀山游览路线定制，实现 2.5D 导航图、360 度三维实景视频、图片、文字、普通视频、原声配音等多类数据的融合。支持三维实景图实时在线浏览与管理功能。实景漫游系统具有全真实感、高度沉浸感。

(10) 支持三维实景影像的任意多角度观看，并能自动识别视角及浏览方向。

(11) 支持 IE 各版本的浏览器、支持 Maxthon、Firefox、TT 等常用浏览器，无须下载任何插件或客户端软件。具有在多终端平台间的信息分享、多通道信息互动功能。

(12) 具有模糊搜索、定位功能。

(二) 智慧的旅游指挥调度系统

普陀山的指挥调度中心主要是升级改造，用智慧的手段提升调度系统的功能。指挥调度中心的升级建设方案将通过采用功能集成、网络集成、软件界面集成等多种集成技术，实现在线设备间的互联互通和互操作，充分发挥集成应用的协同效应，实现对各个集成设备和系统的集中高效应用及对相关管理部门的统一协调和组织，构建统一指挥、快速反应的管理体系。它的建设和运行，有利于改革传统管理模式，解决管理部门之间信息共享不畅、指挥调度不良等问题，对提高普陀山集中指挥调度效率和响应的及时性，有效整合风景区内应急资源，实现风景区内各部门间的协同联动，避免重复投资，提高预防和处置突发公共事件能力，控制和减少各类灾害事故造成的损失具有明显意义。

支撑环境层包括基础网络设备、服务器、数据存储设备等硬件设施以及系统软件、数据库等软件平台及环境。数据层基于云3D GIS引擎，由“云数据中心”提供；业务应用层集成了指挥调度的“事前、事中、事后”全过程各业务系统，包括信息接报、图像模式识别和处理、数字预案、应急值守、指挥调度、安全预警等子系统；访问层采用功能集成、网络集成、软件界面集成等技术，在指挥调度中心集中设置大屏幕、显示终端、电话传真、应急终端等，实现景区三维可视化监测、监控与集中指挥调度。

升级改造后的指挥调度中心采用“事前、事中、事后”全过程管理模式，为全景区提供有线/无线集成的指挥调度手段。

（三）智能集群无线呼叫定位系统

随着科技的发展和突发事情的复杂化，对景区巡逻人员日常工作提出了更高的要求和机动性，并要求调度灵活、响应及时。景区智能无线集群呼叫定位系统，通过无线对讲系统把GPS终端发出的地理坐标、时间、速度等数据传回指挥调度中心，并在3D GIS电子地图上可视化显示各终端的位置及相关信息。无论景区中情况如何复杂，指挥调度中心都能以最快的速度确定目标地理位置，调集人员并赶到现场，从而更有效地提高巡逻效率和维护治安秩序。

景区智能无线集群呼叫定位系统主要功能包括：

1. 多种呼叫方式

可根据实际情况，对系统用户进行合理规划，支持组呼（向通话组发起组呼）、秘密呼叫（个呼）及紧急呼叫（向同一个逻辑信道中的所有用户发起呼叫）等多种呼叫方式。

2. 保密通信

具有极高的私密性，可有效防止非法窃听。在进行监听时，只能检测到信道正被占用，而不能窃听到实际的通话内容。

3. 文字短信收发

可通过手持对讲设备在相互间发送和接受文本信息，并能保存最近收发的消息(三个月内)；同时支持手持对讲设备与移动 PC 的互联互通，可在移动 PC 上发送、接收和查看文字短信。

4. GPS 定位

在手持对讲设备内设置卫星定位模块，可方便地对持有数字对讲设备的人员进行跟踪，并在三维可视化集成平台同步显示。

5. 统一管理

可通过集成管理平台，对全网实施统一管理。可实时灵活地设置或改变需联网的工作区；全网可多组、多级地组建任意规模的同播网；支持跨频段、跨区域混合组网；对网内设备可进行统一配置和故障检测，支持故障声光报警。

(四) 游客实时分析与智能疏导系统

游客实时分析与智能疏导系统借助云计算、3D GIS、移动通信、人工智能和无线网络定位等技术，通过手机号码归属地数据库以及景区的 GIS 数据，实时或准实时地获取各类型游客在普陀山各旅游景点的停留数据。将该数据与视频监控数据进行融合，实时掌握各主要景点的游客流量，必要时，发出高峰预警，并对游客进行智能疏导。

普陀山游客实时分析与智能疏导系统的主要功能包括：

(1) 对全山各景点、酒店、餐饮等涉旅企业消费人群的年龄层次、来源省份和地市构成比例、景区停留时间、各景点人流量等历史数据进行周期性统计和挖掘，为旅游的科学管理和面向客源地的精准营销提供数据支撑。

(2) 利用无线网络的手机位置信息、GIS 数据以及布设在景区内的视频监控数据，实时获取游客在全山的分布及流向，对游客流量按游客来源地进行定量清点，对全山游客的流量进行在线实时分析，对人流密度进行分析，对部分景点客流量超限进行报警，并主动向游客推送相关信息，智能疏导游客流。

(3) 在特殊节假日和突发事件情况下，为游客提供短信告知服务，并采用景点 LED 大屏进行滚动提示。

（五）移动终端智能服务系统

“智慧普陀山”把支持智慧旅游服务模式创新作为重点。因此，采用云计算、虚拟现实、3D GIS、移动通信、身份识别等技术构建的移动终端智能服务系统是“智慧普陀山”的重要组成部分。其建设目的是为了向游客提供个性化（符合游客个人需求和特点）、全程化（涵盖游前、游中、游后）的交互式服务，如信息推送服务、电子商务服务等。

移动终端智能服务系统包括电子导游、电子导览、虚拟游、行程定制、电子商务等服务内容。通过“虚拟游、行程定制、电子商务和互动分享评价”等应用模块的建设，根据游客偏好模型，将云数据中心中海量的三维地图、三维全景、视频、图片、文字、声音等数据重组，集成 12301 咨询热线等功能，面向各类移动终端，为广大游客提供个性化的导航、导览、导游、导购、求助、分享、评价等一系列电子服务，进一步深化游客在游前、游中和游后三个阶段的旅游体验和在线服务，为游客提供全方位、个性化的食、住、行、游、购、娱一站式的旅游服务。游客利用自己的智能手机，通过微信、手机网站、APP 等形式就可以轻松获取这些个性化的服务。

三、智慧普陀山的发展优势

普陀山是中国佛教四大名山之一，是首批国家重点风景名胜区、首批国家 5A 级旅游景区，具有悠久的宗教文化历史、丰富的自然景观和人文景观，素以海天佛国、南海观音道场闻名于世，每年吸引着几百万的香游客来山观光礼佛，尤其是 2009 年年底舟山跨海大桥开通之后，普陀山游客量呈现“井喷”式增长，2012 年共接待海内外香游客 560 万人次，景区各项事业均取得了巨大成就。2006 年 6 月，根据国家住房和城乡建设部《关于搞好国家重点风景名胜区数字化建设试点工作的通知》精神，普陀山启动了“数字普陀山”建设工作，并于 2007 年 6 月被列为首批 24 家国家数字化试点景区之一。普陀山结合景区实际，以“资源保护数字化、经营管理智能化、产业整合网络化”为重点，全面推进“数字普陀山”建设，顺利完成数字化景区一期建设目标，并于 2009 年通过建设部“数字化景区”示范区验收。在普陀山数字化建设取得喜人成绩的同时，普陀山风景名胜区管委会根据“两化”深度融合的精神，继续深化信息技术的应用，积极推进智慧普陀山的建设，用智慧旅游推进普陀山的管理与服务进程。

从近两年黄金周全国旅游的统计来看，旅游业作为新列入国民战略性经济支柱产业的地位凸显，旅游井喷时代的到来指日可待。随着游客量不断增加，普陀山的管理和服务面临前所未有的挑战，如景区安全、游客服务管理、车辆调度、森林防火以及资源保护等，任何一个问题解决不好，都有可能影响普陀山“四山”建设目标。面对可能带来的压力，管委会着眼大局，立足景区工作实际，在“数字普陀山”一期成果的基础上，积极推进二期工程建设，进行“智慧普陀山”建设。拟通过“智慧普陀山”建设，进一步整合和挖掘普陀山已建成的“数字普陀山”建设成果的综合效用，促进信息技术和旅游公共服务、旅游管理、旅游营销的加快融合，使旅游物理资源和信息资源得到高度系统化整合和深度开发激活，并使其更好地服务于政府、企业和公众。可以预计，智慧普陀山的建设将给旅游的管理与服务带来极大的提升，也给游客带来了高科技的体验。虽然游客量还在逐步增加，但通过智慧管理与智慧服务，游客的满意度也将逐步提高，信息技术给普陀山的旅游增添了活力，也给普陀山的旅游发展带来了机遇，形成了我国佛教旅游创新发展的应用典范。

普陀山既有智慧目的地的建设内容，又有智慧景区的建设内容，在智慧旅游的框架中，服务对象包括游客、当地居民以及所有企业。普陀山的智慧旅游建设实践是建立在数字景区（普陀山）的基础上，整个信息通信技术应用的基础比较好，规划投入智慧旅游建设的系统分为两部分：一部分是开发新系统，重点是移动服务和移动管理；另一部分是完善和改造老系统，新、老系统实行整合建设并应用。因此它的应用实践和发展路径是新老结合、扩展改造、新媒体应用，营销、服务方面以开发新系统为主，管理方面以扩展改造为主，充分利用数字普陀山建设所形成的技术系统。智慧普陀山整体建设的实现路径在主观意识上还是以政府为主，虽然在企业也有一些智慧建设的内容，如移动服务 APP 应用，但由于缺乏一个统一的数据中心支持，整体智慧服务的协同性还是存在问题，也就缺乏有效的管理机制。在普陀山，小规模的旅游企业较多，如果通过共享的数据中心作为支持，则移动服务的协同会有更好的效果，相应的移动管理形成的管理机制也会更加有效、到位。

应用案例及分析

温州洞头智慧旅游建设的应用实践

温州洞头区是一个海岛区，主要经济产业就是渔业和旅游业，位于温州的东部沿海，与玉环县相邻。洞头的行政辖区有103个岛屿，其海岛旅游是浙江温州的主打产品。2012年5月，温州市成为浙江省唯一的国家级智慧旅游试点城市，而洞头又是温州市旅游尤其海洋旅游的重点板块，这给洞头旅游发展带来了最佳契机。洞头区努力把智慧旅游建设作为将旅游业打造成现代服务业的重要切入点和突破口，大力推进智慧旅游全面建设也是洞头旅游转型升级的唯一途径，通过全面规划把洞头的智慧旅游岛打造成一个可感可触的具有旅游新体验的海洋旅游目的地。为此，洞头区政府突出“改革”和“试验”两项内容，力争用5年左右的时间，通过推进“六个转变”为国际性旅游休闲岛建设实现铺垫，借助建设“智慧旅游岛”的契机，形成了以智慧的管理与服务为建设目标的落实措施，奠定了智慧建设的基础。

一、智慧建设的总体任务

洞头区智慧旅游建设的总体任务是通过移动互联网、云计算、物联网、无线技术、精准定位等新一代信息技术对旅游的相关业态要素进行整合，实现洞头旅游目的地与游客可以相互感知的旅游服务体系，为游客提供一站式、个性化、全方位智慧体验的旅游服务。具体核心任务包括四个方面(两大中心、五大系统、六大试点、四大工程)：

智慧管理：旅游管理中心、网络营销中心；

智慧服务：移动终端服务、公共信息服务、旅游信息推送、游客互动评价、在线预订服务；

智慧企业：智慧景区、智慧饭店、智慧旅行社、智慧渔家乐、智慧接待中心、智慧驾驶服务；

智慧基础建设：无线网络覆盖工程、智慧数据库建议工程、旅游刷卡无障碍工程、二维码识别普及工程。

二、智慧旅游实践的总体框架

温州洞头智慧旅游建设的应用体系包括旅游者、政府、公共服务、景区、旅游企业(酒店、旅行社、渔家乐等)、交通、海事等,整体建设以服务需求、管理需求作为建设的切入点,坚持从洞头旅游发展的全局和实际出发,发挥资金、资源、技术、人才和管理优势,在电子商务、旅游管理和公共服务等一些重点领域率先实现突破,积累初步经验。按照分步实施的原则,将项目分解为若干阶段性的任务,统一部署、全面规划、整合资源、政策引导、协同建设,以点带面全面推进洞头智慧旅游的建设,形成两个中心、智慧服务、新业态目标、基础工程等建设框架,如图 2-4 所示。

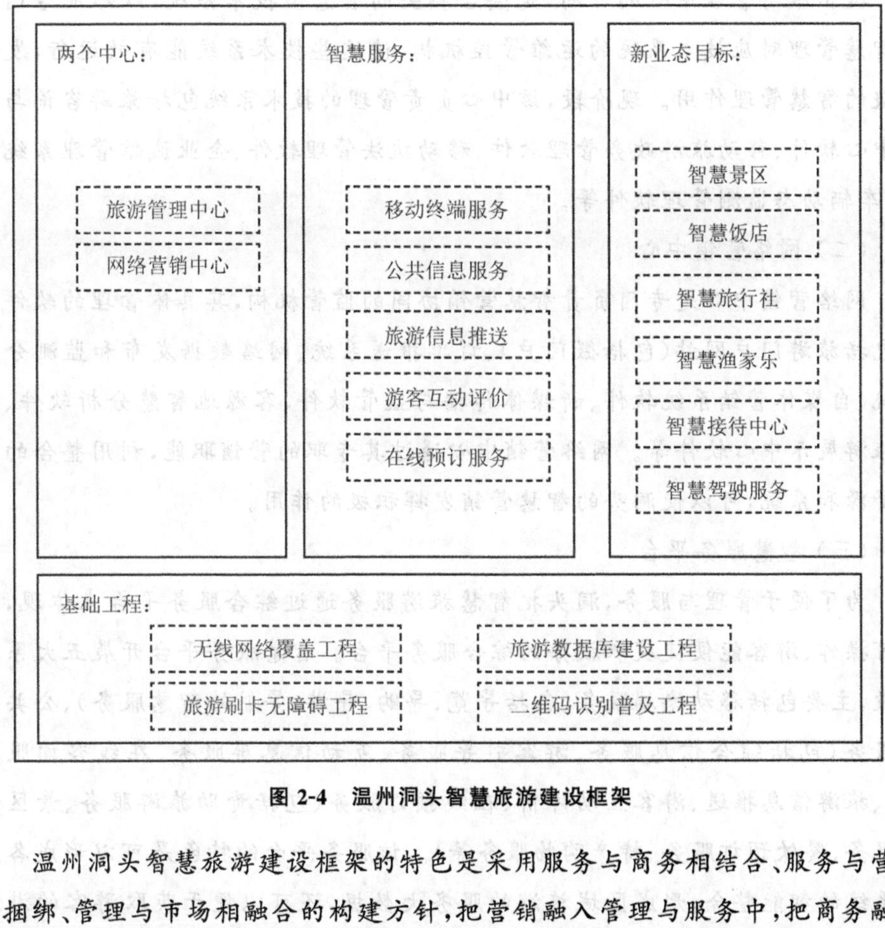

图 2-4 温州洞头智慧旅游建设框架

温州洞头智慧旅游建设框架的特色是采用服务与商务相结合、服务与营销相捆绑、管理与市场相融合的构建方针,把营销融入管理与服务中,把商务融入管理与服务中,两个中心体现了智慧管理的特色,智慧服务体现了与营销捆绑的特色,新业态目标体现了智慧旅游的特色。具体建设内容以中央数据库为基础,以网络、刷卡、二维码应用等基础工程为建设重点,形成洞头旅游的智慧管理、智慧服务、智慧企业等新业态旅游体系。

三、具体建设的内容

在智慧旅游建设的实践中,除了启动无线网络覆盖工程、旅游数据库建设工程、旅游刷卡无障碍工程和二微码识别普及工程以外,洞头区政府还重点启动了以下智慧旅游相关软件的建设内容。

(一)旅游管理中心

提出旅游管理中心的目的,是整合相关的智慧型技术系统,以形成专门负责智慧管理对应技术系统的运维管控机构,使这些技术系统能有效运行,发挥积极的智慧管理作用。现阶段,该中心负责管理的技术系统包括旅游咨询与指挥中心软件、移动旅游政务管理软件、移动执法管理软件、企业诚信管理系统软件、车辆动态监测管理软件等。

(二)网络营销中心

网络营销中心是专门负责智慧营销协同的监管机构,其具体管理的软件主要包括旅游门户网站(包括微门户)、订单推送系统、网络数据发布和监测分析系统、自媒体营销系统软件、新媒体传播与监管软件、客源地智慧分析软件、洞头旅游展示中心软件等。网络营销中心通过其专职的营销职能,利用整合的营销资源和系统,可以使洞头的智慧营销发挥积极的作用。

(三)智慧服务平台

为了便于管理与服务,洞头把智慧旅游服务通过综合服务平台来体现,形成可操作、游客能便捷获取服务的综合服务平台。智慧服务平台开展五大系统建设,主要包括移动终端服务(包括导览、导购、导游、导航的智慧服务)、公共信息服务(包括综合信息服务、游客引导服务、互动信息屏服务、在线咨询服务等)、旅游信息推送、游客互动评价、在线预订服务(包括资助旅游服务、景区预订服务、餐饮预订服务、特产购物服务等)。该服务平台的特色是可以形成各服务系统的智能整合,形成区域旅游的服务大数据,还可以便于获取游客的潜在需求，洞察旅游未来需求的发展趋势。

中心化建设也是智慧旅游发展中的一条应用路径，一个区县旅游通过几个核心的中心建设，把管理、服务、营销对应的技术系统组合起来，形成有效的管理平台或服务平台，便于系统建设的职能化管理。

（四）示范点建设

智慧旅游的建设需要企业的积极参与，只有企业智慧管理与服务提升了，才有洞头整体的智慧旅游环境。因此，洞头的智慧旅游开展了示范试点的建设，通过示范点作用，鼓励和带动企业的积极参与，引导企业投入智慧旅游建设的实践中来。洞头示范点建设主要鼓励景区、饭店、旅行社、渔家乐、接待中心、驾驶服务等行业开展智慧旅游建设的项目试点，形成洞头旅游的智慧景区、智慧饭店、智慧旅行社、智慧渔家乐、智慧接待中心以及智慧驾驶服务等旅游新业态。

四、智慧旅游实践中的思考

洞头区在智慧旅游实践中，为了提高智慧旅游建设和推进的有效性，采取了多种智慧旅游建设的保障措施，如强化领导的组织保障、保证项目落实的政策保障、推进可持续建设的制度保障、培养专用人才的人才保障等，并形成示范和评比的一系列制度，以推动洞头智慧旅游建设实践的深化。可以说，洞头智慧旅游建设在温州地区发挥了一定的作用，但是洞头政府部门还是感到非常困惑，尤其是智慧示范点的建设，企业响应不是很踊跃，最后的考核和评价都不是很理想。为什么会产生这样的情况？一个有效的新生事物推进方法在哪里？智慧旅游建设的发展机制应是怎样？实践认为，探索智慧旅游建设的有效发展途径是最重要的。这个发展途径应该是形成企业积极参与，游客能获得有效的智慧旅游体验的生态环境，其中企业的职责、利益、服务能得到和谐的统一。所以智慧旅游建设，哪些应该由政府去做，哪些应该由企业去做，哪些应该由第三方的服务商去做，值得行业主管部门思考。

☞ 思考题

(1) 作为区县旅游目的地，温州洞头的智慧旅游建设有哪些可操作性？

(2) 洞头的智慧旅游建设框架有怎样的特点？其发展路径是否符合旅游发展的需求？

(3) 为什么洞头区政府在智慧旅游建设中产生了这样的困惑？是什么原因导致其在智慧旅游建设实践中遇到了瓶颈？

第三章 智慧旅游的发展与概念

引例：一位旅行社管理者的困惑

旅行社是智慧旅游建设和应用的关键企业，业务涉及旅游业的各要素，在每个省的智慧旅游建设的示范名单上，都有智慧示范旅行社，但是从智慧建设的实践反映出，智慧旅行社新业态的推进落后于智慧酒店和智慧景区建设的推进。在开始阶段，旅行社的高层管理者对于如何决策开展智慧旅游的建设都非常困惑，不知道从哪里开始做起。因为智慧旅游作为一个新生事物，在还没有普及应用形成可见的新业态时，管理者很难做出快速而果断的应用项目选择。2014 年，有一位国有企业的旅行社管理者，面对各地政府组织的智慧旅游高峰论坛，还是一头雾水。许多智慧旅游的项目和旅游信息化的项目区别在哪里？什么样的项目是智慧型的？旅行社开展智慧建设应从哪里下手？怎样的项目可以形成旅游的新业态，也就是建设怎样的项目可以形成市场的竞争优势？旅行社的管理者无法分辨。课题组在市场调研中还发现，旅游企业管理者的这种困惑现象是普遍性的，能够主动引领智慧旅游新业态的旅游企业非常少。这里就涉及智慧旅游建设的成本问题、收益问题、运营模式问题、新业态形成的路径选择问题。对大多数的中小规模旅游企业来说，对新业态的接受需要根据未来的前景、投入的财力，以及新业态推广的生态链对自己传统业产生怎样的影响等因素。因此，有必要对智慧旅游新业态概念及应用进行系统性的介绍。

在现阶段，智慧旅游新业态包括智慧酒店、智慧景区、智慧旅行社、智慧乡村旅游等新形态，智慧旅游建设的核心内容包括智慧旅游管理、智慧旅游服务和智慧旅游营销等，其建设的核心技术就是新一代的信息通信技术，包括现代的社交网络和移动互联网。因此，技术的进步，以及游客获取旅游信息的智慧需求，尤其是工业化和信息化深度融合出现的工业 4.0 产生的启示，催生了智慧旅游新业态的概念以及应用实践，如 2010 年出现的智慧酒店和智慧景区，一度引起了全国极大的关注，由此开始出现了智慧旅游新业态探索的应用浪潮。

第一节　智慧旅游的起源与发展

智慧旅游的起源与旅游信息化的发展密不可分，它是信息技术与旅游业深度融合后的产物，也受到网络时代旅游者信息需求的驱动，更是受智慧地球、智慧城市发展的启发。信息时代的旅游业发展已离不开信息视角，如旅游者行程中舒适度的信息视角，旅游企业经营发展中的信息视角，政府旅游市场管理中的信息视角。随着这些信息视角的不断深化，信息视角向智慧视角产生了演变，出现了智慧旅游这个全新的业态概念。为了推进智慧旅游的发展，2014 年被国家旅游局确立为智慧旅游年，从此把我国智慧旅游的发展和建设推向了新的高潮。

一、智慧旅游的起源

近几年来，以互联网、物联网、云计算、无线定位技术、新媒体技术、增强/虚拟现实技术以及移动互联网技术为代表的新一代信息技术的发展，对旅游企业的转型产生了积极影响，各种智慧型的技术系统开始被接受；对游客的出行同样产生积极影响，也引起人们旅游消费方式的变化。新技术的应用已使数据成为生产力，围绕大数据建设的技术应用，引发了旅游业发展的重大变革。

尤其在 IBM“智慧地球”的引领下，国内外“智慧城市”建设渐渐展开，把我国旅游信息化推向了高潮，并且在 2009 年 9 月我国首届中国旅游信息化发展论坛（三亚）首次提出了智慧旅游概念。截至目前，各界对智慧旅游的概念虽然未达成完全一致的理解，但智慧旅游建设的实践已在全国轰轰烈烈展开。虽然智慧旅游是在智慧城市的基础上发展而来，智慧城市也是在旅游城市和城市旅游两大领域的推广性应用，但是它将服务对象由城市居民向外来游客的内涵式延伸，已成为数字旅游发展的高级阶段。

在现阶段，智慧旅游建设通常可借助或共享智慧城市的已有成果，“智慧城市”的建设成果为智慧旅游体系构建奠定了实践的基础和支撑，通过整合已有的系统形成旅游大数据，为智慧旅游所用。本研究的智慧旅游建设机制与途径，同样借助“智慧城市”的实践探索以及发展经验，寻找智慧旅游建设的发展路径、发展模式，从而为智慧旅游建设的基础设施、技术手段、新业态形成途径提供了实践经验和平台支撑。因此，智慧旅游的大数据构建需要整合智慧城市的组件——智慧社区、智慧医疗、智慧政府、智慧交通、智慧电力、智慧银行、智慧物流、智慧环保、智慧文化创意产业等行业，它们都与智慧旅游相关联，共同搭建智慧旅游新业态的支撑平台。

智慧旅游的起源也与国务院《关于加快发展旅游业的意见》(国发〔2009〕41号)的文件有关。该文件重点提及了旅游信息化与网络营销，在该文件精神指引下，旅游业开始寻求以信息技术为纽带的旅游产业体系与服务管理模式重构方式，寻找新的旅游发展驱动力，以实现将旅游业建设成为现代服务业的质的跨越，用信息化大力提升我国旅游服务业。受智慧城市的理念及其在我国建设与发展的启发，智慧旅游应运而生并逐步被业界所接受。

因智慧旅游建设是一项侧重公共管理与服务的惠民工程，将智慧旅游在城市视角下纳入智慧城市有助于明确建设主体并集约资源。然而，值得注意的是，由于旅游者与城市居民的特性与应用需求上的差异，智慧旅游与智慧城市体系下的旅游是不同的两个概念；旅游并不仅发生在城市，前者要比后者具有更广泛的内涵，许多旅游目的地还远离城市，因而智慧旅游建设还是有它独立的一面，它体现了旅游服务所呈现的新的业态。

二、智慧旅游的发展

2010年杭州黄龙饭店与美国IBM公司首次进行智慧酒店合作建设的实践，并成为全球首家智慧酒店，同年四川九寨沟又在景区发展论坛上提出了智慧景区的新业态概念，由此智慧旅游建设逐步在全国的酒店、景区兴起。2010年年末，在国家旅游局的指导下，镇江市率先引入“智慧旅游”的发展理念，并于2011年设立了“国家智慧旅游服务中心”，开展相关智慧旅游项目的建设及指导工作，成为全国智慧旅游建设发展服务的示范点，智慧旅游的发展进入了快速轨道。

2011年5月，北京市旅游发展委员会正式发布了《北京智慧旅游行动计划纲要(2012—2015年)》和“智慧景区”“智慧饭店”“智慧旅行社”“智慧旅游乡村”4个建设规范。10月宣布启动北京“智慧旅游”城市基础设施建设，与中国移动北京公司签署战略合作协议，率先开展城市无线宽带覆盖、旅游信息整合等项目。

2011年7月15日，国家旅游局正式提出，要落实国务院关于加快发展旅游业的战略部署，用信息化提升旅游服务，旅游业走在我国现代服务业信息化进程的前沿，争取用10年时间在我国初步实现“智慧旅游”的新业态。

2012年，国家旅游局先后公布了两批共33个“国家智慧旅游试点城市”名单并于2013年出台《国家智慧旅游试点城市工作导引》，加强对智慧旅游试点城市建设的宏观指导。

在2013年年底，为推动智慧旅游的发展，国家旅游局将2014年旅游业发展主题定位为“智慧旅游年”，智慧旅游建设在全国轰轰烈烈地拉开序幕。

2015年1月，国家旅游局下发了《关于促进智慧旅游发展的指导意见》。意见指出，我国将鼓励博物馆、科技馆、旅游景区运用智慧旅游手段，建立门票预约制度、景区拥挤程度预测机制和旅游舒适度的评价机制，建立游客实时评价的旅游景区服务动态评价机制。到2016年，建设一批智慧旅游景区、智慧旅游企业和智慧旅游城市，同时建成国家智慧旅游公共服务网络和平台(12301.cn)。到2020年，我国智慧旅游服务能力明显提升，智慧管理能力持续增强，大数据挖掘和智慧营销能力明显提高，移动电子商务、旅游大数据系统分析、人工智能技术等在旅游业应用更加广泛，出现若干实力雄厚的以智慧旅游为主营业务的新型企业，形成系统化的智慧旅游价值网络，到时智慧旅游新业态基本成为旅游常态。

实践证明，“智慧旅游”将是整个旅游发展的大势所趋，不仅要集业界人士之智慧，更离不开相关行业智慧型发展的带动和引导，城市智慧旅游要把握机遇，利用智慧发展模式来实现中国旅游业转型升级。

智慧旅游发展将会带来旅游产业链完全的信息化、数字化和在线化，会产生多种新型旅游自助方式的业态。随着信息技术的发展以及移动互联网的普及应用，智慧旅游发展已呈现出全球化趋势，世界范围内很多国家（地区/城市）在智慧旅游建设相关方面进行了积极的探索，旅游的电子化成为学者研究的热点。

在我国，为顺应现代旅游业的发展潮流和趋势，不少省份和城市积极响应国家旅游局的发展思路，通过具体的规划和设计，积极研发和构建智慧旅游系统，智慧旅游发展成为地方政府现阶段的重要工作，如表 3-1 所示。

表 3-1 国内部分省/市智慧旅游发展情况

省/市	规划方案	进 展
北京	● 拟用 3 年时间，配齐一张屏（触摸屏），建好两个网（无线宽带网和北京旅游信息网），开发三个系统（自助导游讲解系统、城市自助导览系统、网络虚拟旅游系统），推进四个数字（数字景区、数字酒店、数字旅行社、数字乡村），推出一卡一亭（一卡通和北京礼物网上特色商亭），唱响一台戏（北京旅游游戏软件）。 ● A 级景区将在三年内实现无线宽带（即 Wi-Fi）覆盖；建立旅游目的地风险评估预警办法。 ● 利用 4 年时间，建设智慧旅游公共服务体系、旅游业态智慧旅游服务体系、智慧旅游政务管理体系；建立旅游公共服务信息系统、电子商务系统、便民服务系统、电子政务系统和旅游应急指挥系统等 9 个“智慧旅游”系统；完成虚拟景区旅游平台、景区自助导游平台、城市自助导览平台等 60 个“智慧旅游”建设项目，将制定和出台四个智慧旅游业态建设的评定办法和奖励、补贴、扶持等政策	● 3 星以上饭店、A 级以上景区建设开通无线宽带网、装配旅游信息触摸屏； ● 推出并丰富北京旅游手机报，提供手机短信服务； ● 完善北京旅游网，拓展服务功能； ● 开展旅游企业与科技企业产业对接，组织了十多项智慧旅游项目（产品）评选，编制《北京智慧旅游行动计划纲要（2012—2015 年）》和“智慧景区”“智慧饭店”“智慧旅行社”“智慧旅游乡村”四个业态建设规范以及“景区自助导游系统”“城市自助导览系统”“旅游信息终端”“虚拟旅游系统”四个专业建设规范； ● 成立智慧旅游联盟

续 表

省/市	规划方案	进　展
江苏	重点打造一个统一超级门户、两个优化平台、五大示范项目、七大新建工程。建立七市智慧旅游联盟；编制一批规划（江苏“十二五”智慧旅游总体规划、南京智慧旅游规划、无锡智慧旅游示范方案、苏州智慧旅游行动计划、智慧扬州行动计划）；建设一个中心（镇江“国家智慧旅游服务中心”）；打造一批基地（南京智慧旅游软件园、镇江智慧旅游产业谷等）；开展一批试点（景区游客统计分析系统和安全监控系统、车船管理系统、环境检测系统和游客虚拟体验系统等）	● 南京、苏州、常州、无锡、镇江、扬州和南通七市已建立“智慧旅游联盟”； ● “国家智慧旅游服务中心”落户镇江，2011 年正式启动，镇江的中国智慧旅游云计算平台即将投入使用，国家智慧旅游服务中心展示馆已建成； ● 完成智慧旅游中央管理平台——全市 GIS 数据库及旅游资源数据库建设，上线运行“南京游客助手”手机客户端、旅游执法 e 通，投放近百台与市旅游园林局官方网站和微博实时互动的新型游客体验终端
浙江	《浙江省智慧旅游建设工作方案》提出主导型项目、引导型项目和示范型项目建设，包括：智慧旅游云计算中心、智慧旅游公众信息服务平台（协作导航式官方旅游信息网站、协同答复式旅游咨询服务热线）；智慧旅游数字互动营销平台、旅游数据监测分析系统、智慧旅游服务卡、景区电子商务系统、目的地官方手机应用；示范智慧景区、示范智慧酒店、示范智慧旅行社、示范智慧旅游服务商	● 杭州完成《杭州市智慧旅游顶层设计》方案；完成智慧酒店、智慧景区、智慧旅行社建设的编制； ● 象山完成 iTravels 象山手机导航平台、手机 WAP 网站平台、电子商务平台、呼叫中心和咨询中心平台、旅游电子触摸屏平台、旅游信息数据库的基础建设； ● 宁波打造智慧旅游中央管理平台和旅游资源数据库，推出了“虚拟旅游社区”，布置了宁波旅游公众查询系统终端设备
福建	旅游信息化“三个一”工程，即一网（海峡旅游网上超市）、一卡（海峡旅游卡，包括银行联名卡、休闲储值卡、手机二维码的“飞信卡”，以及衍生的目的地专项卡等）、一线（海峡旅游呼叫中心，包括公益服务热线和商务资讯增值预订服务热线）。选定武夷山主景区、厦门鼓浪屿、福州三坊七巷作为首批智能旅游示范景区试点单位	● 福建海峡旅游网上超市、呼叫中心平台已正式运营； ● 海峡旅游银行卡面向福建省内外游客发行，目前发卡量已突破 100 万张； ● 鼓浪屿网络票务系统、“智游鼓浪屿”手机客户端开通并正式投入使用； ● 福建多个景区启用了电子门票

续 表

省/市	规划方案	进 展
上海	《上海市旅游业发展"十二五"规划》提出构建智慧型的旅游公共服务体系。2013年，浦东基本建成"无处不宽带"的无线城区，建成各类室外无线基站2400个，Wi-Fi热点3000个，移动宽带用户数达330万人。实现区内热点商圈、重要公共场所无线宽带全覆盖，主要区域无线宽带覆盖率达80%以上，80%以上家庭能够享受3M以上无线宽带，创建"无线金融城、无线科技城、无线旅游城"	• 旅游气象智能终端系统开发； • 2012年4月，9家旅行社试点电子旅游合同； • 第一代手机导游iTravels上线
湖北	大力发展旅游科技、智慧旅游产业，推动知识性强、科技含量高的主题公园、文化旅游创意产品、旅游综合体的建设，将每个品牌打造成一个智慧聚集地。基本达到"一卡玩遍、一机玩转、一键办完、一厅全看"，游客不必再翻地图、打电话，持一张信用卡可走遍联网景区，用手机或电脑可一键搞定景区门票、住宿、餐饮等全套"大餐"	• 湖北移动与神农架林区合作推出移动手机电子门票，备受景区和游客青睐
安徽	2009年启动"数字合肥地理空间框架建设"项目；"十二五"规划的重要项目——"智慧黄山"精品旅游信息化项目，主要由"智慧黄山·精品旅游"官方门户网站平台及旅游指挥调度中心两部分构成，建成后的中心将包含综合布线、计算机网络、一卡通、公共信息发布等14个子系统。《黄山风景区数字化建设总体规划(2011—2015)》专门对物联网在风景名胜区的应用做了详细的规划	• "数字合肥"上线； • "智慧黄山·精品旅游"官方门户网站平台上线； • "数字景区"平台系统，项目一期投入使用，实现对风景区200辆车与森林防火员、稽查人员实时监控、调度
河南	《河南省"十二五"旅游产业发展规划》提出建设数字化景区工程、智能化饭店工程、电子旅行社工程、旅游企业创新工程以及大力发展旅游电子商务。《河南省国民经济和社会信息化发展"十二五"规划》将"数字旅游"纳入全省重大信息系统建设工程，构建面向海内外的多元化旅游宣传推广平台和标准统一的多媒体旅游数据库，形成资源互补的旅游资源信息库。建设旅游目的地营销、公共信息服务和旅游电子商务三大平台	• 河南省第一家智慧景区——万仙山智慧景区建成； • 洛阳市在全市旅游景区推行二维码手机电子门票，且创造性地建设虚拟博物馆； • 焦作市先后投资3200万元在景区全面实施了数字化景区建设工程，建成了国内领先的IC卡指纹门禁验票系统、智能监控、GPS车辆定位、LED信息发布、网上预订等多个系统

续　表

省/市	规划方案	进　展
广东	《佛山市旅游业发展“十二五”规划》提到要围绕“四化融合，智慧佛山”战略目标，结合“三着力，一推进”的工作部署，以旅游资源为基础，以市场需求为导向，以产品开发为中心，深入实施“旅游即城市”的战略，落实“智慧佛山”规划	● 2012年5月，“景区智慧旅游快速服务通道”在中国科学院华南植物园正式启用； ● 2012年广东自驾旅游公众服务平台(www.yooyo.com，即优游旅行网)上线
吉林	《吉林省旅游业发展“十二五”规划》要求按照打造“数字化吉林旅游”的总体要求，建立旅游信息化领导小组和工程专家咨询小组；完成《吉林省数字旅游规划》，大力开展政务信息化建设，积极推进电子政务；建立健全各级旅游局及旅游管理部门的电子政务门户网站体系，建设全省旅游数字综合服务平台，建立全省景区景点、基础设施、服务设施等十个数据库和旅游资源治理、服务、政务管理、应急指挥、决策等五个子系统，建立全省旅游声讯服务平台	● 完成《吉林省数字旅游规划》； ● 2012年，长吉两市把智慧旅游作为旅游一体化系统工程正式启动，促进5A及4A级重点景区借助智慧旅游平台实现景区的数字化管理，推广“全国旅游团队服务管理系统”的应用
江西	启动“江西智慧旅游”工程，打造江西智慧旅游网，与淘宝网合作推广销售江西旅游产品；强化旅游景区、城市和旅游企业移动互联网的应用，开发基于3G应用的“江西风景独好”手机客户端	● 启动“江西智慧旅游”工程，与淘宝网合作推广销售江西旅游产品； ● “江西智慧旅游网”上线； ● 上饶市“智慧旅游”信息化项目启动； ● 南昌市将继续实施滕王阁景区改扩建工程，建设基于云计算的滕王阁景区数字化综合服务平台，建立数字化景区
山东	在全省全面推广应用863旅游信息化项目，推动市、县(市、区)目的地数字旅游服务系统建设；以山东旅游资讯网为载体，通过整合旅游产业链要素和旅游信息资源，以互联网、电视终端和移动终端三网融合为平台，构建集旅游宣传营销、旅游指南服务、旅游产品预订、旅游服务保障、旅游市场监管等多功能于一体的旅游信息化服务体系；以目的地数字旅游服务系统为重点，以旅游企业为主体；对市县(市、区)目的地数字旅游服务系统建设工作进行奖励，扶持培育100家“智慧旅游信息化示范企业”	● 完成中国旅游业第一个863项目，即《基于高可信网络的数字旅游服务系统开发及示范》； ● 863旅游信息化在日照市实施

续 表

省/市	规划方案	进 展
天津	制定了智慧旅游"1339"工程:"1"个智慧旅游综合数据中心;"3"个数字平台(行业智能管理平台、公共信息服务平台、目的地营销体验平台);"3"个载体(互联网、移动互联网、12301 旅游服务热线、旅游一卡通、遍布全市的电子触摸屏和人工咨询服务网点);"9"个智能系统(智能 OA 管理系统、旅游景区智能管理系统、旅行社智能管理系统、饭店智能管理系统、旅游超市系统、智能行程规划系统、智能信息管理系统、旅游目的地展示营销系统、旅游产业分销系统)	• 智慧旅游"1339"工程启动; • 建立覆盖全市范围的旅游地理信息系统公共服务平台; • 在重点酒店、旅游景区等地安装 1500 台终端设备; • 编制完成《天津市智慧旅游总体规划》,启动智慧景区建设,建立天津智慧旅游综合数据中心

第二节 智慧旅游的概念、建设重点及总体框架

智慧旅游是旅游信息化发展过程中一个里程碑阶段,是近几年发展起来的新事物、新业态,但在业界还没有形成一个发展的共识,其理论提升还在进行过程中。在现阶段,许多旅游企业并不清楚智慧旅游是什么,更不清楚怎样的信息系统是智慧的,不知道智慧管理、智慧服务对应的系统如何去购买或开展建设,可以说多数旅游企业对智慧建设还处于一片迷茫的状态。因此,有必要了解智慧旅游究竟是什么,本节我们将对智慧旅游的概念进行系统性的讨论和梳理。

一、智慧旅游的概念

智慧旅游呈现的是对旅游管理和旅游服务的新的业态形式,它的概念可以从不同的角度去解释。如以前的旅游咨询是通过电话和旅行社,现在被网络咨询替代了;以前的住宿预订可通过旅行社或电话预订,现在也被网络预订替代了;以前旅游企业的营销主要通过广告或宣传册,现在几乎被社交媒体替代了;以前旅游企业的采购都到市场去,或通过代理,现在的物品采购也逐渐被网络

的电子采购替代了，而且这些替代的网络越来越智慧，形成了新的、具有智慧的旅游业态。我们先看看国家旅游局 2013 年发布的《国家智慧旅游试点城市工作导引》，其中对“智慧旅游”的概念是这样描述的：“智慧旅游是信息技术面向旅游业的集成创新和应用创新，是为满足游客个性化需求，提供高品质、高满意度服务，实现旅游资源及社会资源的共享与有效利用的系统化、集约化的管理变革。”该描述是从旅游市场宏观的角度，强调的是管理变革，要求实现的是旅游资源的有效利用。通常，智慧旅游的概念可以从基本要素、智慧手段、发展要素等角度去认识，其概念框架如图 3-1 所示。

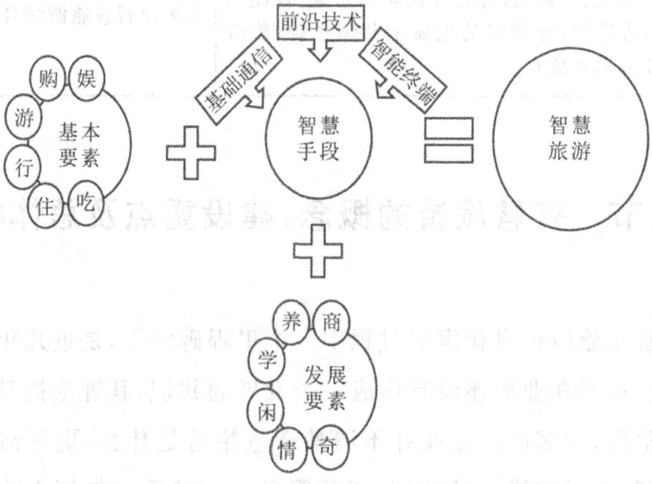

图 3-1 智慧旅游的概念框架

智慧旅游首先需要解决旅游业食、住、行、游、购、娱等基本要素的信息服务，采用的技术手段通常是信息通信技术以及便捷的智能终端，结合考虑与旅游业相关的商、养、学、闲、情、奇等发展要素，形成游客可以轻松获取快乐体验的新型服务业。为此，我们可以给智慧旅游确定一个比较完整的定义：智慧旅游是利用云计算、物联网、大数据、精准定位等新型技术手段，通过互联网/移动互联网，并借助便携的智能终端设备，相互可主动感知旅游资源、旅游经济、旅游活动、旅游者等方面的信息，并释放这些感知信息的流动性，让旅游者能够实时了解这些信息，从而可灵活地安排和调整工作与旅游计划，最终实现对各类旅游信息的智能流转、智慧利用的目标。智慧旅游是一种服务业态的变革，以此平衡政府、企业、游客三者之间的产业链，由传统单一化经营转向协调性融合化发展。智慧旅游的本质是信息技术在旅游业中的应用，是旅游信息化深入开展的结果，它是以提高旅游服务、改善旅游体验、创新旅游管理、优化旅游资源利用为目标，增强旅游企业竞争力和服务能力、提高旅游行业管理水平、促进产业融合的现代化信息工程。

从方法论角度上，智慧旅游基于物联网、云计算、下一代通信网络、高性能信息处理、智能数据挖掘、大数据等技术，形成 IaaS、PaaS、SaaS 等新型应用模式和方法，构建新型的智能服务软件架构及服务模式，实现个性化的定制旅游、在线预订、移动管理、移动服务等新业态。智慧旅游在旅游体验、产业发展、行政管理、市场营销等方面的应用，使旅游吸引物资源和信息资源得到高度系统化整合和深度开发激活，形成服务于游客、企业、政府等面向未来的全新旅游业态。

从应用角度上，智慧旅游利用云计算、物联网等新技术，通过新一代的通信网络，利用智能化的服务平台实现政府、企业、游客之间的相互感知，政府能感知旅游市场的舆情，企业能感知游客的需求，游客能自助地实现导览、导购、导游、导航，感知服务无处不在。基于物联网技术，游客通过在各种旅游资源中布设多种类型的传感设备来感知旅游资源的各类信息；景区采用各种通信网络与互联网结合传递各类感知或控制信息；旅游目的地结合云计算、模糊识别等各种智能计算技术，整合各类感知的旅游信息，并进行实时数据分析等，实现旅游智能化的决策、控制和管理。

对“智慧旅游”的理解可以概括为“1233”。

1 个平台：智慧旅游是一个相对独立且内容完整的系统，具有一个内在的结构性、整合性和层次性的管控平台。平台有核心层和外延层，核心层分为支撑体系和应用体系，外延层是与智慧城市或智慧社区相关的系统及应用。不管是什么类型的组织，开展智慧旅游都需要这样的平台，它是不同组织间开展业务数据交换的基础。

2 个中心：智慧旅游的 2 个中心是指数据中心和用户服务中心。

- 数据中心：智慧旅游支撑体系建设以数据为中心，围绕采集、传输、存储、处理以及应用，形成完整的“数据流”，达到数据在各系统的流动，真正实现共享和有效利用。数据中心集成了所有系统的数据，需解决两个问题：一个是怎样建；另一个是如何用。

● 用户服务中心：智慧旅游应用体系开发以用户为中心，“用户需求”是各个应用系统开发的出发点和落脚点，体验、敏捷、个性化是中心建设的关键。用户中心同样要解决两个问题：一个是服务如何整合；另一个是如何提供服务。

智慧旅游平台与两个中心的关系如图 3-2 所示。

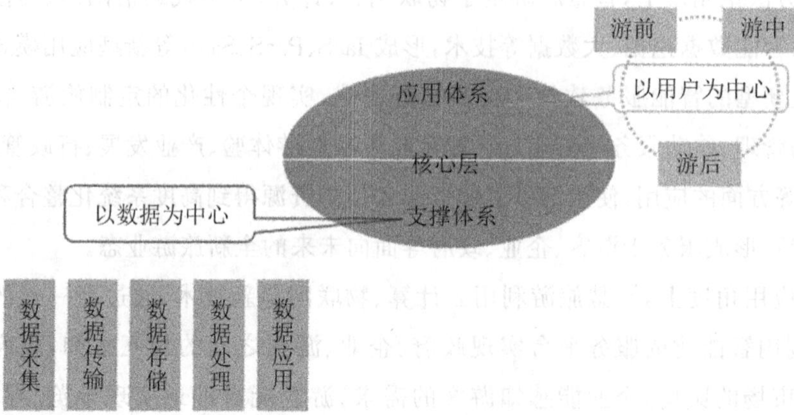

图 3-2　智慧旅游平台与两个中心的关系

3 类用户：旅游产业没有清晰的边界，因而智慧旅游的应用主体非常多，存在多种用户分类。但从旅游产业的主体层面来看，智慧旅游的用户可初步分为公众、企业和政府。

其中，“公众”包括居民和游客，企业指所有涉旅企业。

3 项基本应用功能：基本应用功能指“服务”“管理”“营销”，实现基本功能的“智慧化”是智慧旅游建设的主要功能，也是智慧旅游建设的基本方向。如图 3-3所示，这三大应用功能是整合在一个平台下，实现相互数据的释放和流动。

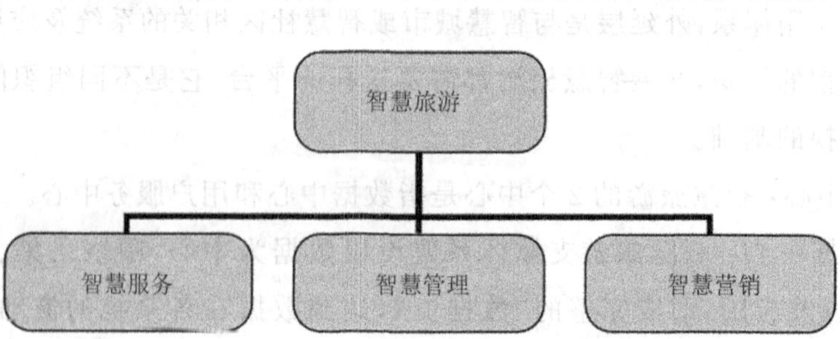

图 3-3　智慧旅游的基本应用功能

智慧旅游建设以融合的通信与信息技术为基础，以游客互动体验为宗旨，以一体化的行业信息管理为保障，以激励产业创新、促进产业结构升级为特色，其发展理念是游客为本、网络支撑、感知互动和高效服务。

智慧旅游也是一种全新的业态命题，它是信息技术在旅游体验、产业发展、行政管理等方面的应用，使旅游资源和信息资源得到高度整合和深度开发并服务于旅游者、旅游企业、旅游目的地政府。智慧旅游的发展理念提供了旅游业发展的新思路，开辟了认识旅游目的地、了解旅游景区的全新视角，创造了以先进的信息通信技术、智能技术和网络融合为依托的重要的旅游业态发展新模式。

智慧旅游应用体系的建成，将改变游客的行为模式、企业的经营模式和行政部门的管理模式，引领旅游进入"触摸时代""定制时代"和"互动时代"，从而推动服务经济的发展，并逐步改变整个服务产业的运营模式，提高我国服务产业的现代化服务水平。另外，智慧旅游可以改变当前粗放型的旅游发展方式，如智慧（资源）保护对旅游业发展有着特殊、重要的意义，用智慧的手段保护旅游资源及环境，使环境生态可以用技术手段进行跟踪和预防，可有效抑制因旅游开发引发的生态恶化现象。因此，智慧旅游更体现了现代人类社会的个性化、人性化、低碳化、多元化、时尚化、生活化、互动化及国际化的发展趋势，真正体现了全新的科学旅游观。

二、智慧旅游的建设重点

目前，智慧旅游的建设重点主要是技术基础以及围绕管理、服务、营销的应用系统整合的平台化建设，同时配套相应的规范标准和发展机制，并探索智慧旅游新业态的实现途径和应用模式。

（一）智慧旅游建设的技术基础

智慧旅游建设的技术基础主要是物联网、云计算技术、三维电子地图应用技术、移动互联网以及精准定位等技术，它是新一代信息技术在旅游业的具体应用。所有应用技术的核心都是围绕旅游大数据展开，从而提升旅游的管理与服务。下面简要介绍物联网等几个主要的核心技术。

物联网技术：物联网技术的核心和基础仍然是互联网技术，是在互联网技术基础上延伸和扩展的一种网络技术;其用户端延伸和扩展到了任何物品和物品之间,进行人与物或物与物之间的信息交换和通信。因此,物联网技术的定义是:通过射频识别(RFID)、红外感应器、全球定位系统、激光扫描器等信息传感设备,按约定的协议,将任何物品与互联网相连接,进行实时信息交换和通信,以实现智能化识别、定位、追踪、监控和管理的一种网络技术。目前物联网技术在智慧酒店建设中应用已越来越普遍。

RFID:即射频识别(radio frequency identification)技术,又称电子标签、无线射频识别,是一种通信技术,可通过无线电信号识别特定目标并读写相关数据,而无须在识别系统与特定目标之间建立机械或光学接触。目前这种技术在景区的电子门票以及游客自动检测方面的运用已越来越多。

3D GIS:利用3S技术(GIS、GPS、RS)、三维可视化技术(VR)、计算机技术等对地球空间信息进行编码、存储、转换、分析和显示的信息系统,是一种真三维描述、可视化和分析管理与服务的地理信息系统,该技术在电子导游、电子导览、电子导航等方面已有较成熟的应用。

云计算:云计算(cloud computing)是基于互联网的相关服务的增加、使用和交付模式,通常涉及通过互联网来提供动态易扩展且经常是虚拟化的资源。云是网络、互联网的一种比喻说法。云在过去往往用来表示电信网,后来也用来表示互联网和底层基础设施的抽象。狭义云计算指IT基础设施的交付和使用模式,指通过网络以按需、易扩展的方式获得所需资源;广义云计算指服务的交付和使用模式,指通过网络以按需、易扩展的方式获得所需的服务。这种服务可以是与IT和软件、互联网相关,也可是其他服务,如提供硬件设施的服务。它意味着计算能力也可作为一种商品通过互联网进行流通。这种技术在旅游的大数据建设、服务平台等方面已有较好的应用,通过云技术平台的客户可以按需获取服务。

其他与智慧旅游相关的应用技术,读者可以通过网络去进一步了解。

(二)智慧旅游平台化建设的内容

智慧旅游平台化建设的内容最终将体现在旅游管理、旅游服务和旅游营销这三个应用功能上。因此,智慧旅游的"智慧"应体现在旅游服务的智慧、旅游管理的智慧、旅游营销的智慧这三个核心功能,即通过智慧旅游的技术系统融合旅游的基本要素，并能为游客、旅游经营者、旅游管理者提供服务，形成一个新业态的有机整体，如图 3-4 所示。

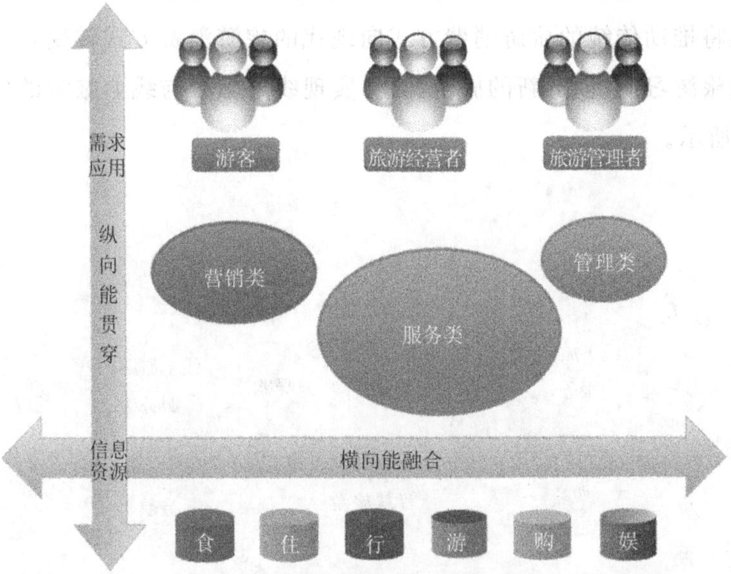

图 3-4 智慧旅游新业态的有机整体

1. 旅游服务的智慧

从旅游服务层面看，智慧旅游包括为旅游者提供的公共信息服务和为旅游企业提供的各种旅游商务服务，这些服务能为旅游者和企业带来便利。如 iOS、Android 系统的智能手机旅游应用软件，通过智能手机可为游客提供便捷的位置导航、电子地图、预订系统等实时信息服务；在酒店通过 FRID 标签的 check in、check out 服务，房间内基于 iPad 的点餐信息、房间娱乐信息、周边设施信息服务等，使旅游者能非常便捷地获得商务服务；旅游景区、旅游吸引物的三维实景（信息）展示，旅游者游览过程中的随身导游导览——基于位置或者主动触发的信息服务等，增加了游客的智慧性体验。

智慧旅游以“主客共享”的理念为出发点，通过信息技术提升旅游体验和旅游品质。它的表现主要有：游客在旅游信息获取、旅游计划决策、旅游产品预订支付、享受旅游和回顾评价旅游的整个过程中都能感受到智慧旅游带来的全新服务体验；通过科学的信息组织和呈现形式让游客方便快捷地获取旅游信息，帮助游客更好地安排旅游计划并形成旅游决策；通过物联网、无线技术、定位和监控技术，实现信息的传递和实时交换，让游客的旅游过程更顺畅，提升了旅游的舒适度和满意度，为游客带来更好的旅游安全保障和旅游品质保障；智慧旅游还将推动传统的旅游消费方式向现代的旅游消费方式转变，并引导游客形成新的旅游习惯，创造新的旅游文化，实现线下旅游与线上旅游的智慧融合，如图 3-5 所示。

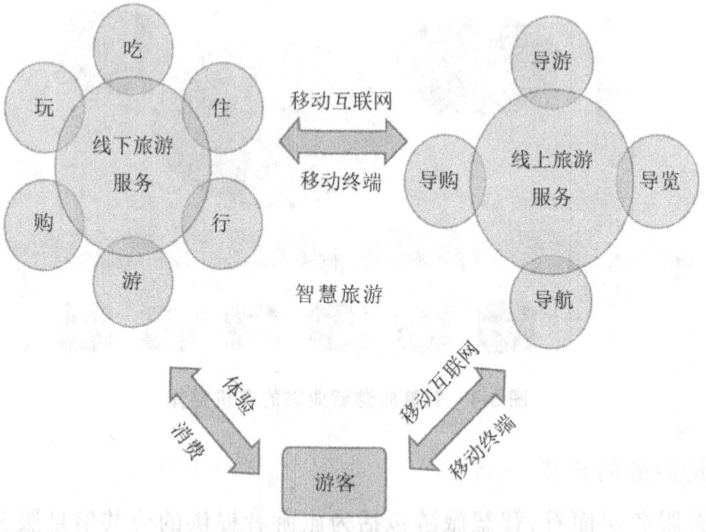

图 3-5　线下旅游与线上旅游的智慧融合

线下旅游主要体现基本要素的服务，这些服务由不同的旅游企业提供；线上服务主要是电子导游、电子导览、电子导航和电子导购，这些服务主要通过基于移动互联网的技术系统来提供。线下和线上的服务通过智慧旅游融合在一起，形成智慧服务的有机整体，这就是未来旅游服务的新业态。

2. 旅游管理的智慧

从旅游管理层面看，主要内容是服务管理和市场管理。我们先从企业的角度分析，智慧旅游可以根据每一个旅游者的信息需求及其所在位置，为旅游者提供有价值的引导性信息服务，对旅游活动质量进行在线监控，其管理的目的都是提升服务。另一个管理的角度是政府，它要维护旅游市场的繁荣和稳定，宏观把控旅游的发展趋势，对旅游者群体信息进行统计分析，为旅游目的地宣传营销提供数据支持，其管理的目的都是维护旅游市场的发展秩序。

智慧旅游的功能就是要实现传统旅游管理方式向现代旅游管理方式转变。通过信息技术，可以及时准确地掌握游客的旅游活动信息和旅游企业动态的经营信息，实现旅游行业监管和服务管理从传统的被动处理、事后管理向过程管理和实时管理转变。智慧管理还涉及不同部门的协作，如与交通、卫生、工商、环保等部门的协作，形成信息共享和协作联动的管理机制，结合旅游信息数据形成旅游预测预警机制，提高应急管理能力，保障旅游活动安全。另外，智慧管理还包括对旅游投诉以及旅游质量问题的有效处理，以维护旅游市场秩序。

智慧管理依托信息通信技术，主动获取游客信息，形成游客数据积累和分析体系，全面了解游客的需求变化、意见建议以及旅游企业的相关信息，实现精细化的科学决策和科学管理。智慧的管理可帮助旅游企业改善经营流程，不但能提高管理水平，提升产品和服务的竞争力，还可以增强与游客、旅游资源、旅游企业和旅游主管部门之间的在线互动，高效整合旅游管理的一切资源，推动旅游产业整体发展的转型升级。

3. 旅游营销的智慧

从旅游营销层面看，智慧旅游表现为在各种营销要素和手段上的信息展现和传播。智慧旅游营销是把旅游目的地的各种文字、图片、视频信息，以及旅游企业的各种产品信息，借助各种媒介和网络传播渠道推送给潜在旅游者的过程。通过开发基于智能手机的各种应用软件，实现对旅游产品和旅游目的地的网络化宣传、营销。

目前，智慧营销主要通过社交网络和新媒体渠道，实现营销信息的个性化传播，并根据网络舆情发布定制的推广信息。智慧营销最大的优势就是对网络舆情的可测和可控，通过旅游舆情监控和数据分析，挖掘旅游热点和游客兴趣点，引导旅游企业策划对应的旅游产品，制定对应的营销主题，从而推动旅游行业的产品创新和营销创新。

对于企业来说，旅游营销的智慧就是需要实现精准营销，根据游客的旅游习惯和消费行为，将符合游客需求的旅游信息个性化地推送到旅游终端，以提高旅游营销的效率和效益。同时根据信息时代新媒体的传播特性，吸引游客主动参与旅游的传播和营销，这就需要不断研究游客的行为特性以及不断变化的需求，即通过积累游客数据和旅游产品消费数据，分析出游客感兴趣的传播内容和模式，从而形成具有数据支撑的企业自媒体营销平台。

三、智慧旅游建设的总体框架

智慧旅游建设的总体架构主要分为前端的应用体系和后端的公共支撑体系两大层次，如图 3-6 所示。应用体系主要是针对各种终端的应用系统，有企业的管理和服务系统，也有政府的管理系统和公共服务系统，它们都属于智慧旅游基础性的服务系统；公共支撑体系主要是各种网络环境的建设，如光网络、泛在网络、Wi-Fi 网络、物联网等，还包括大数据及环境的建设，如云数据公共设施、GIS 数据库、旅游资源数据库、多媒体数据库等，这些基础性的支撑体系大部分是由政府相关的部门协同建设。

在图 3-6 中，前端应用体系服务的对象主要是公众、旅游服务企业，以及政府相关部门，尤其公众和政府两个对象体现了智慧旅游中对于旅游体验和政府管理的智能服务，是智慧旅游建设的两条主线。景区、旅行社、酒店以及旅游在线服务商等旅游企业共同组成智慧旅游的服务业者，它们提供的服务系统是智慧旅游建设的核心，也是游客体验与政府管理的实际载体。服务业者内部之间，市民、游客、服务业者、政府之间融会贯通，相互感知，共同构成无缝的智慧旅游应用主体。公共支撑体系包含保障体系和后端支撑体系，保障体系包括环境保障、公共安全、交通、医疗护理、灾害防控五个方面，这些支撑体系不完全直接隶属于智慧旅游主体，但对智慧旅游主体的正常、有序运作起着非常重要的作用。后端支撑体系主要由网络建设、数据采集、数据传输、旅游信息资源数据库、GIS 数据库、基础服务系统等组成，它们统一为前端应用体系提供全面、强大的支持服务。

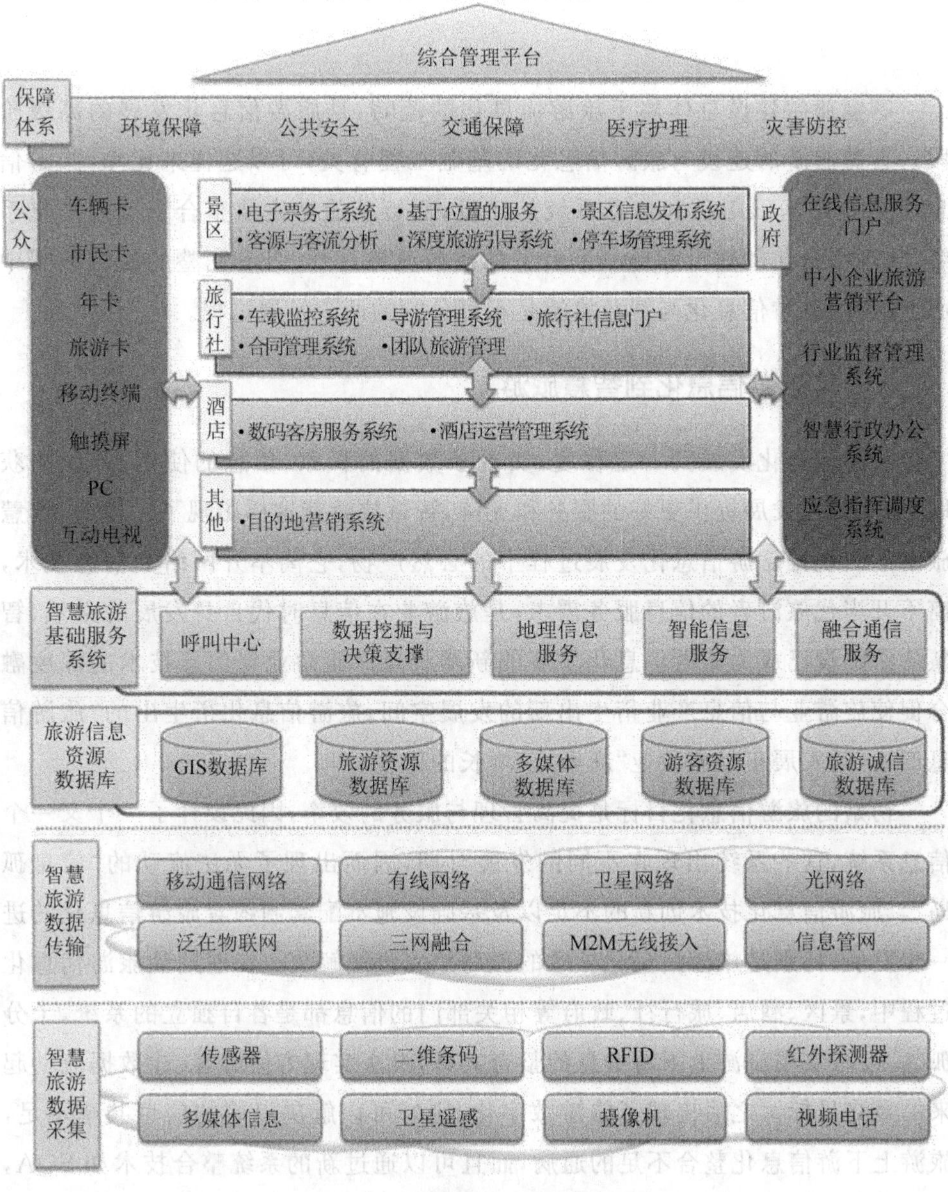
综合管理平台
保障体系
环境保障
公共安全
交通保障
医疗护理
灾害防控
公众
车辆卡
市民卡
年卡
旅游卡
移动终端
触摸屏
PC
互动电视
景区
•电子票务子系统 •基于位置的服务 •景区信息发布系统
•客源与客流分析 •深度旅游引导系统 •停车场管理系统
旅行社
•车载监控系统 •导游管理系统 •旅行社信息门户
•合同管理系统 •团队旅游管理
酒店
•数码客房服务系统 •酒店运营管理系统
其他
•目的地营销系统
政府
在线信息服务门户
中小企业旅游营销平台
行业监督管理系统
智慧行政办公系统
应急指挥调度系统
智慧旅游基础服务系统
呼叫中心
数据挖掘与决策支撑
地理信息服务
智能信息服务
融合通信服务
旅游信息资源数据库
GIS数据库
旅游资源数据库
多媒体数据库
游客资源数据库
旅游诚信数据库
智慧旅游数据传输
移动通信网络
有线网络
卫星网络
光网络
泛在物联网
三网融合
M2M无线接入
信息管网
智慧旅游数据采集
传感器
二维条码
RFID
红外探测器
多媒体信息
卫星遥感
摄像机
视频电话

图 3-6 智慧旅游建设的总体框架

第三节　旅游信息化与智慧旅游

智慧旅游建设总体属于旅游信息化的范畴，是旅游信息化发展的高级阶段。智慧旅游的建设与旅游信息化的基础工程有关，可以这样来比喻，旅游信息化主要是基础工程和信息系统的建设，而智慧旅游主要整合现有的信息系统，实现平台化的建设和统一平台下的旅游业务运作，具有完整的旅游数据中心。因此，旅游信息化与智慧旅游是不可分割的两个发展过程。

一、从旅游信息化到智慧旅游

旅游信息化发展到一定程度，实现了数据的积累、信息的使用、知识的获取，为旅游业发展提供更好的服务和支持，智慧旅游就这样出现了。因此，智慧旅游的出现是旅游信息化发展过程中的必然产物，它离不开网络和信息技术，离不开当代旅游者的信息服务需求，是旅游业在信息时代自身发展的必然，智慧旅游建设已成为旅游信息化发展的新增长点。旅游业与信息技术的深度融合促使旅游业与信息产业衍生出新的发展空间，旅游信息化衍生出的“旅游信息产业”的发展正是旅游业“新经济”增长的体现。

初始的旅游信息化目标是提高管理与服务的效率，因此设计了一个又一个信息系统，这些系统出现在不同的发展时期，因而出现了无法流动的“信息孤岛”。旅游信息化技术创新的不足以及基础设施不配套制约着旅游信息化的进一步发展，特别是旅游信息化导致的孤岛效应没法解决。在前期的旅游信息化过程中，景区、酒店、旅行社、政府等相关部门的信息都是各自独立的系统，十分孤立，没有实现旅游上下游信息的整合共享，没法实现方便游客、让数据流动起来的最终目标。之后出现了旅游数字化，刚好可以解决以前的信息共享不足，旅游上下游信息化整合不足的通病，而且可以通过新的系统整合技术如SOA，来实现不同信息系统之间的信息共享问题。但这种数字化仅解决了部分系统数据的流动性，离数据的完全释放还有距离，更达不到现在智慧化管理和智慧化服务的新要求。

随着技术的不断革新、旅游数字化应用的推进和不断深入,尤其当面对旅游者需求层次的大幅度提高时,旅游数字化逐渐已经不能满足旅游业智慧发展的进一步要求,然后旅游智能化建设便产生了。智能化是信息系统发展的一个方向,旅游智能化主要解决有效配置和运行的问题,为旅游业的发展提供全面的信息系统解决方案。旅游智能化针对的是信息系统的智能设计,是智能化系统应用于旅游业的一个发展阶段,而且这个阶段是过渡性的。

随之而来的是旅游智慧化发展,它是旅游业发展到一定阶段,旅游信息化达到的高级阶段,该阶段不是针对单个信息系统的建设,而是要实现智能型信息系统的融合或整合,重点是旅游业的平台化建设,这个平台能把相关的系统整合在一起,释放系统内所有数据的流动性,能智慧地使用平台下的各个应用系统。智慧的平台可以带给使用者智慧的体验,管理、服务、营销的任何操作都可以在该平台上实现,而单独的旅游智能化系统无法满足旅游信息化的新需求,这时,智慧旅游就应运而生了。

通常,智慧旅游建设的重点不是在效率上,而是在于效益,它通过释放数据的流动性来产生收益,使旅游数据成为旅游业发展的生产力。因此智慧旅游发展要实现旅游企业的在线化、数据化,同时重组或改变旅游业态的供需结构,为旅游业发展创造增量。

二、旅游信息化与智慧旅游的联系

智慧旅游是旅游信息化发展中的具体形式,也是旅游信息化与旅游服务业态深度融合后的必然产物,是旅游业发展的新视角、新角度,也是一种新的业态表现形式。旅游信息化是智慧旅游发展的基石,智慧旅游也是旅游信息化的延续和创新发展。

旅游信息化与智慧旅游的联系主要在于信息系统,智慧旅游在整合信息系统时,对信息系统的处理以及数据流动性提出了更高的要求,而信息系统在释放数据流动性方面对智慧旅游平台的融合性和安全性提出了更高的要求。旅游信息化更多的是从旅游企业或者旅游目的地的角度来发展信息化及相关的系统建设,而智慧旅游的平台更注重跨业界、跨行业、跨渠道的角度,建设重点是全程体验和提升数据生产力的作用。智慧旅游从游客体验的角度入手,认为一次旅游就是一次体验的过程。因此，智慧旅游和信息技术的发展大大改变了人们的出游习惯，人们开始突破常规的旅游方式，借助智慧旅游服务平台，尽享自助旅游、虚拟旅游、动漫旅游，实现全程的智慧旅游新体验。

作为旅游信息化的延伸和拓展，智慧旅游是以游客为中心，以物联网、云计算、移动互联网、高性能信息处理、智能数据挖掘等技术为支撑的旅游业态变革，并慢慢演变成为旅游发展的新常态。智慧旅游的核心是游客为本、网络支撑、感知互动和高效服务。目前，智慧旅游系统主要由数据中心、服务端、使用端三部分构成，并通过互联网、物联网和传感网络等技术相互联结。

旅游信息化在完善各种基础设施建设的同时，不断搭建起基本的旅游电子商务、旅游地网络平台，资源监测保护系统、旅游服务系统、经营管理系统、安全防范系统和诚信管理系统等应用系统。各个应用系统的搭建，为智慧旅游平台的发展提供了坚实基础，各应用系统之间相互联系的纽带是拥有相同数据源的数据，在有了基础设施和技术支持之后，跨越不同的信息管理系统，汇集统一的耦合数据，实现了不同数据在不同应用系统、不同部门的有效使用。因此，旅游信息化提供了一切支持智慧旅游发展的基础设施和基础系统，不仅包括景区、酒店、旅行社等旅游企业的信息化管理所需要的设备和系统，还包括通信系统、电力系统和金融系统等，以及数据库平台和空间信息技术平台，这些都构成了智慧旅游发展的基础设施和技术保障。

实现智慧旅游就是要在旅游信息化的基础上，通过更全面的数据共享、交换、互联，为旅游者提供更加富有人性、更体现个性以及更加智能便捷的服务，使旅游业的发展实现第二次腾飞。

三、智慧旅游新业态

智慧旅游新业态是依托智慧城市的基础资源和技术支持来整合和延伸旅游产业链条，并服务旅游市场主客体的各类旅游活动新形式。智慧旅游就是让游客在整个旅游过程中尽量优化环节，便捷地获取服务，让旅游企业在管理、服务及营销过程中尽量依托信息化产品及手段满足游客的需求，最终达成旅游目的地信息通过人与机、人与物的顺畅交互，政府可智慧地调控市场容量、和谐发展旅游的目标。智慧旅游新业态通过互联网、物联网、云计算、移动互联网以及智能设备、产品等实现其发展目标。

智慧旅游在传统旅游产业链上的应用包括智慧酒店、智慧景区、智慧旅行社等，还包括智慧乡村旅游，这些都是智慧旅游在旅游产业链上的主要新业态体现，也是未来旅游业发展中的主要新业态应用。每个大的智慧新业态还包括许多小的新业态，它们随着信息通信技术的应用而不断涌现，不断变化，如表3-2所示。

表 3-2 智慧旅游在旅游产业链上的主要业态应用

名称	应用系统
智慧酒店	智慧酒店是发展最早的智慧旅游新业态，已有微信开门、自媒体营销、客房控制等应用。智慧酒店应在客人用餐、入住、会议、休闲、安控等环节实现智慧化。用餐可应用客房点餐系统、餐厅 iPad 点餐等；在入住环节，酒店客房管理系统让客人快速入住、快速结账；酒店会议系统非常完善，可满足无线传输、信息发布等互动需要；此外，酒店声学、舞台灯光、行李搬运也应用了智慧化措施
智慧景区	智慧景区是目前建设最热门的智慧旅游新业态。景区游客中心有智能接待、咨询；景区有无线信息的智能服务，游客可体验使用；游客能掌握景区 APP 的最新信息，自行选择最佳出游方式和交通工具；可以私人定制，游客只要提出想法，就可得到量身定制旅游全过程的智慧服务，并可随时智能更新，如智慧导游、智慧导航、智慧商务、智慧管理等
智慧旅行社	智慧旅行社具有最完整的智慧旅游新业态，包括智慧订房、智慧组团、智慧导览等应用。旅行社通过积极寻求与乐途网、途牛网等知名网站的合作来开展旅游电子商务，扩大产品的销售；利用自身掌握的丰富的旅游目的地的信息，为旅游者提供多样化、个性化的旅游产品；对宾馆、餐厅、景点等要素统一智慧采购，集中支付，以量的优势降低采购成本；统一销售，取得市场竞争优势；从单纯为游客提供设计好的旅游线路到为游客量身定做他们需要的旅游线路，智能提供 O2O 服务等
智慧乡村旅游	乡村旅游是全域旅游发展的主要阵地，也是未来休闲旅游发展的主要方向，出现智慧乡村旅游的新业态也是产业发展的必然。目前在该领域的主要应用有智慧营销、智慧导航、智慧导购、智慧服务等。更具体的系统有微信服务、农产品商城、民宿管理系统、农庄在线销售系统、果品采摘服务系统等，业态包括在线预订、在线支付、在线直销、在线服务以及在线管理等

智慧旅游已使旅游者的行为模式发生改变。旅游者在旅行过程中的灵活度大大增加，随意性也大大增强，不再受出发前旅游行程设计的局限，可以随时、快速地改变行程安排，了解目的地各种最新资讯信息和服务。智慧旅游使旅游者对旅游体验分享的方式和手段多样化，比如通过在目的地拍摄的照片记录自己的游览路线，并添加游记分享于各种社交网络平台；可以将照片与Google地图上的空间位移进行关联并与朋友分享。所有这些行为模式的变化，使得旅游的营销可以让游客自主地参与进来，改变了新媒体营销的传播方式。

游客出行时，智慧旅游可以实现为每一位有需求的游客设计符合其要求的旅游行程，在确定了旅游目的地后，游客要做的第一件事就是设计旅游行程。游客只要提交旅行方式、目的地、预算、线路等信息，网站或手机APP就会自动生成旅游行程，并给出相关的景区、酒店等信息，若满意即可进行一站式订购，若不满意则可针对某环节进行调整，直到游客满意为止。所有这些智慧的方式改变了传统的网络订房、订票的方式，真正实现了说走就走的智慧出行模式。

确定行程之后，有关旅游目的地的资讯，比如天气状况、当地小吃、特色酒吧、住宿等信息就会对旅游者的行程产生较大影响。智慧旅游可以让旅游者通过综合网站、搜索引擎、手机微信平台等各种渠道获得相关资讯，完善旅游过程。游客可以通过电子地图直观、便捷地查询旅游地综合信息，制定旅游出发地到目的地的最佳旅游路线，并通过GPS系统进行实时导航；可以查看旅游目的地周边的住宿、酒店、商场等位置。在智慧旅游的全面应用下，游客可以通过手机支付购买门票，大大节省因排队买票造成的时间浪费；在景区游览时可通过智能导览设备或手机二维验证码获得相关信息；在游览遇到紧急情况时，也可以通过GPS定位及时呼救。所有这些都是旅游业态产生的变化，智慧旅游新业态正在改变旅游环节各个传统业态的现状。

应用案例及分析

江苏大丰麋鹿园的智慧旅游实践

江苏大丰麋鹿国家级自然保护区位于黄海之滨，保护区总面积78000公顷，其中核心区2668公顷，缓冲区2220公顷，实验区73112公顷。它是世界占地面积最大的麋鹿自然保护区，拥有世界最大的野生麋鹿种群，建立了世界最大的麋鹿基因库。迄今，大丰麋鹿保护区麋鹿数量已增至2360头，其中野生麋鹿235头，占世界麋鹿数量的40%。大丰麋鹿种群已成为世界上麋鹿数量最多、基因库最丰富的野生麋鹿种群。随着旅游业的发展，江苏大丰麋鹿园依托麋鹿品牌开展的生态旅游事业得到蓬勃发展，并在2007年被国家旅游局评定为国家4A级旅游景区；2015年6月，中华麋鹿园景区通过国家旅游局组织的5A级景区质量评审，获得创建国家5A级景区的入场券。

一、建设背景

麋鹿保护区始终坚持"以科研促保护、以旅游促发展"的治区方针，并打造"以园促区、以园兴区，园区共同发展"的新理念，为提高综合效益及经济实力，加快保护区发展起到了积极的作用，到保护区旅游的游客不断增加。

从近两年黄金周全国旅游的统计来看，旅游业作为新列入国民战略性经济支柱产业的地位凸显，旅游井喷时代的到来指日可待。随着园区游客量不断增加，中华麋鹿园的管理和服务面临前所未有的挑战，如景区安全、游客服务管理、车辆调度、森林防火以及资源保护等，任何一个问题解决不好，都有可能影响中华麋鹿园成功创建国家5A级旅游景区的整体建设目标。

二、建设原则

为了提升保护区旅游的管理水平与服务水平，响应2014年国家旅游局智慧旅游年的行动，麋鹿保护区开始了智慧景区建设的实践，围绕管理与服务开展了相关系统的建设，重点在旅游活动的服务方面。

(一) 标准化原则

项目建设严格遵循国家有关的标准和规范，严格制定数据采集和交换标准。前端应用系统(含移动终端)和后台数据库系统均基于可灵活配置的工作流程和可扩展的开放体系结构。

(二) 实用性原则

软件设计立足于需求分析,功能切合实际,重在应用,坚持以游客需求、管理者需求为主导,从实际需求出发,深入开展业务调研,保证各系统便捷使用,易于维护。

(三) 技术先进性与科学性相结合原则

在实现技术的选择上,需要充分考虑系统的智慧并保证在将来相当一段时间内该技术能够保持领先。这一方面是对招标人既有投资的保护,另一方面也保证了系统的实现质量。在选择技术上,兼顾先进性与科学性,应选择一些成熟的技术而不单纯是超前的技术,但可适度超前。

(四) 可扩充性和可管理性原则

软件的设计方案应充分考虑未来系统功能升级和扩展后,该软件是否满足当前服务环境和功能需求;技术升级后的软件系统以及数据库能否正常稳定更新;更新后整个系统是否易于管理和维护,操作简单;可对系统的安全性、数据流量、性能等指标进行实时监视和监控,并支持通过技术手段进行远程故障处理和日常维护管理。

(五) 安全性原则

在充分考虑硬件设施环境安全、网络安全的基础上,同时有效地避免单点失败,充分考虑冗余备份,最大限度避免故障发生,保障系统数据安全,保障所有应用系统安全稳定运营。

三、主要系统简介

麋鹿自然保护区根据自身的旅游特点,在智慧旅游建设实践中根据旅游活动中突出的问题,如私家车来园区越来越多而导致的停车问题,电子票务验票的门禁设施选择问题等。根据未来景区智慧管理和智慧服务的要求,在景区指挥调度中心建设的基础上,首先建设智慧型的停车场管理系统,以及景区的电子门禁票务系统。

(一) 景区总指挥调度中心

麋鹿园景区总指挥调度中心利用云计算、移动互联网技术、计算机通信技术、GIS及图像技术等现代先进信息技术，通过计算机云设施和通信网络将功能独立的各子系统有机地集成在一起，实现信息共享，便于旅游活动的统一指挥、调度，形成一个高效的、敏捷型的智能化调度管理系统，及时清楚明了地把景区的旅游活动数据显示在大屏上，以便在需要的时候能及时协调调配各方的应急资源。景区总指挥调度中心的组网如图3-7和图3-8所示。

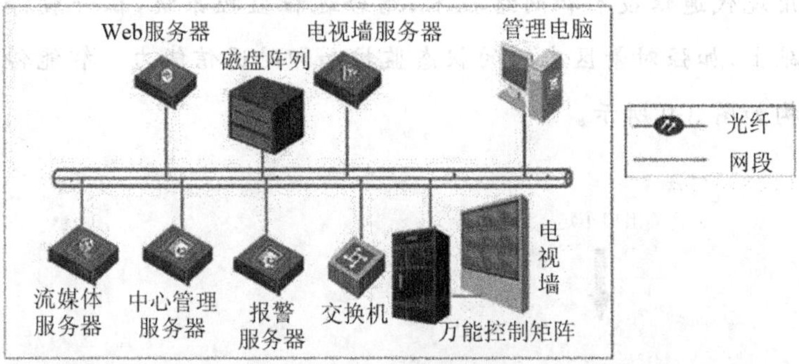

图3-7 调度中心总体组网结构

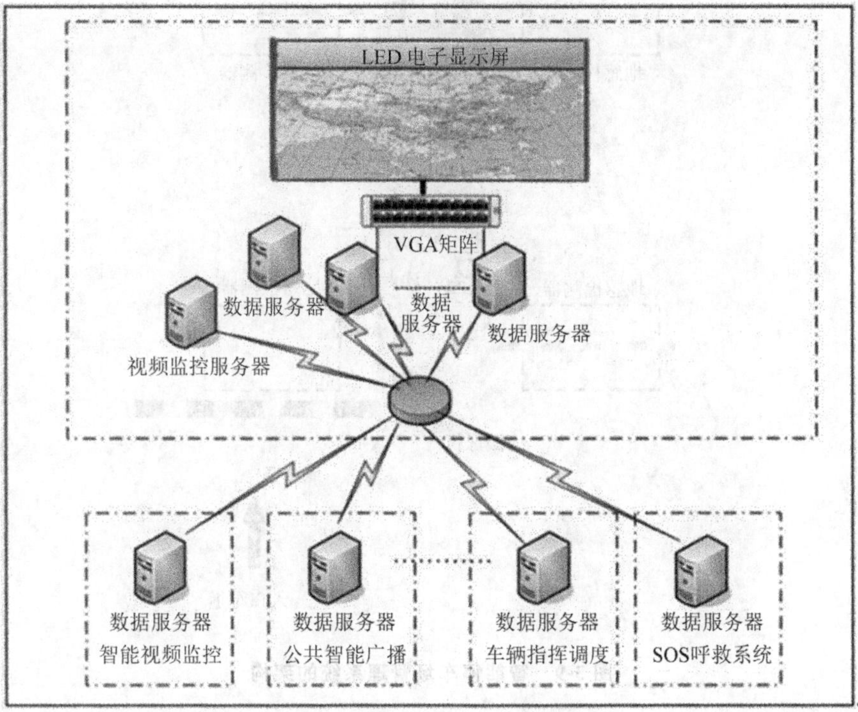

图3-8 调度中心业务组网分布

(二) 智能停车场管理系统

麋鹿园智能停车场管理系统是智慧麋鹿园建设的一个重要组成部分，该系统不同于其他业态停车场管理系统，可以实现与中华麋鹿园其他系统如电子监控系统、门禁系统等的互联互通，以便中华麋鹿园管理人员实现对景区运营状况的全面感知和把控，以提高景区资源的利用效率。麋鹿园智能停车场管理系统积极运用现代通信技术和网络技术，结合远程监控系统，在一般停车场管理系统的基础上，加强对景区车辆的状态监控和即时通信能力。智能停车场管理系统的架构如图 3-9 所示。

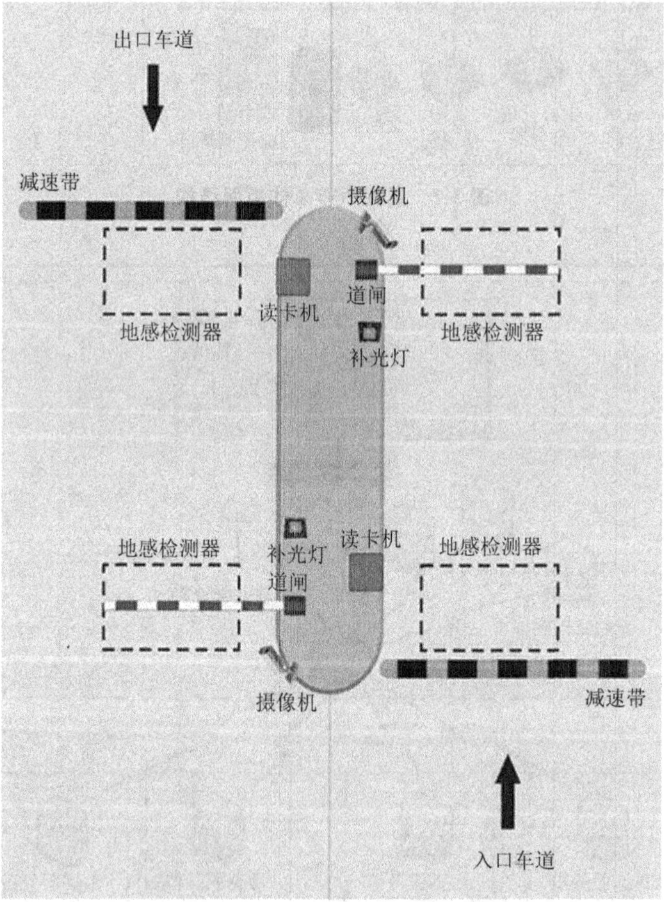

图 3-9　智能停车场管理系统的架构

出入口车辆管理系统包括以下部分：

1. 入口部分

(1) 入口控制机，包括自动吐票机、中英文LCD显示屏、语音提示模块，车辆感应器、对讲系统；

(2) 道闸部分，包括自动道闸、车辆感应器、地感天线；

(3) 车辆图像对比模块，主要包括抓拍图像的摄像机，图像捕捉卡。

2. 出口部分

(1) 出口读卡箱，包括中英文LCD显示屏、语音模块、对讲系统，出口读票器；

(2) 道闸部分，包括自动道闸、车辆感应器、地感天线；

(3) 车辆图像对比模块，主要包括抓拍图像的摄像机、图像捕捉卡；

(4) 收费显示屏。

3. 管理中心

管理中心主要包括管理计算机(与一卡通中心相连)、车辆管理软件(收费基本版)、临时车收费读卡器、钱箱、票据打印机等。

(三) 电子门禁票务系统

电子门禁票务系统是智慧景区建设的基础性工程，它必须满足与其他应用系统的数据互联功能，同时满足门户网站的电子商务票务流通的需求，因此它必须是基于移动互联网的开放性系统。该系统的具体技术特点和性能介绍如下。

1. 系统技术特点

(1) 系统采用模块化设计，插件方式组合，为后期开发、二次开发提供非常便利的接口。

(2) 系统能灵活地进行参数设置、代码维护，能根据景区以后需求的变化进行调整并快速实现用户的要求。

(3) 系统能提供各种丰富的数据的实时查询、统计、分析报表，辅助领导做出相关的决策。

(4) 应用软件基于Windows系统平台，管理终端兼容性好。管理数据库既可采用Oracle等大型数据库，也可采用经济实用的SQL数据库管理系统。

(5) 电子售检票系统与电子商务系统连着同一个数据平台,实现无缝连接。

(6) 系统可支持跨平台数据库,即数据库可以为 SQL 数据库,也可适应 Oracle 数据库。

(7) 软件系统整体架构基于 C/S 与 B/S 混合架构。

(8) 电子售检票系统与电子商务系统共享数据平台,避免出现系统两个数据库之间数据转换的不稳定性、网络传输的延迟性、接口连接的不稳定性。

(9) 系统稳定,能够保证大量并发事件的准确处理,并保证系统的正常运行。

(10) 新增加的功能模块,只需升级加载该功能模块的 DLL,而不需要升级其他无关的模块。

(11) 提供开放的数据接口,可实现与未来建立的其他企业管理信息系统进行无缝对接,达到系统集成的要求。

(12) 电子门票要求采用 TCP/IP 通信协议,将售票、检票、系统中心管理有机地结合在一起,连成一个独立的网络系统,使各点售票、检票上传的数据与中心服务器的数据实时同步。系统既要保证网络的畅通,维持正常的工作,也要注重数据管理的安全性、严密性。因此网络系统的质量与安全性显得尤为重要。

2. 系统主要性能

(1) 系统并发访问能力不小于 100 户;

(2) 系统平均响应时间不大于 3 秒;

(3) 系统技术的先进性,需采用一流的技术,保证在相当长的时间内不会被淘汰,并且系统有良好的扩展能力和升级能力;

(4) 良好的人机界面,符合用户使用习惯,便于用户操作,具有个性化的设置功能;

(5) 软件系统的响应时间是实时显示,满足用户现实需求;

(6) 软件系统的无故障运行时间满足系统要求;

(7) 软件系统的存储容量和吞吐量满足系统要求;

(8) 系统具有可扩充性和模块性,便于软件升级。

☞ 思考题

(1) 大丰麋鹿园的智慧旅游建设主要有哪些系统？这些系统有怎样的内在联系？

(2) 作为一个智慧景区的实践，大丰麋鹿园的动物保护和旅游业态如何协调发展？其智慧旅游建设还存在哪些不足？

(3) 大丰麋鹿园智慧景区建设的路径是否合理？如何可持续地开展智慧景区建设？

第四章　智慧旅游的技术基础

引例：杭州西溪国家湿地公园智慧建设的困惑

杭州西溪国家湿地公园是开展智慧景区建设比较早的一家单位，也是国家旅游局指定的示范建设点。在2013年前后，湿地公园为了提升景区的服务质量，开展了智慧景区建设的一些落地项目，这些项目包括门户网站的改造、景区监控系统的改造、景区电子商务系统的建设以及景区综合监管平台的建设，但是这些系统由于整体规划以及信息通信技术的原因，并没有起到智慧管理和智慧服务的良好效果。景区信息中心为此非常困惑，究竟用什么样的技术，以及用什么样的应用系统才能达到景区管理与服务的智慧效果呢？尤其最为困惑的是现在信息通信技术很多，怎样整合这些技术的应用，游客才会有好的智慧体验呢？这些问题值得探索，是信息通信技术与旅游业深度融合的应用问题，为此课题组梳理了与智慧旅游技术基础相关的所有技术，探索这些新技术与旅游业深度融合的发展路径。

本章将介绍智慧旅游开展中所应用到的主要技术基础，通过梳理在旅游中应用的所有技术系统和软件系统，归纳了云计算技术、泛在网络技术、物联网技术、移动互联网技术、大数据技术、地理信息系统、RFID技术、条形码技术、Wi-Fi技术、GPS技术、社交网络技术、移动电子商务等在旅游业的应用，探索它们应用中的发展机制，这些新技术是智慧旅游新业态形成的核心点。

第一节 云计算

云计算是一种基于互联网、通过虚拟化方式共享资源的计算模式,使计算、存储、网络、软件、数据等资源,按照用户的动态需要,以服务的方式提供。云计算是继个人电脑、互联网之后信息技术的重大革新,它将使现有的计算机处理器、存储器、服务器、终端、操作系统及应用软件得到深刻改变,并为电子信息业和传统产业的应用带来全新的发展机遇。

一、云计算简介

20 世纪 90 年代中期互联网开始在全球普及之后,人们就一直在探索如何利用网络实现"计算能力"的资源共享。云计算不是什么新的概念,而是这种探索的继续和发展。

20 世纪 90 年代中期互联网趋于普及时,SUN 公司就提出了"网络计算机"的概念。从上网的前提出发,重新定义(即简化)"网机"的功能需求,通过尽量利用网上计算机资源来降低"网机"成本,以实现更大范围的计算机普及和联网。两年后"网机"逐渐销声匿迹。原因有两个:一是用户对计算机的功能需求越来越强,"网机"的思路与这个发展趋势背道而驰;二是使用"网机"后,通信网络负载大量增加,而通信费用则成为用户的巨大负担。"网机"的失败说明信息技术和应用的发展,并不简单地支持"简易终端"的概念。

21 世纪初,随着 P2P 技术的发展,网格计算曾经一度被炒得很热。网格计算的主要目的是为了科学合作而共享资源;同时,可以根据科学计算的需求,扩大资源共享的规模。有人认为,网格计算是继互联网和 Linux 操作系统之后信息技术领域内最重要的发展,但是网格计算并没有如期蓬勃发展起来。网格计算不失为一个好的思路,确有发展空间,但信息处理固有的"个性"和"私密性",使其在实践中遇到的阻力是不言而喻的。

在网格计算风靡之时,IBM 网格计算的总经理霍克曾经提出了"算厂"的概念,即利用互联网,计算能力可以像电力一样通过网络来调度使用。用户不需要知道计算机能力来自何处，只要将计算终端插上电源即可。但“信息”作为一种资源，毕竟与电、水、煤气等有本质的不同。电、水、煤气是公用事业，计算机所处理的数据和信息毕竟不是“公用事业”，而是具有极其鲜明个性的。信息核心处理的技术具有很大的个性和私密性，未必都能储存于“算厂”。因此，关于“算厂”的概念最后也不了了之。

数据与信息的非公用性质是问题的本质。“算力”具有公用商品的特征，数据与信息则完全不具有这样的特征。信息技术的不断发展，使计算机的计算能力不断提高，价格不断降低。这种发展的基本目标其实是将信息处理的能力赋予每一个人，从而整体上增加社会处理信息的能力。任何限制这种目标的技术，都是与信息革命和信息技术发展的趋势不相容的，最后都会被用户抛弃。云计算的概念，与“网机”“网格计算”“算厂”等概念并没有本质上的差异之处。云计算是一种思想，是一种革新的 IT 运作模式，是将 IT 虚拟化后的资源做动态调配，并经由网络以服务的方式提供给用户的运作模式，而不是一种技术标准。在信息化的天空，云计算的“云”也不会只有“一块”，而是大大小小、时聚时散、根据应用需求而构造的并不雷同的多个“云”。

Google 前全球副总裁李开复对云计算打了一个形象的比喻：钱庄。最早人们只是把钱放在枕头底下，后来有了钱庄，很安全，不过兑现起来比较麻烦。现在发展到可以在银行的任何一个网点取钱，甚至通过 ATM，或者国外的渠道。就像用电不需要家家装备发电机，直接从电力公司购买一样。“云计算”带来的就是这样一种变革——由谷歌、IBM 这样的专业网络公司或各国（地）政府来搭建计算机运算、存储中心，用户通过一根网线借助浏览器就可以很方便地访问，把“云”作为应用服务以及资料存储的中心。

云计算（cloud computing）是网格计算（grid computing）、分布式计算（distributed computing）、并行计算（parallel computing）、效用计算（utility computing）、网络存储技术（network storage technologies）、虚拟化（virtualization）、负载均衡（load balance）等传统计算机技术和网络技术发展融合的产物。它旨在通过网络把多个成本相对较低的计算实体整合成一个具有强大计算能力的完美系统，并借助 SaaS（软件即服务）、PaaS（平台即服务）、IaaS（基础设施即服务）、MSP（管理服务提供商）等先进的商业模式把这强大的计算能力分布到终端用户手中。云计算的一个核心理念就是通过不断提高“云”的处理能力，进而减少用户终端的处理负担，最终使用户终端简化成一个单纯的输入输出设备，并能按需享受“云”的强大计算处理能力。

除了计算处理能力，“云”的另外一个特征就是强大的存储功能。目前，PC依然是我们日常工作生活中的核心工具，我们用PC处理文档和存储资料，通过电子邮件或U盘与他人分享信息。如果PC硬盘坏了，我们会因为资料丢失而束手无策。而在“云计算”时代，“云”会替我们做存储工作。“云”就是计算机群，每一群包括几十万台，甚至上百万台计算机，因此“云”的存储能力甚至可以认为是无限的。届时用户只需要一台能上网的电脑，不需关心存储或计算发生在哪朵“云”上，一旦有需要，用户可以在任何地点用任何设备，如电脑、手机等，快速地计算和找到这些资料，再也不用担心资料丢失。

二、云计算的原理

在典型的云计算模式中，用户通过终端接入网络，向“云”提出需求，“云”接受请求后组织资源，通过网络为“端”提供服务。用户终端的功能可以大大简化，诸多复杂的计算与处理过程都将转移到终端背后的“云”上去完成。用户所需要的应用程序并不需要运行在用户电脑、手机等终端设备上，而是运行在互联网的大规模服务器集群中。用户所处理的数据也无须存储在本地，而是保存在互联网上的数据中心里。

这是一种革命性的举措，打个比方，这就好比是从古老的单台发电机模式转向了电厂集中供电的模式。它意味着计算能力也可以作为一种商品进行流通，就像煤气、水、电一样取用方便，费用低廉。最大的不同在于，它是通过互联网进行传输的。

云计算的蓝图已经展现在我们的面前，在未来，只需要一台笔记本或者一个手机就可以通过网络服务来实现我们需要的一切，甚至包括超级计算这样的任务，从这个角度而言，最终用户才是云计算的真正拥有者。云计算的应用包含这样的一种思想，把力量联合起来，给其中的每一个成员使用。

三、云计算的优势

云计算应用主要具有以下三大突出优势。

1. 高可靠性

云计算的文件系统使用了数据多副本容错机制、计算节点同构可互换等措施，这些措施保障了服务的高可靠性，主要体现在分布式计算和分布式存储中。分布式计算体现在新计算资源加入时依据策略自动分配计算节点，某节点故障时自动将计算任务转移到其他节点上。分布式存储主要体现在数据自动切分，冗余分布存储在储存资源池中，储存单元故障时自动从其他单元保存备份。

2. 快速部署，弹性扩容

云计算的规模可以动态伸缩，服务提供商根据用户增长的规模，适时增加服务器节点来提高云计算服务的计算能力，这对服务提供商和用户来说是一种双赢，用户不必为服务商的过量投资承担成本，服务商也不必担心服务能力不足而损失客户。弹性资源调度是云计算的核心，实现资源的按需分配，按需获取。这就意味着，“云”几乎就像生物一样能自由生长和适应环境。

3. 按需服务

由于云计算的计算和服务能力对于所有用户来说是一个巨大的共享池，用户可以按照自己的需要选择不同的模块，这样就不会占用不必要的资源，所以用户只对自己选择的模块所占的资源付费。当不需要相关服务的时候，用户可以方便地将占用的资源归还到资源池。云计算提高资源利用率的两种手段分别是空分共享和时分共享。相关数据表明，云计算空分共享虚拟化前，服务器利用率通常仅为5%～10%，虚拟化后，虚拟服务器的整合比常为1∶5～1∶10，服务器利用率提升到60%以上。

四、云计算的分类

云计算按照服务类型，也就是用户需要获取的IT资源可以分为三类：一是基础设施云，即用户能够获取的是硬件资源，包括服务器提供的计算能力和存储提供的存储能力。用户可以在这些硬件资源上自行设定任务。二是平台云，即建设在基础设施云之上，利用服务提供商提供的托管平台，用户可以将开发的应用托管到这个和其他单位共享的平台之上。因为平台云是一个共享的资源，用户需要遵守平台云的提供者制定的应用开发规则。同时，在不同平台云上运作的应用，将受到平台限制。三是应用云，这是云计算的最高境界，建设在基础设施和平台云之上。应用云为用户提供应用服务，用户经由网络和浏览器使用这些应用服务。

云计算还可以按服务提供方式进行分类，这种分类清晰地指出服务提供商和用户之间的关系。具体可以分为三类：一是公有云，是由一个云计算服务提供商建设、运维和管理，但多个单位和用户共享的云计算环境。这些用户根据各自需求，使用整个云计算环境中的部分资源，并按使用的资源付费。二是私有云，是由单位独立建设和使用的云计算环境，只是提供给该单位内部员工或下属单位使用，不对外部单位营业。一般而言，大部分私有云都是由大型银行，保险、证券和基金公司，大型制造业或零售业企业及政府机构建设和运维管理。一般这些单位或机构 IT 环境的可用性、可靠性和安全性要求比较高。三是混合云，是公有云和私有云的混合。一般单位都能够选用混合云，将一些安全性和可靠性较低的应用部署在混合云上，以减轻 IT 的负担。

五、云计算在智慧旅游中的应用

计算技术应用于旅游业，实现旅游信息资源的最大节约化，通过建设一个大的“云池”将众多的旅游信息集合在一个平台上，实现“谁利用谁付费”和充分利用闲置资源。在保证信息安全的前提下，一方面实现旅游信息资源利用的最大化；另一方面方便各旅游市场主体之间的交流，实现资源的共享模式。云计算包括云计算平台与云计算应用，云计算在智慧旅游中主要是用于各类旅游信息的整合和储存，涉及的云计算应用包括研究如何将海量的旅游信息进行整合并储存，可以称之为旅游云。

旅游云计算的部署方式可分为公共云、私有云和混合云三种类型。公共云提供的信息是无偿的，并且面向所有信息需求者；私有云包括企业内部信息（财务、管理、人事等信息）、旅游者私人拥有且需要保密的信息、旅游管理部门的内部信息等，私有云的信息大部分需要付费，如语音导游的购买等；混合云结合了私有云和公有云。云计算在智慧旅游中的应用主要表现在旅游云数据中心、旅游行业信息云、旅游软件应用云、旅游电子商务云、云计算呼叫中心等。旅游云计算可以实现的功能主要分为三个层次，即旅游基础架构服务层（T-IaaS）、旅游平台服务层（T-PaaS）、旅游软件系统服务层（T-SaaS）。

旅游基础架构服务层（T-IaaS）可以帮助政府和有关企业建设IT系统，此外还提供通信基础架构服务，以方便相关企业开展旅游服务。例如，可以提供定位服务、短信服务、彩信服务，还有旅游天气预报、交通信息等基础数据服务，从而提高用户的旅游综合体验。

在旅游平台服务层（T-PaaS），云计算能够为旅游信息服务系统设计基础模块，具体包含信息发布、票务管理、支付管理和流程管理等，这样可以为有能力建设个性化系统的企业提供便利。

在旅游软件系统服务层（T-SaaS），云计算为旅游者、政府和旅游企业提供系统软件服务。其中，为旅游者提供以社区为主的软件服务，在提供相互交流、沟通、反馈、评价和投诉平台的同时也包含一些移动智能终端的应用。面向政府和企业的软件服务系统主要包括各种内部管理应用、旅游门户系统和评价系统等。云平台上的旅游攻略将会更为完善，从网页上可以更加全面地了解到旅游信息，包括景点的详细介绍、附近酒店的客房3D实景，甚至某个小饭店的特色菜等。这些信息都是来源于大众，气候、交通、商业等部门的信息也会汇集到这个云平台上，从而使未来的出游更加完美；对于政府而言，可以直观地判断哪些旅游景点可以投资开发，哪些景点可以实施免费开放政策，从而更科学地规划与开发旅游商业。

从某种程度上讲，应用实践的研究表明，云计算技术与旅游业的深度融合通过平台机制来实现，旅游企业通过云平台的租用来开展应用，在智慧旅游中体现的是利用云平台实现资源与信息共享、资源优化的集约性智慧。在现阶段，云计算技术与旅游业深度融合的路径都是通过企业自建的应用系统，如管理平台、服务平台，并通过云计算科学构建可供旅游者、旅游企业、旅游管理部门等获取、存储、处理、交换、查询、分析、利用的各种旅游应用（信息查询、网上预订、支付等），从而形成云架构的智慧应用体系。

第二节　泛在网络

人们要将看到的、听到的、触摸到的各种信息传递到大脑，需要通过遍布全身的神经系统。对于智慧旅游来说，光纤、电缆、无线传输媒介及其内部的信息通道构成它的虚拟神经纤维。搜索引擎的“网络蜘蛛”、互联网骨干网的路由构成它的自主神经系统。云计算的出现使 SaaS 成为它的中枢神经系统。因此，泛在的通信网络是实现智慧旅游的前提条件，智慧旅游拥有这样的神经系统，是实现智慧的最根本保障。

一、泛在网络的本质与特征

泛在网络通过对物理世界更加透彻的感知，构建无所不在的连接及提供无所不在的个人智能服务，并扩展到对环境保护、城市建设、物流运输、医疗监护、观光旅游、能源管理等重点行业的支撑，为人们提供更加高效的服务，让人们享受信息通信的便利，让信息通信改变人们的生活，更好地服务于人们的生活，自然而深刻地融入人们的日常生活及工作中，实现人人、时时、处处、事事的服务。随着信息技术的演进和发展，泛在化的信息服务将渗透到人们日常生活的方方面面，即进入“泛在网络社会”。因此，泛在网络是信息化发展到一定阶段的必然产物，其本质可以归纳为如下几点：

第一，泛在网络强调以人为本的思想，就是以人的需求为导向，是信息化发展的一个更高的阶段。这和我国大力提倡的科学发展，以人为本构建和谐社会的主导思想是不谋而合的。

第二，泛在网络具有可拓展性。泛在网络要求对现有通信网络进行革新，促进现有网络更加通畅，覆盖面更加广泛。通过使用 NFC(near field communication)技术，如 RFID、蓝牙等近距离无线通信技术，使人们的通信交流从中远距离的移动通信延伸到近距离的近场通信。

第三，泛在网络不仅仅限于计算机网络。通过传感器实现物的 ID 标识，泛在网络突破了原有网络仅限于人与人的通信方式，而扩展为人与物、物与物的通信，从而逐步实现社会的物质生产、交通运输、群体活动、突发事件等方面集约化、精细化管理的途径和方案。

泛在网络不是一个单一的网络，而是在现有网络基础上通过协同工作，来支撑各项具体应用的网络集合。它应该具备如下四个特征：

一是异构性、无边界。泛在网络是由众多子网组成，不可避免地出现一个特点，在物理层、终端、接入技术、传输假设、协议、终端操作系统、应用程序等各方面都存在着异构性。它能够使多种方式融合在一起，实现无缝接入，任何对象无论何时、何地都能通过合适的方式获得在线的宽带服务，可以随时地存取所有信息。

二是开放性、透明性。网络和终端设备具有预留资源的能力，可根据不同应用的需要区别对待，在网络资源有效利用的前提下，确保满足某些可以预期和预料得到的性能指标。并且网络技术对业务及用户是透明的，用户无须关心网络状态、采用何种技术来接入和承载。

三是宽带性、移动性。泛在网络环境的基础是宽带接入，还具有为各种移动节点提供随时访问网络的能力，包括基于 OFDM、802.1x 的固定高速无线接入，基于 3G/4G 的移动高速数据接入的应用。

四是对称性、安全性。用户不仅可以被动地接受服务，还可以主动地创造服务，且保证用户信道不被截取，用户位置不被跟踪及确保网络服务高效。

二、泛在网络的核心技术

泛在网络所涉及的技术体系有三大类：智能终端系统、基础网络技术以及应用层技术，每大类又涉及诸多关键技术。

（一）智能终端系统

智能终端设备是指那些具有多媒体功能的智能设备，这些设备支持音频、视频、数据等方面的功能。在智能终端系统方面，泛在网络的智能终端是融合的，但不只是传统意义上的融合通信终端，而是对人进行多方面能力延伸的终端。比如：需要具备延伸人对环境感知的能力，在此基础上多功能传感技术、语音视频识别、理解、监测等技术将得到广泛应用；具备延伸人对物理世界操作的能力；具备延伸人对电子控制系统远程执行的能力。

目前,智能手机和平板电脑的发展,为智慧旅游等行业提供了强劲的硬件支撑。移动互联网的发展,也促进了智能移动终端的蓬勃发展。其中,智能手机和平板电脑将是下阶段的生力军。

智能手机除了具有手机的功能,也具有电脑的许多功能,如上网、处理电子邮件、看书/文件、交友、玩游戏等;还具有电脑所不具备的功能,如拍照/录像、GPS导航等。强大的功能使智能手机得到许多人士的厚爱,我国智能手机的占有率已达到10%,而美国、日本等国则更高。世界上许多手机生产商,如Apple、Motorola、Nokia、Samsung、HTC和联想等,和许多软件系统,如苹果的iOS、谷歌的Android、诺基亚的Symbian、微软的WP7等,都将智能手机作为未来的主要发展方向。同时电脑也在逐渐克服其不足的一面,超便携是其发展方向,即功能更多,体积更小。电脑已经经历了从笔记本到上网本再到平板电脑的历程。2010年年初苹果推出的iPad平板电脑大热以后,世界各地掀起了平板电脑热,许多大电脑制造商纷纷跟进,准备推出自己的平板电脑,而小制造商的仿制品正在渗入市场。自2010年下半年开始,平板电脑进入了蓬勃发展的时期。能上网、拍照片、多点触控是平板电脑的基本要求,未来装有射频或短距离通信(RnD/NFC)芯片、GPS导航模块是平板电脑的发展方向。

智能手机和平板电脑的超便携性,为智慧旅游提供了硬件支撑,使移动互联网有了使用的载体。5G时代到来以后,智能手机、平板电脑,或者其他目前还未知的超便携终端的普及程度将非常高,智慧旅游也将普及化。

在泛在网络的大环境下,随着微电子技术、嵌入式软件技术、近距离通信技术等ICT技术日新月异的发展,现实世界中越来越多的物理实体能通过自组织来实现环境感知、自动控制,并具备通信和信息处理的能力。随着网络的触角不断延伸,更加广泛的领域“物品”需要进入信息网络内部进行通信,接入信息通信网络的物理实体的数量和范围可无限扩展,由传统的人与人的信息通信网络向人与物、物与物的信息通信网络拓展,“物联网”的概念也由此提出,其包括个域网(PAN)、汽车网(VAN)、家庭网(HAN)、办公网(OAN)、存储网(SAN)等。其中,家庭网络是近期业界关注的重点,提供家庭网络服务的基本条件是实现家庭网络信息终端设备和智能家电设备的自组织联网并提供自动发现和配置。因此,传感技术和传感器网络就成为泛在网络的核心技术之一。

(二) 基础网络技术

泛在网络是基于现有的网络基础设施,增加新的网络基础设施构成的。融合是现有网络基础设施的未来发展趋势,即具备融合固定和移动业务(FMC)能力和融合电信、互联网、广电网业务的能力。未来的网络需要超强的智能性,即要具备感知环境、内容、语言、文化的能力。泛在网络要满足各种层次的信息化应用,要求基础网络具有不同安全等级和不同服务质量的网络能力。泛在网络在众多的特性中,最重要的一个特征是无缝的移动性,移动宽带网络是最重要的网络基础设施。新型光通信、分组交换、互联网管控、网络测量和仿真、多技术混合组网都将是泛在网络的关键技术。

(三) 应用层技术

泛在网络的应用层主要指为各种具体应用提供公共服务的支撑环境。应用平台的主要技术特征是开放性和规范性,应用平台层涉及的主要技术领域包括软件中间件、资源描述与组织(如 HTML、XML 技术等)、各类标识的管理(如 IDM 技术)、信息安全保证(如加密技术、用户认证/鉴权/审计技术等)、网络计算、数据分析与控制等。

通信服务是由电话网、有线通信网、无线通信网等各种网络技术构成,这些网络使用不同的技术,具备不同的优势和特征,服务于不同的市场。但随着技术的发展,没有任何一个单一技术可以成为毫无争议的主导者,通信网络正朝着融合、宽带、高速的方向发展,不同网络技术将会共存,不同网络技术间的差别将会慢慢缩小,不同网络间的协同能力将进一步提高,不同的网络将能够共同协作提供集成业务,因而出现了泛在通信网络的概念。

泛在网络与现代旅游业深度融合的机制是通过移动互联网实现的,有了移动互联网和智能的移动终端设备,才使得旅游业的管理与服务有了泛在网络应用的机会,游客也能更方便地获得旅游企业的服务。在现阶段,泛在网络与旅游业融合的途径都是通过移动管理、移动服务相对应的应用系统实现的,这些应用系统通过移动互联网把企业内部的基础网络互联起来,形成泛在网络对应的各种旅游应用系统。

第三节 物联网

一、物联网概念的提出及其发展

物联网是一个通过信息技术将各种物体与网络相连以帮助我们获取这些物体信息的巨大网络，如图 4-1 所示。物联网是实现物物相连的互联网络，主要包括两个方面的内容：第一，互联网是物联网的基础和核心，并以此为基础对信息进行扩展和延伸；第二，物联网的用户端不是仅仅局限在人与物体，而是扩展和延伸到任何物体与物体之间，使其进行信息交换和通信。

图 4-1 物联网实现任何物体与物体之间的联系

物联网并非一个全新概念，其正式提出始于国际电信联盟(ITU)2005 年在突尼斯举行的信息社会世界峰会上发布的《ITU 互联网报告 2005：物联网》报告，但其最初的技术实现原型可以追溯到 20 世纪末 21 世纪初的“无线传感器网络”(WSN)。无线传感器网络(简称无线传感网)是基于微电子微系统(MEMS)、计算机技术和无线通信技术的飞速发展而产生的新的交叉研究领域，由于作为无线传感网网络节点的传感器可以对周围环境信息进行提取，并且整个传感网具有无中心的自组织结构和分布式运算的特点，因此具有很强的应用性和灵活性，可以把现有的网络延伸到真实的物理世界，实现物与物（M2M）和人与物的通信，达到“无所不在”的完美沟通，所以这个概念从一提出就成为业内的研究热点。1990 年，第一次海湾战争暴露了美国军用物资管理的严重问题。军需物资发了又送，重复投递，造成人力物力的巨大浪费，令美军后勤官头痛不已。为此，美国国防部下决心开发基于射频辨识标签（RFID）和互联网技术的全军“联合后勤管理信息系统”，力求做到军中“一切资产可视化”，实现了军用物资适时、适地、适量投送以及运输信息的全程跟踪。随后，以射频辨识标签、数字传感器、嵌入式芯片、无线传输和互联网技术为基础的物联网技术开始向民用领域辐射扩展，物联网的概念也逐渐形成和发展。我国也将其作为一个重要科技研究内容，在国家“十二五”重点扶持项目和《国家中长期科学与技术发展规划纲要》确定的信息技术重点领域和前沿技术中均有描述，并将“传感器网络及智能信息系统”列为重点研究领域。

物联网被媒体和行业各方高度关注主要源于两个重要的事件：一是 2009 年 1 月，美国政府就“智慧地球”的概念给予积极回应并引起世界各国高度关注，而作为实现智慧地球重要组成部分的“物联网”可以作为全球经济复苏的技术动力，被认为是振兴经济、确立竞争优势的关键举措；二是 2009 年 8 月，时任国务院总理温家宝视察了中科院无锡微纳传感网工程技术研发中心，深入阐述了感知中国、智慧中国的新理念，对微纳传感器研发中心予以高度关注，提出了把传感网络中心设在无锡、辐射全国的想法，并提出在传感网发展中，要早一点谋划未来，早一点攻破核心技术，尽快建立中国的传感信息中心，或者叫“感知中国”中心。

二、物联网与互联网的联系与区别

互联网的出现极大地推动了人类社会的发展，对促进社会信息化，实现工业化与信息化的融合发展起到了不可替代的作用。而物联网的出现及其初步应用似乎也与互联网有直接或间接的关系，因此可以说从物联网诞生的那一天起，似乎就和互联网有着千丝万缕的联系。

“互联网”作为现代社会中人们耳熟能详的一个名词，已经成为人与人交流沟通、传递信息的纽带，然而细心的用户可以发现，虽然互联网有着丰富的内容和成熟的应用，但这些内容与应用仅是针对人与人这个特定的领域，并且是虚拟的，那么人与物、物与物之间是不是也能有这样一种对话工具并且反映真实的物理世界呢？针对这个思路和启示，物联网应运而生，它的提出和使用让人与物、物与物之间的有效通信变为可能，这不仅可以降低管理的成本，而且更为重要的是大大提高了物品和各种自然资源使用的效率，是实现社会信息化的重要举措。互联网和物联网的结合，将会带来许多意想不到的有益效果，最终实现整个生态系统高度的智能化和智慧地球的美好愿景。

从某种意义上来说，互联网是物联网灵感的来源；反之，物联网的发展又进一步推动互联网向一种更为广泛的“互联”演进。南京邮电大学校长杨震举了一个生动的例子，可以说是对上述思想最好的诠释：目前想要通过互联网了解一个东西，必须通过人去收集这个东西的相关信息，数字化后再放置到互联网络(服务器)上供人们浏览，人在其中要做很多的工作，且难以动态了解其变化；物联网则不需要，它是物体自己“说话”，通过在物体上植入各种微型感应芯片，借助无线通信网络，与现在的互联网络相互连接，让其“开口”。这样一来，人们不仅可以和物体“对话”，物体和物体之间也能“交流”。所以说，互联网连接的是虚拟世界网络，物联网连接的是物理的、真实的世界网络。

三、物联网在旅游领域的应用

旅游业是一个开放性的大系统，信息和资源是其得以生存和运转的根本基础，尤其是信息，它贯穿了旅游活动的全过程，无论是旅游景点的规划、开发、设计还是客源目标市场的确定、旅游目的地营销策略的确定，以及日常的旅游统计等都对迅速获取、处理、利用信息提出了较高要求。物联网技术的作用就在于通过给物体安装传感识别装置，让其中的物体具有“智慧”，可以进行人与物、物与物之间的通信，方便人对各种物体进行管理控制。为将物联网运用到旅游业中，我们可以通过对旅游市场的物理资源安装传感设备，及时准确地获取其动态信息，借助物联网超大的信息处理平台，在整个旅游系统中实现 3A (anytime，anywhere，anything)连接，实现对传统上分离的物理世界和信息世界的高度融合。物联网技术的应用不仅极大地方便旅游者进行行程安排，还可帮助用户进行移动旅游服务的实时搜索，全面引领传统旅游业向智慧化旅游业转型。如图 4-2 所示，物联网技术可以促使旅游者、旅游企业、旅游相关行业和部门实现信息交叉渗透、相互感知、互联互通。

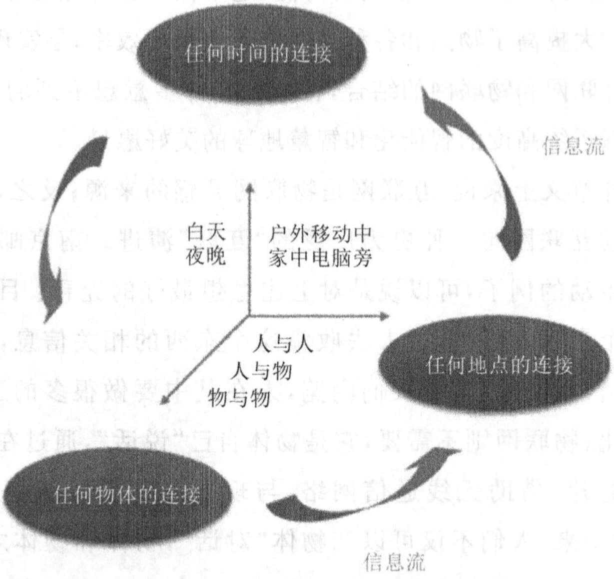

图 4-2　物联网中的连接维度及信息流向

智慧旅游的核心是游客为本、网络支持、感知互动和高效服务。在智慧旅游所依赖的众多信息技术中，物联网是最独树一帜、最受依赖的技术之一。物联网技术是智慧旅游的核心技术，实现了人与物、物与物、人与人之间的互联。物联网具有全面感知、无处不在的特征，在智慧旅游中，物联网的应用将呈现多样化、泛在化和智能化的发展趋势。物联网技术可以为旅游者提供“全过程”的旅游信息服务，物联网在智慧旅游应用中的典型体系架构如图 4-3 所示。游览过程中，旅游者可通过物联网的定位功能，享受智能化的导览、导游服务，增强体验感受。游览结束后，旅游者可借助物联网提供的 Web 2.0 技术通过网络平台发表观点、分享感受，也可反馈或投诉相关问题。

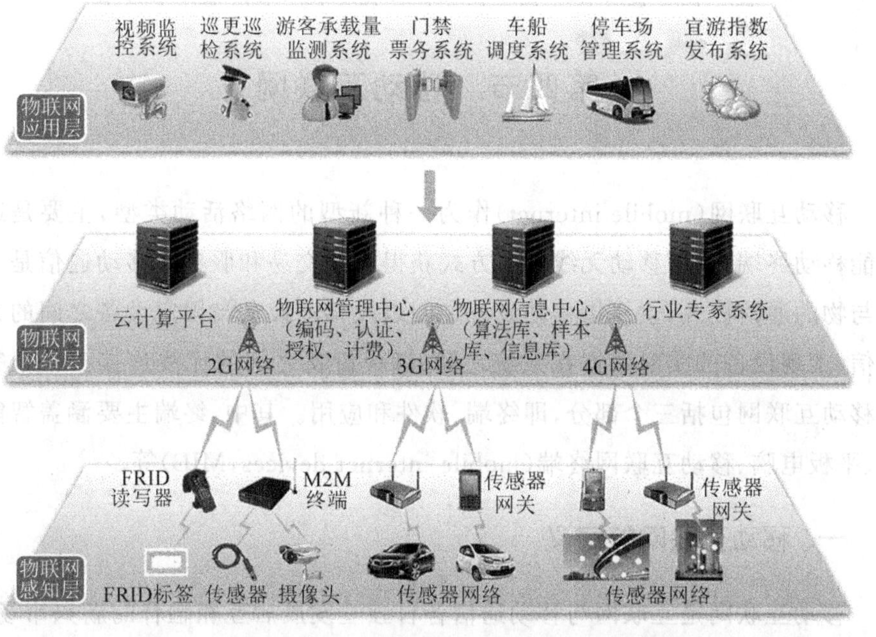

图 4-3　物联网在智慧旅游应用中的典型体系架构

对旅游企业而言，物联网技术能够形成一个虚拟的资源库，帮助旅游企业实现信息化建设，推动旅游电子商务的发展，降低企业的运营管理成本；也可以分析游客行为，帮助企业实现精准的网络营销。对旅游景区而言，物联网可以实时感知旅游资源的时空位置和状态，对景区人流密度进行跟踪、定位、监控和管理，方便管理者引导客流，合理控制客流量。此外，物联网技术能够有效地整合旅游信息资源，实现信息资源共享，帮助旅游行业管理部门实现实时监控和管理，维持良好的旅游秩序，及时处理旅游过程中的问题。

物联网技术与旅游业深度融合的机制是由管理需求和服务需求推动形成的，现代旅游业发展过程中需要人物互联，形成智慧的人物信息交换。如杭州黄龙饭店在建设智慧酒店过程中，需要对酒店设备、财产进行跟踪和智慧管理，这时就应用了物联网技术，管理需求推动了物联网的应用。在现阶段，物联网技术与旅游业深度融合的途径基本都是通过信息技术系统来实现，通过点的信息交换来形成一个信息自动收集的应用系统，如人力资源管理、游客引导系统、客流统计分析系统等，目前都有物联网技术的具体应用。

第四节 移动互联网

移动互联网(mobile internet)作为一种新型的网络活动类型,主要是通过智能移动终端,运用移动无线通信方式获得相关交易和服务。移动通信是一种物与物的通信模式,主要指移动设备之间以及移动设备与固定设备之间的无线通信,实现设备的实时数据在系统之间、远程设备之间的无线连接。一个完整的移动互联网包括三个部分,即终端、软件和应用。其中,终端主要涵盖智能手机、平板电脑、移动互联网终端(mobile internet devices,MID)等。

一、移动互联网的定义

移动互联网是互联网与移动通信各自独立发展后互相融合的新兴市场,目前呈现出互联网产品移动化强于移动产品互联网化的趋势。从技术层面的定义,移动互联网是以宽带 IP 为技术核心,可以同时提供语音、数据和多媒体业务的开放式基础电信网络;从终端的定义,用户使用手机、上网本、笔记本电脑、平板电脑、智能本等移动终端,通过移动网络获取移动通信网络服务和互联网服务。

移动互联网的核心是互联网,因此一般认为移动互联网是桌面互联网的补充和延伸,应用和内容仍是移动互联网的根本。

二、移动互联网的特点

虽然移动互联网与桌面互联网共享着互联网的核心理念和价值观,但移动互联网有实时性、隐私性、便携性、准确性、可定位的特点,日益丰富智能的移动装置是移动互联网的重要特征之一。

从客户需求来看,移动互联网以运动场景为主,碎片时间、随时随地,业务应用相对短小精悍。

移动互联网的特点可以概括为以下几点:

(1) 终端移动性。移动互联网业务使得用户可以在移动状态下接入和使用互联网服务，移动的终端便于用户随身携带和随时使用。

(2) 业务使用的私密性。在使用移动互联网业务时，所使用的内容和服务更私密，如手机支付业务等。

(3) 终端和网络的局限性。移动互联网业务在便携的同时，也受到了来自网络能力和终端能力的限制：在网络能力方面，受到无线网络传输环境、技术能力等因素限制；在终端能力方面，受到终端大小、处理能力、电池容量等的限制。无线资源的稀缺性决定了移动互联网必须遵循按流量计费的商业模式。

(4) 业务与终端、网络的强关联性。由于移动互联网业务受到了网络及终端能力的限制，因此，其业务内容和形式也需要适合特定的网络技术规格和终端类型。

三、移动互联网在智慧旅游的应用

近年来，随着国内移动通信的发展和各类智能终端的迅速普及，移动互联网已步入高速发展的时代。根据我国 2015 年《通信业经济运行情况报告》中的统计数据，截至 2015 年 6 月底，移动互联网用户数达到 8.9 亿户，其中手机上网的用户达到 8.5 亿户。手机这一移动终端已成为影响中国网民持续增长的主要因素。

随着移动终端设备的发展与普及，移动通信技术使信息技术的旅游应用不再以个人计算机为中心，而是向以携带移动通信终端设备的"人"——旅游者为中心发展，体现了信息技术应用以散客为服务对象的方向。个人计算机主要依赖计算机网络技术连接，通过互联网技术丰富各种旅游应用；而移动通信终端设备与移动通信技术连接，通过互联网、物联网技术丰富各种旅游应用。移动通信技术自产生以来迅速发展，移动通信技术在智慧旅游中为游客提供丰富多样的个性化服务，如全程信息服务、无所不在的移动接入服务、多样化的用户终端以及智能服务等。移动通信技术在智慧旅游中的应用将极大地改善旅游者的旅游质量，提高旅游目的地管理水平与服务质量，使旅游管理水平和服务质量向更加精细化、高质量方向推进。移动通信技术在智慧旅游中体现的是满足游客个性化需求，提供高品质、高满意度服务的智慧体验。

智慧旅游的发展得益于移动互联网和智能终端的推广和普及，移动通信可以看作物联网中的一种物与物的连接方式，是支撑智慧旅游物联网的核心基础设施。在智慧旅游中，移动互联网技术可以让游客随时随地获取自己所需的信息资源，如通过定位服务，游客可以时刻掌握自身所处位置信息；还可基于位置信息，查询周边的景点、餐饮、酒店、娱乐、车站等旅游信息；而随着移动通信终端更加智能化、人性化，游客可通过移动终端应用直接来进行实时的酒店、车票、景点门票查询与预定，让旅游变得更加便捷和可靠。当今社交网络的发展势头如日中天，社交网络因其巨大的商业价值潜力成为互联网发展的新贵，如腾讯微信、Facebook 等。在移动互联网的发展基础上，游客在获取信息的同时，还可以随时随地分享和上传信息，依据六度分割理论，这些由单个旅游者分享的信息都将具有巨大的影响力，这为旅行社、目的地景区开展促销提供了高效的途径。

移动通信在智慧旅游中的主要功能是实现各类旅游信息在系统内部各要素之间、系统内部与外部环境、远程设备之间的无线连接，是支撑智慧旅游建设发展的核心基础设施。随着移动终端设备（智能手机和平板电脑）的发展与普及，移动通信技术使得信息技术在旅游业中的应用从以计算机用户群为中心向以携带移动通信终端设备的个人，即旅游者为中心转变。旅游者可以通过文字、语音、视频获取全方位的实时动态的旅游信息。移动通信技术从 20 世纪 80 年代发展至今，已经经历了从 1G 到 4G 的过渡发展，到 2020 年将实现从 4G 到 5G 的过渡。目前，4G 移动通信最大的数据传输速率超过 100Mbit/s，可以提供高性能的汇流媒体内容，并通过 ID 应用程序鉴定个人身份。移动通信技术为旅游者在整个旅游过程中提供实时、动态、丰富的高质量信息服务，多样化（文字、语音、视频）和个性化（触觉、视觉等多方式人机交互）的用户终端以及智能服务和智能移动代理（intelligent agent）等。移动通信技术的应用在旅游者的旅游体验，旅游企业的经营管理、行业管理水平与服务质量等方面都起着重要作用，使旅游管理与服务向着更加精细以及高质量的方向推进。

移动互联网与智慧旅游的结合将创新旅游应用，为旅游者提供更加便捷高效的产品和服务，提供更加个性化的体验。其中，基于位置的服务（location based service，LBS）是一个突破性的应用。LBS 为用户提供的是一种增值业务，应用平台是地理信息系统（geographic information system，GIS），获取位置信息的方式是通过电信运营商的无线通信网或者其他外部定位方式如全球定位系统（global positioning system，GPS）等。LBS 对于旅游产业具有很强的适用性，在旅游者位置信息和位置服务方面具有很大的优势。LBS 的技术和相关理念催生出了旅游行业的许多有价值的智能终端应用。LBS 为商家提供了一个有效的促销方式，商家可以通过信息推送功能向旅游者推销自己的产品，通过发送优惠券等方式吸引旅游者。旅游景区可以利用终端信息显示屏为游客提供及时准确的旅游信息，可以发放印有一维码、二维码的景区电子门票。旅游者还能够通过手机客户端下载 APP 应用软件来实现景区导航，进行实景预览，从而全方位、多角度地游览景区。

移动互联网技术与现代旅游业的深度融合机制是通过市场机制形成的，企业为了提高服务效率有应用的需求，游客为了获得更便捷的服务也有应用的需求，从而形成深度融合的应用机制，包括政府推广机制、市场激励机制等。尤其在当前旅游业转型升级过程中，精准、敏捷的服务迫使旅游企业快速推进移动互联网的应用，如当前的“互联网＋旅游”就是深度融合的新业态体现。在现阶段，已有案例研究的分析表明，移动互联网与旅游业深度融合的核心路径是通过服务模式和商务模式的变革形成的，如受游客欢迎的移动服务模式中的电子导游、电子导购、电子导览、电子导航等移动服务，必须与移动互联网深度融合才能实现；企业开展的 B2C、B2E、O2O 等商务模式，同样必须与移动互联网深度融合才能实现，如酒店开展的网络订房、旅行社开展的网络组团以及自由行等服务，都是新一代电子商务模式应用于移动互联网的新型业态。

第五节 大数据

大数据（big data）是继云计算、物联网之后在信息技术产业领域的另外一次具有颠覆意义的技术变革。随着信息化建设的深入，数据量呈爆炸性的增长态势，云计算、物联网、移动互联网、智能手机、平板电脑、PC 以及遍布各地的众多传感器，这些都是大数据的获取来源和承载方式。

一、大数据的定义

大数据又被叫作巨量资料，是指所涵盖的资料数量规模达到按照当前的主流软件和工具在一定的时间内没法运用撷取、处理、管理等手段整合出具有积极意义的资讯，不能帮助企业经营和决策的程度。大数据技术不是对庞大信息数据的简单操作，其核心并不是拥有海量的数据，而是对这些数据进行处理、加工和利用。简单来讲，大数据技术就是通过对数据进行“加工”，对具有意义的海量数据进行专业化的处理，发现真正对决策具有价值的信息，以促使数据“增值”。

二、大数据的特征

具体来说，大数据具有四个基本特征：

一是数据体量巨大。百度首页导航每天需要提供的数据超过 1.5PB(1PB=1024TB)，这些数据如果打印出来将超过 5000 亿张 A4 纸。有资料证实，到目前为止，人类生产的所有印刷材料的数据量仅为 200PB。

二是数据类型多样。现在的数据类型不仅是文本形式，更多的是图片、视频、音频、地理位置信息等多类型的数据，个性化数据占绝对多数。

三是处理速度快。数据处理遵循“1 秒定律”，可从各种类型的数据中快速获得高价值的信息。

四是价值密度低。以视频为例，1 小时的视频，在不间断的监控过程中，可能有用的数据仅仅只有一两秒。

三、大数据的作用

第一，对大数据的处理分析正成为新一代信息技术融合应用的结点。移动互联网、物联网、社交网络、数字家庭、电子商务等是新一代信息技术的应用形态，这些应用不断产生大数据。云计算为这些海量、多样化的大数据提供存储和运算平台。通过对不同来源数据的管理、处理、分析与优化，将结果反馈到上述应用中，将创造出巨大的经济和社会价值。

第二，大数据是信息产业持续高速增长的新引擎。面向大数据市场的新技术、新产品、新服务、新业态会不断涌现。在硬件与集成设备领域，大数据将对芯片、存储产业产生重要影响，还将催生一体化数据存储处理服务器、内存计算等市场。在软件与服务领域，大数据将引发数据快速处理分析、数据挖掘技术和软件产品的发展。

第三，大数据利用将成为提高核心竞争力的关键因素。各行各业的决策正在从"业务驱动"转变为"数据驱动"。对大数据的分析可以使零售商实时掌握市场动态并迅速做出应对；可以为商家制订更加精准有效的营销策略提供决策支持；可以帮助企业为消费者提供更加及时和个性化的服务；在医疗领域，可提高诊断准确性和药物有效性；在公共事业领域，大数据也开始发挥促进经济发展、维护社会稳定等方面的重要作用。

第四，在大数据时代，科学研究的方法手段将发生重大改变。例如，抽样调查是社会科学的基本研究方法。在大数据时代，可通过实时监测、跟踪研究对象在互联网上产生的海量行为数据，进行挖掘分析，揭示出规律性的东西，提出研究结论和对策。

四、大数据的分析

众所周知，大数据已经不简简单单是数据大了，最重要的是对大数据进行分析，只有通过分析才能获取很多智能的、深入的、有价值的信息。越来越多的应用涉及大数据，而这些大数据的属性，包括数量、速度、多样性等都呈现了大数据不断增长的复杂性，所以大数据的分析方法在大数据领域就显得尤为重要，可以说是决定最终信息是否有价值的决定性因素。基于如此的认识，大数据分析普遍存在的方法理论有以下几个方面：

(1) 可视化分析。大数据分析的使用者有大数据分析专家，同时还有普通用户，但是他们对于大数据分析最基本的要求就是可视化分析，因为可视化分析能够直观地呈现大数据特点，同时能够非常容易地被读者所接受，就如同看图说话一样简单明了。

(2) 数据挖掘算法。大数据分析的理论核心就是数据挖掘算法，各种数据挖掘的算法基于不同的数据类型和格式才能更加科学地呈现出数据本身具备的特点，也正是因为有这些被全世界统计学家所公认的各种统计方法(可以称之为真理)才能深入数据内部,挖掘出公认的价值。另外也是因为有这些数据挖掘的算法才能更快速地处理大数据,如果一个算法得花上好几年才能得出结论,那大数据的价值也就无从说起了。

(3) 预测性分析。大数据分析最重要的应用领域之一就是预测性分析,从大数据中挖掘出特点,科学地建立模型,之后便可以通过模型带入新的数据,从而预测未来的数据。

(4) 语义引擎。非结构化数据的多元化给数据分析带来新的挑战,我们需要一套工具系统地去分析、提炼数据。语义引擎需要设计足够的人工智能从数据中主动地提取信息。

(5) 数据质量和数据管理。大数据分析离不开数据质量和数据管理,高质量的数据和有效的数据管理,无论是在学术研究还是在商业应用领域,都能够保证分析结果真实和有价值。

五、大数据在旅游行业的应用

旅游行业每天都会产生数以亿计的旅游数据,这些数据不仅来源于旅游者、旅游企业以及旅游行业管理部门的外部数据,还来源于酒店、景区、在线旅行社(online travel agent,OTA)等内部管理所产生的大量的数据,巨量的数据、繁杂的类型以及较低的价值密度符合大数据的特质,是将大数据技术应用于旅游行业的重要原因。在智慧旅游中,随着旅游产业的迅猛发展,游客数量呈现爆发式增长,尤其是自助游客,为应对海量游客巨大的信息需求,各类旅游信息服务平台提供的信息也相应地越来越丰富,不管是旅行社,还是目的地景区,其采集的数据也越来越繁杂,且大多是非结构数据,对于这海量的数据处理,就需要采用大数据技术,以实现各式各样的个性化推荐服务。通过建立数据中心,打造使用端和服务端平台,运用先进的分析技术和手段对旅游行业的相关数据进行分析与整合,为旅游者提供科学有效的旅游咨询,辅助旅游决策的制订,另外可以不断完善旅游公共信息服务,提升旅游者的满意度。

随着数据技术(Data Technology,DT)的普及应用,大数据已成为智慧旅游建设的核心基础,没有大数据智慧旅游就无从谈起。在现阶段,大数据技术与旅游业的深度融合机制都是通过综合平台来形成的,综合平台整合了所有的信息系统，这些信息系统可共享平台下的所有数据，从而形成旅游业自己的数据中心或旅游大数据。如杭州绿云科技开发的 iHotel 酒店平台，它整合了酒店的 PMS 系统、财务系统、CRS 系统、CRM 系统、电子商务系统以及 OTA 渠道，从而形成酒店业自己的大数据，这些大数据就是智慧酒店建设的核心基础。因此，大数据技术与旅游业的深度融合路径是旅游发展中的应用需求、应用系统、应用平台，最后形成旅游大数据。为什么智慧旅游发展会产生“政府热、企业冷、两眼向上”，就是企业缺乏有效的需求，也缺乏完善的信息系统应用基础，更缺乏综合性的平台，从而无法形成大数据，造成智慧旅游推进面临这样的局面，这说明没有大数据的存在，旅游还是智慧不起来。可以说，大数据是信息系统战略中的重要组成部分，通过大数据战略的实施，形成了现代智慧旅游全新的业态。

第六节　地理信息系统

地理信息系统(GIS)有时又称为“地学信息系统”，是一种特定的十分重要的空间信息系统。它是在计算机硬、软件系统支持下，对整个或部分地球表层(包括大气层)空间中的有关地理分布数据进行采集、储存、管理、运算、分析、显示和描述的技术系统。该技术系统在旅游业已得到广泛的应用，它与旅游业的深度融合机制都是通过移动服务和移动管理的需求而逐渐形成的，其应用的发展路径是基于位置的服务和基于位置的管理而形成的信息系统，然后通过平台化的云技术支撑，形成目前深度融合的应用局面，对景区的资源管理以及对游客的位置服务产生了重大的影响，是旅游景区实现智慧管理和智慧服务关键性的技术系统。

一、地理信息系统的概念

美国联邦数字地图协调委员会对地理信息系统的定义是：由计算机硬件、软件和不同方法组成的系统，该系统用来支撑空间数据采集、管理、处理、分析、建模和显示，以便解决负载的规划和管理问题。地理信息系统也应是以地理空间数据库为基础，在计算机软硬件的支持下，运用系统工程和信息科学的理论，对空间相关数据进行采集、管理、操作、分析、模拟和表达，并采用地理模型分析方法，实时提供、科学管理和综合分析多种空间和动态的地理信息，为地理研究、管理和决策提供所需服务而建立起来的计算机系统，是计算机科学、遥感与航测技术、计算机图形学、计算机辅助设计、应用数学、地理学、地质学等学科综合发展的产物。地理信息系统是综合处理和分析地理空间数据的一种技术系统，是以测绘量为基础，以数据库作为数据存储和使用的数据源，以计算机编程为平台的全球空间即时分析技术。

二、移动 GIS 平台应用

1. 移动 GIS 定义

在云计算时代，随着 3G、4G 等无线网络技术的飞速发展，移动 GIS 走入人们的视野和生活，它以移动互联网为支撑，以智能手机或者平板电脑为用户终端，以北斗卫星导航系统(BDS)、全球定位系统(GPS)、移动通信基站为定位手段，是继组件式 GIS、服务式 GIS 之后又一新的技术热点。

国际 GIS 界将 GIS、GPS 和无线互联网一体化的技术称为"移动 GIS"(Mobile GIS)。移动 GIS 的体系结构由客户端、服务器、数据源组成。移动 GIS 的特点是移动性、动态(实时)性、对位置信息的依赖性、移动终端的多样性等。

2. 移动 GIS 技术

移动 GIS 技术可分为嵌入式技术、无线网络技术以及 GPS 定位技术。嵌入式技术指使用智能手机、平板电脑等作为移动 GIS 嵌入式终端设备。无线网络技术分为基于数字蜂窝移动电话网络的接入技术和基于局域网的接入技术。GPS 定位技术可为用户提供随时随地的准确位置信息服务。其基本原理是将 GPS 接收机接收到的信号经过误差处理后解算得到位置信息，再将位置信息传给所连接的设备，连接设备对该信息进行一定的计算和变换后传递给移动终端。GPS 定位虽然比较准确，但受周围环境影响，如在有遮挡的地方、室内很有可能无法定位成功。

3. 移动 GIS 开发平台

目前，移动 GIS 的移动端开发方式分为两种：自主独立开发和基于现有移动 GIS 平台的二次开发。

（1）自主独立开发。不依赖于任何现有 GIS 软件或 GIS 组件，空间数据展示、分析等 GIS 功能实现所涉及的相关算法都由开发者独立设计，然后选择编程语言在一种主流的移动 GIS 开发平台实现。这种开发方式的优势在于根据客户需求定制，不需要购买相关移动 GIS 软件或组件，降低开发成本，但提高了开发者的程序设计能力要求，增加了开发的时间周期和成本。

（2）基于现有移动 GIS 平台的二次开发。借助国内外主流的 GIS 厂商提供的移动 GIS 二次开发的软件开发工具包。这种开发方式的优势在于基于 Android、iOS 等智能移动系统的组件式 GIS 开发平台，可用于快速开发、定制面向行业领域和公众服务的移动 GIS 应用系统。主流 GIS 厂商推出的二次软件开发工具包只应用于学习使用，不能用于商业用途。移动 GIS 的移动端开发以基于现有移动 GIS 平台的二次开发为主流开发方式。

4. 移动 GIS 开发关键技术

很多软件平台提供了旅游信息服务移动 GIS 应用的二次开发功能。例如，美国 ESRI 的 ArcGIS API for Android（ArcGIS Runtime SDK for Android）开发平台，支持通过 Java 编程语言构建基于 ArcGIS API for Android 的应用程序。可将应用部署在 Android 智能手机或者平板上，实现地理信息的丰富展现、多样的地理分析、常规的外业数据采集等。

基于 ArcGIS API for Android 的移动 GIS 二次开发所提供的功能主要包括：

（1）开发手机地图功能：地图服务、动态操作地图服务、导航与触屏操作、客户端要素图层、通过交互绘制几何对象等；

（2）查询和识别功能：空间要素、属性要素的查询与识别等；

（3）几何对象操作与地理处理：几何对象的操作、地理处理服务等；

（4）要素编辑：属性编辑、几何编辑等。

基于 ArcGIS API for Android 的移动 GIS 二次开发的旅游信息服务应用涉及的关键技术有多样地图数据的加载技术和离线旅游信息数据存储与加载技术。

三、3D GIS 概念及应用

3D GIS 源于 GIS 系统，3D GIS 之所以被称为三维实景地理信息系统，是因为它把 3D 与 GIS 相结合起来，3D 就是我们经常看到的三维模拟图像，而

GIS系统可以对收集到的数据进行整理分析开发，最终以三维实景图的形式在各大屏幕展示出来，其主要原理就是利用监控摄像机、人工测绘或组织机构提供的数据进行三维模型组建，最终接上终端显示器直观显示出来。

旅游地理信息是关于空间的信息，使用三维手段是自然而然的事情。面向景区和旅游行业的三维实景地理信息系统（3D GIS）研究和应用集中在基于三维可视化技术的GIS功能开发上，在园文管理，视频监控，资源、环境、地质监测，GPS定位导航、交通指挥、调度，特别是旅游规划等方面具有非常广阔的应用前景。

要建立一个完整的旅游3D GIS，必须解决多方面的问题：多种类型的旅游3D实体的建模；海量数据的组织与管理；复杂3D空间关系的表达及操作；3D空间数据的存储、管理及查询与检索；快速实时可视化；提供交互式操作的图形界面。3D GIS还应该具有以下功能：包容1D、2D对象和可视化2.5D对象，3D空间DBMS管理，留有易于扩展的接口。

将仿真三维地图和三维全景视频影像数据库无缝集成，构建三维实景地理信息系统，可以以一种完全真实的方式来展现旅游空间，2.5D仿真三维地图结合了传统的2D地图的各种操作功能和3D地图的可视化优点；三维全景视频影像中包含海量地理的、环境的、社会的、经济的、人文的信息以及可供挖掘的知识，两者的结合，真正实现了旅游地理信息数据的可视、可读、可写、可画、可量、可链接、可挖掘等一系列功能。当前，在发达国家，三维实景地图作为二维地图的升级产品正日益成为GIS数据应用的热点。可以预见，三维实景地理信息系统将逐渐取代数字城市建设中传统的二维地理信息系统，成为日后智慧地球、智慧城市、智慧景区地理信息系统的发展方向。

四、云三维实景地理信息系统及应用

3D GIS是一种典型的云计算应用，GIS与云计算结合，实现云三维实景地理信息系统，能够使GIS平台、软件和地理空间信息内容更方便、高效地部署到“云”基础设施之上，能够以弹性的、按需获取的方式提供最广泛的基于Web的服务，从而解决旅游信息化中长期面临的“信息孤岛”问题、重复建设投资问题以及大众化应用对超大规模并发访问的需求。云3D GIS应用概念图如图4-4所示。

网络访问
海量数据，实时更新
多数据源，用户标注
快速集成
基本服务免费，靠广告实现盈利

图 4-4 云 3D GIS 应用概念图

1. 云三维实景地理信息系统的概念

云三维实景地理信息系统是指以云计算理论和技术作为指导，以网络为中心的三维地理信息系统。将云计算的各种特征用于支撑地理空间系统的各要素，包括建模、存储、处理等，从而改变用户传统的 GIS 应用方法和建设模式，以一种更友好的方式，高效率、低成本地使用地理信息系统。3D GIS 的核心过程如图 4-5 所示。

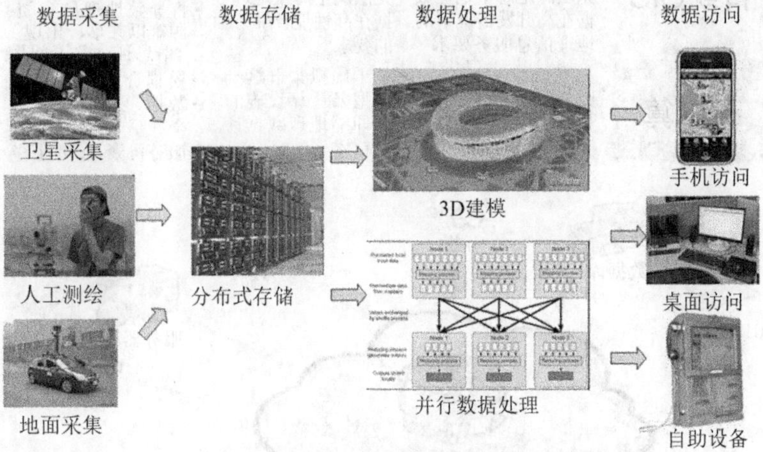

图 4-5 3D GIS 的核心过程

2. 云环境下的 3D GIS 发展要求

基于云服务的 3D GIS 将使得整个地理信息服务进入新的发展阶段，云 3D GIS将提供一种稳定、高效、低成本而又环保的支撑架构，使 GIS 彻底突破既有的“专业圈子”，将空间信息的服务和增值带给大众，实现地理信息系统数据、功能和服务的全共享。其最大特性在于：基于支持超大规模、虚拟化的硬件架构，提供以微内核群为支撑的高效可靠的空间信息数据中心和可快速搭建配置、跨平台、跨网络、可扩展的设计开发框架(designer center)，以“按需服务”的模式提供多层次的应用服务及解决方案。

在现阶段，景区的管理信息系统基本都有地理信息系统的应用，尤其是云技术与地理信息系统的结合，真正形成了地理信息系统与旅游业深度融合的局面，如景区的导览导游系统、掌上监管系统、生态预警系统、监控管理系统等，都有地理信息系统的嵌入应用。可以说，目前智慧景区建设分析的案例中，所有的智慧管理与智慧服务都是在地理信息系统基础上建立起来的智慧应用，尤其有了基于云技术的地理信息系统，景区的管理与服务就更加智慧、更加有效率了。云环境下的GIS发展要求如图4-6所示。

地理数据存储
地理数据计算
地理信息服务
传统GIS
•传统GIS储存不具有可伸缩性
•无法满足海量地理数据在高开发情况下的地理信息服务要求
•传统GIS的地理计算依赖静态的物理系统
•无法满足海量地理数据在高性能计算方面的要求
•传统地理信息系统缺乏统一的平台和地理信息共享机制
•将导致地理信息资源难以共享、出现“信息孤岛”等问题
云计算
•高可靠、高吞吐和可伸缩的新型地理数据储存技术
•基于虚拟集群这一新型云计算设施的可伸缩地理数据计算技术
•松耦合
•数据、功能、服务的全共享
•服务可聚合，可迁移
数据库
分析
存储
GIS服务器
服务器群
工作站
桌面端
移动端
Web端

图4-6　云环境下的GIS发展要求

第七节 RFID 技术

射频识别(RFID)技术,又称电子标签、无线射频识别,是一种通信技术,可通过无线电信号识别特定目标并读写相关数据,而无须在识别系统与特定目标之间建立机械或光学接触。目前,RFID 技术已经在景区门禁系统中得到很好的利用,极大地节省了劳动力,同时提高了景区验票的效率。未来,RHD 技术在诸如电子导游、游客流量监控与统计、智能定位等方面的应用将会得到深化和扩展。

一、RFID 的系统构成

一套完整的 RFID 系统由三部分子系统组成:电子标签、读写器和应用软件系统。RFID 系统的基本结构如图 4-7 所示。

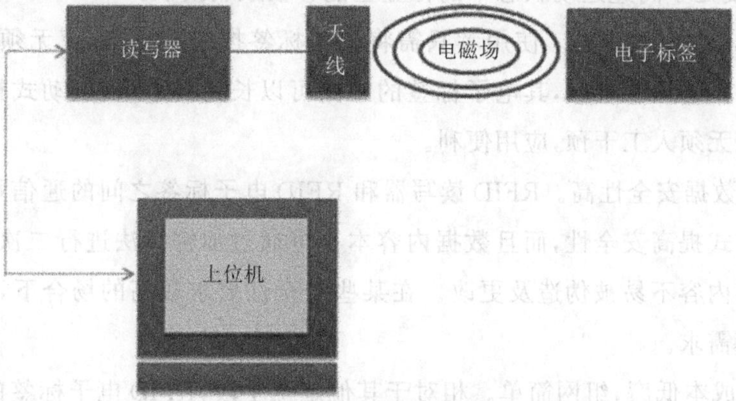

图 4-7 RFID 系统的基本结构

电子标签内置带有天线的芯片,芯片中存储被识别物品的信息,通过无线电波与阅读器进行非接触式交互。RFID 标签具有小巧轻便、使用寿命长、防磁、防水、穿透性强等特点。RFID 电子标签的工作方式可以分为三类:被动式、半主动式和主动式。一般说来,主动式标签拥有较远的读写距离和较大的记忆体容量,这使得标签可以存储读写器所传来的一些附加数据。

读写器主要由RFID射频模块(接收器和发送器)、天线、控制单元以及接口电路组成。RFID读写器通过天线与RFID电子标签进行无线通信,可以实现对标签识别码和内存数据的读出或写入操作。典型固定式读写器的通信接口主要有串口(RS-232、RS-485等)、网口、无线网卡等。

应用软件系统主要负责数据信息的存储以及管理对电子标签的读写操作。在不同的应用场合中,需要根据具体的需求配置相应的上位机(可以直接发出操控命令的计算机)管理软件,从而对整个RFID系统的数据信息进行存储和处理。

二、RFID的特点

作为一种新型的信息快速识别技术,RFID具有如下重要特点:

(1) 电子标签体积小,便于携带。即使是主动式电子标签,其尺寸也较为小巧且不受形状的限制,无须为了保证读取精度而被限制在固定尺寸和印刷品质上。这使得RFID电子标签非常容易携带,在更多的应用场合发挥了作用。

(2) 读取速度快、稳定。RFID读写器可以同时支持多个电子标签的读取操作,即使处于高速运动状态中的标签也能够被顺利读取。

(3) 非接触式识别。使用者只需将电子标签携带在身上,而无须与RFID读写器发生物理性接触,其电子标签的距离可以长达几十米(主动式标签),完成识别时无须人工干预,应用便利。

(4) 数据安全性高。RFID读写器和RFID电子标签之间的通信可以通过加密的方式提高安全性,而且数据内容本身可通过加密算法进行二次加密,保证了数据内容不易被伪造及更改。在某些安全性要求较高的场合下,RFID能够满足其需求。

(5) 成本低廉,组网简单。相对于其他定位手段,RFID电子标签的制作成本低廉,而且制作方便、简单。RFID读写器组网容易操作,且网络较为稳定。

三、RFID在旅游行业的应用

RFID技术作为把物理世界与现有的IT系统联系起来的桥梁,可以将组织的在物理世界中的各项活动与IT系统有效地整合在一起,从而极大地提高包括旅游业在内的各行各业的工作效率,增强组织竞争力。

1. 旅游景区电子门票的应用

RFID 电子门票有两种方式来存储人员信息：一种是 RFID 电子门票内存储个人信息，并将追溯记录写入票内存储；另一种是业务系统内存储个人信息，RFID 电子门票内使用唯一序列号或只存储个人 ID 号。因此，追溯技术实现方式也可以分成两种：一是脱机方式；二是联机方式。

脱机方式主要是在 RFID 票内设置记录区，在景区每个适宜或需要记录的地点上安装脱机的基于 RFID 的追溯设备。当旅游者持票游览到此处时，在设备上刷票，此地点的追溯信息就写入了旅游者所持的 RFID 票内；当旅游者出景区时，在设置在出口处的 RFID 设备上刷一下票，票内的记录被设备读出并存入业务系统内。系统将通过对记录的处理实现对旅游者在景区内游览路线或行为的追溯及分析。

联机方式是在景区内设置联机的基于 RFID 的追溯设备，当旅游者持票游览到此处时，在设备上刷票，RFID 设备读入此票内所存的旅游者 ID 号，并将此条记录上传至后台服务器，后台系统根据旅游者 ID 号获取旅游者个人信息，并根据 RFID 追溯设备编号取得追溯点的信息，合成一条追溯记录。系统通过对记录的处理实现景区内路线或行为的追溯及分析，联机设备可以采用有线或无线连接到服务器，此种方式还可以实现对旅游者实时追踪。后台系统通过对每位旅游者追溯记录的处理，可以绘出每个人在景区内的浏览轨迹，以及在景区内发生的行为，如游客在景区内的售卖点购物。在已有数字化基础的景点扩充 RFID 追溯功能并不复杂，平台和设备需要重点关注。

2. 基于 RFID 和 GIS 的景区低碳系统

当游客进入景区之前，会从售票处领取附着 RFID 标签的特殊门票，用来存储游客的个人信息和游客随身携带的可能对环境造成污染的物品，如各种非降解的塑料袋和食品包装等，同时在这些物品的表面由景区工作人员粘贴 RFID 标签。由于每个 RFID 标签具有唯一的电子物品编码，因此进入景区前每件物品包括门票和可能造成污染的物品也就具有唯一性和可识别性，以便接受传感器阅读。

游客在游览景区的过程中，会经过景区内放置的若干数字化垃圾桶和触屏电脑，数字化垃圾桶是加载了 RFID 阅读器的智能化垃圾桶，当游客处于 RFID

阅读器覆盖范围之内，就能够实现对携带 RFID 标签的门票和物品的自动识别，如果游客把携带 RFID 标签的物品丢进垃圾桶，则可以实现对丢弃物 CO_2 排放量的自动转化和记录，并与游客的个人信息相对应。触屏电脑则为游客提供了低碳查询功能，一方面可以了解到景区内各项游乐设施及相关低碳旅游资讯的信息，另一方面可以查询自身在游览景区的过程中因丢弃垃圾而产生的 CO_2 排放量，而这些功能的实现则基于主机房管理中心的数据库，主要包括景区的地理信息数据、卫星影像数据和接收数字化垃圾桶实时传递来的 CO_2 排放量数据。

最后，当游客准备离开景区的时候，景区管理中心已经掌握了游客在游览过程中所产生的总的 CO_2 排放量，为游客"低碳"机制做好了数据支持，如果游客产生的 CO_2 排放量低于景区制定的标准，则会受到相应的奖励；反之则采取"补碳"机制来抵消这些 CO_2 所需的经济成本。

3. 智能导游

在大型展会和博物馆等场所中，采用 RFID 技术的智能导游系统可显著提升展会的服务档次，为游客提供更为优质、人性化的服务。应用智能导游系统，游客在游览过程中不需要跟随导游人员，用手中的智能导游设备即可自动收听多语种的解说，并可从导游机上获取展品的视频资料及游览位置等导览提示与其他服务信息，以保证活动安全有序进行。游客可以根据自己的意愿，依照自己的时间、兴趣爱好等，随心所欲地安排自己的行程，尽情地享受自己的参观。同时，游客也不会因为参观人数过多，听不清讲解而拥挤，这样既可以避免影响游客自身的参观效果，也能够为整个场所创造一个秩序良好的、文明的参观环境。

4. 主题公园游客服务

游客到主题公园等游乐场游玩，比较令人头疼的是难以避免的排队，特别是在一些法定的节假日（如五一、十一等），游客为了体验自己喜欢的娱乐项目需要排队等候 1 个小时，甚至更长的时间，而一个娱乐项目通常只有短短的十几分钟，这浪费了游客大部分游玩时间，使得旅游体验大打折扣。

但游客借助于 RFID 电子门票，利用与其绑定的手机，可以有效地解决这类问题，并获得更多的游玩体验。游客可以自主完成门票挂失，可以租赁商店中的 RFID 游览车等设备，并可以预约自己喜爱游览的项目，而且主题公园后台管理系统可以根据当前预约排队状况，为游客提供一些有价值的信息服务。另外，还可以向门票的电子标签中充值，以支付门票、购物或其他消费的费用。对于园方而言，通过 RFID 无线射频识别技术的使用，可以大大改善现代游乐场的服务环境，实时了解游客的具体位置，了解游客使用游览车或其他设备的状况，以便更有效地对旅游设备进行管理。

总之，通过 RFID 系统的实施可以免去排队游玩娱乐项目的时间，而储值功能则可以刺激游客入园消费，从而达到提升顾客服务品质，增加游客回流量，获得更好的经济效益，使游乐场方和游客达到双赢的目的。

在旅游业，RFID 技术的应用起步于智慧酒店的建设，然后在旅游景区的门票管理中得到应用。该技术与旅游业的深度融合机制是通过开发的硬件产品形成的，如目前景区的电子门票卡、员工的职工标识卡、设备的登记标识卡等，都应用了 RFID 技术，再结合移动互联网及相应软件，就形成了各种不同的基于 RFID 技术的应用系统，从而实现了人、物信息的自动采集和流转，实现了智慧管理和智慧服务的应用需求。随着有源 RFID 技术的进步，以及基础网络和泛在网络应用的普及，RFID 技术在智慧旅游发展中将发挥更积极的作用，智慧旅游中的信息流转将更加高效和便捷。

第八节　条形码技术

条形码(barcode)是将宽度不等的多个黑条和空白，按照一定的编码规则排列，用以表达一组信息的图形标识符。常见的条形码是由反射率相差很大的黑条(简称条)和白条(简称空)排成的平行线图案。条形码可以标出物品的生产国，制造厂家，商品名称，生产日期，图书分类号，邮件起止地点、类别、日期等许多信息，因而在旅游、商品流通、图书管理、邮政管理、银行系统等许多领域都得到广泛的应用。

一、条形码的定义

条形码技术是在计算机和信息技术基础上产生和发展起来的融编码、识别、数据采集、自动录入和快速处理等功能于一体的新兴信息技术。条形码技术以其独特的技术性能(如实时生成或预先制作均可,操作简单,成本低廉,技术成熟等),广泛应用于各行各业,迅速地改变着人们的工作方式和生产作业管理,极大地提高了生产效率。

二、条形码的种类

(一) 一维条形码

一维条形码技术起源于20世纪40年代,近几年来发展迅速,在国际上得到了广泛的应用。一维条形码技术是集条码理论、光电技术、计算机技术、通信技术、条形码印刷技术于一体的一种自动识别技术。一维条形码主要有EAN码、UPC码、39码、128码和2/5码等标准,其中EAN码是我国主要采取的编码标准。

1. EAN码

EAN码是以消费资料为使用对象的国际统一商品代码。只需要使用条形码阅读器扫描EAN码,即可获取商品的名称、规格、型号、生产厂家、所属国家或地区等信息。EAN码有两种规格,一个是13位的标准条形码(EAN-13码),另一个是8位缩短条形码(EAN-8码)。EAN码如图4-8所示。

(a)EAN-8码　　(b)EAN-13码

图4-8　EAN码

2. UPC码

UPC码是美国统一代码委员会UCC制定的商品条码,它是世界上最早出现并投入应用的商品条码,在北美地区得以广泛应用。UPC码在技术上与EAN码完全一致,也是定长、纯数字型条码。UPC码有5种版本,常用的商品条码版本为UPC-A码和UPC-E码。UPC-A码是标准的UPC通用商品条码版本,UPC-E码为UPC-A的压缩版。UPC码如图4-9所示。

(a) UPC-A码　(b) UPC-E码

图 4-9　UPC 码

3. 39 码和 128 码

39 码和 128 码为目前国内企业内部自定义的码制，可根据需要确定条形码的长度和信息，它编码的信息可以是数字和字母，主要用于工业、图书及票证的自动化管理。39 码和 128 码如图 4-10 所示。

(a)39码　(b)128码

图 4-10　39 码和 128 码

4. 2/5 码

2/5 码的每一个条形码字符由规则的 5 个条组成，其中有 2 个宽单元，3 个窄单元。2/5 码字符集为数字字符 0～9，常用于包装、运输和国际航空系统，如为机票进行顺序编号。2/5 码如图 4-11 所示。

图 4-11　2/5 码

尽管一维条形码有很多优点，如编码简单，信息采集速度快，识别设备简单，成本低廉，但是一维条形码也有其缺点：数据容量较小，只能包含字母和数字，空间利用率较低，容易遭到损坏且损坏后无法读取，保密性差。除此之外，传统一维条形码的使用必须依赖数据库，以完成从对物品的标识到物品的描述这一过程。由于一维条形码的容量有限，无法存储对物品的描述信息，只能存储对物品的标识信息，因此，在脱离数据库或者无法使用网络的场合，一维条形码的可用性大大降低。

(二) 二维条形码

二维条形码最早于 20 世纪 70 年代发明于日本，它的出现解决了一维条形码所存在的缺点，目前已广泛应用于商业流通、仓储、医疗卫生、图书情报、邮政、铁路、交通运输、生产自动化管理等领域。它具有条形码技术的一些共性(每种码制有其特定的字符集，每个字符占有一定的宽度，具有一定的校验功能等)，同时还具有对不同行的信息自动识别功能及处理图形旋转变化等特点。二维条形码能够在横向和纵向两个方向同时表达信息，因此能在很小的面积内表达大量的信息。按照实现技术的不同，二维条形码可以分为堆叠式/行排式和矩阵式。

1. 堆叠式/行排式二维条形码

堆叠式/行排式二维条形码的编码原理是建立在一维条形码基础之上，按需要堆积成两行或多行。它在编码设计、识读方式、校验原理等方面继承了一维条形码的一些特点，识读设备和条码印刷技术与一维条形码兼容，但由于行数的增加，需要对行进行判定，因此其译码算法与软件也不完全等同于一维条形码。具有代表性的行排式二维条形码(见图 4-12)有 Code 49、Code 16K、PDF 417等。

图 4-12　行排式二维条形码

(1) Code 49：Code 49 是 1987 年由 David Allair 博士研制，Intermec 公司推出的第一个二维条形码。它是一种多层、连续型、可变长度的条形码符号，它可以表示全部的128个ASCII字符。每个Code 49由2～8层组成,每层有18个条和17个空。层与层之间由一个层分隔条分开,每层包含一个层标识符,最后一层包含表示符号层数的信息。

(2) Code 16K:1988年,Laserlight系统公司的Ted Williams推出第二种二维条形码Code 16K。Code 16K是一种多层、连续型、可变长度的条形码符号,可以表示全ASCII字符集的128个字符及扩展ASCII字符。它采用UPC及Code 128字符。一个16层的Code 16K符号,可以表示77个ASCII字符或154个数字字符。Code 16K采用唯一的起始符/终止符标识层号,通过字符自校验及两个模107的校验字符进行错误校验。

(3) PDF 417:PDF 417是由美国SYMBOL公司发明的,目前应用最为广泛的二维条形码技术之一。每一个条形码字符由4个条和4个空,共17个模块构成,故称为PDF 417。PDF 417需要有417解码功能的条形码阅读器才能识别。PDF 417最大的优势在于其庞大的数据容量和极强的纠错能力。

2. 矩阵式二维条形码

矩阵式二维条形码又称二维码,是根据某种规则在黑白相间的图形上表示数据符号信息的一种方式。在编制代码时,利用计算机内部逻辑的0和1,使用多个相应的几何图形来表示文字或数值等信息,利用图像输入设备等自动识别并读取信息,从而实现信息的自动处理。二维码具有识别速度快、保密性能好、编码密度高、应用范围广、成本低以及信息容量大等特点。常用的码制有QR Code、Data Matrix、Veri-code、Maxi Code、PDF 417和Code 49等。其中快速响应码(QR码)是应用最成功的二维码,与其他的类型相比,它占用空间小,数据密度大并且有较快的识别速度。目前,二维码技术的应用逐渐在中国的商业活动中推广。

由于二维码是信息识别领域的重要技术之一,移动公司很早便引入通信增值服务,二维码的储存、解读以及传播渠道由互联网及移动终端进行处理,产生了形式多样的手机二维码移动增值服务。手机二维码是指将移动终端或智能手机与二维码技术相结合,利用手机的便携性充分突出二维码识别技术的优势。手机二维码在中国的主要应用模式为解码识读信息、解码链接上网和解码验证真伪三种。在日本，二维码技术的研究更加深入，手机二维码的应用也更为广泛。

二维条形码的特点有：可存储信息量大，可容纳多达1850个大写字母、2710个数字、1108个字节或500多个汉字；可以编码多种语言文字和图像数据；容错能力强，在条形码表面局部损坏的情况下，依然可以识别；译码可靠性强，它的误码率不超过千万分之一，是一维条形码的十分之一；保密性高且防伪性好；成本低廉，制作方便，持久耐用。

二维条形码的识别有两种方法：通过线型扫描器逐层扫描进行解码；通过照相和图像处理对二维条形码进行解码。对于堆叠式二维条形码，可以采用上述两种方法识读，但对绝大多数的矩阵式二维条形码则必须用照相方法识读，例如使用面型电荷耦合器件(charge coupled device，CCD)扫描器。二维码的识别是对条形码的译码过程。简单来说，是利用一定的方法对采集到的条形码符号图像进行预处理，通过相应的编码规则进行解析，实现译码过程。

图像采集：在图像采集的过程中，使用图像采集设备采集二维码的图像。

图像预处理：二维码图像采集设备获取的图像通常有不同程度的噪声干扰或失真。因此需要对其进行图像预处理，主要包括阈值变换、去噪、几何校正和图像修正，此过程可去除干扰因素并增强二维码的特征，如图4-13所示。

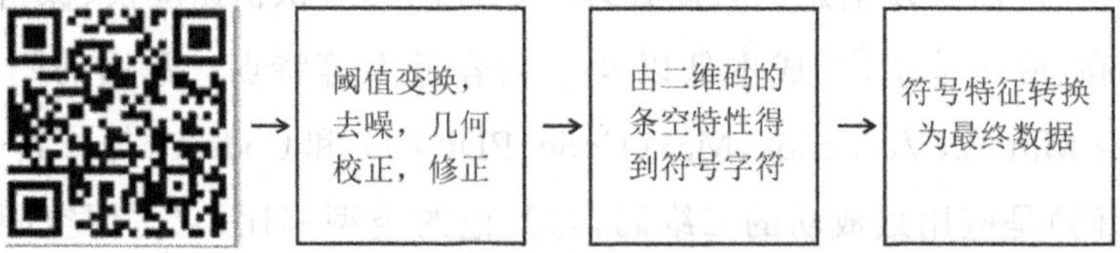

图4-13　图象预处理

识读符号字符：对单位模块计算宽度，通过条形码的图像特征及分层结果，计算符号字符的条空排列，依照符号和码词间的对应关系，得出码词的值。

数据转换：对于得到的码词，删除起始码、终止码，其余的部分作为数据码词，按照相应的编码规则，利用相反的方法解译数据码词，还原条形码涵盖的内容。

三、条形码在旅游行业中的应用

目前，条形码的应用已十分广泛，但是在旅游行业中运用最为广泛的还是二维码。现在二维码已经成为一种时尚，门票上、网页上、报纸上、电视里，甚至是电影院里的大屏幕上，二维码的身影无处不在。一个二维码可以是一条产品链接，也可以是一张优惠券、一张景点门票、一个会员身份标识等，甚至还可以通过二维码直接完成消费购买，给游客带来便捷的同时，进一步完善了旅游体验。二维码的主要应用如下：

(1) 食、住、行打折工具：二维码电子优惠券是二维码最基础的应用，消费者可以在出发前通过团购、网购获得二维码电子优惠券，到达后即可享受优惠，节约了出行经费。

(2) 景点电子化解说工具：目前国内部分景区已经采用二维码解说牌，扫描景区内的二维码，即可在手机内自动播放景点介绍，游客可以节省聘请导游的费用。

(3) 二维码门票：目前很多展馆、会场都采用二维码门票，验证通过即可进入，景区门票部分同样采用二维码验票。

"二维码"作为智慧旅游服务中较为常见和重要的技术手段，不断地丰富着游览功能，也推进了智慧景区建设，为游客带来不一样的旅游体验和感受。

由于移动互联网的普及应用，条形码技术尤其是二维码已真正和现代旅游业实现了深度融合，它的融合机制依托于旅游业的市场机制和目前的发展机制，迫使旅游企业积极应用二维码来提升自己的管理与服务。它的融合发展途径有很多选择，可以通过硬件产品，也可以通过软件产品；可以通过自己的渠道，也可以通过第三方渠道。例如，在酒店经营中，餐厅可以通过二维码与消费者互动，让游客获得电子菜单，从而使消费者可以利用自己的智能手机点菜；客房也可以通过二维码与住店客人互动，客人可以获得客房的电子服务指南，也可以在客房中点餐或获取其他服务。在现阶段，旅游企业通过二维码可以在任何地方与消费者沟通，从而获取客人在什么地点，在什么时候需要怎样的服务等信息。

第九节 Wi-Fi 技术

无线高保真(wireless fidelity,Wi-Fi)是一种将各种终端设备以无线方式互连的技术,是由 Wi-Fi 联盟持有的一种新型局域网的解决方案。为了提高无线网络产品的互操作性,提出了一种基于 IEEE 802.11 系列的无线局域网标准协议。无线局域网(WLAN)是一种全新的无线信号传输平台,一般指在局域网内,以无线信号进行传输和网络通信的网络,它通过移动网络热点的布网在密闭的空间或室内外实现定位、监测等功能。与传统的有线网络相比,Wi-Fi 具有覆盖范围广、建网速度快、传输速率高、组网灵活及价格低等优点。目前,Wi-Fi热点已被广泛部署到景区、公园、体育馆、校园、机场以及咖啡馆等公共热点地区,特别是在国外及国内一些大型城市已经得到广泛的使用,因此具有良好的发展前景。

1997 年,Wi-Fi 的第一个版本发布,物理层和介质访问接入控制层(MAC 层)被定义。其中物理层中定义了红外线传输方式和 2.4G 以上的两种无线调频方式,传输速率为 2Mbit/s。设备间通信可采用直接、基站和访问点的协调进行。IEEE 802.11 是 RF 系统通用的标准,而且被视为 IEEE 802.3 以太标准的无线版本。它主要解决局域网中移动装置与基站的无线接入,有 1Mbit/s 和 2Mbit/s 两种速率。就目前而言,Wi-Fi 主要运行在 2.4GHz 频段上,此频段上的最高带宽为 20MHz,但随着人们对无线连接稳定性及速度等要求的提高,产生了 5G Wi-Fi,即运行在 5GHz 频段的第五代 Wi-Fi。经过相应的传输测试,假如网络路由和网速不受限制,Wi-Fi 在 5GHz 频段的工作速度将比在 2.4GHz 频段上的工作速度提高一半以上。

一、Wi-Fi 运作原理

Wi-Fi 的设置至少需要一个 AP(access point)和一个或一个以上的 client (hi)。AP 每 100ms 将 SSID(service set identifier)经由 beacons(信号台)分组广播一次,beacons 分组的传输速率是 1Mbit/s,并且长度相当短,所以这个广

播动作对网络性能的影响不大。因为 Wi-Fi 规定的最低传输速率是1Mbit/s，所以确保所有的 Wi-Fi client 端都能收到这个 SSID 广播分组，client 可以借此决定是否要和这一个 SSID 的 AP 连接。用户可以设置要连接到哪一个 SSID。Wi-Fi 系统总是对客户端开放其连接标准，并支持漫游，这就是 Wi-Fi 的好处。但这也意味着，一个无线适配器有可能在性能上优于其他的适配器。Wi-Fi 由于通过空气传送信号，所以和非交换以太网有相同的特点。

二、Wi-Fi 认证种类

Wi-Fi 联盟所公布的认证种类有：

(1) WPA/WPA2：这是基于 IEEE 802.11a、802.11b、802.11g 的单模、双模或双频的产品所建立的测试程序。内容包含通信协定的验证、无线网络安全性机制的验证，以及网络传输表现与相容性测试。

(2) WMM(Wi-Fi multimedia)：当影音多媒体通过无线网络的传递时，要如何验证其带宽保证的机制是否正常运作在不同的无线网络装置及不同的安全性设定上是 WMM 测试的目的。

(3) WMM power save：当影音多媒体通过无线网络的传递时，如何通过管理无线网络装置的待命时间来延长电池寿命，并且不影响其功能性，可以通过 WMM power save 的测试来验证。

(4) WPS(Wi-Fi protected setup)：这是一个 2007 年年初才发布的认证，目的是让消费者可以通过更简单的方式来设定无线网络装置，并且保证有一定的安全性。WPS 允许透过 PIN(pin input config)、PBC(push button config)、UFD(USB flash drive config) 以及 NFC(near field communication contactless token config) 的方式来设定无线网络装置。

(5) ASD(application specific device)：这是针对除了无线网络存取点(AP)及站台(station)之外其他有特殊应用的无线网络装置，例如 DVD 播放器、投影机、打印机等。

(6) CWG(converged wireless group)：主要是针对 Wi-Fi 移动覆盖装置的 RF 部分测量的测试程序。

三、Wi-Fi 在旅游行业的应用

在智能手机和移动互联网时代，提供 Wi-Fi 服务越来越重要，免费 Wi-Fi 已经成为一种刚需，成为“食、住、行、游、购、娱”六要素之外旅游服务的“第七要素”。

2014 年携程调查显示，超过 90%的受访者表示免费 Wi-Fi 是旅游中不可或缺的服务，91%的游客在报名时会选择提供免费 Wi-Fi 的旅游团，72%的旅游者表示有免费 Wi-Fi 将促使手机上网的频率提高一倍以上，26%的参与调查者将在出境行程中通过手机 Wi-Fi 上网预订旅游产品。

显然，我国旅游者普遍患上了“Wi-Fi 依赖症”。是否具备免费 Wi-Fi，已经成为旅游行业竞争的关键因素，得 Wi-Fi 者得游客，成为业界共识。

通过在景点进行 Wi-Fi 覆盖，让游客随时随地上网分享自己的旅行经历；景点可以通过服务平台将零散的旅游信息进行有效整合，打造“完美体验”体系，将咨询、导游、网上购物、投诉等更多旅游信息方便地提供给游客，让游客的旅游体验变得更加轻松、自由和智慧。

智慧旅游建设的实践表明，Wi-Fi 技术应用已成为旅游发展中不可或缺的技术，案例分析表明，该技术与现代旅游业深度融合的机制来自于智慧服务的实践，通信运营商、政府管理部门、旅游企业以及旅游消费者各自的需求，促成了 Wi-Fi 融合旅游业目前的发展机制，如中国电信的智慧旅游基地、旅游信息中心的智慧办公室、企业的信息中心事业部等，共同促成了 Wi-Fi 技术在旅游业的整合应用，从而形成 Wi-Fi 技术与旅游业深度融合的实践路径。如通信运营商的 Wi-Fi 基础网建设路径、第三方的 Wi-Fi 增值应用路径、旅游企业的 Wi-Fi接入内部网互联路径，这些实践路径推进了 Wi-Fi 技术与旅游业的深度融合。如企业或景区的员工管理、安全管理、设备管理，以及对游客的服务管理包括引导管理、承载量管理、导览管理等都应用了 Wi-Fi 技术。这些应用都可以在本书的所有案例中得到证实，这也说明 Wi-Fi 技术已是现阶段智慧旅游建设中非常重要的应用技术。

第十节 GPS技术

全球定位系统(global positioning system,GPS)主要提供全球性、实时的导航和定位服务,可以为用户提供连续、实时的位置信息。GPS由21颗工作卫星和3颗备用卫星组成,它们均匀分布在6个地球轨道上,平均每个轨道面上4颗卫星,因此,在地球上随时随地都能够同时观测到4颗以上的卫星。用户终端收到的卫星信号由GPS接收机接收,用户位置通过三角定位确定。GPS定位具有定位精度高、系统覆盖广以及通信可靠等优点,现已广泛应用于导航、跟踪、监控和科学研究等领域。在室外空旷环境下,民用领域的GPS定位精度可以达到10m左右,但GPS定位在室内或高层建筑物内时,卫星与接收终端之间的通信可能被阻碍,导致接收不到信号或出现较大偏差从而无法定位。

一、GPS的组成

GPS的空间部分由24颗卫星组成,地面控制系统由监测站(monitor station)、主控制站(master monitor station)、地面天线(ground antenna)所组成,主控制站位于美国科罗拉多州春田市。地面控制站负责收集由卫星传回的信息,并计算卫星星历、相对距离,大气校正等数据。用户设备部分即GPS信号接收机,其主要功能是能够捕获到按一定卫星截止角所选择的待测卫星,并跟踪这些卫星的运行。当接收机捕获到跟踪的卫星信号后,就可测量出接收天线至卫星的伪距离和距离的变化率,解调出卫星轨道参数等数据。根据这些数据,接收机中的微处理计算机就可按定位解算方法进行定位计算,计算出用户所在地理位置的经纬度、高度、速度、时间等信息。接收机硬件和机内软件以及GPS数据的后处理软件包构成完整的GPS用户设备。GPS接收机的结构分为天线单元和接收单元两部分。接收机一般采用机内和机外两种直流电源。设置机内电源的目的在于更换外电源时不中断连续观测。在用机外电源时,机内电池自动充电。关机后机内电池为RAM存储器供电,以防止数据丢失。各种类型的接收机体积越来越小，重量越来越轻，便于野外观测使用。使用者接收器现有单频与双频两种，但由于价格因素，一般使用者所购买的多为单频接收器。

二、GPS的特点

1. 全球全天候定位

GPS卫星的数目较多，且分布均匀，保证了地球上任何地方、任何时间至少可以同时观测到4颗GPS卫星，确保实现全球全天候连续的导航定位服务（除打雷闪电不宜观测外）。

2. 定位精度高

应用实践已经证明，GPS相对定位精度在50km以内可达10～6m，100～500km可达10～7m，1000km可达10～9m。在300～1500m工程精密定位中，1小时以上观测时，其平面位置误差小于1mm，与ME-5000电磁波测距仪测定的边长比较，其边长校差最大为0.5mm，校差中误差为0.3mm。

实时单点定位（用于导航）：P码1～2m；C/A码5～10m。

静态相对定位：50km之内误差为几mm＋(1～2ppm×D)；50km以上可达0.1～0.01ppm。

实时伪距差分（RTD）：精度达分米级。

实时相位差分（RTK）：精度达1～2cm。

3. 观测时间短

随着GPS系统的不断完善，软件的不断更新，20km以内相对静态定位仅需15～20分钟；快速静态相对定位测量时，当每个流动站与基准站相距在15km以内时，流动站观测时间只需1～2分钟；采取实时动态定位模式时，每站观测仅需几秒钟。因而，使用GPS技术建立控制网可以大大提高作业效率。

4. 测站间无须通视

GPS测量只要求测站上空开阔，不要求测站之间互相通视，因而不再需要建造觇标。这一优点既可大大减少测量工作的经费和时间（一般造标费用约占总经费的30%～50%），又使选点工作变得非常灵活，也可省去经典测量中的传算点、过渡点的测量工作。

5. 仪器操作简便

随着 GPS 接收机的不断改进，GPS 测量的自动化程度越来越高，有的已趋于“傻瓜化”。在观测中测量员只需安置仪器，连接电缆线，量取天线高，监视仪器的工作状态，而其他观测工作，如卫星的捕获、跟踪观测和记录等均由仪器自动完成。结束测量时，仅需关闭电源，收好接收机，便完成了野外数据采集任务。

如果在一个测站上需进行长时间的连续观测，还可以通过数据通信方式，将所采集的数据传送到数据处理中心，实现全自动化的数据采集与处理。另外，接收机体积也越来越小，相应的重量也越来越轻，极大地减轻了测量工作者的劳动强度。

6. 可提供全球统一的三维地心坐标

GPS 测量可同时精确测定测站平面位置和大地高程。GPS 水准可满足四等水准测量的精度，另外，GPS 定位是在全球统一的 WGS-84 坐标系统中计算的，因此全球不同地点的测量成果是相互关联的。

三、GPS 在旅游行业的应用

1. 景区智能信息推介服务建设

景区将附近的旅游资源按照“食、住、行、游、购、娱”六要素进行总结分类，将分类信息传输至数据库当中，当游客进入景区辐射区域内，通过 GPS 定位配合 3D 地图，向游客发送旅游即时定位信息。游客通常会设定自己的兴趣点，数据库就可以按照游客设定的兴趣点提供相应的服务信息，如智能交通建设，自驾游客常将道路交通情况、加油站位置、附近餐饮等设为兴趣点。这样景区可以通过 GPS 对游客进行定位，辅助以网络地图，向游客提供道路前方的交通拥堵情况、加油站位置、附近饭店等信息，方便游客自行选择所需信息。

2. 景区智能引导建设

景区通过向每位游客发放带有 RFID 标签的导览设备或者利用游客手中连接互联网的智能移动终端设备来统计在每个景点的游客人数、正在排队的人数等信息。将这些信息输送到游客手中的智能移动设备或智能导览设备当中，游客通过 GPS 定位获得自己所在的位置，然后通过及时更新的“景点游客信息”，利用网络地图来设计游览的景点顺序、游览时间，得知厕所位置、求救中心位置等，实现景区内旅游资源的优化配置和最大程度满足游客游览的个性化需求。

3. 智能应急处理建设

景区要完善应急处理系统，使游客走失或遇到危险时可以通过携带的智能设备和导览设备通过 GPS 技术定位及时确定所在位置，并将位置信息及时发送到景区危机处理管理处，管理处随即通知附近的救护人员配置带 GPS 的终端设备第一时间前往现场救护。景区游客密集，对保障游客安全有更高的要求，因此需要在景点附近利用 RFID 射频识别技术进行严格的安全检查，防止有人携带危险物进入景区。另外，可以通过 GPS 定位的全方位检测来预防各种事故的发生。

4. 智能监控建设

实行景区客流监控，对每个游客发放带有 RFID 标签的一卡通，或利用其联网的终端设备，使用 GPS 定位技术采集 RFID 标签的位置和时间信息，从而获得详细客流数据，为景区管理决策提供信息帮助。

对旅游资源进行监控，利用 GPS 定位技术并结合射频识别、红外感应器、激光扫描等技术对旅游资源的温度、负重程度、色泽度等各个方面进行检测，使得景区管理者可以对有需要的资源进行及时维护，对于已经受到损害的旅游资源，可以直接将检测到的相关信息传送到互联网上进行分析，从而获取相对具有科学依据的解决办法。设置在景点附近的识别系统及预警系统可以向试图破坏旅游资源的游客发出警告。

近年来，游客出行已经离不开 GPS 服务了，该技术与旅游业的深度融合机制随着游客需求的增加而不断完善，如导航需求、查询需求、互动需求等。在旅游景区，定位服务和定位管理的需求已经越来越依赖 GPS 技术，其融合路径随着应用系统智能化需求的增加也不断完善，而且旅游的许多应用系统基本都结合了 GPS 技术，实现了旅游中的信息主动推送服务、智能引导服务、智能安全服务等新的服务业态。在现阶段，我们通过案例研究发现，在智慧景区的建设中，游客疏导、资源管理、承载量控制、导览管理、安全管理等领域都采用了 GPS 技术，这些应用实践说明，GPS 技术与旅游业的深度融合路径越来越丰富和便捷了。

第十一节 社交网络技术

近几年,社交网络应用已非常普遍,旅游企业主要利用社交网络开展市场营销和关怀服务,下面主要介绍微博和微信。

一、微博

微博(Weibo)是微型博客(MicroBlog)的简称,即一句话博客,是一种通过关注机制分享简短实时信息的广播式的社交网络平台。它是一个基于用户关系的信息分享、传播以及获取平台,用户可以通过 Web、WAP 以及各种客户端组件等在虚拟个人社区更新信息,并实现即时分享。

1. 平台特点

微博有 140 个字的长度限制,一个英文单词加上空格平均也要五六个字符,而中文以双字词为主流,这样一条英文微博能够传达的信息量,就只有一条中文微博的 1/3 左右。如果用信息密度更低的语言(比如西班牙语)写微博,所传达的信息量就更少了。

(1) 便捷性:微博提供了这样一个平台,你既可以作为观众,在微博上浏览你感兴趣的信息;也可以作为发布者,在微博上发布内容供别人浏览。发布的内容一般较短,例如有 140 字的限制,微博也由此得名,除文字外还可以发布图片,分享视频等。微博最大的特点就是:发布信息快速,信息传播的速度快。例如你有 200 万关注者(粉丝),你发布的信息会在瞬间传播给 200 万人。相对于强调版面布置的博客来说,微博的内容只是由简单的只言片语组成,从这个角度来说,对用户的技术要求门槛很低,而且在语言的编排组织的要求上,没有博客那么高。微博开通的多种 API 使得大量的用户可以通过手机、网络等方式来即时更新自己的个人信息。微博的即时通信功能非常强大,在有网络的地方,只要有手机就可即时更新自己的内容。例如当发生一些大的突发事件或引起全球关注的大事时,如果有在场的人利用各种手段在微博上发表出来,其实时性、现场感以及快捷性,甚至超过所有媒体。

（2）背对脸：与博客上面对面的表演不同，微博上是背对脸的交流，就好比你在电脑前打游戏，路过的人从你背后看着你怎么玩，而你并不需要主动和背后的人交流。可以一点对多点，也可以点对点。当你关注一个自己感兴趣的人时，两三天就会上瘾。移动终端提供的便利性和多媒体化，使得微博用户体验的黏性越来越强。

（3）原创性：在微博上，140字的限制将平民和莎士比亚拉到了同一水平线上，这一点导致大量原创内容爆发性地被生产出来。李松博士认为，微博的出现具有划时代的意义，真正标志着个人互联网时代的到来。博客的出现，已经将互联网上的社会化媒体进程推进了一大步，公众人物纷纷开始建立自己的网上形象。然而，博客上的形象仍然是化妆后的表演，博文的创作需要考虑完整的逻辑，这样大的工作量对于博客作者来说是很重的负担。“沉默的大多数”在微博上找到了展示自己的舞台。

（4）草根性：微博草根性更强，且广泛分布在桌面、浏览器和移动终端等多个平台上，有多种商业模式并存，或形成多个垂直细分领域的可能。但无论哪种商业模式，都离不开用户体验的特性和基本功能。信息获取具有很强的自主性、选择性，用户可以根据自己的兴趣偏好，依据对方发布内容的类别与质量，来选择是否“关注”某用户，并可以对所有“关注”的用户群进行分类；微博宣传的影响力具有很大弹性，与内容质量高度相关。其影响力基于用户现有的被“关注”的数量。用户发布信息的吸引力、新闻性越强，对该用户感兴趣、关注该用户的人数也越多，影响力越大。此外，微博平台本身的认证及推荐亦有助于增加被“关注”的数量；微博的内容限定为140字左右，内容简短，不需长篇大论，门槛较低；信息共享便捷迅速。可以通过各种连接网络的平台，在任何时间、任何地点即时发布信息，其信息发布速度超过传统纸媒及网络媒体。

2. 平台效应

（1）微博反腐：网民通过微博等新媒体对官员和国家机关进行批评举报，难免会招致被举报人的不满。而官员手中又掌握着大量的社会资源，属于博弈中强势的一方，可以通过自身的影响力甚至职务行为，施压网络管理单位要求其删除或屏蔽对自己的不利言论；有的甚至动用警察等国家暴力机关，以“扰乱社会秩序”“诋毁国家机关”“侮辱诽谤国家工作人员”等名义打击报复举报人，这都严重侵犯了公民正当监督公权力的言论自由。由此涉及的核心问题就是如何厘清公民自由发表言论和对官员侮辱诽谤之间的界限。同其他形式的言论自由一样,利用微博进行反腐最终还应回到法律调整的轨道上。

(2) 微博打拐:2011年春节期间,一起非常值得关注的公共事件,就是微博"打拐"。网友们零碎的、非专业的行动,与公安部门、媒体、人大代表及政协委员等社会力量结合在一起,迅速形成舆论焦点。或许,在微博传播的历史上,这是一起值得被铭记的事件。事件起于中国社科院学者于建嵘教授所发的"随手拍照解救乞讨儿童"微博,该微博经热心网友不断转发,形成了强大的舆论传播力量,并吸引了传统媒体的跟进与关注。一时间,微博与"打拐"分别成为春节期间的重要关键词。

(3) 微博营销:通过微博快跑、微博直播等方式进行营销。成功利用微博进行营销的公司有许多共同点,其中之一就是更多使用真人(有真名实姓)来做自己账号的头像。

(4) 自媒体:自媒体不能单打独斗,一般人玩不起,留下来的多是精华。名人微博其实也是自媒体。

3. 微博营销在旅游行业中的应用

随着 Web 2.0 时代的到来,如今的企业在做生意时,不得不更多地依赖互联网。企业想要关注用户,了解用户需求,就必须具备在互联网环境中传播和塑造品牌的核心竞争力。运用网上工具进行营销,已经是众多行业最为行之有效的方法。微博作为一种网络信息发布、传递、交流的手段,在旅游营销中也能起到意想不到的作用。

微博能快速提升发帖者和所属企业的知名度。好的微博用户能提高个人美誉度,他们发帖讲述有趣的故事、消息,吸引了大量跟随者阅读。随着用户个人名气的增加,其中的一部分也不可避免地影响到所在公司。在此基础上,微博发布有关公司的各类帖子,如企业成就、新闻稿或推广网站的链接、回答微博用户关于企业品牌的各类问题,同样也会获得跟随者的追捧,无形中提升了公司的知名度,用这种方式开展网络营销,是微博最直接的价值体现。关注热门话题是快速提升知名度的一种途径,进入热门话题讨论能让较多的人看到你的微博讨论,曝光率比较高,但是刷新比较快,如果你的讨论内容能够吸引到别的用户，他们就会转发你的微博或者关注你。

旅游消费是异地的体验消费，游客在到达旅游目的地之前是无法尝试的，游客在评判、选择旅游目的地时，参考信息往往来自于媒体的广告和周边人员的推荐，而后者更为重要。因此，旅游企业仅仅靠传统或网络媒体的广告来提高知名度是不够的，更需要老顾客良好的口碑，通过微博的裂变式传播，激发潜在旅游者的旅游消费。

微博在一定程度上改变了人们搜索、获取信息的方式。在这一新型媒体平台上，旅游企业能更方便、更直接地找到忠实自己或可能成为自己客户的粉丝，跟踪及考察他们的消费习惯和产品体验，据此不断提高产品销售和品牌推广的效果。目前很多旅游公司缺乏事前的市场调研和售后评价分析，微博的双向交流功能可以及时提供市场反馈信息，这些信息可能是潜在顾客对旅游目的地、旅游线路、旅游日程安排、旅游报价等产品内容的期待，也可能是以往顾客对旅游产品及服务的评价。不管是好的评价还是坏的评价，对旅游公司来讲都是有价值的信息，必须认真对待，仔细加以分析，从中可以发现这些评价是本需要公司花专门力量，费许多时间调研才能获得的市场信息和反馈意见，对改进旅游产品和提升服务质量具有重要意义。

微博信息交流符合旅游个性化的发展趋势。在海量信息中，人们通过论坛或搜索手段关注你的信息，并跟你进行交流，必然是对该旅游产品特别感兴趣或特别熟悉的人，感兴趣的人即潜在客户，特别熟悉的人有评价的权利，他们是漫漫人海中的小部分，这小部分人对旅游有共同的认识和兴趣，也可以说有部分相同的个性。在现实社会中，用传统的手段很难找到并发现他们，现在借助网络的手段轻而易举地把他们聚集起来了，这就是网络信息社会给营销带来的巨大力量，通过双向交流和互动，可以不断完善旅游产品的内容，改进旅游服务质量。并且通过双方的相互激发，可以产生新创意，形成新的旅游产品，为公司的经营开辟新的领域和新的天地。

作为中小企业的低成本营销工具，与传统营销手段相比，微博营销主要涉及人工成本，而没有场地、版面、差旅、运输等费用，因此可以大大节省销售成本。

二、微信

随着移动互联网的迅速发展，微信作为功能强大的手机交友平台，迅速普及，拥有广泛的用户群体，已成为一种重要的自媒体营销和服务手段。

1. 微信公众平台

微信公众平台简称 WeChat，曾命名为“官号平台”和“媒体平台”，最终定位为“公众平台”。和新浪微博早期从明星战略着手不同，微信发展初期挖掘自己用户的价值，为平台增加更优质的内容，创造更好的黏性，形成一个不一样的生态循环。利用公众账号平台进行自媒体活动，简单来说就是进行一对多的媒体性行为活动，商家通过申请微信公众服务号二次开发，如对接微信会员云营销系统展示商家微官网、微会员、微推送、微支付、微活动、微报名、微分享、微名片等，已经形成一种主流的线上线下微信互动的营销方式。

2. 微信公众平台类型

微信公众平台主要分为服务号和订阅号两种类型。

服务号旨在为用户提供服务。服务号一个月内仅可以发送四条群发消息。服务号发给用户的消息，会显示在用户的聊天列表中。并且，在发送消息给用户时，用户将收到即时的消息提醒。

订阅号为用户提供信息和资讯。订阅号每天可以且只能发送一条群发消息。订阅号发给用户的消息，将会显示在用户的订阅号文件夹中。在发送消息给用户时，用户不会收到即时消息提醒。在用户的通讯录中，订阅号将被放入订阅号文件夹中。

运营组织可在新注册的时候选择成为服务号或者订阅号。之前注册的公众号，默认为订阅号，可升级为服务号。目前，应用号已开始出现，微信将迎来创新的应用局面。

3. 微信在旅游行业的应用

官方微信平台可以提供酒店、机票、门票、旅游度假等产品的在线预订服务，订酒店、买门票、畅游景区等通过手机终端就能全部搞定。通过微信平台的应用，游客可从多渠道获得旅游咨询、投诉、商务、救援、提示等旅游公共信息服务，并满足智能化导游、导购、导览、导向需求；还可以通过游客反馈随时了解每一个游客的个性化需求，如投诉、旅游景点规划、购物需求等。抵达目的地后，游客可以通过官方微信平台进行旅游线路规划导航、景点文字语音讲解、旅游企业和导游诚信查验、旅游咨询投诉等需求。结束旅程后，游客可以在平台上分享旅游感受，购买特色旅游产品。此外，微信平台还可以开发刮刮卡、大转盘等趣味活动，以增强游客的用户黏度。

微博、微信是目前在旅游业应用最普遍的社交网络，调查的事实证明，大多数旅游企业都开始应用社交网络提供服务，如信息服务、互动服务、关怀服务、预订服务等。社交网络技术与旅游业深度融合的机制也在不断完善，这些融合机制都是通过第三方社交平台或企业的自媒体服务平台来实现的，企业利用社交网络开展广泛的情感交流、互动关怀、促销服务等。在现阶段，社交网络技术与旅游业的深度融合都是通过企业公众号以及微信服务平台进行的，利用这些技术平台开展市场营销、客户沟通以及电子商务，形成企业的自媒体营销体系。通过案例研究我们发现，企业选择社交网络技术的主要原因，是营销覆盖面广、效果好、成本低、见效快，符合旅游业务的发展要求，所以出现了在管理、服务、营销多方面应用的社交网络技术与旅游业深度融合的发展路径。

第十二节　移动电子商务

移动电子商务是利用智能手机、平板电脑等无线终端进行的 B2B、B2C 或 C2C 的电子商务。将因特网、移动通信技术、短距离通信技术及其他信息处理技术完美结合，使人们可以在任何时间、任何地点进行各种商贸活动，实现随时随地、线上线下的购物与交易、在线电子支付以及各种交易活动、商务活动、金融活动和相关的综合服务活动等。

移动电子商务(M-Commerce)是由电子商务(E-Commerce)的概念衍生出来，现在的电子商务以 PC 机为主要界面，是“有线的电子商务”；而移动电子商务则是通过智能手机、平板电脑来实现任何时间、任何地点都可以进行交易。有人预言，移动商务将决定 21 世纪新企业的风貌，也将改变生活与旧商业的面貌。

与传统的通过电脑(台式电脑、笔记本电脑)平台开展的电子商务相比,移动电子商务拥有更为广泛的用户基础。据 2016 年第四季度中国移动互联网市场季度统计报告,中国移动互联网用户数量已超过 8 亿户,而手机用户数量已超过 13 亿户;据预测,到 2020 年,中国手机用户数量将达到 20 亿户,远远地超过互联网用户数量,因此移动电子商务已具有更为广阔的市场前景。

一、与传统电子商务的区别

移动电子商务是移动信息服务和电子商务融合的产物,而与传统电子商务相比,移动电子商务具有独有的优势:

(1) 具有随时随地的特点。与传统电子商务相比,移动电子商务的最大特点是随时随地和个性化。

(2) 用户规模大。从电脑和手机的普及程度来看,手机远远超过了电脑。

(3) 有较好的身份认证基础。对于传统电子商务而言,用户的消费信誉成为最大的问题,而移动电子商务中手机号码具有唯一性,手机 SIM 卡上能存储用户信息就体现出了优势。

(4) 移动电子商务能够有效规避传统电子商务出现的泡沫。

当然,由于基于固定网的电子商务与移动电子商务具有不同特征,移动电子商务不可能完全替代传统电子商务,两者是相互补充、相辅相成的。移动通信所具有的灵活、便捷的特点,决定了移动电子商务应当定位于大众化的个人消费领域,应当提供大众化的商务应用,因此 B2B、O2O 可能成为移动电子商务发展的主要模式。

二、移动电子商务的特点

(1) 更具开放性、包容性:移动电子商务因为接入方式无线化,使得任何人都更容易进入网络世界,从而使网络范围延伸更广阔、更开放;同时,使网络虚拟功能更带有现实性,因而更具有包容性。

(2) 随时随地快捷访问:移动电子商务的最大特点是“自由”和“个性化”。传统电子商务已经使人们感受到了网络所带来的便利和快乐,但它的局限在于它必须有线接入,而移动电子商务则可以弥补传统电子商务的这种缺憾,可以让人们随时随地结账、订票或者购物,感受独特的商务体验。

(3) 潜在用户规模大:目前我国的手机用户数量是全球之最。从电脑和手机的普及程度来看,手机远远超过了电脑。而从消费用户群体来看,手机用户中基本包含了消费能力强的中高端用户,而传统的电脑用户以缺乏支付能力的年轻人为主。由此不难看出,以手机为载体的移动电子商务不论在用户规模上,还是在用户消费能力上,都优于传统电子商务。

(4) 能较好确认用户身份:对传统电子商务而言,用户的消费信用问题一直是影响其发展的一大问题,而移动电子商务在这方面显然拥有一定的优势。这是因为手机号码具有唯一性,手机 SIM 卡片上存储的用户信息可以确定一个用户的身份,而随着未来手机实名制的推行,这种身份确认将越来越容易。对于移动商务而言,这就有了信用认证的基础。

(5) 定制化服务:由于手机具有比电脑更高的可连通性与可定位性,因此移动商务的生产者可以更好地发挥主动性,为不同顾客提供定制化的服务。例如,开展依赖于包含大量活跃客户和潜在客户信息的数据库的个性化短信息服务活动,以及利用无线服务提供商提供的用户统计信息和基于移动用户当前位置的信息,商家可以通过具有个性化的短信息服务活动进行更有针对性的广告宣传,从而满足客户的需求。

(6) 易于推广使用:移动通信所具有的灵活、便捷的特点,决定了移动电子商务更适合大众化的个人消费领域,比如:自动支付系统,包括自动售货机、停车场计时器等;半自动支付系统,包括商店的收银柜机、出租车计费器等;日常费用收缴系统,包括水、电、煤气等费用的收缴等;移动互联网接入支付系统,包括登录商家的 WAP 站点购物等。

(7) 易于技术创新:移动电子商务领域因涉及 IT、无线通信、无线接入、软件等技术,并且商务方式更多元化、复杂化,因而在此领域内很容易产生新的技术。随着我国 4G 网络的兴起与应用,这些新兴技术将转化成更好的产品或服务。所以移动电子商务领域将是下一个技术创新的高产地。

三、移动电子商务在旅游行业中的应用

在当前的市场经济环境下,电子商务行业与旅游产业都是发展潜力极大,

发展速度极快的新兴产业。旅游电子商务作为两者的有效结合,自产生以来,就获得了极为迅速的发展,呈现出良好的发展势头,并吸引了社会各界的热切关注。尤其是移动通信技术与网络互联技术的快速提高与积极推广,极大地促进了移动互联网业务尤其是移动电子商务的发展。移动电子商务有效地把因特网与手机等移动终端连接起来,突破了传统电子商务在时间与空间上的局限,能够更加快速有效地为客户提供安全及时的电子商务交易与相关信息服务。移动电子商务与旅游业的结合,把新兴的科技元素、移动信息优质服务带到了旅游产业中,极大地促进了旅游市场的积极发展与重大提高。

移动电子商务应用到旅游业中,极大地促进了旅游电子商务的有效发展。旅游电子商务打破了传统旅游各自发展的局面,把旅游业的供应商、相关旅游中介组织以及旅游者积极地联系起来,使得同一个旅游网站可以整合包括诸如景区、旅行社、旅游饭店及旅游相关行业的所有资源,通过无线通信的形式,为消费者提供随时随地的旅游服务。在旅游行业的积极发展中,借助移动电子商务的有效应用,将会极大地降低相关旅游产业的运营成本,快速地让旅客了解旅游景区的相关现状,有效地为旅客提供旅游便利。具体来说,目前我国移动电子商务在旅游行业中的应用主要有:

(1) 旅游信息服务。旅游信息服务是移动电子商务在旅游业发展领域的最基本应用,备受当前旅行社和旅游公司的推崇,几乎所有的旅行社和旅游公司都陆陆续续地建立了自己的旅游管理信息系统,通过短信息为旅游者提供相关的旅游信息服务。这种短信息服务主要包括:采用短信(SMS)或者彩信(MMS)的移动信息服务,以及通过 WAP 等移动应用协议的信息服务。通过简单的短消息景区广告介绍,吸引旅游者的注意力,有效地激发他们的旅游欲望,从而有效体现短信在旅游中的应用效果。另外在旅游业信息化的发展过程中,有一个呼叫中心是非常关键的,即中国移动的 12580,可以通过电话呼叫转移到呼叫中心,系统将客房的情况输入后,给客户发回一个码号,相当于确认信息,入住的时候,就是电子凭证,这样可以通过二维码的扫描确认入住的信息,通过网络进行订房订票。

(2) 地图查询。地图查询是移动电子商务在旅游业中的一个重要应用,它能够快速有效地对旅游者进行定位,让旅游者在陌生的城市也不慌张。旅游者通过点击地图查询，快速地定位自己的位置、周边交通，并对衣食住行与娱乐休闲设施做一定统计，具有极为重要的作用。比如上海移动“手机地图查询”服务，其完善程度就已经相当全面了，连加油站和公厕都被考虑在内，为旅游者提供了极大的便利。

(3) 旅游活动预订。移动电子商务在旅游业发展中极大地促进了旅游活动的预订服务发展。这一服务包括旅行社和旅游公司的客房预订、票务预订、游程预订等服务。此外，还有一些旅游公司也推出手机 WAP 网站。通过登录手机 WAP 网站，旅游者能够有效完成以往只能依靠电脑才能实现的旅游服务操作，为旅游者提供了极大的选择便利。比如“快乐 e 行”的 WAP 网站，通过登录旅游者即可享受从机票查询、预订到自助选座、即时确认订单、机场自助登机的一条龙服务。

(4) 旅游语音服务。移动电子商务在旅游业中的显著应用包括旅游语音服务的提供，客户借助旅游语音服务能够快速有效地了解相关需求，获得更多的旅游服务信息。比如用户能够借助手机等通信终端拨号呼叫 IVR 语音服务平台，通过语音提示进行旅游服务的信息咨询与信息了解。如浙江省旅游的“96118”、北京故宫的“手机导游”服务等，都积极有效地为旅游者提供交互式语音服务。

(5) 旅游娱乐服务。移动电子商务在旅游业中的发展尤其注重将旅游与娱乐服务相结合。采用手机进行景区的在线浏览，快速下载景区美图，配合音乐与游戏等多种元素，使网上旅游浏览变得更加生动，更加丰富多彩，如腾讯 QQ 的彩信旅游产品“旅游指南”“游山玩水”“旅游探险”等。

近年来，移动电子商务已成为旅游业发展中的主要应用，不管是 OTA 服务商，还是旅游企业自己的业务，移动电子商务所占份额近年来都在不断提升，成为未来旅游业电子商务发展的方向。移动电子商务的技术包括移动终端技术和移动通信技术，同时包括商务应用软件。现有研究表明，在旅游业，移动电子商务技术与旅游业的深度融合机制主要是应用软件研发的应用机制，目前旅游业应用软件有直接购买的，也有自己开发的，也有向服务商租用的，更有许多是免费的，这些不同的应用机制形成了旅游业特有的移动商务发展现象，使旅游业处于比较混杂的发展过程中。未来移动电子商务应用软件的应用趋势是租用或免费，企业只要支付一定的运维费用，贡献的是流量和共享数据。因此，未来移动电子商务技术与旅游业深度融合的路径是走平台化，可以是第三方平台，如携程旅行网未来就是一个移动旅游电子商务的服务平台；也可以是企业自己的平台，如君澜酒店集团的 iHotel 平台。这些平台除了服务的价值，更具有行业自己的大数据价值，这是未来移动旅游电子商务发展的主要趋势，也是智慧旅游发展的主要内容。

在智慧旅游建设中，新技术还在不断涌现，如增强/虚拟现实技术等，在智慧酒店和智慧景区建设中已有应用。因此，新技术应用是无止境的，在智慧旅游的建设实践中，需要不断地跟踪新技术的发展，为旅游的发展不断增添智慧。

应用案例及分析

信息化平台助推君澜酒店集团弯道超车

君澜酒店集团是国内高星级精品酒店以及国内度假品牌拓展较早的酒店管理公司，是最具本土文化特色的民族品牌。近年来集团在战略定位、品牌建设、酒店布局、营销策划、经营管理、信息化建设等方面的发展在国内产生了较好的影响。为了打造智慧酒店，集团成立了信息公司，与杭州绿云建立了战略合作关系，共同开展智慧酒店的信息化平台建设。公司的发展战略确立了借助信息化平台实现“弯道超车”的思想，这是君澜人不断探索并正在努力实现的创新行动。2013 年 6 月，集团成功选择了绿云科技 iHotel 信息化平台，并以其为基础，以“一体化”“平台化”设计理念形成了别具一格的君澜智慧酒店集团信息化平台，有力助推君澜实现弯道超车的发展目标。

一、智慧信息化平台建设的规划和实施计划

集团信息公司成立后，立即组织了由学校信息化老师、兄弟酒店集团信息总监、集团营销中心等部门参加的规划小组。在对成员酒店信息化现状调查摸底的基础上，分析互联网应用特点，充分考虑信息化产品适用性、实用性原则，并按照总体设计分步实施的原则，制订了集团五年的信息化建设规划，并在 2013 年开始实施。该规划主要包括第一年做到核心业务平台化呈现，第二年

实现平台功能的完善、优化，第三年实现经营管理平台化运作，第四年完成管理与服务的整合，第五年实现平台与合作伙伴的互联。后两年的计划大胆使用“互联网＋”和智慧酒店理念，创新设计了“一体化”模式的智慧型集团经营管理平台，主要依托移动互联网、物联网、云计算技术，用OA协同办公系统和微信平台，整合各类应用系统，同时实现中央预订系统与国内外各大主流渠道及其他营销平台、与酒店PMS系统、与本部各管控系统的无缝连接，高效而极具特色。

二、基于互联网的iHotel信息化平台

为选择合适的系统开发供应商，搭建符合酒店新业态、集团化经营管理和广泛新技术应用的信息化平台，信息公司根据集团行政办公会议要求，走访和咨询了开元酒店集团、金陵酒店管理公司、城市名人酒店集团、宁波南苑E家商务酒店股份公司、四川岷山酒店管理公司等用户，对绿云科技、杭州西软、杭州昱恒商务网络、桑弧网络等酒店软件供应商进行了了解洽谈，通过咨询信息化专家，并从价格（软件和维护费报价）、技术（解决方案、功能、先进性、稳定性、可拓展性）和公司（综合实力、成长性、研发维护团队、服务、成功案例、用户评价）三维度进行综合评估打分，最后认为绿云科技对酒店业务比较熟悉，实施和服务响应速度快，能够全力投入合作，技术水平高，产品结构先进，性能稳定性好，与其他系统有非常好的互联和整合能力，功能齐全。虽然数据分析功能还有待完善，有些方面存在不足，但以上优势已完全符合集团信息化建设的规划要求。总体来说，绿云的平台产品是可以信任的，稳定性也不错，完全符合集团发展方向和战略扩展的支持要求，并可满足网络营销、移动平台应用的需求。

三、iHotel信息化平台所具有的特点和应用优势

酒店信息化平台是指酒店内部为信息化的建设、应用和发展而营造的环境，它整合了所有的酒店应用系统，实现了管理、服务、营销等数据的互联互通。信息化平台可以打通业务链，实现数据的释放和使用，从而提升酒店的营运效能，实现真正意义的智慧经营。

(一) 主要特点

iHotel信息化平台整合了酒店官网、BI分析系统、CRS、CRM、LPS、PMS、手机端、微信系统等应用系统。同时,平台具有强大的系统集成功能,不管是已有的系统还是未来要开发的应用系统,都可以通过iHotel整合在一起,比如收益管理系统、经营分析系统等。iHotel平台还具有双向接口的特征,虽然很多软件公司开发的软件都会有接口,但那些是单向的数据获取,而iHotel的双向接口可以在获取某一系统数据之后进行分析处理,然后传输给另外一个系统去执行或应用。通过这样的双向接口,iHotel信息化平台已经可以与SAP、用友、德比、富友、淘宝、携程、去哪儿等系统和渠道平台进行直连。平台的具体特点如下:

(1) 先进性。先进性主要指平台底层是一体化设计,同时平台采用B/S互联网架构。以前酒店所用的PMS系统基本都是C/S架构,只能在酒店内部网运行。B/S架构则是通过外网来传输数据和指令。同时,云计算、移动终端、虚拟化、多用户体系都在平台中实现了,特别是微信营销和手机PMS应用更受用户的欢迎。

(2) 开放性。开放性主要指平台采用开源的Linux和MySQL数据库开发来支持移动终端,这样的技术可以让平台与其他系统更加顺畅地进行无缝连接,没有什么技术障碍可言,同时也更方便与多种移动终端展开合作和应用。未来的应用系统和功能都能在该平台上得到体现。

(3) 拓展性。拓展性主要指平台架构的可拓展功能。其实当今社会无论是开放性还是拓展性,都是很多酒店和企业所追求的。因为外部环境变化太大,尤其是信息化方面,因此拓展性也是极为需要的。iHotel采用Java语言开发,SSH技术架构,在接口、直连方面都很强大,可以和所有的OTA进行直连,也可以与其他系统进行深度连接或融合。这种平台的拓展性使得平台功能可以不断延伸。

(二) 应用优势

应用优势也具有四个方面:

(1) 平台的开发、定制都很灵活,上面谈到的技术架构和开发语言都能够实现平台的定制化,使得iHotel可以应用于不同规模和类型的酒店。

(2) 由于采用的是B/S架构，便于远程安装和维护，也便于系统对数据进行集中式管理。一体化的设计、互联网的思维、用户至上的观点，都利于iHotel平台的使用，并且控制及管理都可以随时随地进行。

(3) 国际化的理念。iHotel采用国际知名的酒店软件开发商Opera的设计和开发理念，Opera在国外酒店和国内高星酒店都应用较多，但价格较高，不是所有酒店都能承受，而且在服务方面有一定的制约性，酒店想多做一些东西但不一定能实现。绿云的iHotel则不一样，它在借鉴Opera理念和经验的同时，拥有更大的开放性，价格还不贵，性价比很高。同时，iHotel有中英文双语言功能，在设计的时候已经考虑了这个问题，因此在接入国际化系统的时候完全没有问题。

(4) iHotel具有商业智能化功能。类似移动终端、电子签名、触摸屏、客房通、自助入住等智能化的系统，都是自主设计，未经第三方，这样使用的时候会更便捷，出错率会小一点，效率则会高一些。

四、信息化平台对君澜酒店集团发展的创新作用

(1) 集团业务融合。酒店集团成立的目的就是想要集团化运作、集团化经营，iHotel的设计理念在集团化、协同化运作方面都与集团的理念和目标相吻合。从一般意义上讲，酒店集团是一个管理平台，iHotel则是一个信息化平台，酒店集团从管理、运营方面进行了一体化平台的建设，而iHotel从技术角度来推动集团的持续扩展和创新经营。两者的吻合便于之后酒店集团的创新发展和建立完全信息化的新型酒店管理集团平台。如CRS中央预订系统通过平台集成后，整个集团的一天预订量在全国酒店集团中位列前三名，而且成就了2014年的“双11”的商务活动，集团业务得到全面融合化发展。

(2) 实现经营的完全电子商务。iHotel信息化平台实际上是基于B2C和B2B的电子商务平台，又是一个大型的营销服务平台，在促进酒店集团的电子商务方面起到很大的作用。特别是在集团的会员管理和服务方面，从2014年9月数据集中和会员共享后，集团会员发展迅猛，到年底集团会员从20万人增加到50万人，电子商务大大提高了营销活动的效果，对于有些单体酒店，会员体

量增加了10多倍，酒店底气更足，客人体验更好。通过这个信息化平台，君澜集团在短短的一年里实现了与淘旅、携程、去哪儿、艺龙等国内主流OTA渠道方的CRS直连，完成与国航、海航、东航等各航空公司的会员系统的共享，并与格兰云天、苏州书香、四川岷山成功组成四方的经营联盟，实现了利用该平台在各自官网上互订房间，互相宣传营销活动的功能，促进了集团整体商务作用的发挥。

(3) 实现了与平台服务商的战略合作。为了未来的智慧酒店建设，创造完全的“互联网＋酒店”商务模式，君澜集团与iHotel的开发商绿云科技建立了战略合作关系，以满足集团快速适应市场变化的需要，保证平台及时更新支持集团的发展。以前酒店集团的电脑系统跟不上，做不了很多业务活动，没有有效的技术支撑，但与绿云建立了战略合作关系后，绿云可以随时跟进集团的业务需求，随时支持集团的信息化发展。

(4) 可降低集团运营成本。由于平台是云架构的，可随时随地开展管理与服务工作，而且可提高客户体验度，大幅度降低了集团的运营成本。各成员酒店的系统管理成本也随之下降，一体化的设计避免了多系统多接口后产生的对接工作量和维护成本，数据集中到总部云机房，减少了酒店的机房投入和运维费用，数据集中采集减少了报表填报工作量，平台下的数据中心已成为集团发展的动力。平台还将微信、手机、iPad、触摸屏、客房宝、自助入住机等先进技术、移动设备整合应用，提高了酒店运营的效率和效益，提升了客户对服务的满意度。

在不远的将来，信息化平台将开展大数据的应用，云平台集成了酒店所有的管理、服务等业务数据，可随时随地对数据进行挖掘和分析，快捷地形成分析报告，方便经营管理的决策和服务。目前集团正在召集技术力量，做好大数据分析应用的准备，以创造更显著的竞争优势。如通过大数据的支持，集团的收益管理系统可以在线化呈现统计报表，营销管理系统可以提供更好的方案，使得营销分析和经营决策完全用数据来支持。因此，大数据的应用将进一步支持君澜集团化的经营和集团完全电子商务的实施。

思考题

（1）为什么君澜选择 iHotel 构建集团一体化平台？它给君澜集团带来怎样的竞争优势？

（2）平台化软件在发展过程中，主要采用了当前哪些信息通信技术？

（3）构建酒店综合性平台是一种怎样的智慧酒店建设路径？

第五章　智慧酒店新业态及应用

引例：绿云科技，智慧酒店的新追求

智慧酒店是智慧旅游中最早出现的一个新业态，也是旅游产业中信息化深度融合较早且最完整的一个产业。自2010年出现第一家智慧酒店以来，行业掀起了一股智慧建设的新热潮，酒店智慧建设如何开展也同样成为业界的共性问题。在实践中，研究发现酒店的智慧与数据信息整合密切相关，尤其和酒店的PMS开放性密切相关，并发现目前酒店的许多应用系统并没有整合在一起，数据缺乏有效整合导致的"信息孤岛"严重影响了酒店经营的智慧。绿云科技，这个主要依托浙江大学的高科技企业，看到了智慧酒店的发展机遇，开始把智慧酒店的目标瞄准了酒店信息系统的整合层面，用云计算技术及大数据理念构建智慧酒店的云平台，于是iHotel在2011年7月诞生了。iHotel是什么？它首先是一个酒店电子商务的综合平台。它把酒店的前台系统、酒店的集团管理、联盟成员间的业务管理、酒店会员管理、酒店的财务管理、酒店的客服管理、酒店的收益管理、酒店的营销管理、酒店的移动服务、酒店的OTA渠道管理、酒店的中央预订系统等通过云技术全部整合起来，形成数据可以自由流动、随时可用的大数据系统。这是绿云科技的时代追求，也是其致力于智慧酒店建设的平台化理念新追求。绿云科技的创业者认为，程序处理业务，系统管理信息，而平台就是管理所有数据，酒店经营的智慧离不开这些数据，使数据在不同的程序间、不同的系统间流动，才能真正意义上产生酒店管理、服务、营销中所需的智慧，这是智慧酒店建设的基础和核心竞争力所在。

本章将围绕酒店的智慧建设，探索智慧酒店如何把技术、管理、服务融合在一起，为客户提供更温馨的个性化服务。在智慧旅游新业态中，智慧酒店是最先出现的一个服务业态，是当今酒店业发展过程中的一个创新之举。杭州黄龙饭店 2009 年重新整修时，饭店的杜总一直考虑重新开业的定位，用什么创新之举再现黄龙饭店的辉煌？如何利用新技术创造黄龙饭店竞争优势？杜总考察了世界各地的高端饭店，利用自己在美国留学所学的新知识，决定把黄龙饭店定位在智慧酒店，真正把技术、管理、服务融合在一起。2010 年年末，当杭州黄龙饭店与美国 IBM 公司合作宣布成立全球第一家智慧酒店时，这个消息立刻轰动了全球整个酒店产业界。从此以后，智慧酒店在业界广为流传，受到酒店客户的广泛欢迎，由此出现了围绕智慧酒店建设的众多新型的服务产业。

第一节　智慧酒店的定义及架构

随着国民经济的持续发展，大众旅游、商务旅游的浪潮正排山倒海地涌来，游客、住客对酒店服务的要求亦水涨船高，而且需求各异。在信息爆炸的时代，如何满足海量的个性化需求，是各酒店管理者普遍面临的一个新问题。况且我国酒店还在不断的建设中，行业竞争日益激烈，星级酒店面临前所未有的挑战。如果仅仅依靠传统思维和模式去面对这一挑战，几乎已成无解的方程，连锁化、信息化、国际化和节能化已成为中国酒店发展的必然趋势。智慧酒店就是在这样的大背景下出现并发展起来的，它通过对酒店服务相关的各类信息进行整合，向住客提供各自所需的系统服务，从而吸引了潜在的客户资源，实现酒店管理与服务质量上的飞跃，赢得了市场增量。

一、智慧酒店的定义

从现阶段实践应用的角度，智慧酒店是利用信息通信技术实现对业务流程各环节的自动感知和自动处理，用新技术对酒店业务管理所有的信息系统进行整合使用，释放系统间数据的流动性，从而实现改善经营中的管理流程和服务流程，提高酒店的服务效率和效益，提高住店客人的满意度和忠诚度。因此，智慧酒店的简单定义可以是：利用云计算技术、精准定位技术、移动互联网技术、物联网相关技术、数据分析技术等手段，实现酒店的精准管理、敏捷服务和有序经营，形成酒店与客户之间相互感知、信息播送的服务生态系统，可以提升酒店经营的扩展能力和市场竞争优势。智慧酒店包括经营中的智慧管理、智慧服务和智慧营销，现阶段采用的核心技术是物联网、移动互联网和云计算，用来实现智慧的平台化管理和平台化服务，从而增加了客户的服务体验，降低了经营中的能源消耗和管理成本，创造了数字经济的增量。

智慧酒店建设同样是酒店信息化发展过程中的里程碑阶段。智慧酒店的建设紧紧围绕客户体验和创造收益增量：客户体验就是用信息技术改善客房环境、用餐环境和娱乐环境，让客户在享用服务的过程中有快乐感；收益增量就是通过在线化，提升酒店的数字经济收益，不断提升自己的在线直销份额。另外将逐步改变酒店经营模式，由于在线营销系统大大节约了酒店的经营成本，因此酒店传统经营模式将被引导到全新的智慧平台之上，让酒店经营在线化、数据化，由线下服务转为线下线上相结合的经营模式，既降低了经营成本，又扩大了销售面，从而实现酒店收益的转型升级。一个智慧酒店平台也是酒店充分展示形象和提供产品服务的平台，可以推进酒店产品的深度开发，为消费者提供个性化的在线服务产品，从而进一步放大酒店资源的综合效益。

酒店智能化是一个不断丰富、发展的领域。酒店作为直接面对客人提供服务的场所，应不断创造环境让客户感受到高科技带来的舒适和便利。那么，怎样的酒店才是智慧酒店呢？客人在酒店内任何地方，可以随时随地上网获取服务；在客房，客人可以用智能终端或移动终端查询自己的服务，也可以申请新的服务；酒店与客户之间可以相互感知，了解对方的状态，提供需要的个性化服务；即使客人不在酒店内，也可以通过移动互联网实现咨询、获取服务；酒店可以利用新媒体，建立自己控制网络舆情的自媒体平台，并与分销渠道互通信息；酒店物耗、能耗、人员成本、财务控制等，也应实现智慧化管理，把管理成本降到最低，以创造效益。所有这些，都是一个智慧酒店必备的基本要素。因此，在智慧酒店建设的总体框架下，酒店应该为客户提供智能化的设备和应用系统，比如智能门禁系统、智能取电开关、交互视频体系、智能安保、智能互动体系以及智能接待体系等。

二、智慧酒店的架构

智慧酒店是一个新业态的概念，是未来酒店经营发展的一个方向，其组织框架目前还没有形成固定的模式，某些地区依据新一代信息技术正在逐渐形成智慧酒店的典型模式，比如北京2012年发布的北京智慧饭店建设规范，杭州2013年发布的杭州市智慧酒店建设规范等。杭州市智慧酒店建设框架将智慧酒店的应用架构分为四个层面，分别为面向酒店的基础设施建设层、面向旅游管理的应用层、面向公众服务的应用层、面向旅游营销的应用层，具体如表5-1所示。

表5-1 智慧酒店建设基本框架

名称	框架	应用系统
智慧酒店	面向酒店的基础设施建设层	酒店无线网络基础设施建设、酒店物联网基础设施建设、酒店融合网络建设、酒店数据基础设施建设等
	面向旅游管理的应用层	酒店监控安防系统、酒店智慧点菜系统、酒店食品安全溯源系统、酒店运营管理系统、酒店智能客房控制系统、酒店综合视频会议系统、酒店智能闭路电视系统、酒店客户管理信息系统
	面向公众服务的应用层	酒店网站集群系统、酒店电子商务系统、酒店综合信息服务系统、酒店智慧客房信息服务系统、酒店多媒体触摸屏自助服务系统、酒店投诉满意度调查及客户互动系统
	面向旅游营销的应用层	酒店自媒体营销系统、酒店舆情监控分析系统、酒店竞争力分析与提升系统、酒店旅游营销效果评价系统

下面将简单介绍智慧酒店建设中的一些主要应用系统。

（一）面向酒店的基础设施建设层

物联网基础设施和数据基础设施一般都由酒店自己直接建设，而其他网络基础设施基本由通信运营商建设或共建。下面简要说明这两个基础设施建设的内容。

1. 酒店物联网基础设施建设

酒店物联网基础设施建设主要用于客人的引导管理、员工管理、设备管理和安保管理等，还可以在互联酒店前厅区域配备入住登记的自助服务设备。这些基础建设需依据酒店规模大小选择合适的设备数量，自助服务设备需具备二代身份证识别、银行卡刷卡消费、自动处理并打印入住手续等功能。智能房卡的互联包括能实现酒店内消费、车辆通行、开启房门、楼层识别等功能。酒店各服务环节的 RFID 配备、标签设计等都属于物联网基础建设的内容。

随着物联网在食品加工业的应用，酒店餐饮管理也利用物联网来实现食品的安全管理，通过食品上的 RFID 标签，可以追溯食品加工的源头，以确保采购的食品安全，让客人在酒店用餐时完全放心。

2. 酒店数据基础设施建设

数据基础设施是智慧酒店建设的关键内容，数据库、数据中心、数据服务设备等都是数据基础设施。从业务需求和实际应用出发，建设内容还包括制定统一的数据采集标准，建立符合自身条件的信息采集长效机制；依据自身条件需求，建立相应的数据库和数据中心环境，如顾客信息管理数据库等；具备信息数据智能分析、处理功能，为酒店电子商务决策提供支持；建立数据共享机制，解决数据交换和共享问题；酒店旅游数据库接口，拥有完善的信息安全保障机制。另外，还包括数据服务策略，建立一套有效的数据使用机制和模型。

(二) 面向旅游管理的应用层

对于旅游类酒店，经营管理是酒店智慧建设的重点内容，尤其对于连锁型酒店或酒店集团。由于围绕管理智慧建设的内容非常多，而且不同的酒店差异性也很大，这里就选择几个目前较普遍的应用系统进行介绍。

1. 酒店监控安防系统

酒店监控安防系统在智慧酒店中称为智慧安防，这是高星级酒店必须有的一个系统。智慧安防主要利用智能监控和智能终端，使用智能视频监控软件监控范围覆盖酒店公共区域，重点监控危害多发地，并具备危机告警功能。其中视频监控控制面板能控制画面缩放和镜头转动等，能实现图像的实时远程观看以及 3G 物联网视频监控等。系统可以记录图像和声音，为处理突发事件提供查询的依据；与防盗报警等其他安全技术防范系统联动运行，以保障住店游客的人身及财物安全。智能终端主要由安防人员或相关责任人携带，当遇到突发事件可以利用智能终端实现协同处理。酒店监控安防系统的总控室画面如图5-1所示。

图 5-1 酒店监控安防系统的总控室画面

2. 酒店智能客房控制系统

客房控制系统涉及电能、门窗监测以及 Mini 吧使用等，目标功能是客房节能、安全、自服务等。为了提升住店客人的体验，系统预设欢迎模式，灯光根据入住的不同时间段自动调整到预设的欢迎模式和亮度，电动窗帘徐徐打开，背景音乐自动响起，自动打开客房内的电视，播放入住欢迎标语和天气信息。系统可以智能调节客房灯光，客房灯光根据不同的需求设置成多种的情景模式(如全亮、柔和、休闲、电视、阅读、睡眠、起夜等)，配备灯光遥控设备；系统应能够智能调节客房温度，室内温度过高或过低时，自动感应并启动空调，将客房调整至舒适温度。另外，系统能自动监测门、窗是否关紧，并可根据情况给住店客人温馨的提醒。该系统的控制功能如图 5-2 所示。

3. 酒店客户关系管理系统

酒店客户关系管理是酒店经营中非常重要的系统，它从会员管理系统的应用发展起来，可以实现对会员客户的自动销售、自动营销和自动关怀，实现对会员客户的智慧管理和服务。智慧的客户关系管理基于移动互联网，相互能够在

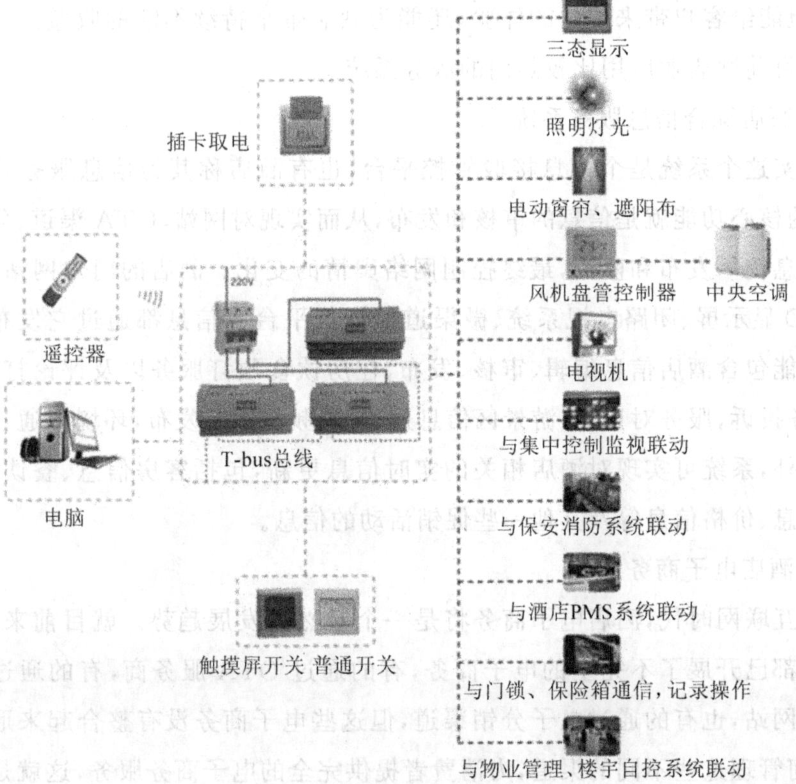

图 5-2 智能客房控制系统功能

线互动，包含客户回访、客户信息反馈、定制信息播送等功能，同时能对各类客户数据进行挖掘分析，及时发现客户消费新需求，为酒店营销决策提供支持。目前，智慧的客户关系管理主要基于大数据分析，能对客户进行各种分类，从而实现对客户的个性化管理和个性化服务。

面向管理的智慧建设还包括酒店人力资源管理，可以对员工实现智慧考评和智慧挖掘，以发挥每个员工的工作潜力。其他如智慧工程设备管理、智慧物资采购管理等，限于篇幅这里就不一一介绍了。

(三) 面向公众服务的应用层

酒店服务的质量与效益一直以来是酒店经营中研究的热点，因为酒店是靠服务来谋生的，酒店能否生存下去靠的就是服务的信誉。因此，在智慧建设方面，服务的智慧化建设就成为智慧酒店建设的关键。一个好的智慧型服务系统，不但能给客户带来快乐的体验，还能为酒店带来持续不断的收益。下面介绍几个目前酒店业应用比较热门的服务系统。

1. 酒店综合信息服务系统

其实这个系统是个信息接驳管控平台，也有酒店称其为信息服务后台系统，它的核心功能就是信息的审核和发布，从而实现对网站、OTA渠道、分销渠道的信息统一发布和监测，最终控制网络舆情的变化。酒店的门户网站、触摸屏、LED显示屏、闭路电视系统、微渠道如微信平台等信息都通过它发布。系统的功能包含酒店信息编辑、审核、发布，住房饮食预订服务以及评论打分、统计，服务投诉，服务对比，旅游景区信息速递，视频演示与发布，环境交通一键通等。另外，系统可实现对酒店相关的实时信息更新，包括客房信息、餐饮信息、娱乐信息、价格信息等及其他一些促销活动的信息。

2. 酒店电子商务系统

在互联网时代，酒店电子商务将是一个必然的发展趋势。就目前来说，许多酒店都已开展了不完全的电子商务，有的通过OTA服务商，有的通过自己的门户网站，也有的通过电子分销渠道，但这些电子商务没有整合起来形成系统，如何管理这些不同的渠道，为消费者提供完全的电子商务服务，这就是酒店电子商务系统发展面临的问题。智慧的电子商务需要一个平台，它能为客户提供一站式的服务，而且是个性化的，不但能实现网上预订、移动终端预订，还能实现在线支付，实现真正的网上交易。智慧的电子商务是基于移动互联网的商务，支持多种智能旅游卡的支付功能，并形成酒店电子商务诚信评价体系，提高了酒店电子商务开展的效用。

智慧的电子商务系统应提高自己的在线直销比例，而不是依赖OTA。在系统构建时，应重点做好门户网站的商务流程设计，做好微信平台的商务流程设计，以及做好酒店APP的商务流程设计，通过设计规划逐步提高自身的电子商务份额。当然这也离不开电子商务系统的数据分析，挖掘潜在的商机，只要酒店利用自己的系统用心去做电子商务，酒店自己的在线直销份额一定会不断增加，图5-3就是酒店利用智能手机做在线直销的系统画面。

(a) (b)

图 5-3 酒店在线直销的电子商务

3. 酒店网站集群系统

网站集群系统主要应用于连锁型酒店或酒店集团，这些酒店有集团总部的门户网站，也有成员酒店的门户网站。而且除了门户网站，这些酒店还有手机网站等微网站，为了便于统一管理，整合运行，为消费者提供更权威的信息，满足这些网站的商务流程及业务的整合管理需要、电子商务一站式服务的需要，就要有网站集群系统来实现管理与服务。集群系统具有应对各网站信息实时、同步更新、协同处理的功能，以及定期对网站安全开展维护性工作，确保网站信息和运行的安全。

4. 酒店互动屏自助服务系统

该系统具备入住办理的自助服务功能，可实现空房查询、房类选择、入住手续办理、银行卡支付等服务。为使住店客人随时了解酒店的所有服务信息，酒店要合理布置多媒体触摸屏设备的自助系统，如放在大堂、娱乐服务场所以及餐饮服务场所等。新一代的自助服务系统是互动型的，消费者和酒店方可以通过感知提供智慧性的服务，不但可以提升客户的体验，还可以提升对服务的满意度。对于服务系统，酒店还需做好设备维护保养工作，确保酒店内的每一台触摸屏都能够正常使用，以树立酒店智慧型服务的良好形象。

（四）面向旅游营销的应用层

在大网络环境下，未来酒店的营销就是服务，甚至营销就是管理，这足以说明酒店经营过程中营销的重要性。智慧型的营销已经和信息时代流行的社交网络密不可分，和移动互联网密不可分，并和智能手机紧密地联系在一起，它可以绑定客户，提供灵活的个性化服务。下面将介绍几个在酒店应用最有成效的智慧营销产品。

1. 酒店自媒体营销系统

自媒体营销系统就是酒店利用社交网络，借助移动互联网以及所有的电子设备，形成平台化的营销服务系统。自媒体营销系统的应用特点就是可以确保发布信息的准确性、实时性和可维护性，并可及时了解营销的效果。通常，系统具备自有和可控的信息发布平台（官方网站、博客、微博、微信等），具备能直接营销到的目标用户群（网站注册用户、微博粉丝、微信好友等），并具备可以独立开展的营销活动（客房/餐饮免费赠送、微博/微信抽奖、有奖点评等）。尤其系统还可以和客户在线互动，营销的效果可以在线了解，效果都是可视化的，所以该系统在智慧营销建设中，是最受酒店欢迎的一个产品。

2. 酒店舆情监控分析系统

在移动互联网的大环境下，舆情监控分析系统已成为酒店了解市场影响力的重要系统。该系统不但可实时、动态监测酒店市场舆情发生，而且可引导舆情并解决可能引起的不利影响。该系统通过网络了解客户和潜在客户对酒店的舆情情况，以帮助酒店制订有效的营销策略方案。系统还具备舆情的跟踪、舆情的内容定位以及舆情的屏蔽等功能，在自媒体平台可发布重大舆情的处理结果。

3. 酒店营销效果评价系统

营销效果评价主要是用来优化营销渠道和监测酒店的市场关注度，该系统根据各营销渠道导入的网站流量、咨询量和预订量等，判断各合作网站、酒店平台的营销效果，逐步筛选出合作效果较好的网络营销渠道。在社交网络中，该系统同样可用来评价消费者的消费趋向和关注度，通常通过消费者的注册方式、内容订阅方式、订阅数量、互动频率、关注产品类型以及订阅所用主题等社交变量，分析酒店营销推广后在社交网络中的关注度，寻找在市场竞争力方面的薄弱环节，从而优化或明确进一步提升市场竞争力的营销策略。

第二节 智慧酒店新业态应用

自从智慧酒店出现以来，智慧酒店应用的新业态层出不穷，有围绕管理开展智慧建设的，也有围绕服务或营销开展智慧建设的。可以说，由于智慧酒店的建设，酒店的信息化融合进入了一个崭新的阶段，出现了许多互联网化的服务产品。下面我们将以案例的形式介绍智慧酒店新业态应用。

一、智慧酒店案例——杭州黄龙饭店

杭州黄龙饭店是杭州旅游集团有限公司用 10 亿元打造的全球第一家智慧酒店，总面积达 11 万平方米。它位于杭州市金融、商业和文化中心的交界处，拥有现代奢华的舒适环境、高科技的智慧体验以及独树一帜的江南庭院设计，是宾客放松休憩、激发创意、会客洽谈的理想场所。图 5-4 是该饭店的鸟瞰图。

图 5-4 杭州黄龙饭店鸟瞰图

酒店拥有593间各类客房，并配备健身房、游泳池、酒吧、会议室及停车场等设施。智能化系统使酒店的市场竞争力大大增强，开房率持续在80%以上，并且平均房价竞比同城同级别同类型房间高出15%～40%。由于高科技应用的便捷性，杭州黄龙饭店的住客满意率也保持在90%以上。

在用高科技推进转型升级和“引领现代奢华体验”的核心品牌理念下，杭州黄龙饭店致力于打造中国本土最高端的酒店品牌，和美国IBM公司合作打造智慧酒店品牌。如今，黄龙饭店不仅升级为浙江省首家国家级白金五星级酒店，更是得到了享誉国内外的“全球第一家智慧酒店”称号，吸引了无数酒店从业者和学者的关注，这在酒店业内无人不知。

在智能化方面，杭州黄龙饭店打造了国内最先进的无线网络、智慧客房导航系统，全世界第一套电视门禁系统，全球通用客房智能手机、互动服务电视系统，机场航班动态显示服务，DVD播放器/电子连接线及插孔、床头音响、床头耳机、四合一多功能一体机，iPad点菜系统等，让客人获得尊崇、体贴、智能的全新客户体验。

下面简要介绍黄龙饭店几个主要的智慧化服务系统。

(一) 智慧客房入住登记系统

黄龙饭店智慧客房的入住登记系统，既能缩短入住登记时间，具备多种等级方式，又能保证私密性。如果你是一位VIP客人，凭黄龙饭店的智能卡，一进入酒店即可被系统自动识别，无需办理任何手续即可完成入住过程。该系统还配备移动终端，使用手持的移动终端便可进行远程登记，在房内或是地下停车场的车内完成登记、身份辨识及信用卡付款等手续，享受高度隐私。

VIP客人一进入酒店大堂，该客人的信息会立刻显示到前台的电脑上和大堂经理/客户经理的移动终端设备上，提示前台或者客户经理做好接待服务准备。当需要时，可以马上将“欢迎某某贵宾光临黄龙饭店！”的欢迎词以短信的方式发送到VIP客人的手机上。这种智慧的识别，极大地提高了对VIP客人服务的敏捷性和准确性，提升了酒店的接待服务形象。黄龙饭店的VIP智慧识别和接待如图5-5所示。

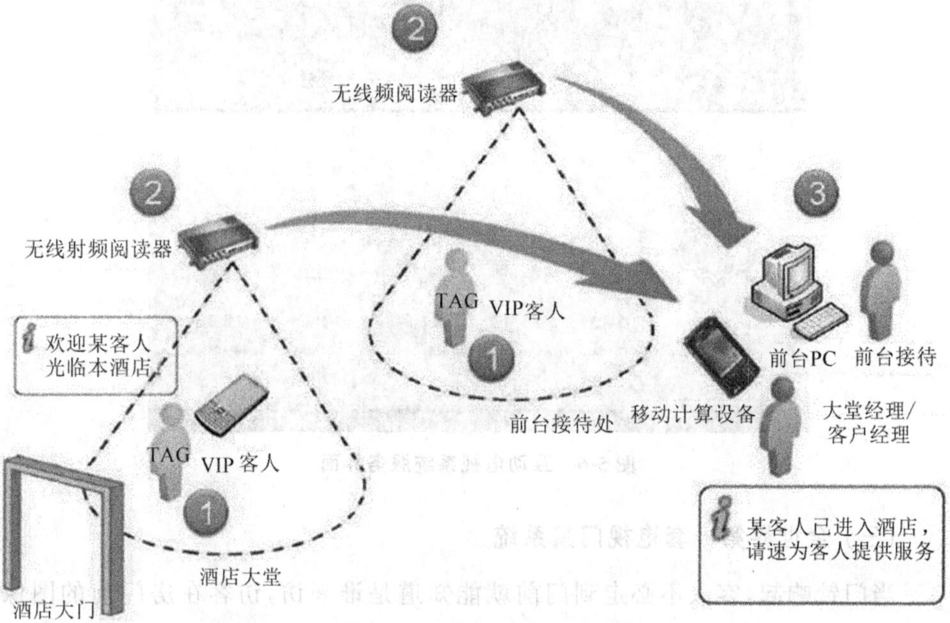

图 5-5 VIP 智慧识别和接待

另外，在该系统还配备了自助入住机，客人可以自行完成入住登记或退房。当客人入住登记成功走出电梯后，楼层的门牌指示系统会自动闪烁，指引客人直至房间，为客人顺利进入房间提供了便捷的电子化服务。

（二）互动服务电视系统

当客人进入房间后，房内的互动电视系统可以自动获取住店客人的入住信息。如果客人已经入住过黄龙饭店，客房会自动按照客人的习惯进行环境设置，如自动调节温度、灯光亮度等，使客人能马上在自己熟悉的空间里工作或休息。客房的互动电视系统和 IP 电话系统可自动获取客人的入住信息，内设八国语言系统，可自动选择客人的母语，以欢迎客人入住，还会自动弹出客人上次入住时常看的电视频道，如显示客人的国家信息、国家当地气候及杭州气候等。系统的服务界面如图 5-6 所示。

系统主要提供酒店介绍、电视频道、娱乐频道、城市指南、点播频道、服务工具等互动服务，系统还提供如中国地理等电子化杂志，为住店客人提供有价值的信息服务和阅读。城市指南中包括旅游信息、交通信息、航班信息等服务。

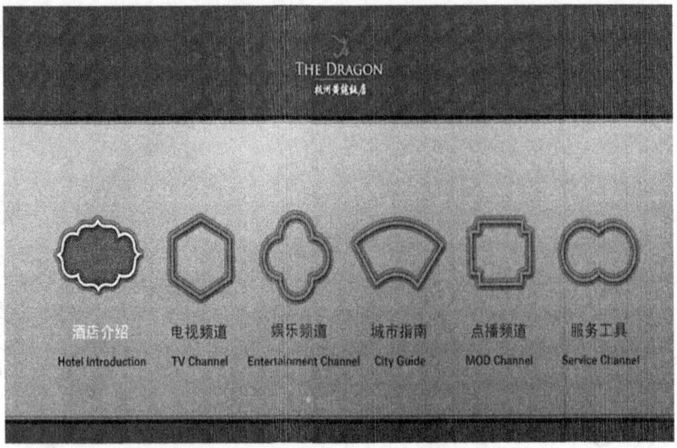

图 5-6　互动电视系统服务界面

(三) 全世界第一套电视门禁系统

当门铃响起，客人不必走到门前就能知道是谁来访，访客在房门前的图像将自动跳转到电视屏幕上，可以让客人识别并选择以何种形象去开门，如图 5-7 所示。

图 5-7　电视门禁系统画面

电视门禁系统把电子门禁、摄像头以及电视机整合在一起，为住店客人构筑了智慧体验的安全屏障。客人在房间看电视时，如果有人敲门，电视机就自动切换成门口的画面，客人不用站起来就知道是什么样的人在门口。新一代的电视门禁系统已和酒店监控系统整合在一起，为客房的安全构筑了一道坚实的智慧屏障。

（四）智能工具

在商务客房，黄龙饭店为客人配备了以下智能工具。

1. 全球通用客房智能手机

在黄龙饭店，每个商务客房的电话分机都具备手机系统的特性，客人不但可以手持移动分机终端在酒店内使用，同时可以漫游整个市区。智能手机解决了有些国外手机无法在中国使用的问题；从技术的角度，它可以全球拨打，免费接听，方便了境外客人。在现阶段，杭州黄龙饭店开放了部分信号区域，可在饭店内或是杭州范围内的任何地方使用。

2. 四合一多功能一体机

该智能设备兼具打印、影印、扫描及传真功能。住店客人当需要获取某些信息时，只需告之服务中心目的地房间号，清晰的咨询信息就会传至客房的多功能一体机内，并打印出来。住店客人也可以自己使用一体机的复印、扫描和打印功能，以方便商务客人住店期间处理商务的需要。

这些商务客房的智能工具如图 5-8 所示。

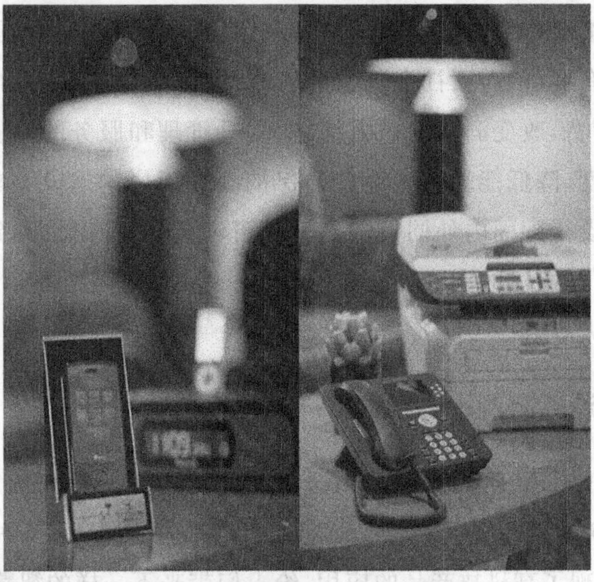

图 5-8　商务客房的智能工具设备

黄龙饭店的这些智能化服务系统不但给客人带来了便利，同时也提升了服务，其他系统如智能点菜系统、微信服务系统、微网站系统同样带来了良好的服务口碑。比如，iPad 点菜系统避免了传统菜单的翻新、修改、更换带来的大量时间、财力和人力耗费以及纸张的浪费；集水系统通过楼宇间的地下过道，作为天然的雨水集水区，采集到的雨水可拿来冲洗地下停车场或浇花。这种智能和环保低碳的有机结合是智慧低碳酒店的重要特征之一。对于智慧低碳酒店，智能化和低碳化是必不可少的元素。黄龙饭店正通过不懈的努力，致力于将智能和低碳有机结合，正在形成多样多元型的“智慧酒店”。

杭州黄龙饭店的新技术应用在行业内树立了新标杆，尤其是智能化方面不但遵循了已有的国家标准，更将远远超越现有的标准，真正成为行业的典范并引领下一代酒店的发展方向。此外，高效化也是黄龙饭店追求的目标之一。智慧化系统必然带来工作流程上的简化或者部分程序的自动化和智能化，带来效率上的提高。比如黄龙饭店的自动派工系统，当客人向服务中心提出需求后，服务中心立即产生自动派工单，向客人所在区域的服务人员发出，员工用手持电话接收派工单，完成后，再用电话通知服务中心工作完成。如果在规定时间内没有完成，服务中心就会向领导层汇报，做出反应，尽快为客人提供服务，而无须层层上报，经过多重确认后才能实施完成。这样大大简化了工作流程，提高了服务效率。

杭州黄龙饭店作为“智慧酒店”的典型代表，创新了服务管理模式和服务水平。其中不光有经济效益、社会效益和文化的提升，生态效益的提升也十分显著，可以刺激消费，改变酒店的供需结构，提升管理和服务的品质，推进酒店的科技化文明程度，降低能耗达到绿色环保的新型饭店的建设要求。因此，黄龙饭店的智慧建设得到国内外同行的高度认可和赞同，同时也得到国内外专家、学者、同行及新闻媒体的广泛关注和认可。这些都是“智慧酒店”的“智慧”给酒店业带来的巨大收益。

二、智慧酒店案例——纽约 Yotel 酒店

Yotel 酒店是一家英国连锁品牌，纽约 Yotel 酒店坐落在纽约第十大道，被称为美国十大高科技酒店之一。酒店设计风格新潮，进入酒店有一种置身于太空的感觉，到处都体现了高科技产品的应用，给人们带来不一样的智慧服务体验。酒

店前台就是“太空任务控制中心”，酒店客房就像一个个太空舱，Yotel 的创始人西蒙·伍德罗夫 2002 年乘坐头等舱飞往夏威夷的途中萌生了建造飞机头等舱式旅馆的念头，智能客房的设计让住客有一个太空式的体验旅行。纽约 Yotel 酒店太空舱智能客房如图 5-9 所示。

图 5-9 纽约 Yotel 酒店太空舱智能客房

下面简要介绍纽约 Yotel 酒店的几个主要智能服务产品的应用。

(一) 行李机器人 YOBOT

客人的行李处理是否有序、敏捷，是影响酒店大堂次序的主要原因，尤其是接待团队客的时候。纽约 Yotel 酒店首次把智能机器人应用到酒店的行李处理程序中，引起了不凡的影响，如图 5-10 所示。

图 5-10 纽约 Yotel 酒店的行李机器人 YOBOT

纽约 Yotel 酒店采用世界上有史以来第一个机器人行李处理程序，行李机器人 YOBOT 矗立在酒店大厅的玻璃窗后，负责为住客提供寄存行李、拿行李服务。其在客人办理入住手续前或办完入住手续后会拿起行李并将它安全地临时存储在抽屉墙中的一个抽屉里。

不管是手提电脑还是金银珠宝行李，机器人行李员都会为客人放入专门的储物箱里，同时帮客人看守储物箱。每天 24 小时值班，这会让客人十分放心自己物品的安全性问题。机器人低调地背对着旁人，一言不发地挥舞着长达 3 米的机械手臂，灵活地在玻璃隔断的行李间里的 117 个储物柜之间移动。

（二）自助结算系统

除了机器人，人们还可以在 Yotel 酒店体验许多其他高科技的应用。旅馆的一层大厅既没有服务经理帮客人办理入住退房手续，也没有笑脸盈盈的门童跟你打招呼。大厅里只站着 ATM 机一样的一排服务器，闪烁着屏幕欢迎你，邀请你像在银行取钱一样，在自助服务机上办理住宿手续。与此同时，大厅的系统会代替门童，自动播放早已准备好的"欢迎光临"录音。房门钥匙会通过自助服务机传递到你的手上，也不需要服务生带着客人走上楼，电梯会带住店客人直达住宿的楼层。大厅的自助结算系统如图 5-11 所示，这些系统既能办理入住登记和退房，又能进行其他消费结算，满足了住店客人的个性化需求。

图 5-11　大厅的自助结算系统

(三)人性化客房

酒店客房的设计集放松、提神、交流和休息于一身,所有客房都挂满了紫色情绪照明灯,客房内设豪华寝具,配有几乎无声的加热和冷却系统、提神的季风雨淋浴间及内嵌平板电视、多个电源插座和 iPod 接口的“科技墙”,为客人的数码设备提供各种便捷的服务。在 Yotel 旗下所有酒店,所有客房和公共空间都免费提供超强 Wi-Fi,方便客人轻松上网。为了给客人提供更加人性化的服务,客房还有客人通过按钮控制就可以调节尺寸的电动床,床还可以自动调整成看电视与睡觉两种模式,如图 5-12 所示。

图 5-12 酒店的人性化客房

当你想打扫房间时,圆盘形状的清洁机器人会第一时间帮忙清扫,都不再需要呼唤楼层的清洁工。清洁机器人就像小孩子的电动小汽车一样,甩动着圆盘下方的清洁海绵条,嗡嗡地在房间的地板上来回打转。

(四)商务会议及休闲

Yotel 特色酒店共 23 层,339 个睡眠舱,每间面积约 11 平方米,分单人间和双人间,其中还包括三间 VIP 两舱套房。VIP 客房均设有工作站、免费Wi-Fi和能转换成台球桌的会议室风格桌。会议室是多功能的,既可以举行商务会议,又可以为客人提供休闲服务。会议室可以给客户提供一个免费的 Revolabs FLX 无线会议电话,为需要的商务客人提供便捷的讨论场所。

（五）露天吧台

酒店还为客人设置了带有游泳池和健身房的宽阔的露天吧台，晚上的露天吧台气氛很棒，视野也不错，喝个饮料，随便找个人聊天都很方便，吧台在设计风格中融入了娱乐、激动和惊喜的元素。露天吧台的外景如图 5-13 所示。

图 5-13　Yotel 特色酒店的露天吧台

此外，纽约 Yotel 酒店还将虹膜扫描感应器开房门等技术运用到酒店中。新一代的网络和高科技的应用，使 Yotel 特色酒店成为名副其实的智能酒店，为客户提供了在客房、大堂、会议室等环境的真正的高科技体验。

第三节　在线直销中的智慧

酒店的直销产品主要是在线客房。酒店订房随着移动互联网的应用，已越来越便捷。国内各大 OTA 运营商都纷纷推出了移动订房，而且预订量的增幅大大超出了常规的网络订房，已成为酒店业网络订房的新常态。然而，酒店不论是面对 OTA 的 PC 网络订房还是基于移动互联网手机订房，都显得非常无奈，因为 OTA 要收取高昂的预订佣金。而消费者面对 OTA 订房平台同样非常无奈，因为 OTA 的价格无法选择，与自己的期望值总有相差，满足不了自己的个性化需求。消费者渴望自己能与酒店直接订房，而酒店同样渴望自己的产品能直销给消费者，这已成为现代酒店业在网络环境下的共性需求。能否通过移动互联网在消费者和酒店销售员之间直接建立一个互动预订的在线桥梁呢？而且其环境可以是目前最便捷的移动沟通的社交网络，我们在研究中探索了这种订房模式的智慧性应用。

一、酒店订房模式的演变

新技术应用的实践表明，互联网的成功运用已是酒店应对激烈的市场竞争最有力的手段。近年来，互联网的应用如电子邮件交互、网站商务性、OTA的持续发展，已产生很好的成效，特别是在线营销及预订的增长已成为市场竞争的关键因素。然而，移动互联网的出现与普及应用又表明，酒店仅靠电子邮件、网站、OTA等的在线营销已无法获取市场的竞争优势，全球化的竞争需要酒店业在当今活跃的移动市场上保持创新和灵活，以寻找新的在线订房模式和营销绩效。

(一) 订房模式的梳理

OTA的出现一度对酒店电子商务发展起着非常重要的推进作用，但随着移动互联网的应用以及酒店竞争的加剧，酒店市场对自己在线直销的呼声越来越高，出现了“去中介渠道”的一些市场行为，或者是中间渠道提供的服务和绩效与在移动互联网环境下自身直销绩效相比较，变得不是很重要的时候便发生了去中介化。这种去中介化的出现是在原来简单的“取代中介渠道”基础上增加了一定的技术环境和移动电子商务背景。如Krishnamurthy认为去中介化是电子商务管理中去除一个或者多个中介商的过程，从中可提高自己的直销比例。Plantes认为去中介化是直接将信息和服务传达给消费者，是借助于网络技术的一种直销行为。从酒店订房渠道的角度研究，移动互联网已使酒店订房演变为在线网络代理和社交网络直销两个全新的渠道，尤其社交网络的普及使酒店自己在线直销的运行成为可能。就顾客能够在网上预订到酒店客房来讲，在线代理商的作用已变得不再明朗，随着网络代理弊端的凸显，以及去中介化呼声的高涨，酒店自身的网络在线直销开始越来越得到人们的关注。

利用移动互联网的直销不仅为酒店带来成本方面、管理方面和服务方面的竞争优势，还可以直接获取到顾客的实际需求，建立各种档案，为酒店实行定制化、个性化服务奠定了基础。同时，通过完美地满足顾客对于购买前的产品和服务的互动信息需求，酒店在移动互联网中满足了酒店顾客的期望，提升了服务，增加了收入，降低了成本。目前我国酒店电子商务虽然处于初期阶段，但从酒店在线直销所创造的价值角度，酒店管理者们已意识到顾客预订行为受移动互联网交互因素的影响，移动互联网便捷的交互功能将对直销产生积极的指导意义。

国内学者们对我国酒店在线直销的研究还是近几年的事，他们试图根据我国酒店面临的网络经济带来的挑战和机遇，探索性地提出酒店在线直销模式。陈炜分析了新兴的酒店网络外包直销模式，提出了网络外包直销酒店供应链下游管理优化的新思路，酒店在加入各种分销渠道的同时，应增强自身网络在线直销的能力。但更多的学者在提出增强酒店自身网络在线直销能力方面，并没有提出合适的在线直销模型。如许忠荣在《商场现代化》上提出了经济型酒店在网络平台环境下的直销模式，应采用“订房系统＋酒店网站”的二元模式，分阶段进行酒店独立网站的商务功能建设，并进行全方位、多角度的网络营销渠道管理，但同样也没有提出一个有效的在线平台模型。

尽管有前人的这些研究，但酒店在线直销的运作模式和操作细节还是缺乏的，酒店面对移动互联网还缺乏具体的平台模型。本书将基于移动互联网下的社交网络，探索一个对单体酒店行之有效的在线直销模式，研究目的是让酒店在 OTA 代理和自己的直销平台上获得一定的平衡。

(二) 订房模式的演变

我国的网络订房起步于 1999 年。网络订房的出现结束了电话订房或代理人订房的单一传统模式，开启了基于网络的电子化订房时代。在 10 多年的发展过程中，订房模式主要是 B2C 模式，这里的 B 通常指 OTA 服务商或酒店企业，它们通过自己的门户网站开展订房业务；也有部分 B2B 模式的订房形式，主要指酒店与酒店之间的订房，酒店与旅行社之间的订房业务等应用模式。这些订房模式的主要缺点是消费者选择酒店的过程比较长，因为消费者要进行比较，订单的确认环节也比较复杂，要经过多个业务流程，它们都是标准的业务流程，预订效率很低，无法体现个性化和差异化的特性去满足客户。这些订房模式随着时间的推移和移动互联网的普及，逐步在失去优势。

一开始，OTA服务商的订房都是基于PC的网络，它的优势就是有众多的酒店资源，也有众多的消费者资源。它的劣势是消费者订单到不了酒店的前台，预订费用高、效率低，这是一种间接销售客房的预订模式，如国外的Agoda，booking，expedia和TripAdvisor，国内的携程旅行网、艺龙网等。酒店利用自己的门户网站或平台开展的订房，其优势是订单可以直接到酒店的前台系统，效率高，但其劣势是门户网站的访问用户少，订单量不多，这是一种直接销售客房的预订模式。国内的7天连锁、锦江旅行网、如家门户网站，以及国外酒店集团的中央预订系统就是这种模式的体现。由于OTA服务商有巨大的酒店资源优势，吸引了许多消费客户，它们慢慢地就演变成酒店分销商，成为酒店的电子分销渠道。而酒店自己门户网站的直销模式，由于有实时订房中心管理的高效率，有些就慢慢演变成了在线订房中心或中央预订系统。不管是间接销售模式还是直接销售模式，酒店订房模式都从PC网络向移动互联网演变，未来的酒店订房将是基于移动互联网的个性化模式。而且这种演变还在深化，它们将改变基于客房产品的预订模式，这种深化主要体现在以消费者为中心，从消费者的角度，而不是产品的角度。

从消费者的角度就是由消费者开始叫价，由此出现了C2B商务模式，但C2B模式在酒店中并不流行，原因是消费者的个性化需求无法满足，因为消费者还是处于被动地位，没有主动性可言。可以在中间增加一个响应环节，即增加R来实现消费者与酒店的互动，形成一个C2R2B的商务模式。在该模式中，首先由消费者主动叫价，然后由酒店来响应，酒店也可以选择放弃，让其他酒店来抢单，整个过程操作仅在几分钟内完成，形成一个快速互动、交易的过程，在这个过程中订房的价格完全由消费者自己来控制决定，并个性化地获取服务。在社交网络和智能终端技术非常发达的今天，C2R2B商务模式可以在酒店中以在线直销的方式实现，而且它有利于酒店培养自己直销的网络消费群体，创造市场的竞争能力。为此，我们进行了相关的实验和探索。

二、在线直销中的智慧架构

酒店要体现在线直销中的智慧，需要有一个为直销服务的智慧架构。在智慧酒店建设中，有各种各样的智慧型系统，它们形成了酒店的智慧前厅、智慧客房、智慧销售、智慧餐厅、智慧财务、智慧工程、智慧人力资源管理、智慧安保等智慧系统。通过采用新一代的无线网络技术、物联网技术、移动互联网、精准定位技术以及云计算技术，通过智能服务终端，形成了一个集成的、满足酒店管理与服务的综合平台。这样的平台可以使酒店不同系统的数据流动起来，形成数据共享的环境，便于处理和支持酒店的在线业务。智慧酒店概念框架构成如图5-14所示。

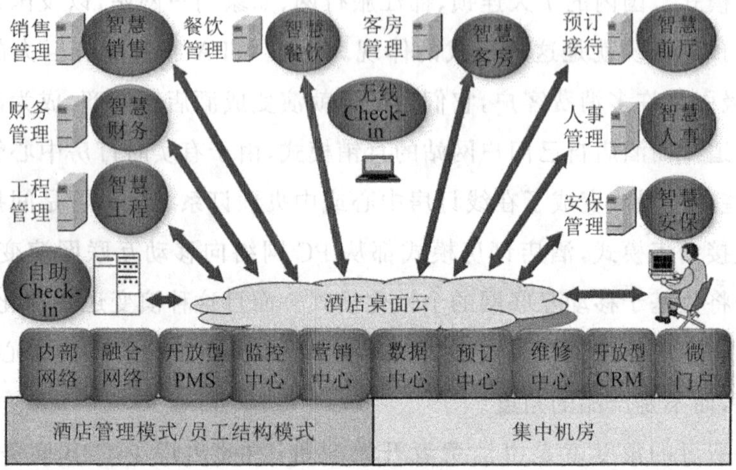

图 5-14 智慧酒店概念框架构成

在图5-14中，智慧酒店的建设是建立在酒店管理模式和员工结构模式的基础之上，并有基于云技术的集中机房。它把酒店的PMS系统、内部网络(Intranet)、融合网络、监控中心、营销中心、数据中心、预订中心、维修中心以及开放型CRM和微门户等整合在一起，所有操作都在桌面云的基础上，都可以实现个性化的配置和统一管理。其中PMS是整合平台的关键系统，它必须是开放型的PMS系统，而且具有完整的智慧管理和智慧服务功能。如图5-14所示的构成可满足于酒店集团的智慧建设，对于成员酒店就不需要集中机房了，所有成员酒店的使用都在集团的统一平台上操作，各自处理自己的业务，业务数据也由集团统一管理。

图5-14的智慧架构既可以处理集团酒店的在线业务，也可以处理成员酒店或联盟酒店之间的在线业务，构成了一个完全开放型的酒店综合服务平台，是支持在线服务和在线直销的智慧型平台。

三、在线直销中的智慧设计

这里的智慧设计主要是针对社交网络环境的。在信息技术快速发展的今天,酒店的信息技术应用越来越智能化,智慧酒店应运而生。功能强大的前台系统、便捷咨询的门户网站、微博微信的社交营销、各种渠道的电子分销、基于手机的移动商务等,各种应用应有尽有。然而,酒店发现自己的直接客户越来越少,门户网站少有人访问,微信平台热闹却无实效,会员系统没有交互活力。为什么酒店应用了那么多的新技术和新系统却出现了这样的情况?究其直接原因,是酒店缺少与客户的在线沟通,缺乏在线客服专员的情商纽带,缺乏真正的个性化服务体验,过度依赖所谓的第三方平台,过度依赖 OTA 及分销渠道,使得酒店有了那么多的技术和系统,却远离了在线客人,酒店用这样的方式去对待客人,怎么会有理想的回报呢?

为了探索在线直销的订房模式,我们对当前 OTA 订房市场做了一次简单的市场访谈调查,走访了浙江宾馆、杭州梅苑宾馆、黄山国际大酒店、南京饭店等近 20 家酒店的销售部负责人和住店客人,得到他们最一致的看法是:酒店方对 OTA 最不满意的就是预订佣金费用高昂,消费者对 OTA 最不满意的是房价偏高而无法在线沟通,这说明当前 OTA 服务商的在线订房并不是和谐业态的生态链。调查中发现个性化的消费者希望能在酒店直接订房,并有互动过程;而酒店也希望能有自己的在线客户群体,为此笔者就产生了利用社区网络环境探索一个在线直销的订房模式的想法。

首先,我们的探索从分析目前在线订房的业务流程开始,通过分析确定了订房过程的关键流程,决定从选择流程、确认流程、支付流程等环节做实验,环境是微信社交网络,对象是消费者手机和酒店销售员手机,利用简单的微信公众网搭建平台。我们从消费者的角度去构建订房流程,因为消费者的智能手机在移动互联网的帮助下可以非常便捷地访问到酒店的公众账号,了解酒店的基本信息。我们在移动互联网环境下通过实验来验证消费者的选择流程、交易各方的确认流程以及交易成功的支付流程。为此,我们把这次实验过程称为“温柔一刀”。消费者进入“温柔一刀”的平台就出现如图 5-15 所示的操作界面,消费者用户可以自由地选择菜单进行操作,这时进入新版本体验就可以自由地选择自己的目标酒店，一旦选定就进入叫价、交互的选择流程，如图 5-16 所示。

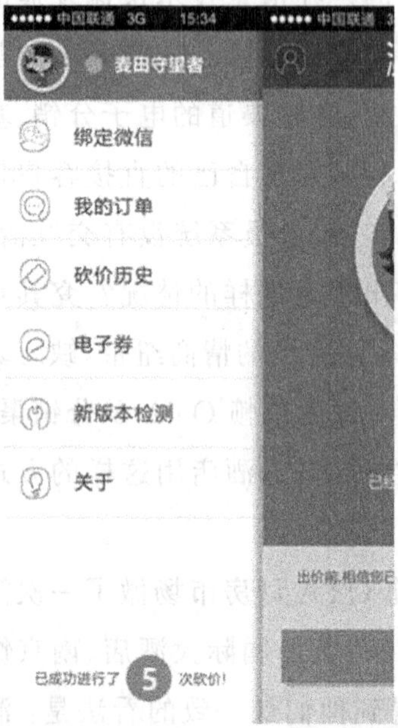

图 5-15　消费者进入后的操作界面

图 5-16　酒店的选择界面

OTA 平台的订房流程有庞大的酒店资源可供消费者选择，而酒店在线直销的订房模式是在端和端之间进行，通常只有自己一家酒店或少量酒店的信息，来的消费者都是关系客户，或者以前消费过的客户，因此这些客户的酒店选择是很有限的，或者都是有目标的订房客户，他们仅在自己心目中的几家酒店实现订房。为了通过实验来验证订房流程的时效性，我们先构建了一个酒店信息库，这个库在正式的运行平台上酒店可以自动加盟，消费者的客户端可以自由选择数据库中的目标酒店，并对这些目标酒店进行互动式的询价，提出自己的目标价位，等待酒店的响应和交流，如图 5-17 所示。酒店觉得消费者提出的价格太低也可以拒绝，如图 5-18 所示。这时消费者可以在其他目标酒店中再选择酒店，或者其他酒店看到消费者被拒绝，可以快速抢下消费者提出的预订单。

图 5-17 消费者选择酒店后等待响应

图 5-18 酒店拒绝后的界面

如果酒店接受了消费者提出的价格,就可以接收该订单,预订环节就进入了订单的确认流程,酒店的确认过程仅需按一个键,如图 5-19 所示,这时酒店就等待客人在线支付。进入了支付阶段流程后,消费者可以选择自己的支付方式,如支付宝支付、微信支付等,支付成功就进入了最后的预订成功界面,如图 5-20 所示。出现图 5-20 的界面后,说明在线订单就生效了,这些预订流程都在社交网络的环境里实现,通过智能手机之间互动的方式在瞬间就完成订房了。

通过实验测试,社交网络环境下的酒店直销订房是完全可以实现的,即 C2R2B 模式的商务流程是可实现的,它的选择流程、确认流程和支付流程在社交网络环境下可以在短短的几分钟内完成。它与 C2B 模式的不同点在于响应过程的可选择性和互动性,增添了客人个性化的互动需求体验,而且具有价格的灵活性和几乎零佣金的低费用,非常适合酒店自身的在线直销操作。在实际的 C2R2B 模式应用中,R 的响应过程是一个非常关键的过程,在短短的几分钟内消费者的个性化需求可得到最大限度满足,这对酒店销售以情商为主导是非常关键的,而且它可以激励酒店的销售员去网上抢订单,去关心客户,去了解客户最近的需求。因此,我们在后台可对销售员进行有效的可视化管理,鼓励他们时刻去关注社交网络中的客户动向,利用该平台去培养自己的消费群体。对消费者来说,自己的叫价总有许多酒店来响应,来关注自己的需求,这比去OTA服务商订房有更温馨的体验,有利于吸引更多的散客直接到该平台来订房。实验表明,一个由消费者直接面向酒店销售员,并由消费者开始叫价的在线直销订房模式可以实施应用,是基于移动互联网和智能手机的又一个订房新业态,它所产生的预订费用在社交网络环境下几乎是"零"。

图 5-19 预订确认后的支付界面

图 5-20 在线支付后预订成功的界面

四、用智慧提升酒店收益

在线直销能否成功决定于系统设计的三个层面,即客户体验层、客户互动层、商务管理层。它们对在线直销的管理与服务都有着非常独特的提升作用。OTA为什么能成功？因为它有庞大的酒店资源可供消费者选择，如果酒店按照OTA的订房模式去开展在线订房，不可能会成功。因为你与OTA的资源信息没有可比性，你的订房标准流程就无人问津。酒店要获得成功，必须站在消费者的角度，用与OTA不同的模式去吸引消费者，用智慧去实现基于情商的服务，这就是消费者的主动定价方式和情商沟通，即C2R2B模式，即客户—互动响应—商家之间形成有效的数据流，这是传统经营的网上体现。酒店销售员通过自己的平台，直接与消费者沟通，开展一对一的服务，通过移动互联网把社交服务与营销捆绑起来，不断地培养自己的在线客户群体，积极关注消费者的诉求，酒店直销的在线订房一定会逐年递增，电子商务收益也会逐年增加。

面对OTA庞大的在线订房群体，酒店怎样才能把OTA渠道的客户变成自己的客户？又怎样才能与这些客户或潜在客户保持零距离？一切都从在线沟通开始。C2R2B模式的核心就是互动沟通，它具备高效率的客服功能。目前，酒店的在线沟通缺乏的是有效平台，但同时有了平台，酒店更缺乏精通客户沟通技巧的在线客服专员，一个精通业务的在线客服专员可以为酒店带来至少几百万的业务。那么，酒店应怎样构建与客户零距离的有效平台呢？我们应从在线沟通的酒店服务圈开始！所谓酒店服务圈就是以C2R2B模式建立的酒店自己的社群，是一个互动平台。这个社群可通过各种热门话题吸引会员或常客，并保持互动沟通，处于自发交流的活跃状态，然后通过社群中的服务专员影响会员的服务购买。因此服务圈中的服务专员非常重要，他们是酒店在线服务的推销员和客人疑问的解答者，是酒店电子商务持续推进不可缺少的服务专员。

酒店与互联网结合的成功靠的就是群体，拥有了群体就有客户基础，群体越大，成功率就越高，有了群体中的客户就能培养忠诚客户，酒店的互联网经济就水到渠成。目前我国有近10亿个手机上网用户，酒店通过在线服务圈能否抓住几百个忠诚客户，这都取决于酒店的在线客服专员。就目前大多数酒店来说，几乎都没有自己的群，怎么能有持续稳定的在线客源呢？一个酒店如果有5000人的在线群体，其中1000人是酒店的忠诚客户，这些忠诚客户不但自己可以享受酒店优惠，还可以把优惠转给他的亲朋好友享用，他们就会变成你的常客，那一个有300间客房的酒店就几乎没有淡季了。已有事实可以证明，如果一个酒店有5个销售员，每个销售员都是在线客服专员，精通酒店的客房、餐饮、会议业务，通过自己的酒店服务圈吸引的客人可以消化超过一半的客房、餐饮商务。因此，酒店业与互联网的深度融合，就需要通过自己的直销渠道开展电子商务，用自己的社交服务圈建立自己的电子商务平台。只要酒店和你的客人保持零距离，通过自己的社交服务圈保持互动沟通，酒店就有做不完的业务。

一个酒店开展电子商务，可以依赖OTA扩大自己的销售量，但不能没有自己的在线直销份额，一个没有自己直销份额的酒店根本就没有市场的竞争优势，在网络上也没有话语权。在移动互联网背景下，在社交网络非常发达的今天，酒店可以自己在移动互联网应用领域占有一席之地，培养自己有限的客户群体，这就是C2R2B商务模式的用武之地。在智能终端便捷使用的今天，酒店直接采用B2C模式已失去市场的吸引力，无法满足消费者个性化的需求。市场需要快速响应消费者的个性化需求，通过互动了解消费者的实际需要，从而获得客户订单。通过本研究的实验证明，C2R2B模式可以在社交网络环境下快速解决网络订房中的选择流程、确认流程和支付流程，同时为酒店培养和维系在线消费者，为构建社交服务圈提供了可能。同时C2R2B模式可以大幅度降低酒店在线直销的佣金成本，降低消费者在线订房的时间成本。相信在社交网络安全越来越完善和智能终端日趋普及的明天，C2R2B商务模式必将成为酒店业在线订房的又一个新业态应用。

应用案例及分析

一个纯互联网运营酒店的诞生

随着互联网创新思维在酒店业的广泛应用，信息经济也将成为酒店转型的重要方向，向互联网开拓市场获取收益已是酒店发展的方向之一，也是“互联网+”在酒店的具体应用。Xbed互联网酒店的出现已成为智慧酒店新业态的又一个里程碑，被认为是酒店业共享经济创新发展的一种实践。

一、引言

2015年8月14日上午10点，上海的LS先生从去哪儿网站预订了一间客房，这个动作与往常没有太大的区别。经常出差的他很随意地浏览着酒店预订页面，而“Xbed互联网酒店”几个字映入眼帘的时候，他稍加留意名字与房间图片，开始了简单的操作，并用不到1分钟的时间在网上完成了预订和支付的动作。也许他从未想过，这可能是某个行业历史性的开端。与此同时，位于广州天河的公司总部却在内部微信群里飞速地传递这一消息，并且一个崭新的庞大的互联网平台系统同步被这第一位客人启动运行，这里就是Xbed总部的核心部门——互联网中心。

下午，LS先生飞抵广州，根据Xbed微信端的提示来到目的地——XX楼宇。这里不像酒店那样有醒目的招牌和肃立的前台，只有正常的安保出入系统和雅致清洁的电梯，当他按手机指引顺利到达楼层走廊，没有在众目睽睽下进入酒店的烦琐，一切是那么自我和率性，这股新鲜感和莫名的熟悉，让LS先生没有停下继续往前的脚步，直到抵达房门，用手机蓝牙对着门锁滴的一声，房间门就顺利为他开启了，全程没有见到一个服务员。“客人顺利进入房间，时间是17时15分”，Xbed互联网中心的技术人员通报后互相击掌庆祝。

“嗯，够酷了。”LS先生感觉房间里确实别有洞天，仿佛置身桃花源。精美的装修、齐备的设施、简约的风格，地面干净得一尘不染，除非使用手机上的一键服务，否则没有服务员或任何人的打扰。他决定坐在漂亮舒适的客厅沙发品一杯锡兰红茶，充分享受这小段因商务出差而获得独处的惬意时光。

作为中国第一家纯互联网运营的酒店，Xbed是个什么样的新生事物呢？

要理解Xbed，不妨来看看我们越来越熟悉的Uber。Uber通过互联网技术整合了原本就存在的社会资源，例如闲置的车辆与司机，然后通过及时透明的供需平台，以抢单的方式解决人们打车难的痛点。Uber让资源得以重新流动与分配，这个过程产生了超乎想象的效能，让社会多方获得共享经济的红利。

我们在Xbed里明显读出了Uber的思维，它对有限服务的酒店业的各种运营结构进行了大胆质疑和重组，施行“＋互联网”和“互联网＋”的改造和变革。但有所不同的是，它在互联网思维里面搭建的平台更大，整合的资源更立体、更广泛。

二、颠覆想象的互联网思维

在Xbed的互联网酒店产品思路中，其关键的“六化”是其与传统快捷酒店泾渭分明的分界线。

第一，客房去集中化。Xbed既是酒店，也是平台。它的经营单位不像经济酒店整栋拿楼那样讲究规模效益，而是泛社会地涵盖“自有房屋”“租赁房屋”和“买房创业”三类，哪怕只有一个房间闲置都可以成为Xbed的客房，也不排除在某些酒店里面存在“店中店”。

第二，产品去标准化。在房源社会化的前提下，酒店客房设计师将不再受困于在固定格子里排出更多的房间数，而是在更加丰富的房型空间里挥洒创意，打造非标准化的客房观感及睡眠体验。

第三，运营互联网化。不管是高端酒店还是有限服务酒店，传统的做法都是拥有实体店面，其主要承担着房间管理、价格管理和服务管理等工作。Xbed则从不同纬度来思考酒店运营，它借助互联网和物联网的技术实现对酒店管理最大的解放。Xbed没有固定的大堂，因为不需要迎宾、入住和退房，这些流程全部通过手机按键随时随地完成。

第四，服务社会化。虽然客人在Xbed体验时全程没有一个服务员，但是客人却可以享受高品质的服务。Xbed将招募行业高星级的、训练有素的服务员兼职，通过激励政策让他们像Uber司机那样抢单，然后前往指定的Xbed酒店提供专业服务。因为社会化的特性，不管数量还是速度，Xbed拥有的服务员都是任何一家传统酒店不可比拟的。

第五，体验无人化。时间很宝贵，自由更宝贵。入住Xbed，除了自己，只有服务器和公安系统知道你曾经来过。Xbed让你能够主动拒绝陌生人的打扰，而当你需要相关服务时，应有尽有的“装备”就在你的手机里。完善的监控系统可以保证客人的安全，私密自由的居住、会客环境可以保证客人的最大自主权。

第六，个性化设施众筹化。Xbed打破了客房的标准化，它更有机会提供优质品种的极致体验。图书馆客房、卢浮宫客房、美克美家客房，甚至宜家经典、尚品宅配出品等，Xbed的客房更像是一个家居卖场，客人所接触之物并不是Xbed自身添置，而是相关供应商提供的正品体验。当传统家居卖场面临租金高涨和电商冲击双重压力时，酒店客房8小时浸入式体验这种传播更有利于创造新的价值。对于产品供应方来说，重复体验度将是一个不可小觑的大数据。

三、创新的经营和发展理念

Xbed的董事长、创始人李春田是7天连锁酒店集团创始元老之一、最高终身荣誉"战神"，长达7年里主导或参与了7天连锁酒店集团的结构性建树并经历4年上市的神话；2012年起出任瑞卡连锁租车集团CEO，用"便利租车"模式带领瑞卡迈入企业高速发展快车道，三年内规模扩张十几倍跃居行业前三。一直以来，他被认为是擅长于商业模型研究和创造的知名企业人。在李春田看来，现阶段传统酒店业面临几大挑战——人口红利消失，物业成本上升，体验需求变化，互联网整合程度低。

目前不少快捷酒店尝试突围，大致分两种路径：一是产品升级成为中端酒店；二是向短租公寓市场转移。李春田认为，这两种路径上的企业，都没能实现真正意义上的行业突围，第一种明显是"假突围"，几年后大部分快捷酒店都将完成升级而上述挑战仍然持续，这种中端酒店将重新面临目前快捷酒店的成本困扰；第二种方式是大家都瞄准物业更宽泛的公寓物业，且秉持着旧式酒店的运营方式，那么很快又会绕回快捷酒店的各种尴尬。

李春田和他的团队认为中国住宿企业到目前为止，暂时还没有一个清晰的、有效的解决方法。Xbed就是为了一揽子解决这些痛点而重构了商业模式，直至形成一个行业解决方案。为此，李春田和他的团队希望通过电影"星际穿越"里面"穿越虫洞"的方式将中国住宿业涉及的"酒店""公寓"和"住宅"三个原来割裂的世界连接在一起。因为回归住宿的本质，不管什么形态的酒店，最后客户的归属就是"床"这个基本产品。

全程没有一个服务员的Xbed模式能够应运而生，有一个前提，就是大量的服务通过互联网实现社会化。手机Xbed一键下单，连接自主研发的诸如业主上线系统、房型创意设计系统、家居供应系统、服务员抢单系统以及餐饮配套系统等，充分利用社会碎片资源，提供客房出品、打扫、早餐、购物、叫车、机票，甚至还能提供按摩洗脚。面对古老的住宿业，Xbed宛如一个新生儿，2014年年底开始酝酿，2015年5月正式成立。李春田搭建的初期团队堪称豪华，除了住宿业的老兵之外，更多来自互联网行业，从业履历分别涉及腾讯、长城等明星企业高管以及各大连锁资深力量。李春田有自己的一套打法，Xbed不是等到一切就绪才开始面对市场，而是从构思开始就进入市场。

为了跑得更稳健，Xbed充分尊重互联网特质，主动让用户参与打磨产品，不仅开放了APP和基于微信的自助订房服务，同时也借助OTA领域的大网站，更有各银行、航空公司的合作入口。在试点城市方面，李春田选择了自己最熟悉的广州和深圳，从后台统计的数字来看，Xbed的房间每天都有足够满意数量的新用户通过网络入口进行体验，更重要的是，重复消费非常明显，可见其对用户的黏性。这些对Xbed团队来说，是莫大的鼓励和信心。

四、Xbed的服务功能

Xbed这家互联网酒店最大的特点就是网络订房、退房，服务全程自助，除了自己，只有服务器和公安系统知道你曾经来过。而当你需要相关服务时，比如点餐、客房打扫、购物、叫车、机票等，你都可以通过手机平台实现，私密性极强。

Xbed酒店还有以下一些特性：客房去集中化，Xbed既是酒店，也是平台，它不像酒店需要用一栋楼讲究规模效应，只要有一间房，Xbed都能打造成完美的客房；产品去标准化，酒店客房设计师注重在空间中挥洒创意，酒店可做到没有一个完全相同的客房；运营互联网化，用户入住、退房与酒店招待都可以通过手机解决，最大程度解放了酒店的管理。

Xbed的另一个功能特色就是运营模式，未来“互联网＋”传统酒店可以发力的方向主要有以下三点：首先，提高互联网整合程度，在网络平台销售酒店客房。酒店无论是自建官方网站平台还是与OTA合作，都能凭借互联网强大的影响力提高酒店入住率。不过，考虑到当前OTA与线下酒店矛盾正日益加重，未来摆脱OTA独立在网络运营是新趋势。其次，打造一体化互联网服务体验，从预订到退房减少人力成本依赖，借手机等智能终端方便客户自主选择个性化服务，未来智能酒店将成为“互联网＋”酒店的终极发展目标。最后，善用大数据技术。第一，借大数据技术开展精准的互联网营销，提高酒店影响力；第二，利用大数据技术分析客户需求，及时改进产品与服务；第三，把大数据技术用于企业管理，提高自身在线直销的能力。

☞ 思考题

(1) Xbed是如何将酒店业与互联网深度融合的？其创意点有怎样的特色？

(2) Xbed有怎样的智慧经营特点？它整合了哪些资源？

(3) Xbed的服务功能有哪些？这些功能给消费者带来怎样的体验？

第六章　智慧景区新业态及应用

引例：九寨沟风景区智慧建设的提出

旅游景区是旅游产业链的一个重要节点，是专门提供游客观光、科教、休闲、度假的重要场所。我国旅游景区的信息化建设经历了初始阶段、数字化阶段，目前已进入了智慧化建设阶段。数字化阶段的景区建设，为智慧景区建设奠定了较好的技术基础，使景区信息化进入了一个新的发展阶段。四川九寨沟风景区当年也是数字景区建设的试点单位，并最早成立了风景区信息中心，主持景区信息化的规划、建设和开展。为了进一步提升九寨沟风景区的信息化应用水平，受智慧城市建设的影响，2010 年九寨沟风景区举办了“全国首届智慧景区论坛”，首次提出了智慧景区建设的设想，并以九寨沟承担的“863”重大课题项目“基于时空分流管理模式的 RFID 技术在自然生态保护区和地震遗址的应用研究”为契机，搭建景区信息化发展、交流、合作平台，积极探讨中国景区信息化推动运营管理、生态环境监测和旅游发展面临的问题。2011 年，九寨沟风景区进行“智慧景区”一期建设，着力于景区管理精细化、低碳化、移动化方向的智慧建设，由此启动了我国旅游风景区的智慧建设热潮，共同推动、探索智慧景区的实施建设。

当时“智慧九寨”的建设重点是通过信息化手段，解决旅游旺季景区景点游客拥挤、乘车站点拥挤、车辆调度不畅等问题，实现优化的综合实时管理与调度。之后的发展表明，智慧景区已成为旅游业发展中又一个新的业态，它不但给旅游者以智慧的新体验，也给旅游景区的资源管理、生态管理、旅游管理带来了全新的发展理念。

智慧景区建设的提出，改变了我国数字景区建设的思路，促使我国旅游转型升级出现了创新的科学旅游观。本章我们将介绍智慧景区新业态的基本概念及应用，以及它的发展理念。

第一节 智慧景区的定义及架构

旅游景区的信息化一直在不断深入，21 世纪初诞生的“数字景区”是“数字地球”发展理念在旅游风景区的具体体现，是指风景名胜区的全面信息化，包括建设风景区的信息基础设施、数据基础设施以及在此基础上建设的风景区信息管理平台与综合决策支持平台等。“智慧景区”是在“数字地球”向“智慧地球”转型这一重大背景下，结合景区规划、保护、管理、发展的客观需求而诞生的新型发展态势，是“数字景区”基础上的再一次深化和发展，它不仅仅是数字景区的完善和升级，而且是数字景区向智慧景区转型的时代呼唤。

一、智慧景区的定义

智慧景区围绕管理与服务，有一个建立在云架构大数据基础上的管控平台，是通过对应用系统的整合而形成的电子化景区。经过这几年来的应用实践，我们可给智慧景区下一个比较能理解的定义：所谓智慧景区，是指利用云计算、互联网、物联网、遥感、3D GIS 等新技术，将景区的经营管理与服务高度智能化，使在景区的旅游管理和服务高度在线化和数据化，实现景区资源的高效利用，形成景区与游客之间能相互感知、在线沟通的服务环境，实现景区、资源、游客、当地居民的和谐统一。因此，智慧景区使旅游服务的满意度持续提升，景区的经营和发展更加健康与和谐。景区能够通过智能网络对景区地理事物、自然资源、旅游者行为、景区工作人员行迹、景区基础设施和服务设施进行全面、透彻、及时的感知，对景区资源、景区工作人员和游客行踪实现可视化管理，并优化再造景区业务流程和智能化运营管理，从而提高对旅游者的服务质量。

广义的智慧景区是指科学管理理论同现代信息技术高度融合，并与外界通过 Internet 互联互通，实现人与自然和谐发展的低碳智能运营景区。这样的景区能够更有效地保护生态环境，为游客提供更优质、舒适的服务，为社会创造更大的休闲价值。狭义的智慧景区仅是数字景区的完善和升级，只能够实现可视化管理和智能化运营，考虑较多的是管理效率；而广义的智慧景区能对环境、社会、经济三大方面进行更透彻的感知、更广泛的互联互通和更深入的智慧化发展，考虑更多的是管理效益和服务效益。因此，狭义的智慧景区强调的是技术因素及应用，广义的智慧景区不仅强调技术因素，更强调管理、服务与环境生态的融合，追求的是社会整体效益。

二、智慧景区的架构

智慧景区目前主要涉及的内容有：虚拟实景的旅游应用、基于无线的位置服务的运用、电子地图、景区旅游活动的智能化管理系统，以及景区资源保护的智能化管理系统等。虚拟实景对于景区的应用，结合先进的富媒体元素创新融合，打造虚拟实景，可以让游客通过手机、电脑、景区互动信息屏等多途径查询相关景区信息，给旅游者一种身临其境的感觉，增强旅游者的感官认知，激发旅游兴趣。基于无线位置服务和旅游电子地图，则可以适时让旅游者通过手机应用，在如何到达景区、到达景区后如何游玩、适时的景区状况以及紧急救援等一系列问题上得到电子化的指引和帮助，提高游客的旅游服务体验。景区旅游相关的智能化管理系统可以实现景区外部营销、门票的在线销售管理、活动策划和推广、景区舆论统计及数据分析等一系列业务管理。

智慧景区构建的核心是通过传感网、物联网、互联网、云技术、空间信息技术的整合，形成一个一体化综合性服务平台，实现对景区的资源环境、基础设施、游客活动、灾害风险、游客服务等进行全面、系统、及时的感知与可视化管理，提高景区信息采集、传输、处理与分析的自动化程度，实现综合、实时、交互、精细、可持续的信息化景区管理与服务的应用目标。其应用架构的规划建设如图 6-1 所示。

智慧景区在建设过程中需要考虑的使用对象不仅是游客，还需要考虑景区内的居民，考虑与景区相关的涉旅机构，需要遵循这些对象的不同应用需求，这样建起来的智慧系统就具备人性化的体验。另外，由于现在智慧旅游使用的终

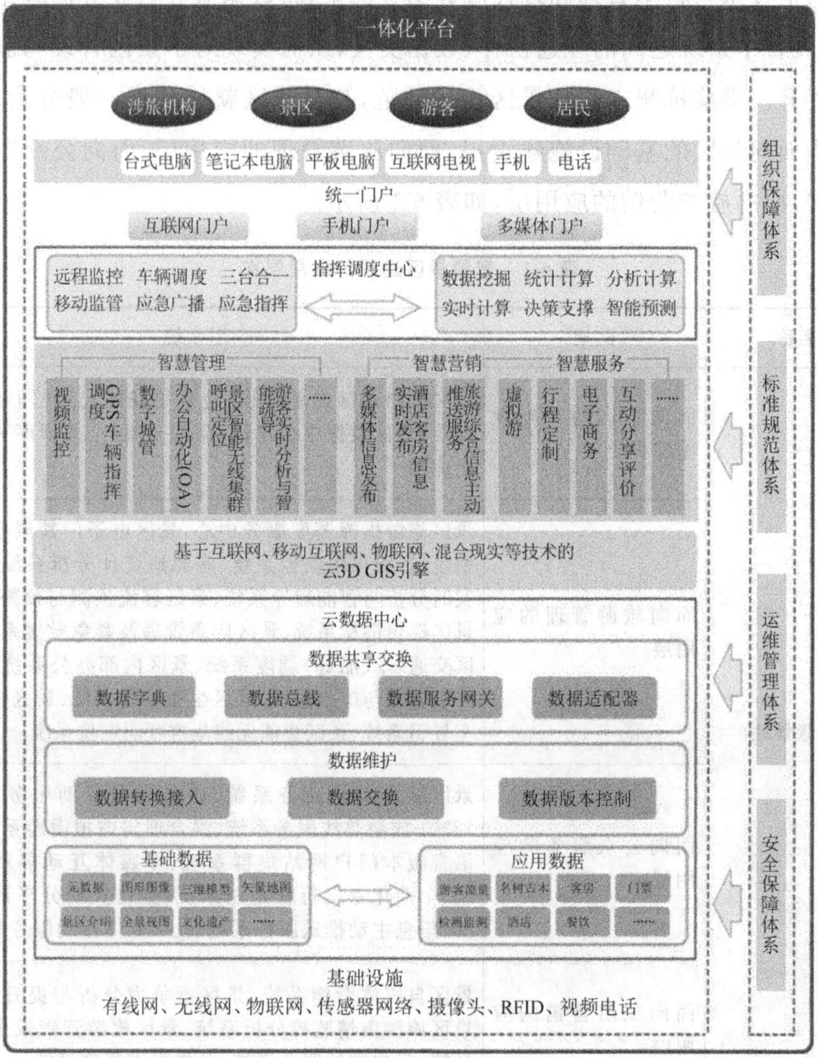

图 6-1　智慧景区建设的应用架构

端设备已经多样化，智慧景区也需要满足这些不同的设备，如笔记本电脑、平板电脑、智能手机，以及互联网电视设备等。需要整合这些设备，使其能使用平台获取服务。景区的门户同样要统一，在智慧景区平台下实现对互联网门户、手机微门户、多媒体门户的集成统一，让游客不管进入哪个门户，其获得的信息内容都是一致的。

智慧景区的建设是一个复杂的系统工程，需要利用现代信息通信技术，将信息通信技术与科学管理和现代服务结合起来，将数据服务与业务流程结合起来，实现各个系统之间的互通协作、数据交换，从而实现对于景区管理与服务的全面提升。借鉴杭州市智慧景区建设规范，智慧景区整体建设一般分为四层，分别为面向景区的基础设施建设层、面向旅游管理的应用层、面向公众服务的应用层、面向旅游营销的应用层，如表 6-1 所示。

表 6-1 智慧景区建设的应用层次

名称	框架	应用系统
智慧景区	面向景区的基础设施建设层	景区网络基础设施建设，包括物联网、互联网和内部网等；景区数据中心建设，包括云服务、数据库和数据仓库等
	面向旅游管理的应用层	景区旅游指挥调度服务中心、景区电子门禁票务管理系统、智能视频监控系统、客源地统计分析系统、游客实时分析与智能疏导系统、景区客流预测与预警系统、景区巡更巡检系统、景区应急管理及紧急救援系统、景区交通(车、船等)调度系统、景区内部办公系统、景区灾害监测与应急系统、景区生态预警系统、景区智能停车导引系统、景区智能无线集群呼叫定位系统
	面向公众服务的应用层	景区综合电子商务系统、移动终端自助服务系统、12301 旅游热线服务系统、混合现实虚拟漫游系统、多语言版本门户网站集群系统、多媒体互动屏展示系统、个性化专属行程定制系统、全程互动分享评价系统、信息主动推送服务系统、社交媒体互动服务系统
	面向旅游营销的应用层	景区自媒体营销系统、景区竞争力分析与提升系统、景区旅游舆情监控分析系统、景区旅游营销效果评价系统、门户网站服务系统、分销渠道管理系统

第二节 智慧景区建设的内容层次

不同的景区对智慧景区建设的内容要求不尽相同，有些景区偏重管理的智慧建设，有些景区可能会偏重服务的智慧建设，也有些景区更注重营销系统的智慧建设，这需要根据景区发展中的实际情况来决定。如杭州西溪湿地智慧景区建设的内容是偏重管理，重点建设了智慧的管控平台；奉化溪口智慧景区建设的内容就偏重服务，强调了智慧服务建设的内容。本节介绍的智慧景区建设内容，主要根据表 6-1 智慧景区建设的应用层次所描述的内容来展开，重点介绍智慧景区建设的共性内容。

一、面向景区的基础设施建设应用层

景区的基础设施核心是网络和数据的设施设备建设，它是智慧系统运行的基础，也是对客服务的技术环境设施。妥善合理地开展基础设施建设，对智慧景区的实现至关重要。下面对这两类基础设施分别进行介绍。

（一）景区网络基础设施建设

网络既是景区通信的需要又是服务的需要，游客需要在景区任何地方可以随时随地上网，在景区任何地方可以接收手机信号、网络信号，保障游览过程中移动通信方便，线路顺畅，无线通信无障碍。景区应实现全覆盖的无线宽带网络，游客在游览过程中可以方便地通过手机查询服务、获取服务，即使游客使用平板电脑等终端，也可以以无线方式连接上网获取服务。通常，景区的网络基础设施可以自建，也可以通过智慧城市的要求统一建设，大多数网络基础设施都是由政府牵头组织建设，景区需要根据自己的应用需要提出网络的具体应用需求。

（二）景区数据中心建设

数据中心是智慧系统运行的核心基础，应是智慧景区建设的重点。景区应从业务需求和实际应用出发，建立相应规模的数据中心。数据中心建设的内容包括数据库、运行环境以及数据应用的模式机制等，还包括制定统一的数据采集标准，建立符合自身条件的旅游信息采集长效机制，以及相应的数据维护制度等。数据中心建设的技术包括：数据处理云 3D GIS 技术，采集处理基于地理位置信息的数据以及基于位置服务的数据；数据共享机制应用技术，解决数据交换和共享问题；数据架构的云服务技术，解决数据的使用模式问题，如数据即服务，数据是生产力，并拥有完善的信息安全保障机制。具体景区数据中心的建设架构如图 6-2 所示。

在图 6-2 中，数据中心包括基础设施部分、数据管理部分、数据维护部分、数据共享交换部分以及数据安全保障部分。对于云架构的数据中心，由于可以租用公共云的服务，数据中心的基础设施和数据安全保障部分可以租用，景区建设时可以不考虑这部分的内容，而数据管理和数据共享交换的部分是景区建设的重要内容，需要提出自己的应用需求来完成数据中心的建设。

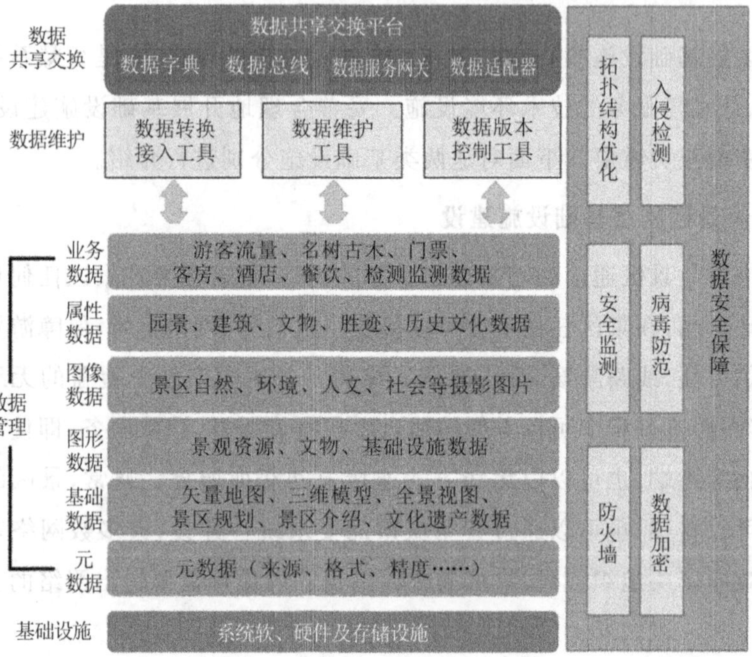

图 6-2　景区数据中心的建设架构

二、面向旅游管理的应用层

面向旅游管理的应用层主要是为景区旅游管理和资源管理提供的一些应用系统，这些应用系统的智慧性将影响景区的管理效益和服务效率，是景区智慧建设的重点应用系统。

(一) 景区旅游指挥调度服务中心

景区旅游指挥调度服务中心建设的内容包括景点监控、车辆监控、人流监测、电子巡逻、网络舆情以及 LED 管理等，通过监控和监测，实现景区有序的旅游管理，为游客提供舒适的旅游环境。调度服务中心建设基于景区三维地图引擎，通过物联网 RFID 和传感器系统，对景区的游客行为、居民行为、车辆停放、景区人员、气候环境、地质状态、自然灾害，以及基础设施和服务设施进行感知；全面监控旅行车辆、导游、游客的活动状况，实现集中调度，实现景区内部全覆盖的可视化及动态管理。同时对景区危险区域进行监视和信息播报，发现应急状况立即接入预警功能，形成覆盖全景区的广播通知系统。

调度服务中心与移动互联网融合在一起，通过移动互联网可以让游客与调度服务中心互动，发现应急的突发事件，可以利用移动互联网向游客直接播报信息，起到调动和疏导的作用。

（二）智能视频监控系统

智能视频监控系统是一个很专业的技术系统，通过它的智能监控可以实现许多有效的景区智慧管理，如游客疏导、信息播送、智慧调度等。系统的监控功能应全面覆盖景区，对重要景点、客流集中地段、事故多发地段能够重点监控，系统具备闯入告警等功能。监控系统的控制室如图 6-3 所示。在控制室，视频监控控制面板能控制画面缩放和镜头转动等，能实现图像的实时远程观看以及 3G 物联网视频监控等。同时，系统可记录图像和声音，为处理突发事件提供方

图 6-3　智能视频监控系统的控制室

便和依据，应包含和实现出入口人流计数管理、游客总量实时统计、游客滞留热点地区统计与监视。智能化的视频监控还能对景区内的各类遗产资源、文物资源、建筑景观、博物馆收藏等景观资源进行信息化与数字化监测、监控、记录、记载、保护、保存、修缮、维护等。

应用案例：基于云 3D GIS 的天台山视频监控系统

天台山将现有的视频监控系统和云 3D GIS 引擎无缝集成，构建基于云 3D GIS的天台山智能视频监控系统，不但能够解决目前基于传统的网络视频监控系统遇到的传输数据量巨大、网络带宽资源不足、视频文件的海量存储、视频监控系统的计算能力不足等问题，还可以从根本上保障监控系统的安全性、稳定性和实效性，并能更好地利用云存储架构来优化数据存取途径，利用云计算把复杂的任务分配于云端并完成各种应用，同时将有线网络监控和无线网络监控融合于同一云中，使用户无论通过笔记本电脑、高清电视、智能手机、平板电脑等多种终端都可以按需获取服务。该系统的结构如图 6-4 所示。

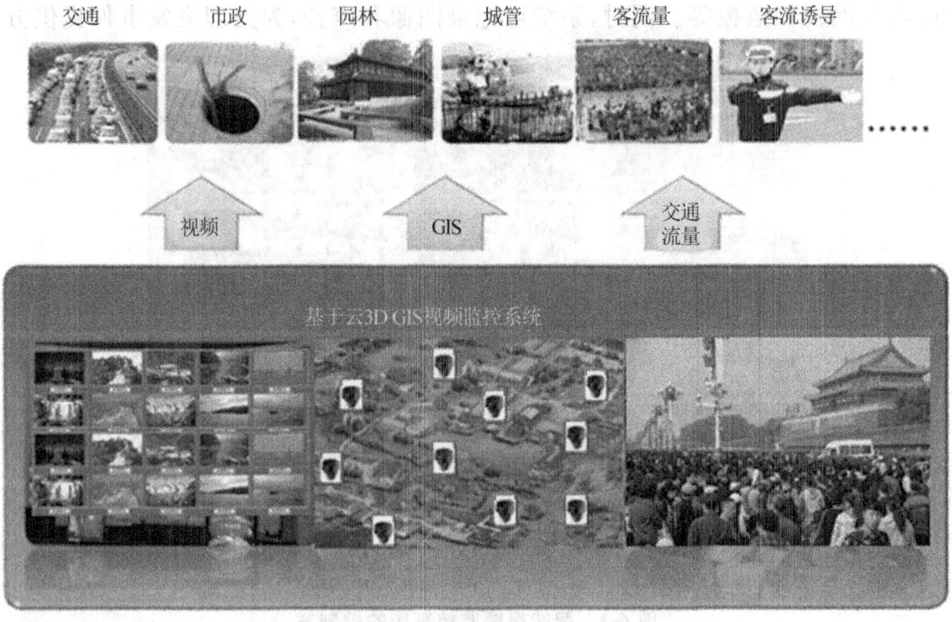

图 6-4　天台山风景区的智能视频监控系统架构

基于云 3D GIS 的天台山视频监控系统具有以下典型的应用特点：

(1) 全 IP 化的视频云系统，基于 SOA 架构、云 3D GIS 引擎；

(2) 高度整合视频、卡口、电警、报警等功能；

(3) 具有海量视频云存储能力；

(4) 共享的云计算中心，拥有大量的智能应用；

(5) 较好地实现云的三种服务模式；

(6) 跨平台、跨网络的智能运维系统；

(7) 拥有和第三方应用和服务的接口，具有良好的可扩展性；

(8) 视频与 3D GIS 无缝融合，可以充分发挥 GIS 在指挥调度中的重要作用。

基于云 3D GIS 的天台山视频监控系统具有以下典型的 GIS 功能特色：

(1) 支持 GIS 设备管理定位。3D GIS 与视频监控无缝集成，系统支持所有 GIS 应用设备。

(2) 支持监控设备在地图上的标注。

(3) 识别拖拽放置设备、树列表设备与 GIS 地图的相对位置。

(4) 支持相关设备的经纬度定位于 GIS 地图。

(5) 支持基本的电子地图放大、缩小、漫游、测距、地图打印、点选查询属性等。例如，具有权限的操作者能够方便地通过点击摄像点来查询该摄像点的属性，如摄像点的编号、摄像机的型号、安装的具体位置等。

(6) 具有监控相关功能。选择地图上有摄像机标志的位置，可以查看该摄像机的属性、播放实时视频等。

(7) 具有 GIS 轨迹跟踪能力。支持在 GIS 地图中录像目标对象移动轨迹复现；可在指定时间和区域内的摄像头录像中智能查询跟踪对象出现的录像，显示跟踪对象在摄像头录像中出现的时间段，并根据时间段和摄像头位置在 GIS 中勾画跟踪对象的逃跑轨迹。

天台山的视频监控系统，在不方便布线或有线网络无法到达的地方（路珈山风景区），可以融合 3G 或无线网络，构建基于 3G 的视频监控系统。系统实施应用以来，基于云 3D GIS 的天台山视频监控系统能够有效地实现景

观监控、森林防火监控、查票情况、游人集散地监控、景区交通危险路段监控、进出口要道和门禁监控、重点景点保护监控、游客客流量检测以及停车场监控等功能。

(三) 景区电子门禁票务管理系统

智慧的电子门票系统应能够支持多种票务的表现方式,如二代身份证、二维码、RFID 等。新一代系统的电子票务应拥有记录游客基础信息的功能,并能够实时地记录游客在景区内的位置信息。系统售、验票的信息能够联网,并能够实现远程查询,与其他信息系统如生态预警系统实现数据的交换。智慧型的门禁系统应配有手持移动终端设备或立式电子门禁,实现对门票的自动识别检票。电子门票的购买应支持手机支付或者网上支付等多种方式。基于二维码的电子门票使用流程如图 6-5 所示。

图 6-5　基于二维码的电子门票使用流程

(四) 游客实时分析与智能疏导系统

游客智能疏导系统是智慧景区建设必须有的一个系统,该系统能够实时监控景区内游客的分布情况,具备景区游客的实时监测和疏导应急处理功能。系统在景区各处布置游客疏导路线图,具有信息播报、LED 引导、实时视频查看等功能,并具备准确、清晰的区域标识牌。在主要出入口、交通要道以及码头车站等游客比较集中的地方,系统具有覆盖全景区的动态电子指向屏。该系统的智能疏导实现原理如图 6-6 所示。

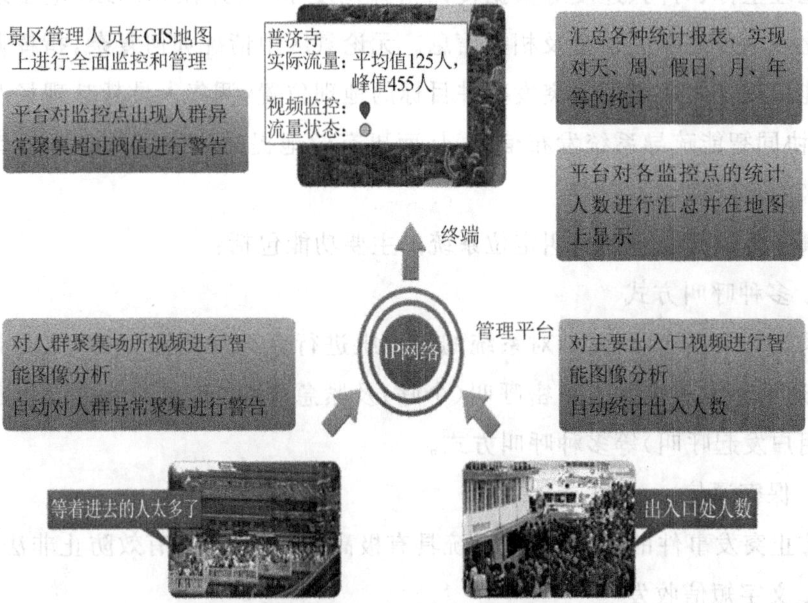
景区管理人员在GIS地图上进行全面监控和管理
平台对监控点出现人群异常聚集超过阈值进行警告
普济寺
实际流量：平均值125人，峰值455人
视频监控：
流量状态：
汇总各种统计报表、实现对天、周、假日、月、年等的统计
平台对各监控点的统计人数进行汇总并在地图上显示
终端
管理平台
IP网络
对人群聚集场所视频进行智能图像分析
自动对人群异常聚集进行警告
对主要出入口视频进行智能图像分析
自动统计出入人数
等着进去的人太多了
出入口处人数

图 6-6 游客智能疏导系统实现原理

(五) 景区客流预测与预警系统

该系统也是景区安全管理中必须要建的一个应用系统，它通过电子门票传感接收器，可实时定位持票游客的位置信息，预测最拥挤景点的客流情况。系统依据景区自身的容量条件，编制景区各景点的客流容量标准，并依照景区的管理与服务能力，对客流量分层级区分，设置各景点的预警警戒点，当景点达到设置的警戒点，系统会自动报警，并采取相应的处理措施。

(六) 景区灾害监测与应急系统

该系统可实时监测灾害发生讯息，通过跟踪生态信息的变化趋势，实时预警或预报景区生态可能产生的灾害事件，并制定各种自然灾害应急反应机制，以及采取相应防范措施，如及时修复植被、安装火灾感应装置、做好设备维护保养工作，并结合预警系统预设游客疏散通道及应急救援措施。

(七) 景区智能无线集群呼叫定位系统

景区智能无线集群呼叫定位系统主要用于对景区突发事件的地理定位，是景区安全管理中的一个智能化系统。系统可通过无线对讲系统把 GPS 终端发出的地理坐标、时间、速度等数据传回指挥调度中心，并在 3D GIS 电子地图上可视化显示各终端的位置及相关信息。无论景区中情况如何复杂，指挥调度中心都能以最快的速度确定突发事件目标的地理位置，调集人员赶赴现场及时处理，并协同智能疏导系统发布信息，从而更有效地提高突发事件处理效率和维护景区的治安秩序。

景区智能无线集群呼叫定位系统的主要功能包括：

1. 多种呼叫方式

系统可根据实际情况，对系统的用户组进行合理规划和分类，从而支持组呼（向通话组发起组呼）、秘密呼叫（个呼）及紧急呼叫（向同一个逻辑信道中的所有用户发起呼叫）等多种呼叫方式。

2. 保密通信

防止突发事件的信息外泄，系统具有极高的私密性，可有效防止非法窃听。

3. 文字短信收发

系统可通过手持对讲设备相互发送和接收文本信息，并能保存最近收发消息（三个月内）；同时支持手持对讲设备与移动设备的互联互通，可在移动设备上发送、接收和查看文字短信。

4. GPS 定位

系统可在手持对讲设备内设置卫星定位模块，可方便地对持有数字对讲设备的人员进行跟踪，并在三维可视化集成平台上同步显示。

5. 统一管理

本系统可通过集成管理平台对全网统一可视化管理，可实时灵活设置或改变需要联网的工作区，全网可多组、多级组建任意规模的同播网，并支持跨频段、跨区域的混合组网。另外，该系统可对网内设备进行统一配置和故障检测，具有支持故障声光报警等功能。

三、面向公众服务的应用层

面向公众服务包括旅游者和当地居民，为旅游者提供智慧型的服务是该应用层建设的核心。这些服务包括商务服务、信息服务、漫游服务、展示服务以及定制服务等内容。下面分别对这些公众服务的应用层内容进行简要介绍。

（一）景区综合电子商务系统

景区综合电子商务系统主要管理在线直销、OTA 渠道销售、电子分销渠道、旅行社业务、社交网络营销，以及景区经营的业务采购等所有商务，业务涉及销售、分销和营销。商务的销售模式包括 B2C、B2B、C2B、O2O 等，内容涉及电子门票、酒店预订、餐饮预订以及租车服务等。在电子商务系统中，景区的主业务是景区门票，景区门票应能实现网上预订、电话预订和在线支付等多种商务操作。对于景区的旅游产品、旅游纪念品以及土特产、农产品等应能实现网上预订、在线支付的网上交易。系统应能支持移动互联网电子商务，实现智能旅游卡支付、手机银行支付等功能，如图 6-7 所示。新一代的景区综合电子商务系统应具备商户的诚信评价功能，形成景区电子商务诚信评价体系，方便游客对景区电子商务商户进行信用评级，便于提高景区电子商务的信誉及应用推广。

(a) (b)

图 6-7 移动商务服务的应用界面

（二）移动终端自助服务系统

移动终端自助服务系统包括电子导览、电子导游、电子导购和电子导航等服务，游客利用自己的智能手机下载需要的服务系统，就可以轻松获取这些服务，给游客增添了快乐的智慧体验。系统的电子导览功能，可以帮助游客实现个性化的游览；系统的电子导游功能，可以实现基于位置导游服务，轻松获取景点的导游解释；系统的电子导购功能，可以轻松了解景区旅游产品、酒店、餐饮等购买位置，提供基于 GIS 的位置说明，并具备便捷的预订功能，实现在线订购；系统的电子导航功能，可以实时提供景区的交通信息，帮助和引导游客到达旅游的目的地，包括景区购物商铺地址信息等，并实现游客在旅游过程中的实时互动、分享及评价。移动终端自助服务系统界面如图 6-8 所示。

(a) (b) (c)

图 6-8　移动终端自助服务系统界面

（三）混合现实虚拟漫游系统

混合现实虚拟漫游系统采用虚拟现实技术和三维动画技术，将景区的现实景象在移动终端或其他电子屏上展现，让游客可在旅行过程中具有身临其境的体验。新一代的虚拟漫游系统运用三维全景混合现实技术、三维建模仿真技术、360 度实景照片或视频技术，虚拟实现旅游环境，形成一个现实旅游的展示系统。虚拟漫游系统使用的硬件环境可以是普通电脑、景区触摸屏导览机、智能手机、平板电脑等终端设备。典型的混合现实虚拟漫游系统的效果界面如图 6-9所示。

虚拟漫游系统使游客既可以在游前体验或了解景区的景点特色，也可以在游后通过该系统回顾或评估经过的线路，便于游客分享体验。

图 6-9 典型的混合现实虚拟漫游系统的效果界面

（四）多媒体互动屏展示系统

多媒体互动屏展示系统既是一个关于景区服务产品的展示系统，又是一个互动式的触摸屏查询系统。系统利用新一代触摸技术以及互动交互技术，为游客提供了一个便捷、体验好的交互服务环境。系统的操作既有触摸方式，也有肢体摆动方式，更有通过自然的人体五官的互动交流方式。系统的主要特点就是互动式展示，内容覆盖景区大范围的景点，设备安装主要集中在游览区域、休息区域以及交通集中的等候区域。所有展示设备都采用联网方式运行，信息可实时更新，后台可分析游客关心的热点内容。在触摸查询的功能方面，系统具备信息查询、景区区域位置信息查询、景区商铺查询等服务功能，内容包括景区主要景点、人文生态、景区交通等信息介绍。

(五) 个性化专属行程定制系统

该系统是非常专业的个性化智慧型服务系统，在景区 O2O 商务中，可以为游客定制需要的服务。系统能根据游客的特点(时间、预算、兴趣爱好、出游方式等)，为用户提供个性化的行程定制服务，针对景区特色旅游产品或特色观光线路，把景区与周边的旅游服务信息贯穿在一起，供游客直观地选择浏览，并可对自己的线路在线实时修正，最后系统自动生成个性化的行程订单。系统能帮助游客收藏(打印)定制好的行程计划，自由选择是否在线支付，并能通过邮件及微博、微信等新媒体手段与朋友分享。系统还可通过与交通、城管、景区监控系统的互联互通，实现为游客提供实时、便利、快捷的旅游交通导引服务功能。个性化行程定制的流程如图 6-10 所示。

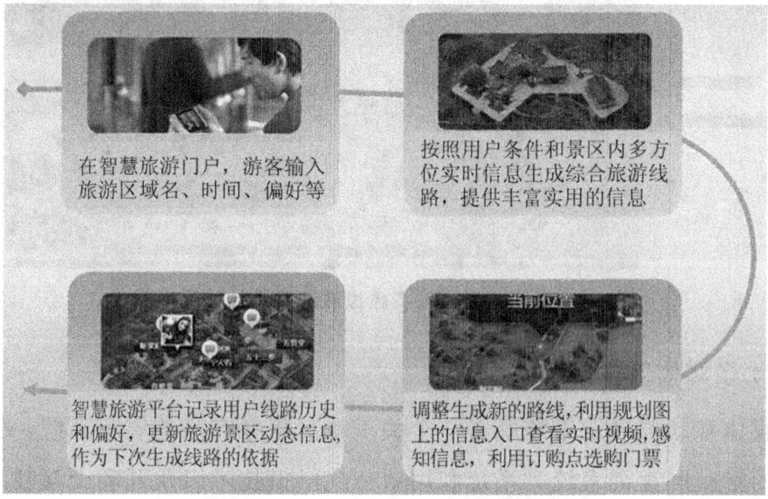

图 6-10　个性化行程定制的流程

通常，行程定制需要以下步骤：

1. 输入旅游目的地城市

如确认浙江舟山为旅游目的地。

2. 输入旅行需求

游客输入自己的旅行时间(出发时间、离开时间)或游玩天数(逗留天数)、旅游偏好(宗教、文化、自然、美食、购物)、酒店(星级标准、位置)、交通(公共交通、步行)等需求信息。

3. 确认游玩景点

游玩景点包括普济寺、法雨寺、百步沙等普陀山所辖景点(可涵盖周边桃花岛等其他景点)。

4. 生成行程路线

为游客呈现基于地理位置信息的可视化行程计划(包括每一天的游览路线、饮食购物、宾馆住宿、游览时间、费用开支等),可以在地图上查看线路信息,或者点击任意一个行程节点查看详情。

5. 保存、打印、分享攻略

游客可将定制好的行程计划保存成多种类型的文档,发送至邮箱,也可直接打印或进行微博分享。可根据不同用户提供简洁版、外文版、交通版三个版本。

6. 全程互动分享评价系统

游客可在景区实景地图上添加自己的标注,上传相片以及一些属性信息;记录自己游玩的过程,分享游玩心得,将自己感兴趣的游记等其他内容转发到自己的微博、微信或论坛;方便快捷地查看某个景点过去、现在及未来的景点故事或专题活动;搜索就近的在线游客,并进行在线交流、互动、分享,拓宽旅游社交圈;根据自己的感受对景区进行评价,提出改进意见,与景区管理部门实现互动。

四、面向旅游营销的应用层

面向旅游营销的应用层包括传统媒体营销和新媒体营销,在互联网时代的智慧营销主要针对新媒体营销。营销服务的对象包括旅游者和当地居民,为社会媒体提供智慧型的营销是旅游企业应用层建设的核心。在智慧营销建设中,建设的内容主要包括自媒体营销系统、竞争力分析与提升系统、舆情监测分析系统、营销效果评价系统等。下面对营销应用层的这些内容进行简要介绍。

(一) 景区自媒体营销系统

景区自媒体营销系统是利用社交网络、门户网站、互动信息屏以及微网站等网络形式,建立一个完全由自己控制的营销平台,这是景区智慧营销中最基本又最重要的建设内容。系统充分利用新媒体传播特性,吸引游客主动参与旅游的传播和营销,并通过积累游客数据和旅游产品消费数据,实现智慧型的个性化营销和关系营销。系统运行的特点是利用自有媒介或可控媒介，通过相关运作获得稳定的受众和潜在游客群体，以较低成本向目标客户群体推送旅游信息和旅游产品信息，逐步建立自有媒体资源和可控媒体渠道相结合的自媒体营销系统，实现基于移动互联网的智慧旅游营销。目前在景区可用的新媒体营销主要包括微信、微博、微电影、微网站以及各种手机APP等。

(二) 景区竞争力分析与提升系统

智慧营销就是要通过对自身情况的分析，形成针对性的有效营销策略，景区竞争力分析与提升系统就是在这样的要求下形成的一个后台分析系统。该系统基于景区大数据，能对景区经营数据进行准确分析和总结，支持景区的营销决策，通过对周边景区的旅游竞争力分析和比对，充分利用国内外旅游目的地竞争力研究成果，构建突显景区产业特色的景区竞争力模型及其营销评价体系，从而丰富旅游竞争力提升的方法和手段。

(三) 景区旅游舆情监测分析系统

旅游舆情监测分析系统是智慧营销中很重要的一个系统，它可实时、动态监控景区舆情发生，并及时处理相关的不利舆情，促使景区营销策略的调整，从而掌控景区网络营销的效果。系统可通过多种营销渠道获取数据，如建立与第三方研究机构、在线旅游平台等的数据交换机制，便于分析各渠道相关的舆情数据。系统还具备舆情智能分析功能，提供相关的舆情分析报表，分析舆情的变化趋势，协助景区管理部门发布舆情处理结果。系统与指挥调度中心实时对接，便于及时处理舆情事件。

(四) 景区旅游营销效果评价系统

智慧营销的优势就是根据网络营销的效果不断地改进营销方式和策略，使网络营销为景区的经营产生最大的效益。旅游营销效果评价系统就是在智慧营销过程中，快速地评价营销的效果，使景区市场营销能产生最佳的收益。该系统可根据各渠道导入的网站流量、咨询量和预订量等，判断各合作网站投入产出的营销效果，逐步筛选出合作效果较好的网络营销渠道，或者改进自媒体营销的内容和活动方式。系统可分析和评价旅游景区市场竞争力在网络营销方面的薄弱环节，从而进一步改善未来市场营销的网络战略。

第三节 智慧景区新业态应用

自从2010年出现智慧景区的概念以来，智慧景区实践的新业态应用不断在全国涌现。各地智慧旅游试点城市纷纷推出智慧景区示范点，为其他景区的智慧建设发挥示范效应。下面对杭州西溪国家湿地公园、奉化溪口风景名胜区、天台山景区的智慧景区新业态应用进行简要介绍。

一、智慧景区案例——杭州西溪湿地景区

西溪湿地曾与西湖、西泠并称“杭州三西”，是国内唯一的集城市湿地、农耕湿地、文化湿地于一体的国家级湿地公园，是国家级和浙江省首批智慧景区建设的试点示范单位。为了适应智慧旅游建设的浪潮，进一步提升公园的“智慧西溪”整体管理及服务水平，提高旅游服务效率，加快旅游转型升级，全面促进“品质西溪、生态西溪、文化西溪、和谐西溪”的发展目标，西溪湿地于2012年委托相关专家编制了《智慧西溪建设方案》。

(一) 建设内容

根据智慧景区建设规划方案，“智慧西溪”具体建设任务包括一个支撑、两个中心、三大平台、四大体系。

1. 一个支撑

“一个支撑”，即西溪湿地云3D GIS引擎。

西溪湿地云3D GIS引擎支撑体系将3D GIS与云计算相结合，将基础设施、平台、软件、内容等空间信息综合、高效地部署到“云”基础设施之上，提供三维地理信息基础设施服务、三维地理信息平台服务、三维地理信息软件服务、三维地理信息内容服务。

构建统一开放的基于3D GIS的西溪湿地检测、监控、管理平台，公共服务平台及营销平台，并逐步整合成一个综合性的管控与服务平台。在管控平台下形成一个西溪湿地三维地理信息数据库、生态数据库、旅游数据库的综合性数据中心，最终形成西溪湿地三维可视化地理信息的支撑平台。

支撑引擎的设计思想以西溪湿地云 3D GIS 引擎为核心，以"一云多屏"的设计理念，构筑西溪湿地旅游公共服务的智慧平台，实现手机、触摸屏、平板电脑、笔记本、电视屏、LED 大屏等信息载体上可用，为游客提供虚拟旅游、行程定制、电子商务、位置服务、智能导览、互动分享等新型旅游服务体验。云 3D GIS引擎支撑平台的架构如图 6-11 所示。

图 6-11　云 3D GIS 引擎支撑平台的架构

2. 两个中心

"两个中心"，即"西溪云数据中心"和"西溪指挥调度中心"。

两个中心是智慧景区建设的关键内容。西溪云数据中心是"智慧西溪"的基础，它和 3D GIS 引擎支撑一起构成智慧景区的技术架构。云数据中心包括基础设施、数据库、维护系统、共享交换平台和数据安全保障体系等内容。数据库系统还包括元数据、基础数据和监测业务数据，如景区的游客流量、环境、水文、地质、生物、文物等动态监测数据。这些数据通过自动采集、人工报送、系统数据交换等多种手段从各景点获得。云数据中心还包括西溪湿地文化遗产数据库，利用数字化技术将湿地文化遗产转换、再现，复原成可共享、可再生的数字形态，并以新的视角加以解读，以新的方式加以保存，以新的需要加以利用。

西溪指挥调度中心主要以人与系统的结合，形成智慧型的调度策略。该中心基于"3D GIS 引擎"，与"云数据中心"交互、通信与协同，通过采用功能集成、网络集成、软件界面集成等多种集成技术，集中设置视频、GPS 监控指挥、景区车船指挥、景区资源保护、景区信息化应用集成、接处警等系统，实现景区统一高效的综合型、智慧型的指挥调度。

3. 三大平台

"三大平台"，即智慧西溪管理平台、智慧西溪服务平台、智慧西溪营销平台。

三大平台是针对管理、服务、营销而设计，但都受管控平台的管理，共享同一个云数据中心。它们互相依托，互为补充，实现集智慧管理、智慧服务与智慧营销于一体的智慧西溪综合集成系统。三大平台建设为所有旅游者和大众提供全天候、全方位、随时随地、一站式服务，完善西溪湿地旅游目的地的现代综合服务功能，拓展体现湿地文化内涵的旅游综合体表现形式，推进无障碍旅游，增强西溪湿地作为旅游目的地和综合吸引物的国际吸引力，促进西溪湿地"旅游国际化"战略布局的实现，给全球游客实实在在的智慧旅游体验。

4. 四大体系

"四大体系"，即运维管理体系、创新服务体系、安全保障体系、标准规范体系。

(1) 运维管理体系：该体系主要对智慧旅游技术系统的运行进行统一管理，在加强基础设施建设的同时，利用运营商的通信网络，以利益共享的原则，共同分担通信网络建设，为"智慧西溪"信息化的快速发展奠定坚实的网络基础。同时对技术系统的自管、托管和分管进行协调和统筹。

(2) 创新服务体系：该体系主要对智慧服务系统的建设进行统一管理，提倡建立"一云多屏"的景区信息服务系统。在服务项目建设的安排上，力争为国内外游客提供全面、准确、权威的旅游信息，以及全方位、全过程的信息化服务，使游客在旅游中能够轻松得到各种基于 LBS 的旅游资讯和商务服务，无障碍地获得相关旅游服务的资源。

(3) 安全保障体系：该体系主要对旅游安全和数据中心的安全进行统一管理。在旅游安全管理体系中，可通过三维地理信息数据平台将景区现有的视频监控、园文管理、流量监测、GPS车辆无线定位等子系统进行整合，为政府、企业、本地居民和游客的安全保证提供在线的信息服务。在数据安全管理体系中，将建立一系列的网络安全、系统安全、数据使用的管理制度，严格数据使用的权限和数据交换的规则。

(4) 标准规范体系：该体系主要对智慧景区建设的一些标准规范进行统一管理，倡导用技术标准和规范构建智慧景区。通过规范化的标准体系，形成较为完善的旅游景区综合信息监管、服务、营销平台的应用开发和工作机制、数据交换机制，在技术规范下，可对智慧景区统一技术架构、统一数据管理，形成可以任意扩展的标准与环境，便于整合现有系统和数据资源。

(二)“智慧西溪”建设成果

西溪湿地的智慧旅游经过一年多的项目建设，已取得阶段性成果，并在智慧管理、智慧服务、游客体验等方面获得游客的一致赞誉。

1. 西溪湿地官方网站升级

西溪湿地公园在探索湿地公园建设方面肩负着重要责任，湿地公园的信息化建设已取得成功并为其他湿地公园建设提供经验和示范。同时，作为生态旅游的一种方式，湿地旅游提供娱乐休闲的同时，也是湿地文化的重要宣传基地。但不可避免的是，由于受到西溪湿地公园本身地理位置、场地空间以及开放时间的限制，湿地公园的服务无论从时间还是空间上都还存在较多问题。因此，作为湿地公园实体的重要补充，建设西溪国家湿地门户网站，通过各种现代化在线展示手段，延伸其服务时间与空间，给参观者以各种视觉体验以及概念上的冲击，无疑会对宣传湿地公园、提供便捷服务起到非常重要的作用。

已建设的西溪湿地官方网站设计在页面版式上强调内容特色性(突出湿地文化和景观特色)，功能上强调可用性(便于游客和后台用户操作)，采用扁平化结构，各栏目结构基本相互独立，避免内容交叉。西溪湿地新门户网站的基本情况如表6-2所示。

表 6-2 西溪湿地新门户网站的基本情况

网站名称	新版西溪湿地网站
网站域名	国际域名：www.xixiwetland.com.cn 中文域名：西溪国家湿地公园.中国
网站语言	中文简体版、英文版、韩文版、日文版
网站主题	通过门户网站对外宣传展示西溪湿地的优美生态，提高景区的口碑和知名度，带动景区游客量提升
网站功能	建立网站内容管理系统，满足景区与游客发布、获取景区丰富信息的需求，建立景区 360 度虚拟旅游系统与湿地娱乐活动视频展示系统，建立景区食、住、行、游、购、娱一体化的电子商务即时支付结算系统，并利用门户网站实现西溪湿地旅游一站式服务
网站风格	主题突出，充分体现西溪湿地的湿地景观风情特色，旅游服务与国际接轨，旅游配套高端，以简单明了的形式和画面体现网站的主题

新版西溪湿地网站整体风格完美大气，突显西溪文化和湿地特色，增加了玩转西溪、虚拟导游、计划行程、在线预订和游记攻略等功能，以及西溪湿地移动端APP服务下载，提供西溪湿地旅游食、住、行、游、购、娱的一站式服务，为游客来西溪湿地游玩提供很大的便利。图 6-12 为西溪湿地新门户网站的首页界面。

图 6-12 西溪湿地新门户网站的首页界面

(1) 玩转西溪

玩转西溪功能模块包括景点、酒店、美食和特产等旅游信息,在详情页面中还提供了景点、酒店和美食的全景展示图。游客在了解详情后,可以直接前往门票、酒店、美食相应的预订页面进行预订。图 6-13 为玩转西溪的页面。

图 6-13 玩转西溪的页面

(2) 虚拟导览

该栏目功能为提供西溪全景的虚拟游览服务。游客点击“虚拟导览”功能模块,进入景区虚拟游界面,可在线游览景区全景;点击景点、售票处、餐饮等目标图标,可获取关于此目标的相关位置、文字介绍、图片等信息内容展示。虚拟导览服务界面如图 6-14 所示。

图 6-14 虚拟导览服务界面

(3) 计划行程

该栏目具有个性定制和行程推荐的功能，个性定制游览行程界面如图 6-15 所示，行程推荐的内容界面如图 6-16 所示。游客可以根据自己的旅行时间以及偏好的旅游景点，定制满足自己个性化旅游需求的行程，定制前可以先在地图上查看线路信息，寻找满足自己要求的旅游兴趣点。行程推荐栏目根据不同的旅游类型，为游客推荐具有西溪特色的旅游行程。

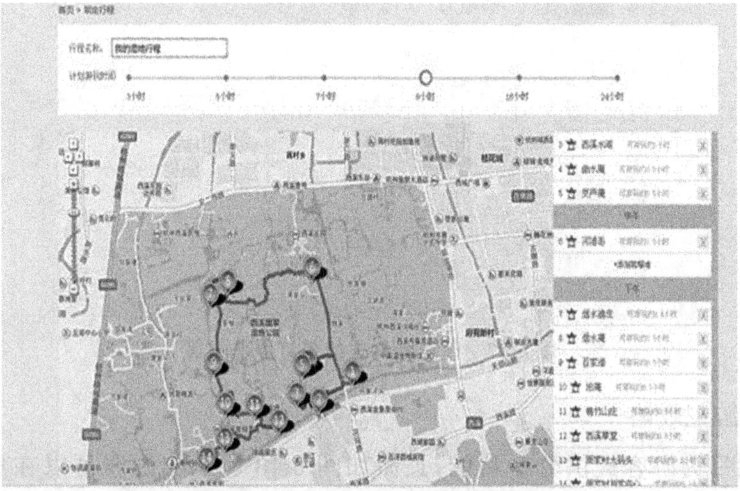

图 6-15　个性定制游览行程界面

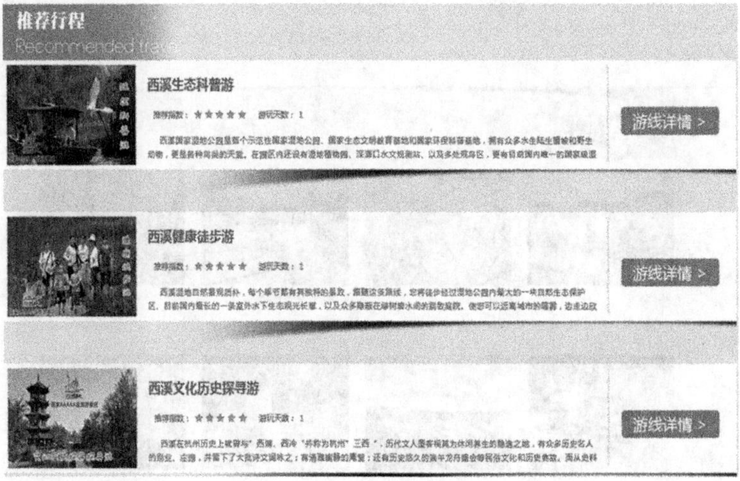

图 6-16　行程推荐的内容界面

（4）在线预订

该栏目可提供在线预订门票、酒店、美食等服务，如图 6-17 所示。如游客在预订酒店客房时，可以通过查看酒店房间的全景图来选择自己喜欢的房间，也可以用自己的手机查看。游客在来到西溪湿地前，就可以安排好在西溪湿地的住与行。

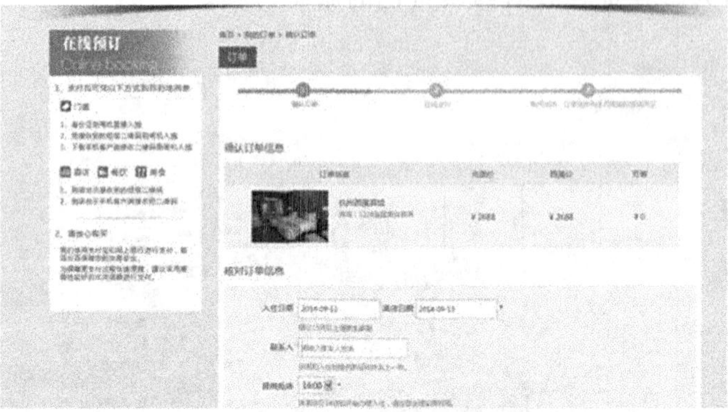

图 6-17　门户网站在线预订服务界面

（5）游记攻略

该栏目为游客提供分享功能，页面如图 6-18 所示。游客可以在这里写下自己在西溪湿地游玩的点滴，和其他游客分享各自的旅游心得。游客也可以通过该栏目与景区进行互动和信息交流，景区通过交流了解游客对景区服务的舆情信息。

图 6-18　游记攻略页面

2. 西溪湿地旅游微信公众号

西溪湿地旅游微信公众号已正式开通并完成认证，是智慧西溪建设中的重要内容，它具有智慧营销、智慧服务的应用职能。西溪湿地微信公众号的开通提高了西溪湿地景区的精准营销，并增强了游客互动体验和快捷的移动服务体验，图 6-19 是微信公众号使用界面。

图 6-19 微信公众号使用界面

在景区的社交媒体营销中，微信公众号发挥着越来越重要的作用，它可以实现针对游客的定位服务，也可以实现个性化营销，更可以通过互动实现旅游心得的分享。后台可以分析游客的互动行为、分享行为以及访问公众号的使用行为等信息，为西溪湿地的社交媒体营销提供相关决策的依据。西溪湿地的微信营销正发挥着招揽游客的作用，目前来西溪湿地的网络散客越来越多，他们大都是通过微信公众号获取西溪湿地的旅游活动信息，如花朝节、火柿节等通过微信的推广，都产生了非常好的效果。

3. 西溪湿地移动端 APP

智能手机的 APP 软件在智慧景区建设中已成为服务的好帮手，游客通过 APP 就可以轻松获取景区的所有服务，如景点信息、餐饮信息、住宿信息、交通信息以及其他一些旅游服务的信息。如图 6-20 所示，西溪湿地的 APP

建设目标是智慧服务，它既是服务游客的大厅，又是游记交流的平台。APP软件作为在线营销西溪湿地的工具，成为开发市场的好帮手，其应用主界面如图6-21所示。

图6-20　西溪湿地手机APP的智慧推广

在“智慧西溪”的推动建设中，通过西溪湿地的官方网站、移动客户端、微博、微信等应用平台，以更直观、便捷的方式介绍西溪湿地的景点、风情、民俗、文化及旅游服务项目，并建立会员库的互动和主动信息推送服务，使西溪湿地成为智慧旅游建设的应用示范。在电子商务方面，西溪湿地通过PC平台和移动服务平台，提供所有旅游服务项目的在线预订服务，为特殊游客可提供1小时、2小时、4小时、一天等定制行程安排。这些贴心的游客体验都使“智慧西溪”的建设逐渐在服务中被宣传推广，景区的客流等业绩都稳步上升。

图6-21　APP应用主界面

二、智慧景区案例——奉化溪口风景名胜区

溪口是国家级风景名胜区、国家5A级旅游景区，位于宁波市西南40公里的奉化溪口镇，是蒋介石、蒋经国父子的故里。2012年11月，溪口被列为首批

“全国智慧旅游景区试点单位”，其后成功入选浙江省智慧景区试点单位。

当前，溪口风景区保护、发展已进入一个全新的历史时期，要实现溪口风景区的大发展和新超越，必须依靠科技的手段，着力打造“智慧溪口”。根据溪口实际情况，通过智慧溪口的建设，实现智慧旅游服务、智慧旅游管理、智慧旅游营销的三大目标，从而实现“品质溪口、生态溪口、文化溪口、和谐溪口”转型的新目标，为溪口旅游业的可持续发展奠定扎实基础。2013 年 6 月，溪口风景区邀请相关专家编制了《溪口智慧旅游规划》作为指导，从此开始溪口的智慧旅游建设。

(一) 建设内容

智慧溪口建设的内容主要分为网络基础设施、数据基础设施、共享服务平台、智慧应用体系、实施保障体系五个部分。网络基础设施与数据基础设施建设是基础，共享服务平台是建设的核心，智慧应用体系建设是关键，组织、标准、运维、安全、资金、人才等是保障，这些建设内容共同构成了智慧溪口景区的宏伟蓝图。智慧溪口建设的框架如图 6-22 所示。

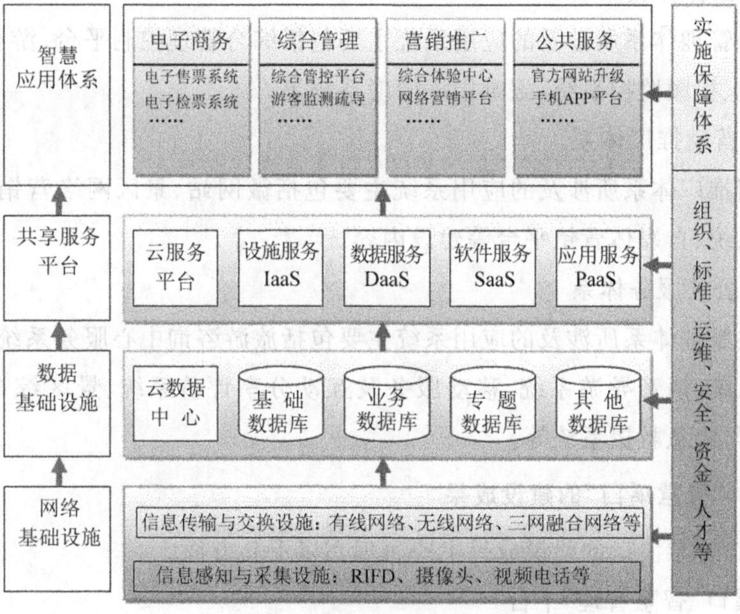

图 6-22 智慧溪口建设的框架

1. 基础设施建设

智慧溪口网络基础设施主要由信息感知、采集设施、信息传输、交换设施等设施所组成，主要包括有线网络、无线网络、三网融合网络，以及相关的内网服务器、网络终端等建设内容。

智慧溪口数据基础设施主要是借助于数据仓库及云计算技术构建溪口云数据中心。在数据集成管理的基础上，借助云计算技术，通过共享服务平台为四大应用系统提供数据信息与计算服务，并与“智慧宁波”云数据中心实现对接与共享，建设内容的公有云采用租用的方式，私有云采用自建托管的方式。

2. 应用体系建设

应用体系是智慧溪口景区建设的关键和核心，是实现景区资源保护数字化、业务管理信息化、市场营销网络化、公共服务个性化的主要技术手段。内容主要包括电子商务体系、综合管理体系、营销推广体系和公共服务体系。

(1) 电子商务体系

电子商务体系所涉及的应用系统主要包括门户网站(在线直销)、电子商务平台、电子售票系统、电子门禁与检票系统、电子分销与管理系统等。

(2) 综合管理体系

综合管理体系所涉及的应用系统主要包括综合管理控制平台、游客监测与疏导系统、视频监控系统、旅游指挥调度系统等。

(3) 营销推广体系

营销推广体系所涉及的应用系统主要包括微网站、景区网络营销平台、辅助分析系统、自媒体营销平台等建设内容。

(4) 公共服务体系

公共服务体系所涉及的应用系统主要包括旅游咨询中心服务系统、网络虚拟游览系统、语音导游系统、移动服务及互动分享评价系统、景区综合体验中心、安全与应急救援系统等。

(二) “智慧溪口”的建设成果

目前，智慧溪口的建设成果主要表现在以下几方面。

1. 溪口“智慧管理”平台

在“智慧溪口”数据中心与云服务中心支撑下，基于景区三维地图引擎，通过物联网 RFID 和传感器系统，溪口已建设成一个可视化的统一管控的智慧管理平台——景区指挥调度中心。该中心可对景区气候环境、地质状态、自然灾害、游客行为、居民行为、车辆停放、景区人员、基础设施和服务设施进行全面感知，全面监管旅行车辆、导游、游客、景区工作人员的行动踪迹，实现集中调度和可视化管理。调度中心的可视化管理具备与杭州综合指挥调度中心对接的接口，设定权限等级，能够实现综合指挥调度中心接入控制的功能，同时具备覆盖全景区的广播通知系统。

在景区指挥调度中心，景区管理人员可以根据景区实时情况制定完善的应急预案，改革传统管理模式，解决管理部门之间信息共享不畅、指挥调度不良等问题，形成景区与上级旅游管理部门，以及景区内相关职能部门的纵、横联动，从而全面提高处理旅游应急指挥的能力，使旅游运行调度及应急管理向智慧化、网络化、科学化、标准化迈进。指挥调度中心的总控平台如图 6-23 所示，总控室内的可视化界面如图 6-24 所示。

图 6-23　指挥调度中心的总控平台

图 6-24　总控室内的可视化界面

在管控平台上可以清晰地看到客源地统计情况，即通过与手机运营商合作，以手机号码来源地为分析依据，统计游客来源地的每日情况。系统具备完善的客户信息安全保障措施，保障游客的隐私安全。管控平台不但能够实时监控景区内旅游活动的情况，还可以监控实时的不同景点的游客数量，可以在有旅游紧急突发事件发生时，对游客数量进行实时分析和智能疏导。

管控平台还具有对游客情况的统计功能，可以实现对销售票务的统计，包括不同购票方式、统计维度、门票类别等的实时情况，统计界面如图6-25所示。通过实时统计形成旅游活动分析报表，并可预测未来景区的游客变动情况，这些管理数据可以对景区的经营管理和营销对策产生决策依据，这是智慧管理创新优势的具体体现。

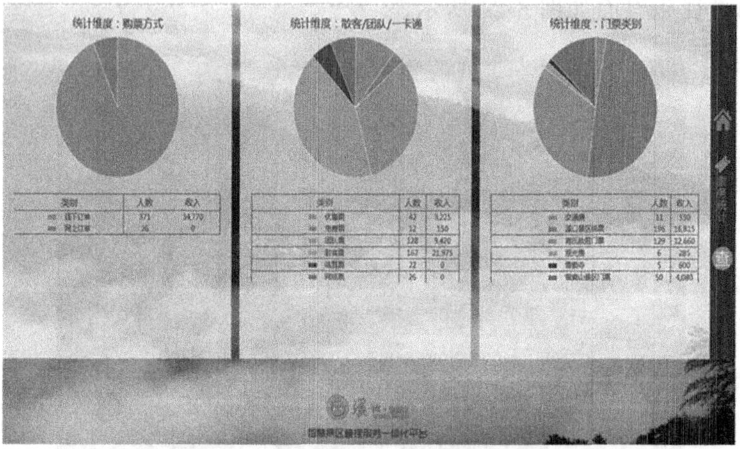

图 6-25　智慧管理中的游客票务实时统计

2. 门户网站的升级

溪口旅游门户网站包括旅游网、政务网、电子商务网、手机网站等。网站升级主要增加了智慧的商务处理功能，包括在线直销、产品展示以及互动咨询等。网站语言包括中文简体、中文繁体、英语、日语、韩语五种，以方便国际游客了解。溪口景区新版官方网站版式设计通过文字与图形的空间组合，追求和谐之美。在多页面的编排和设计上，充分反映页面之间的有机联系，对页面之间和页面内的秩序与内容的关系进行了特殊处理。溪口旅游网站首页如图 6-26 所示。

图 6-26 溪口旅游网站首页

网站升级还体现在后台管理方面，增加了相应的统计分析和感知功能，用高新技术分析游客的访问行为和潜在游客的需求感知，提升了景区门户网站的智慧处理能力，使门户网站真正成为景区感知市场趋势的窗口。同时为景区的市场决策提供了相关的分析报告，为完善市场营销策略提供了有效的依据。

溪口旅游风景名胜区在智慧旅游的建设上，围绕旅游的管理与服务已卓有成效，智慧旅游的体验得到广大游客的一致好评。在 2014 年国庆“黄金周”，溪口景区的 10 月 1 日单日客流达到 8 万人次以上，其中 10 月 3 日游客接待量达 18.13 万人次，刷新溪口景区保持的宁波景区单日最高纪录。溪口景区从 10 月 2 日以来，连续排入全国纳入监测的 119 个直报景区超过最佳日接待量 1 倍以上的景区行列，并与杭州西湖、普陀山、千岛湖、乌镇一起领跑浙江旅游景区的人气榜。2014 年“十一”期间，溪口景区共接待游客 85.71 万人次，旅游综合收入 3.3 亿元，分别比 2013 年增加 44％和 53.8％，宾馆酒店入住率达到 90％左右，10 月 1—3 日景区内出现了“一房难求”的现象，各大宾馆、酒店、旅游品商店生意火爆。可以说，智慧景区的建设给溪口风景区注入了新的活力。

由中国社会科学院信息化研究中心主办的“2014 年度中国智慧城市优秀解决方案评选”活动中，溪口旅游集团荣获“2014 中国智慧城市建设应用创新奖”，名列全国智慧旅游行业五佳。

“智慧溪口”项目启动以来，溪口旅游集团以信息化提管理、升服务、强营销，成效显著，接连获得了国家旅游局“全国首批智慧旅游试点景区”“2014中国智慧旅游创新项目TOP10”“2014全国智慧旅游优秀案例”等诸多荣誉和成绩，为促进溪口旅游转型升级注入强劲动力。溪口景区的“智慧溪口”建设已成为全国“智慧景区”建设的标榜性示范景区。

三、智慧景区案例——天台山景区

天台山位于浙东中部的天台县境内，是首批国家4A级风景名胜区、佛教天台宗祖庭、道教南宗发祥地、活佛济公故里、寒山子隐居地、浙东唐诗之路目的地，还是《徐霞客游记》的开篇地。天台山景区总面积187.1平方公里，是一个典型的自然景观和人文景观相互渗透、具有极高美学价值的地理区域综合体。景区内奇峰怪岩、秀水幽洞和古树名花俯拾皆是；神话传说、名人胜迹、诗文碑刻不胜枚举。天台山风景区的部分景点如图6-27所示。

图6-27　天台山风景区的部分景点

近年来，天台县的旅游产品正在由传统单一的观光旅游向现代休闲旅游和度假旅游转变，宗教旅游、文化旅游、乡村旅游发展迅速，潜力巨大。2016年1—11月，天台县旅游经济保持了平稳增长的良好势头，共管理与服务国内外游客1402.02万人次，实现旅游总收入141.91亿元，总收入同比增长16.7%。随着游客数量的不断增长，景区的管理与服务问题突出，经营服务的转型成为首要问题。

为积极应对游客数量不断增加给景区经营管理带来的各项挑战，景区管委会决定用智慧旅游提升管理与服务，借助现代信息技术进一步提升景区经营管理水平和服务水平，用基于移动互联网的技术开展智慧服务，将天台山景区建设为具有典型和示范意义的高标准、智慧型旅游景区，为游客提供高效服务的智慧体验，从而实现景区的转型升级，成为真正意义上的现代旅游服务业。

天台县委、县政府高度重视智慧景区建设。鉴于智慧景区建设的综合性、系统性和长期性，在智慧景区建设项目实施前，天台山风景区管理委员会领衔对整个景区的智慧化发展进行总体性谋划。2013 年 4 月，《天台山智慧景区建设行动方案》出炉，图 6-28 为规划的智慧景区建设总体框架。2014 年 2 月，天台山景区智慧旅游建设全面启动。

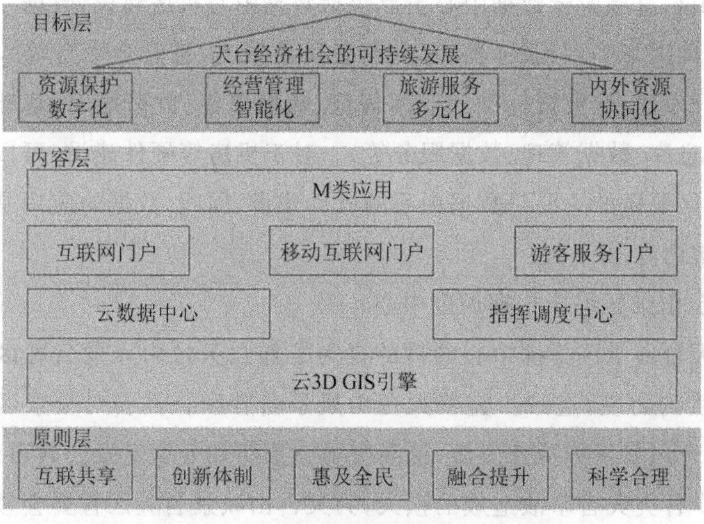

图 6-28　天台山智慧景区建设总体框架

天台山智慧旅游建设以新一代信息技术为支撑，构建多屏、全网、跨平台，支持大量用户并发访问，海量数据高效应用，安全可靠的“管理、服务和营销一体化平台”，实现天台山管理要素、管理过程、管理决策、服务要素、服务过程和服务选择的数字化和智能化，推动天台山景区管理和服务能力的提升，促进天台山旅游产业的升级和旅游业态的创新。

天台山景区智慧旅游建设的内容包括天台山智慧旅游云数据中心、天台山景区综合指挥调度中心、天台山景区云 3D GIS 引擎、天台山景区智慧管理平台、天台山景区智慧服务平台、天台山景区智慧营销平台、天台山景区官方网站、天台山旅游微信公众号及天台山景区手机APP应用系统等工程。

1. 天台山智慧旅游云数据中心

智慧旅游强调以游客互动体验为中心，通过新一代信息通信技术和旅游服务、旅游管理、旅游营销的高度融合，使旅游资源和旅游信息得到系统化整合和深度开发利用，并服务于公众、企业和政府部门等对象。

智慧旅游必须以旅游信息化和旅游数据的积累为基础，通过智能化的技术手段，实现游客与旅游目的地服务要素的相互感知和综合运用。天台山智慧旅游建设的关键是数据积累和智慧运用，因此云数据中心建设成为天台山智慧旅游建设的关键和基础。

天台山智慧旅游云数据中心主要包括数据中心机房建设、数据中心硬件系统建设(基础网络平台、服务器、存储与备份系统、信息安全平台等)、数据中心软件系统开发建设(数据标准和应用规范、数据采集、数据集成、基础云设施系统、综合信息库、数据管理、数据服务等)。对于机房等硬件建设，可以采用租用的方式，景区要做的主要是数据中心的软件建设，因此，数据的应用是数据中心建设的关键内容。

2. 天台山景区综合指挥调度中心

建设天台山景区指挥中心的目的是为了加强天台山风景名胜区管委会集中指挥调度的力度，进一步完善天台山风景名胜区管委会对全景区的智能管理，有效整合风景区内应急资源，提高管委会预防和处置突发公共事件的能力，控制和减少各类灾害事故造成的损失，为天台山风景名胜区管委会领导提供应急决策和指挥的操作平台。

天台山景区综合指挥调度中心在整合和利用现有资源的基础上，采用先进技术，建设集通信、信息、指挥和调度于一体，高度智能化的风景区指挥中心系统。在发生重大突发事件的情况下，通过指挥中心系统，管委会领导可以宏观监控全景区相关事项的动态变化，迅速做出最优的处理决策，对全景区进行统一调度和统一指挥，保障重大突发事件或自然灾害处理的指挥与部署，保障重大活动的安全保卫和调度，为景区管理和公共安全提供决策支持。

3. 天台山景区云 3D GIS 引擎

目前国内的数字景区建设中，能够支持跨平台、跨网络、跨终端的应用系统还不多见且功能较少，信息互动不足。基于云 3D GIS 引擎可真正实现跨平台、跨网络、跨终端的集旅游公共服务、旅游管理、旅游营销三大系统于一体的旅游目的地综合服务应用平台。与此同时，无论是景区的环境管理，还是为游客提供信息服务，都离不开景区的地理信息。因此，地理信息系统成为景区智慧管理与服务的基础性系统，也是智慧天台山建设的关键。

天台山风景名胜区云 3D GIS 引擎将 GIS(二、三维)与云计算相结合，将基础设施、平台、软件、内容等要素综合、高效地部署到“云”基础设施之上；提供三维地理信息基础设施服务(3D GIS IaaS)、三维地理信息平台化服务(3D GIS PaaS)、三维地理信息应用软件服务(3D GIS SaaS)、三维地理信息内容服务(3D GIS CaaS)；以弹性的、按需获取的方式提供最广泛的基于 Web 的服务，解决天台山旅游信息化中长期存在的“信息孤岛”问题和重复建设问题，满足大量旅客应用对超大规模并发访问的需求。

云 3D GIS 引擎广泛应用在针对游客的电子导游、电子导航、电子导览、电子导购中，它具有可伸缩等云的特性，在解决基于云 3D GIS 引擎的多维时空数据融合/存储、数据交换、数据显示、数据查询、数据分析等关键性问题的同时，通过统一的云 3D GIS 引擎应用接口，以“按需服务”的模式提供多层次的应用服务，具备稳定、快速、高效、安全、易扩展等应用性能。

4. 天台山景区智慧管理平台

管理与服务的平台化是天台山智慧旅游建设中的重点，智慧管理平台的建设主要用来满足景区管理部门的实际工作需求，提升景区智慧化管理水平。天台山景区智慧管理平台建设包括基于云 3D GIS 的智能视频监控系统、公共智能广播系统、停车场管理系统、多媒体展示系统、SOS 呼救系统、GPS 车辆指挥调度系统和旅游电子政务系统等开发内容。智慧管理平台可以释放各部门的业务数据，增加流动性，便于提高景区内部的管理效率，也为前台的服务管理增加收益，体现了天台山风景区的管理创新特点。智慧管理平台的优势就是整合所有的应用系统(管理型)，让这些系统既可以相互交换数据，又可以独立运行。图 6-29 是管理平台下的 GPS 车辆指挥调度系统。

图 6-29 GPS 车辆指挥调度系统

5. 天台山景区智慧服务平台

智慧服务平台是面向游客的一个服务型系统，它的建设主要用来满足各类游客的信息服务需求，提升景区的智慧化服务水平，如个性化服务、定制服务、基于位置的服务等。天台山智慧服务平台建设坚持以游客为中心的原则，以满足游客的旅游信息需求为出发点和落脚点，主要建设项目包括虚拟漫游系统、行程定制系统、自助语音导游系统、互动分享评价系统、旅游综合信息主动推送服务系统和电子商务系统等应用软件。和智慧管理平台一样，智慧服务平台的优势就是整合所有的服务型应用系统，让这些系统既可以相互交换数据，又可以独立运行。图 6-30 是智慧服务平台下的天台山虚拟旅游服务系统。

图 6-30 天台山虚拟旅游服务系统

天台山景区通过智慧服务平台建设，使公众或游客可以借助"多屏"的终端，按需实现"旅游信息获取、虚拟旅游体验、旅游行程定制、旅游电子商务、旅游自助导游、旅游分享评价"等旅行中的基本信息服务需求，极大地提升游客对旅游信息的获取、处理和决策能力，从而进一步优化游客在游前、游中和游后三个阶段的旅游信息获取体验和需要，提升天台山的旅游服务品质与旅行满意度，为游客提供从旅游准备到旅游回顾的全过程、一站式、个性化旅游综合性的信息服务和商务服务。

6. 天台山景区智慧营销平台

智慧营销平台是面向市场营销的一个平台化应用系统，它为全面提升天台山景区的整体对外营销水平而建。目前主要的建设内容包括电子门禁票务系统、游客统计分析和智能疏导系统、微信营销系统、旅行社导游助手和新媒体推广等。智慧营销平台以旅游目的地营销系统为基础，通过搭建目的地营销决策支持系统和目的地营销效果评价系统，平台化地为目的地营销相关应用提供支持。智慧营销平台的优势就是整合相关的营销渠道和相应的处理系统，让这些渠道和应用系统可以相互交换数据，从而提高营销的一致性和效率，最终提高天台山风景区整体的营销效益。图 6-31 为智慧营销平台下的游客统计分析与智能疏导系统。

图 6-31　游客统计分析与智能疏导系统

目前，天台山的智慧营销平台正在向社交网络延伸，实现了一对一、个性化的关系型营销，为景区赢得了市场，受到了广大游客的认可。

7. 天台山景区官方网站

官方网站即门户网站，是景区面对游客服务延伸的窗口。天台山旅游风景区官方网站融入“虚拟景区”及“电子商务”等功能模块，为游客提供了新功能体验和便捷的商务服务，成为游客获取天台山景区相关信息的重要门户。同时，升级后的官方网站增加了英文版、韩文版、日文版，提升了景区自媒体的整体营销能力。升级后的网站栏目内容结构如图 6-32 所示。

图 6-32　升级后的网站栏目内容结构

8. 天台山旅游微信公众号

微信公众号已越来越成为景区营销的得力工具，它方便游客在行程中轻松获取旅游信息，是移动服务的好帮手。目前天台山旅游微信公众号已正式开通并于 2014 年 7 月 25 日完成认证，正式向游客提供信息服务。微信公众号的开通在提高景区精准营销和增强游客互动体验方面均发挥了积极的作用，取得了良好的效果。天台山微信公众号的应用界面如图 6-33 所示。

(a)　　(b)　　(c)

图 6-33　天台山微信公众号的应用界面

9. 天台山景区手机 APP 应用系统

手机 APP 是游客获取服务最常见的移动服务系统，快速、便捷的信息服务使其受到游客的广泛喜爱。系统为游客提供全面的天台山旅游食、住、行、游、购、娱等信息查询，景区 3D 地图、节庆活动、优惠促销、游记攻略、行程推荐、专题旅游等信息展示，以及常用电话、天气预报、咨询点、加油站、停车场、语音导游等各类自助自驾实用信息，并提供咨询投诉、行程定制、在线预订、结伴同游和点评分享等互动服务。可以说 APP 是服务与营销捆绑的最典型系统，互动式的实时信息服务，对游客具有无限的吸引力。尤其是在线预订的服务，使游客在移动过程中可预订自己需要的服务产品，为景区营销增加了收益。图 6-34 是天台山手机 APP 设计的应用界面。

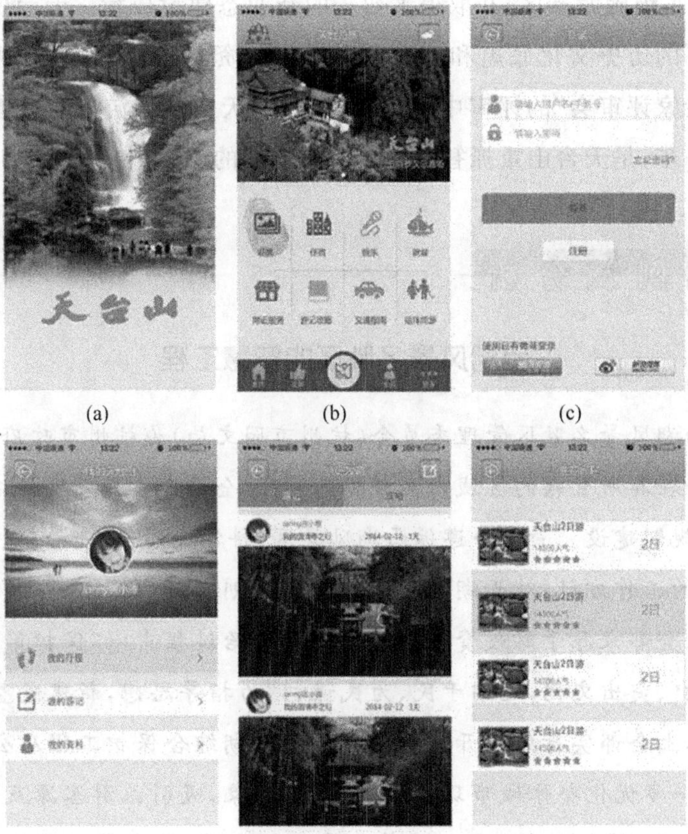

图 6-34 天台山手机 APP 设计的应用界面

在智慧景区建设的推动过程中，天台山旅游风景区在管理、服务、营销等方面都取得了显著成绩，景区旅游逐渐由传统旅游业态转变为智慧旅游新业态。在北京举行的由新华社主办的第二届旅游业融合与创新论坛暨2014最美中国榜发布会中，浙江省天台县荣膺"2014最美中国目的地城市"称号，并被评为"最美中国·生态旅游·特色魅力目的地城市"。在浙江舟山普陀举行的"2014国际旅游度假目的地论坛"中，在现场发布的"2014国际旅游度假目的评选"各类奖项中，天台山旅游风景区荣获"最佳国际旅游度假目的地"殊荣。所有这些成绩的取得，都与智慧旅游建设的推进是分不开的。

天台山旅游风景区自2012年3月正式启动天台山创建国家5A级旅游景区工作以来，以智慧旅游新业态建设为依托，努力打造集休闲、观光、度假于一体的国家5A级旅游景区，并取得了初步的新业态建设成绩。天台山旅游风景区以其深厚的历史文化底蕴和秀丽的自然风光资源，在"国家5A级旅游景区景观质量专家评审会"的评审中一致通过，这是天台山旅游风景区建设发展迈出的重大一步，是天台山重抓智慧旅游建设喜得的成果。

应用案例及分析

西湖风景名胜区的智慧工程

杭州西湖风景名胜区管理委员会（杭州市园文局）为杭州市政府派出机构，代表市政府在其所管辖的区域内实施统一管理，全面负责西湖风景名胜区的保护、利用和规划建设。管委会遵循西湖风景区"科学规划、统一管理、严格保护、永续利用"的工作方针，对西湖风景区实施有规划、有步骤的保护与整治，所需资金基本上全部来源于财政资金。在保护与整治过程中以"保护第一、生态优先，传承历史、突出文化，还湖于民、为民谋利"为指导思想，新建或整治后的公园景点基本上全部实行免费开放。通过实施西湖综合保护工程及公园免费开放举措，进一步优化整体城市环境，提升城市形象，吸引旅游客源及外来投资、人才进入杭州，推动杭州旅游业等第三产业的发展，进而带动其他产业发展。在智慧西湖建设过程中，西湖管委会有自己的创新发展思路和实践。

一、建设原则

西湖景区管委会按照市委、市政府“三分建设、七分管理”的期望，积极利用信息通信技术专注于风景区的保护与专业化管理。首先制定具有前瞻性的管理目标、科学性的管理指标，用技术手段不断提升管理水平和管理手段，加强综合执法，研究探索管理与服务的有机结合，重点关注保护与管理的绩效。其次制定系统的《西湖风景区科技发展规划》，建立一整套科学、连续的管理绩效指标系统，引入诸如“自然环境保护效果”“水资源保护效果”“生物保护效果”“文物保护效果”“科普资源利用率”“景观的原貌保持率”“客流量控制率”“对杭州旅游收入的贡献率”等指标。加大科技经费的投入，调动专业管理人员和科技人员的积极性，为风景区的社会效益、环境效益等方面的研究和决策提供长期的基础数据，还要与其他风景名胜区乃至与国际接轨，实现风景区之间、国家之间的数据交换和共享。在智慧西湖工程的建设中，主要遵循以下原则：整体规划、分步实施；需求导向、应用为先；技术稳定、安全可靠；适度超前、迭代更新；资源整合、集约发展；开放对接、数据共享。

二、主要智慧工程

在“智慧杭州”大背景下，结合杭州西湖风景名胜区和市园林文物的业务特色，西湖景区管委会通过智慧管理、智慧旅游、智慧监测、智慧文博、智慧园林的五大智慧工程，全面推进“智慧西湖”的建设和实践。

（一）“智慧管理”工程

以区（局）数据中心为核心，以综合管理平台、地理信息系统为重点，将管理思想、管理智慧与信息技术高度融合，积极应用物联网、云计算技术，实时掌控、管理景区状况，处理相关事务，进行科学决策。

1.数据中心

充分考虑区（局）实际需求，采用先进的信息技术，建成集信息资源采集、传输、存储、共享、交换、发布、应用、服务等功能为一体的区（局）数据中心，形成持续稳定的数据汇集、管理、维护的运行机制，具备为区（局）行政管理与公众服务提供综合信息共享和应用支撑服务的能力。通过对已有数据的整理和标准化过程，保证数据的准确性、唯一性和延续性；数据中心建设既要满足各部门间协同管理和协同服务需要，又要兼顾系统的扩展性与维护性，从而真正增强数据共享、服务能力，为业务管理、领导决策及公众服务提供全面多层次的数据服务。

2. 综合管理平台

充分吸收利用先进的管理思想、管理理念，借助信息化提升管理，打造高水准的综合管理平台，全面提高区(局)信息化水平和管理效率，降低管理成本。该平台主要包括协同通信系统、统一身份认证、各业务系统整合、OA系统功能完善、移动办公系统建设，特别增强搜索功能，实现智能搜索，能够快速、便捷地获取所需信息，实现有成效的智慧管理。

3. 地理信息系统

综合区(局)需求，整合资源建设地理信息系统，把地理位置和相关属性有机结合起来，准确而真实地反映实际地理环境。满足区(局)对名胜区保护管理、文物保护、城市绿化、公众服务等各层次、各方面需要，借助其独有的空间分析功能和可视化表达，进行各项管理和决策，提高管理、服务效率、质量和水平，实现一个平台多层应用。数据中心建设以搭建统一的地理信息系统为目标，以基础地理信息空间数据库建设和应用为导向，制定应用的标准与规范，集成与整合业务系统，建立健全地理空间数据维护更新和共享交换机制，同时为公众提供空间地理信息服务，为信息的集成和整合提供空间基础定位框架，推动智慧西湖的进一步发展。

4. 权力阳光工程

继续完善园林文物权力阳光系统，建设景区网上行政服务中心，实现西湖风景名胜区行政许可事项网上申报受理、反馈和监督服务，架构名胜区权力事项网上受理反馈窗口、内部权力运行系统和监督监察系统，初步建立权力阳光运行机制工作平台；实现典型权力事项及其运行信息的网上运行全过程管理；实现和市级权力阳光平台的信息对接。

(二)“智慧旅游”工程

该工程为风景名胜区动态、合理调度分配旅游资源，为游客提供准确、及时、便捷的信息，提供食、住、行、游、购、娱一体化智慧服务体验。

1. 调度指挥中心

完善指挥中心硬件基础设施建设，整合景区视频监控资源，逐步完备突发事件应急机制建设，对接视频监控系统，通过调度指挥中心的统一协调指挥，实现景区全方位监控管理、实时互动、协同指挥以及突发事件的应急响应与处理；应用物联网、移动通信等技术，依托数据中心建设，实现景区智能调试分流，通过景区客流信息实时发布与提前预报两种方式的结合，智能引导客流分布，控制人流与车流，使景区遗产得到有效保护，景区资源得到合理高效利用。扩展系统功能，逐步覆盖全市区域，为城区绿化和文物保护工作提供监管、调度指挥的保障。

2. 旅游电子商务

建设并做大、做强旅游电子商务，为游客提供酒店、饭店、景点门票、龙井茶等特色产品，以及车票、农家乐等网上交易服务；并根据数据分析提供智能行程方案，提供景区实时信息。

3. 虚拟旅游

该工程通过虚拟现实、3D等先进技术，虚拟西湖风景名胜区真实环境，使游客通过电脑、触摸屏、手机等智能终端，在网上可游览各处景点，如身临其境，并作为传统旅游的有效补充，为更好地宣传、推广、传承西湖世界遗产提供技术保障。

4. 掌上西湖

完善升级现有的“掌上西湖”系统，集成精准定位、真人语音、自动讲解等功能，提供线路指引、多语种导游服务，让游客旅程更加轻松便捷，获得更高层次、更丰富的旅游体验，提升世遗西湖在海内外的吸引力和知名度。收集、整理、统计、分析及时有效的游客信息，为区(局)在行业监督、指导和管理方面提供支撑。

(三)“智慧监测”工程

西湖有两千多年的发展历程，留下了博大精深的文化遗产，充分利用互联网，积极拓展物联网，做好遗产保护与传承，更大范围、更深层次地惠及人民群众，真正实现“文化遗产保护人人参与，保护成果人人共享”。

1. 遗产健康档案

遗产数据库包括静态信息数据与动态信息数据两部分：静态信息部分是

对遗产历史资料、基础信息等进行录入、整理；动态信息包含24处遗产监测记录、体检情况、监测区客流车流信息等，为遗产的监测保护、预警分析、景区分流提供数据依据。

2. 遗产在线监测预警

应用“3S”、RFID、视频监控等技术，建立西湖世界遗产在线监测预警平台，进行全方位、全时段监测监管，对可能影响西湖文化景观突出普遍价值的各种自然和人为因素进行全面、持续和科学的监测；集成遗产动态监测监控、智能预警报警、应急响应、智能评价分析等功能，及时掌握遗产实况，做出及时的保护处理，进行科学的分析决策，为保护好、利用好、发展好、传承好世遗西湖提供重要保障。

(四)“智慧文博”工程

千年古城杭州宝贵的历史资源和深厚的文化积淀，是过去、现在和未来社会进步的源泉，充分利用信息化加强重点文物的保护与利用，建立文物历史档案、健康档案、保护档案，实现不可移动文物的动态监测、地理信息的深层应用、智能评价分析，配备智能安防，提升文物保护水平，实现智慧保护与管理；建立智慧博物馆，使公众更便捷地享受、传承千年文明，为杭州市文物博物馆事业发展提供重要手段。

1. 文物保护系统

对文物基础信息、历史资料、保护状况、监测检查情况等信息进行采集录入，建设文物电子档案数据库，记录文物的基础信息和历史轨迹；以建设区(局)GIS“一张图”为目标，基于GIS基础架构，开发建设文物保护应用图层，拓展模块功能，加强对可移动文物、不可移动文物、遗址、文物场馆的实时监管。逐步完善文保系统建设，与部、省级文保系统对接，实现数据互通、共享；同时，设置权限并下发系统至县级相关文保单位，可根据自身业务特点进行个性化开发。

2. 智能安防

整合现有监控系统，建设覆盖全区文物保护单位、博物馆、纪念馆的智能安防系统，集视频监控、入侵报警、出入口控制、电子巡查等功能于一体，合理设置监控点、巡查点，为文物及其场馆提供有效保护。

3. 智慧博物馆

运用数字、网络技术，将现实存在的实体博物馆的职能以数字化方式完整呈现于网上，使公众更便捷地传承文明，获取信息，使实体博物馆的职能得以充分体现。实现信息实体虚拟化、信息资源数字化、信息传递网络化、信息利用共享化、信息提供智能化、信息展示多样化，使之成为实体博物馆的另一扇窗口、公众与实体博物馆的桥梁、广泛传播博物馆文化的重要渠道、远程教学的课堂和促进实体博物馆管理水平提高的有效手段。

（五）“智慧园林”工程

继续完善“数字绿化”，并依托数据中心、地理信息基础平台，加强园林绿化信息化深入应用，融入绿化管理的最新智慧，逐步建设“智慧园林”；通过区（局）工程项目管理系统绿化专题模块实现对城区绿化建设、养护的全方位监管，提高管理效率；整合完善全市古树名木档案，统筹建设古树名木管理系统，集成GIS、电子档案、在线监测监控、养护档案、评价分析等功能，实现古树名木的动态监控；借助GIS园林图层开发建设防灾减灾、应急响应模块，逐步完善安全事故、突发事件的预警预报体系，强化台风、火灾应急响应机制；完善以绿化网站为核心的公众服务平台，提升服务水平，让公众真切感受、享受杭州的美丽。通过信息化推动园林绿化理念、管理、服务创新，推动“绿色、低碳、和谐、可持续发展”的生态型城市重要目标的实现。

三、突出电子商务

从2012年开始，西湖风景名胜区管理委员会下的资产经营集团专门成立文化旅游公司，以从事旅游信息化及电子商务，通过电子商务手段，使游客便捷地获取各种服务。目前基本建成的有：线上的西湖游览网、西湖景区天猫官方旗舰店，线下的智慧西湖服务亭、自助服务终端机，以及移动端的“掌上西湖”服务平台、微信公众服务号等为一体的综合旅游商务平台。这些系统或平台与景区门禁系统紧密融合，共同构建“智慧西湖”的电子商务体系，使西湖风景区成为全国示范性的智慧景区。

（一）利用门户网站开展电子商务

门户网站是西湖的窗口，管委会积极利用这个窗口为游客提供旅游服务，包括信息服务、商务服务和投诉服务等,如图 6-35 所示。

图 6-35　西湖风景名胜区门户网站

（二）利用掌上西湖开展电子商务

"掌上西湖"的智能服务,是杭州西湖风景名胜区管委会推出的官方旅游APP。它以提升游客体验为核心内容,凭借西湖景区独特的旅游资源、信息资源与服务资源,具备的功能如下:景区产品预购(通过 APP 便捷地进行景区门票、电瓶车、游船票的购买,以及农家茶楼、青年旅舍等其他旅游产品的预订);权威资讯发布(依托景区丰富的信息资源和政府及专业机构的公信力,为游客提供景点信息、活动信息、精品旅游线路、优质服务商、交通线路、天气等权威的资讯信息);景区信息服务(为游客提供全面的景区景点信息查询与搜索服务,可以查看并收听景点的介绍);景区导游导览(为游客提供景区的实时导览以及相关服务,包括路线推荐、交通导航、感知游客位置并自动进行语音播报等);游客互动(为游客提供智能化的咨询服务,投诉、表扬等相关事件上报功能、景区服务评价功能和游历分享功能)。掌上西湖的主界面如图 6-36 所示。

图 6-36　掌上西湖的主界面

电子商务环境下信息的透明性与对称性将使得旅游景区的品牌形象显得尤为重要，依托独特景观资源的景区开展电子商务服务，可迅速提高景区的影响力、知名度，进而塑造良好的旅游品牌形象。良好的品牌形象可以减少游客的决策成本，提升形象价值，从而使旅游景区成为旅游电子商务市场的赢利者和优胜者。

四、总结与评价

在管委会领导的支持下，管委会信息中心与各管理处沟通交流，收集需求，认真打造智慧西湖新体验的平台，为市民和游客提供优质、便捷的智慧服务。信息中心重点围绕微信公众平台，以营销策划为抓手，突出服务，吸引用户，提升平台及产品的黏性和销量，扩宽平台作用，并加强与媒体合作，认真学习，灵活运用各自的优质资源达到互惠互利，取得了以下创新发展的喜人效果。

创新之一是全员营销，创新理念，利用景区自身地域、资源、人员优势，辐射杭州市以及杭州地区的景区、宾馆、出租车行业等，积极探索、拓展线下销售方式，开展全员营销，促进电子商务向纵深发展。加强与大型 OTA 平台的合作互动，增加景区产品和服务的宣传力度，提升影响力，加快业绩的增长。加快与新兴平台的合作，寻求新的业绩增长渠道，如百度直达号、手机地图、旅行社等。

创新之二是组织结构，改革体制，依据电子商务的核心诉求，景区的内部组织机构、通信、企业文化都在产生演变。在景区内，金字塔形组织无法提供方便、快捷的服务，这就要求景区减少管理层次，进行组织扁平化、网络化的重组改革，使决策者和执行者直接进行沟通联系，提高沟通效率，降低沟通成本，增强景区员工对景区的认同感与归属感，而这样的模式只有建立在完整的电子商务系统上才能实现。景区管理者可利用电子商务技术把景区的战略合作伙伴联系起来，共同参与旅游开发建设，从而降低沟通和交易成本，提高业务处理中的效率。可以成立一个协调各部门关系，由多方利益主体共同参与管理的综合业务机构，这样就可以“理顺旅游电子商务参与者之间的利益关系，使利益之争改变为利益共享”。这是智慧商务发展的基础。

创新之三是长期规划，持续发展，景区的电子商务系统的建设是一个渐进式发展过程，因此必须制定长期发展规划，做到以旅游发展总体规划为前提，在此基础上提出对应的旅游电子商务总体目标和阶段目标，规划出区域旅游电子商务系统基本架构，规范旅游数据标准，提出信息技术实施的指导方案。旅游电子商务发展规划应反复论证，既要有前瞻性，又应该对不同阶段旅游电子商务发展提出可行的方向性指导建议。

在规划中，必须要把长远利益和短期利益相结合，资源开发与环境保护相结合。不能实行竭泽而渔的开发模式，而要利用景区生态预警系统、景区安全监控系统来维护环境；通过电子商务系统，利用浮动价格机制来调节景区淡、旺季游客数量，减少高密度客流对景区造成的损害，以此来实现景区的可持续发展。这是智慧商务发展的策略。

创新之四是转变思路，做大做强，改变与景区直属景点的合作模式，缓解利益矛盾。可将底价结算模式改为服务费模式，但前期服务费标准不宜低于门票票面价的5%，否则会带来财务上的巨大压力。改"线上到线下"模式为"线上线下结合"引流做增量。在缓解与景点的利益矛盾后，应尽可能地把游客吸引到景区自建平台上来，然后通过平台上的购物、酒店、周边景点及其他旅游产品拉动二次消费和长尾消费，为景区经济收益做持续增量。故建议在景区全面建设"智慧旅游"形象体系：一是在景区售票口、检票口及周边铺设宣传物料(可采用拓展性强、性价比高的电子屏)；二是在合适的时机通过各方媒体对"智慧西湖"进行广泛宣传，实现经济效益和社会效益双赢。这是智慧景区发展的长期策略。

西湖风景名胜管理委员会坚持科学发展为主题，按照保护和发展的理念，通过信息化手段提升名胜区管理与公众服务水平，加强世界遗产和文物保护的有效管理，推进"后申遗时代"的景区园林绿化工作，推动信息化由数字西湖向智慧西湖转变，为景区管理服务、杭州文物保护、城区绿化做出积极贡献。西湖综保工程的推进和申遗成功，建立并完善了世界遗产数据库，初步构建了西湖文化景观监测预警管理信息平台，规划设立区(局)世界遗产监测中心，推动遗产信息化不断深入，带动名胜区管理服务信息化水平不断提升，应用效果良好。物联网、云计算、3S技术已经纳入各大景区应用范畴，旅游类电子商务网站、虚拟景区、遗产在线监测、在线博物馆等也被纳入未来规划。国内各大景区均寄希望于借助智慧化手段提高景区的管理和服务水平，促进景区保护与发展，增强景区的竞争力。在此大环境下，西湖风景名胜区的智慧建设也面临着巨大的挑战，目前存在的问题还很多，内部的数据还没有完全“互联网＋”起来，还需积极谋划，不断创新，大力拓展应用面。

☞ 思考题

(1) 西湖风景名胜区的智慧工程建设体现了怎样的发展机制与路径？为什么？

(2) 智慧西湖与智慧旅游建设是一个什么关系？它有怎样的创新发展思路？

(3) 为什么智慧西湖建设要以旅游电子商务为核心？它体现了怎样的发展理念？

(4) 结合西湖风景区的门户网站以及相关的网络报道，请你点评西湖风景名胜区智慧建设的优、劣势。

第七章 智慧旅行社新业态及应用

引例：港中旅山东公司对智慧建设的思考

旅行社是旅游业中最传统、最有代表性、专业性最强的一类旅游业态，它的服务代表了整个旅游业的服务。随着信息通信技术的发展，旅行社正在向在线旅行社发展。智慧旅行社新业态的出现，是旅行社业发展过程中的又一个创新之举，它可以使传统旅行社和在线旅行社高度融合，为游客提供智慧的组团、智慧的游览、智慧的服务，并可提供定制化的服务。港中旅山东公司从 2010 年就开始全面推动企业信息化，也是青岛最早投入信息化建设的旅行社之一。2011 年该公司成立了信息部，专门负责门户网站、移动终端服务的开发与应用。到 2012 年，港中旅山东公司就开始在对外智慧旅游服务上，围绕智慧旅行社建设的实践推出了具备在线咨询、在线支付、在线签约功能的企业官网，同时推出官网手机版以及微信订阅号和服务号，均实现在线支付，微信服务号还推出多客服在线服务等功能。但这些建设的内容都是围绕节点的智慧开展的，整个旅行社层面上的智慧似乎起色不大。究竟怎样开展智慧旅行社的建设，借助智慧旅行社的发展机制提升管理与服务，实现旅行社层面上的经营智慧，港中旅山东公司田平总经理为此非常困惑。虽然公司在 2014 年被山东省旅游局评为“智慧旅行社”，但智慧旅行社发展的有效途径还在不断探索中。已有的实践表明，虽然智慧旅行社建设起步较晚，但它已成为旅行社经营发展新的标杆和方向，围绕智慧旅行社的建设，将会出现众多新型的旅游服务产业。

本章我们将围绕传统旅行社企业，探讨智慧旅行社新业态的概念及应用，在现阶段智慧旅行社成功的示范企业并不多，但从引领的角度看，智慧旅行社的建设对智慧旅游的发展影响很大，不管是智慧服务，还是智慧管理，旅行社的业务管理是最复杂的，这也是智慧旅行社可借鉴的案例不多的主要原因。开展智慧旅行社的建设，用智慧引领服务业，一直是智慧旅游探索的目标。

第一节　智慧旅行社的概念、定义及架构

旅行社的业务环节代表了旅游业，是旅游业发展的一个缩影，但目前旅行社的智慧建设是最薄弱的，应用实践也少于旅游餐饮业，其原因主要是我国旅行社规模都比较小，业务模式分散，管理流程不规范等。另外，旅游业务错综复杂，人为因素多，这给智慧系统的开发建设带来一定的困难。虽然在网络组团以及移动服务方面有许多进展，但大多数的应用实践都来自于OTA服务商，传统旅行社智慧建设的行动远远落后于OTA。如何打破传统旅行社经营中固化的墙，让传统旅行社经营在线化和数据化，这需要移动"互联网+"的技术支持，也需要旅行社经营者更新经营理念，用互联网思维改变旅行社的经营模式。只要大多数中小规模旅行社都互联起来，并与相关行业如景区、酒店、金融、交通互联起来，内部业务流程都在线化，智慧旅行社的发展就水到渠成了。

旅行社的信息化建设这几年发展很快，因为OTA的快速发展倒逼了旅行社的在线化建设，传统旅行社要生存发展就必须融合现代的互联网，使得智慧旅行社建设成为旅行社企业发展的必然。

一、智慧旅行社的概念

究竟什么是智慧旅行社？怎样的旅行社在经营管理中是有智慧的？这些目前没有一个衡量的标准。至少作为一个智慧旅行社，它在某一个管理或服务方面具有完善的信息系统，或者有完整的数据集合。例如，旅行社的在线组团，如果它有完整的网站平台，不管这个网站是PC机形式的，还是手机终端形式的，它后面有完整的产品信息集合、资源信息集合和客户信息集合，在通过网站

发布线路信息后，能得到众多客户报名的响应，我们就说这样的在线组团业务是有智慧的，它在信息发布、组团报名、支付流程等环节实现了智能的自动化处理。有些旅行社在营销方面做得非常好，它们充分利用了移动互联网的便捷性，利用社交网络便捷的沟通交互功能，建设了如微信服务号等应用平台，展开了专业的沟通式营销，在服务号中既提供服务，又开展营销，收到了非常好的营销效果，形成了固定的客户群，用社交网络实现了旅行社业务的在线沟通、线下服务，也是一种非常好的O2O模式的智慧营销。

旅行社的智慧建设除了围绕做好服务、做好营销，做好经营管理的智慧建设也非常重要，它影响到企业的发展和经营中的管理成本。因为旅行社的经营管理要考虑企业间的竞争，要考虑未来产品的设计是什么，要考虑面向怎样的客户群体，还要考虑旅行社扩展经营的成本问题，以及未来发展的方向等问题。这些都属于旅行社经营中的管理问题，它们的智慧建设都涉及业务间数据的交换、数据的积累、数据的使用等问题。因此，旅行社智慧管理的建设需要一定的规划和数据的支持，尤其是大数据的使用。没有大数据，管理中的智慧很难形成和产生，就像一个成年人一样，青年人的智慧一般不如中年人的智慧，因为中年人脑子里累积了许多经验数据，而青年人还没有成熟的经验数据。旅行社的智慧管理也是一样，有了丰富的数据，就可以实现旅行社产品的智慧设计、旅行社经营方向的智慧预测、旅行社经营成本的智慧控制，以及对旅行社常客的智慧关怀等。一个完整的智慧旅行社架构，需要把旅行社经营中的智慧服务、智慧营销和智慧管理串起来，实现各应用系统间数据交换和数据流动，这就是需要应用系统的平台化建设，整合系统所有的数据，这样才能逐渐形成经营中的智慧，形成一个有竞争力的、相互能感知的智慧旅行社。

二、智慧旅行社的定义

智慧旅行社目前还没有严格定义，因为其业态还在发展过程中，它的发展目标还在探索中，可以从多种角度解释智慧旅行社的含义。

(1) 从应用的角度看，智慧旅行社是指以旅行社信息化建设为基础，基于互联网和移动互联网的技术应用，充分利用云计算技术、物联网以及大数据等新技术，实现各信息系统间数据的智能流转，将旅游要素配置、游客招徕、旅游产品开发、市场营销和旅游管理服务等旅行社业务实现在线化、数字化和智能化，形成一个高效管理运行和服务的、相互能感知的新型旅行社，从而为游客提供个性化的敏捷服务和定制服务。因此，智慧旅行社强调的是数据释放和流转、相互的感知以及不同系统应用的智能组合。相对而言，OTA是智慧旅行社的基础，在线旅行社主要突出用在线的服务方式，为游客提供便捷的服务。智慧旅行社是传统旅行社的在线化，并在在线化的基础上，强调技术不断升级，服务更加人性化、个性化，强调与环境的在线互动。应用实践表明，智慧旅行社的服务是智慧型和有记忆性的，相互之间是可以感知的，通过感知以及数据的在线分析，形成真正意义的智慧旅游服务。

对于旅行社企业来说，在线旅游只是其旅游经营业务中的一部分，大部分的建设工作主要是所有业务的数据化，如业务流程的数据化、内部管理的数据化、客户档案的数据化以及外协业务的数据化等。由于旅行社的所有服务基本都是采购，自己仅是组装服务或包装服务，这给传统旅行社的数据化工作带来一定的难度，这也是为什么智慧旅行社建设落后于智慧酒店的一个原因。智慧旅行社的建设不仅仅在于自己本身，它和当地的旅游局、景区、酒店、农家乐等多部门都有数据交集的环节，进行智慧化的业务流程建设都需要通过合作才能开展下去，如住宿业务的流程、景区游览业务的流程等。

(2) 从技术的角度看，智慧旅行社的建设主要是信息通信技术的应用，如新一代的物联网技术、移动互联网技术、云计算技术、精准定位技术，用这些技术建立一个智慧型的综合平台。旅行社所有的管理业务及流程都与物联网有关，旅行社所有的信息系统实施都与云计算有关，旅行社的所有服务业务及流程都与精准定位技术和移动互联网技术有关。如旅行社组团需要有智慧型的系统，旅行社连锁业务管理需要有智慧型的系统，旅行社市场营销，尤其是基于网络的营销需要有智慧型的系统，旅行社客户关系管理需要有智慧型的系统，旅行社的电子商务更需要有智慧型的系统。这些技术系统智慧的基础就是所有业务流程数据化形成的大数据，它由旅行社的数据中心负责运维管理，是智慧旅行社建设的关键内容。

(3) 从游客的角度看，智慧旅行社的建设成败主要在于是否能提供智慧型的服务。旅行社要组织游客开展旅游活动，涉及预订服务、导游服务、导览服务、支付服务等，这些服务需要针对不同个性化要求的游客有智慧地去处理。如旅行中的住宿有不同要求，旅行中的餐饮有不同要求，游览中的行程和线路也有不同要求，智慧旅行社就不能标准化地提供这些服务，而是个性化地满足各种游客的不同需求，通过智慧的方法提供这些个性化的服务。在智慧旅行社的目标要求下，未来的旅行社可以为每一个游客定制服务，而这些服务可以通过智慧型的系统记忆下来，当下一次游客出行旅游时，旅行社就可以便捷地提供这些服务。

二、智慧旅行社建设的重点和架构层次

智慧旅行社新业态的建设和应用，其实并不只是旅行社本身要做的事情，旅行社的智慧旅游是将游客、旅游经营者及旅游资源管理者等整条产业链上所涉及的各相关行业和部门的服务环节相互贯通，也就是每一个服务环节都需要释放数据，体现数据的上下流通，最后才能体现旅游服务的智慧。这是一个大的发展趋势，但对于旅行社企业来说，要做通这些环节有时候很难，有时候一些小小的服务环节点就会影响旅游整体服务的智慧。这就需要全社会的互联互通，用“互联网＋”的思维去整合各行业的环节点。只有这样，智慧旅行社才能实现。同时需要注意的是，基于旅游行业的特性，智慧旅行社必须建立在为旅游者提供服务的思想上，把旅游六要素相对应的服务用数据关联起来，旅行社的智慧旅游其实就是一种更趋于完美的旅游服务，突出的是个性化服务上的智慧。

(一) 智慧旅行社建设的重点

近几年旅行的模式随着信息技术的应用正在逐渐转变，自由行、自驾游、散客时代的定制旅游等对旅行社的市场带来了很大的冲击，智慧旅行社的建设对O2O、定制旅游的开展也将产生积极的影响，如何在智慧旅游建设中加大旅行社的市场份额将是该行业中比较有挑战性的研究课题。

已有的实践表明，智慧旅行社建设的内容总体上是以游客服务为主体，以现代信息技术为基础，以信息和数据作为战略资源，以人力资源及相应的组织模式为建设保障，在大幅度提高旅行社信息服务能力的同时，以增强旅行社的市场竞争力为建设目标，更好地满足市场发展和旅游者的信息服务需

求。简言之,旅行社智慧化就是以数据作为生产力不断提升游客满意率的过程。智慧化的主要特征是:流程数字化、生产柔性化、组织弹性化、经营虚拟化、学习网络化、管理一体化和人本化。智慧化对旅行社行业的未来发展具有深远的影响,因此旅行社围绕智慧建设主要包括智慧服务的建设,涉及组团、客服、支付等服务;智慧营销的建设,涉及微信平台、舆情检测、效果评估等内容;智慧管理的建设,涉及产品、销售、服务、结算、计调等管理;大数据建设,涉及数据整合、数据分析、数据服务、平台化建设等内容。

(二)智慧旅行社建设的架构层次

在目前的智慧旅行社应用实践中,根据智慧旅行社的建设规范可以将智慧化建设的架构分为四个层次,分别为面向旅行社的基础设施建设层、面向旅游管理的应用层、面向公众和游客服务的应用层、面向旅游营销的应用层,如表7-1所示。具体层次内容将在下一节展开介绍。

表 7-1 智慧旅行社建设的层次框架

名称	框架	应用系统
智慧旅行社	面向旅行社的基础设施建设层	旅行社物联网基础设施建设、移动互联网应用基础、旅行社数据中心应用基础设施建设、旅行社无线网络等基础设施建设
	面向旅游管理的应用层	建设内容包括旅行社团队(游客)管理系统、旅游电子合同管理系统、导游管理系统、车载定位监控系统、旅行社服务质量跟踪及游客互动系统、旅行社供应商管理系统、旅行社在线 OA 管理系统、旅行社电子行程单管理系统、旅行社旅游保险管理系统、旅行社客户资源管理系统、旅行社运营管理信息系统等
	面向公众和游客服务的应用层	该应用层建设包括门户网站服务系统、旅行社电子商务系统、旅行社导游领队服务系统、旅行社客户关系管理系统、微信互动服务系统、移动电子导游服务系统等
	面向旅游营销的应用层	该应用层建设包括旅行社自媒体营销系统、旅行社竞争力分析与提升系统、旅行社舆情监控分析系统、旅行社旅游营销效果评价系统、渠道管理和分析系统、社交网络分析与服务系统等

第二节　智慧旅行社建设的内容

根据智慧旅行社的架构层次，我们在这一节具体分析架构中的建设内容。和旅游景区一样，智慧旅行社如何建设在不同规模的旅行社差异性都很大。有些旅行社规模比较大，建设的内容比较全面和完整，包括智慧管理、智慧服务、智慧营销等内容。但我国旅行社规模小的居多，许多旅行社对平台化建设并没有能力进行，大多数是简单地做些营销方面的智慧建设，如做个微信服务平台、微网站等，开展一些低成本的微营销。为了帮助中小规模旅行社拓展智慧建设视野，本节就根据智慧旅行社建设层次中的共性内容，进行简要的介绍。

一、面向旅行社的基础设施建设层

基础设施对智慧建设非常重要，主要包括网络基础、数据基础和管理基础，其中管理基础主要针对技术系统应用须具备的组织职能和制度。但旅行社哪些应自己去建设，哪些应由社会或政府去承担，需要了解清楚和掌握好。对于中小旅行社更多的是利用社会的基础设施资源，而不是自己去建设。下面主要针对旅行社智慧化建设中的网络和数据基础设施等内容进行简要介绍。

1. 旅行社无线网络等基础设施建设

接待中心或待客区域覆盖无线宽带网络，游客在咨询及购买服务时可以方便地将手机、平板电脑等终端以无线方式连接上网，获取需要的旅游或行程信息，以满足顾客沟通、查询等的服务需求。

2. 旅行社物联网基础设施建设

该建设主要包括配备基于物联网的自助服务终端、RFID识别标签分布等，可供游客自助查询旅游信息、导游信息、选择导游等功能，并支持银行卡刷卡消费等功能。建设的范围主要是办公区域、接待区域以及车队和团队等。这样的网络基础可便于旅行社的车辆管理、资产管理、员工管理以及团队管理等。

3. 旅行社数据基础设施建设

旅行社数据基础设施主要是针对临时存储的业务数据，而系统运行的云服务数据设施可采用租用的方式。在数据基础设施建设中，从业务需求和实际应用出发，应制定统一的数据采集标准、数据接口标准，建立符合自身条件的旅游信息采集长效机制，同时建立旅游资源、旅游线路、游客信息等业务数据库的共享机制，解决智慧管理和智慧服务的数据交换和共享问题，建设目标是释放各应用系统数据的流动性。智慧旅行社的数据库有私有云数据和公有云数据之分，它们通过云数据中心实现无缝对接，拥有完善的信息使用安全保障机制。旅行社仅关心自己的私有云数据设施的建设即可。

数据基础便于旅行社业务的协同管理，如不同管理部门之间的协同、内部业务和外部业务之间的协同、管理与服务之间的协同、旅行社与政府部门之间的业务协同，这些协同都是在数据基础上通过数据服务的策略来实现的。

二、面向旅游管理的应用层

智慧旅行社面向经营管理的智慧建设是重点，因为旅行社经营涉及复杂的协作网络和各种类型的应用系统，除了内部业务流程管理的内容，还有复杂的外部协作业务的管理内容。这些管理都是建立在数据基础上的各种应用系统，下面选择几个主要的管理型应用系统进行介绍。

1. 团队游客管理和旅游电子合同管理系统

游客管理主要是为了有效销售和客户维系，挖掘有价值的客户资源，智慧建设主要针对游客客户的服务需求展开；智慧旅行社的电子合同管理是智慧建设的重点，它影响到组团的效率和管理能力。合同中须对目的地、旅游线路、住宿标准及酒店名称、行程详细安排等做出明确标识，并可提供手写签名设备，供用户进行手写签名，与数字签名绑定形成电子签名。系统可打印出带光学水印和二维码的防伪纸质合同，对合同进行统一编码管理并通过专门流程上报管理部门，作为备案。游客可通过合同编号登录旅行社信息门户网站查阅合同电子文本并核对。这些管理都和销售管理与营销管理对接(通过数据服务的策略)，可提高旅行社经营的效率和效益。

2. 导游管理系统

系统可为旅行社的导游进行业务档案管理和业绩管理，为旅行社所属的导游建立导游电子档案并与导游证编号相互关联，实现在线化的管理；也可实现对义工导游的管理，当业务需要时可以随时通过网络互动，相互感知导游管理上的需求。游客可以通过导游证编号查询导游的行业记录和资质年检情况。

3. 车载定位监控系统

该系统可对旅行车辆进行可视化管理，针对旅游大巴、景区公交等车辆，通过GPS定位等技术进行实时跟踪和监控管理，也可对客车的异常行为如汽车司机违规驾驶、行车路线偏离预订行程、异常停车等情况采取询问、警告、报警等即时处理，保证车辆系统运行的安全、可控。

4. 旅行社服务质量跟踪及游客互动系统

该系统具备游客投诉、处理流程跟踪、满意度调查等功能，对服务过程及服务质量进行实时记录和可视化管理。系统通过互动的功能，及时反馈游客互动和诉求信息，编制游客评价等级机制，通过互动及时了解客户的潜在需求，这对提高游客的满意度起到积极的督促作用。该系统可以独立运行，也可以嵌入门户网站以及其他针对游客的服务系统中。

5. 旅行社在线OA管理系统

该系统可实现敏捷的移动式行政管理，通过内网和移动互联网的互联互通，使行政命令随时随地保持畅通。系统拥有明确的操作、查阅权限等级机制，并建立合理的OA系统工作流程机制，实现了旅行社敏捷的精细化管理。该系统和所有业务系统都可以互联，具有完善的信息安全保障机制。

6. 旅行社电子行程单管理

该系统可预设旅游行程单电子模板，便于行程单设计和管理，系统对电子行程单进行统一编号管理，游客可通过编号查阅电子行程单，并可组装嵌入其他系统中供查询使用。

7. 旅行社运营管理信息系统

该系统是旅行社综合性的经营管理系统，包括旅行社经营管理的所有业务，如产品设计、线路设计、自由行管理、财务管理、协作管理、人力资源管理和综合管理等。系统既要有与门户网站对接的接口，又需要外连接口、业务分销的接口，以及各团队上报数据的接口等。

8. 大数据建设内容

旅行社的大数据建设其实是数据中心建设，要把管理、服务所用的数据整合起来，形成智慧分析的数据基础。数据基础考虑更多的是内部数据，而大数据建设考虑更多的是外部数据如何接入和使用，应包括平台架构建设、数据整合策略建设、数据分析工具建设、外部数据接入建设以及互联网数据使用策略等建设内容，还包括数据服务的建设内容，使得旅行社服务、管理、营销的数据集能有效、便捷地提供给需要的人或部门使用。

三、面向公众和游客服务的应用层

面向公众和游客服务的应用层体现了旅行社的智慧服务能力，这是针对游客能获得服务体验的关键内容。它的建设基于自己的网络基础和移动互联网，包括电子商务系统和导游领队服务系统，以及客户关系管理系统等其他应用系统。

1. 旅行社电子商务系统

旅行社电子商务系统是一个集成的服务系统，提供商务服务、信息服务、微信交流和支付、业务结算等功能。系统能实现网上预订、电话预订和网上支付，支持移动互联网电子商务和第三方支付功能。系统还具有旅行社电子商务诚信评价体系，历史记录查询以及个性化销售等应用功能。建设的内容包括门户网站、渠道信息接驳、在线支付系统、第三方渠道接口等。

2. 旅行社导游领队服务系统

该系统面向游客，可实时推送行程信息给团队游客，并与导游、领队进行实时沟通。系统还包括同业信息、招聘信息，进行旅行社计调管理等功能，满足旅游中个性化服务以及灵活变动服务的需要。系统可帮助导游、领队进行行程管理、团员管理、导游报账、导游求职以及费用上报等多项业务，满足团队游人性化和个性化服务的需要。目前该系统有基于手机和基于平板电脑等应用形式，也有 APP 供游客和导游下载使用。

3. 旅行社客户关系管理系统

该系统的基本功能有建立客户档案、分析客户业绩、关系营销、自动销售以及维系客户关系等，扩展功能可以包括数据分析、自动营销以及呼叫系统等。系统通过对客户的管理，将客户作为市场资源进行运作，分类为客户提供个性化的服务。同时系统可以分析客户相关信息，为经营中的价格决策、营销决策、关系维系等提供数据支持，从而实现专门针对关系客户的自动营销和自动销售，最终提升旅行社的经营业绩，也提高了常客的服务满意度。扩充的客户关系管理可以挖掘客户价值，实现旅行社的精准销售。目前该系统基于互联网，也有手机客户端为常客提供服务。

四、面向旅游营销的应用层

面向旅游营销的应用层体现了智慧营销的能力，目前建设的内容主要利用移动互联网和社交网络，广泛地开展网络营销，智慧性地选择营销渠道，使营销效果达到最佳。这个层次的建设内容主要包括以下几个核心系统。

1. 旅行社自媒体营销系统

自媒体营销可以自己控制发布信息的准确性、实时性以及营销效果，并把营销成本降到最低。该系统具备自己可控的信息发布平台（如官方网站、博客、微博、微信等），具备能直接营销到的用户群（网站注册用户、微博粉丝、微信好友等），而且可以快速地把营销信息推广出去。系统具备可以独立开展的营销活动（免费旅游产品赠送、微博/微信抽奖、有奖点评等），也可以和第三方联合开展营销，更可以和分销渠道协同开展市场营销。

2. 旅行社竞争力分析与提升系统

这是旅行社开展营销前的自我评价和分析的应用系统。该系统先对旅行社经营数据进行准确分析和总结，支持旅行社的营销决策；然后通过对旅行社行业市场的竞争力分析和比对，充分利用国内外旅行社竞争力的研究成果，构建突显旅行社行业竞争力的模型及其评价体系，丰富竞争力提升的方法和手段，有针对性地选择营销渠道和网络营销方式。

3. 旅行社舆情监控分析系统

该系统可实时、动态监控旅游市场舆情发生，掌控和引导网络舆情的变化，以便选择合适的网络营销对策和投放内容。该系统可与第三方研究机构、在线旅游平台、旅游企业之间建立信息收集与交换机制，实时开展旅游舆情的智能分析，并发布舆情处理的结果。系统还可以制造热点，引领网络舆情向有利于经营的方向转变，以提高营销的传播效果。

4. 旅行社旅游营销效果评价系统

旅行社的旅游产品营销是根据不同的产品选择不同的营销渠道，如自由行产品投放在社交网络渠道会有比较好的营销效果。该系统根据各渠道导入的网站流量、咨询量和预订量等，判断各合作网站渠道的营销效果，通过评价分析逐步筛选出合作效果较好的网络营销渠道。本系统能实时分析旅游市场竞争力的营销薄弱环节、网络渠道影响力等环节，从而可以确立旅行社营销的合作伙伴，网络营销的方式以及内容投放的频道等，从而提升旅游营销的决策效果。

旅行社的智慧营销有许多不同的应用系统，尤其是在移动互联网环境下，许多旅游服务系统都具有营销功能，读者可以通过网络自行了解这些个性化应用系统的功能和应用。

第三节 智慧旅行社新业态应用

在智慧旅游的新业态应用中，智慧旅行社起步晚于智慧酒店和智慧景区，虽然在我国各省都在开展智慧旅游的建设试点，但智慧旅行社的建设还是起步艰难，这点从旅行社业务的复杂性可以看出。此外，旅行社业务边界的不清晰也增加了技术系统应用模式的不确定性。要使旅行社经营智慧起来，还有许多的路要走。本节我们并不介绍 OTA 的智慧系统应用，关于 OTA 的在线化以及数据化读者都比较了解，这里主要介绍传统旅行社的一些智慧建设及应用，了解传统旅行社需要怎样的技术系统来开展智慧化建设。下面我们从旅行社的在线代理模式开始，介绍旅行社智慧化建设的一些初步应用。

一、传统旅行社如何向智慧旅行社转型

对于新诞生的电子旅行社，其转型相对比较简单，比如途牛、携程、艺龙、同程等，这些新型的旅行社一开始就直接建立了信息化的平台，提供的是在线服务，其业务流程基本都是在线化的电子流程。这些电子旅行社的后台、前台都是在线平台的操作方式，广泛使用了信息技术，已经向“智慧化”迈出了坚实的第一步。

但是我国大多数传统的旅行社在开始的信息化建设方面有很多失败的教训。遨游网以及国旅总社最早建立的华夏旅游网，十几年前(比携程还早)投资

数千万元，建立了当时中国最大的旅游网站，但是它没有将旅行社的主体在线化、电子商务化，而是只对旅行社的一部分进行信息化建设、在线化的应用，即信息化建设没有成功。而同样早在 2003 年，芒果网也是由港中旅集团投资 3 亿元建立起来的，但是没有和港中旅的地面旅行社做对接，所以出现了一个问题，就是没有把游客喜欢的产品内容推广到网络当中去，传统业务在线化不足。所以可以清晰地看到，这些不成功的案例都没有把旅行社和信息化真正融合起来，没有实现传统旅行社改造的在线一体化，这样就变成“两张皮”：一方面存量不能保，因为它脱离了消费者；另一方面增量又做不出，因为它脱离了运营基础。即一个脱离了消费者在线旅游需求的环节，另一个虽然接上了消费者的环节，但是脱离了运营的环节。两个环节的脱离，使得失败的例子比比皆是，从遨游网、华夏旅游网到芒果网，都没有在电子化方面走向很大的成功。

传统旅行社要转向智慧旅行社，在信息化建设的道路上必须进行理念上的、组织构架上的或技术平台上的全面的再造。因为在线和离线的服务模式是不同的，这种再造使得旅行社的业务信息实现在线一体化：由信息化带动整个一体化，由信息化带动重组一体化，由信息化带动在线一体化。就是说，所有岗位，从总经理到销售、前台、后台、财务人员……都要在线化、信息化，只有这样旅行社的经营才能智慧起来。在旅行社销售方面，要建立呼叫中心、微门户网站，而门店后台也要有在线预订，财务要建立在线结算，包括网上支付的开通都需要有信息化平台的支持。这方面也有成功的案例，如锦江、中青旅、国旅，它们现在的门店系统、电子商务系统都进行了完善和升级改造，通过在线化、信息化走向智能化，最终实现“智慧化”的旅行社经营。

另外，由于智慧旅游基于在线，突破了时空的约束，所以我们用信息化的技术提供传统的旅游产品(用在线的方式做传统旅游)，也需要突破时空。国旅、中旅、中青旅、春秋、锦江等跟途牛、携程相比较，它们的旅游出发地的产品不同——前者是区域性的，后者是全国性的，所以这点也是传统旅行社要突破的。要选择全国各地的产品，在各地建立自己的产品研发中心、采购中心，建立自己的地接服务保障体系，这些都是传统旅行社转向智慧旅行社所要做的基本工作。

二、智慧旅行社的技术应用

智慧旅行社的建设有多种应用的途径，有的是从办公自动化的途径去发展智慧建设，有的是从资源管理的角度去建设智慧型的系统，不管从哪个角度，旅行社的智慧建设都需要围绕管理与服务的核心，用智慧的理念提升管理和服务质量。在现阶段，智慧旅行社建设必须从在线服务和在线管理的应用开始，选择有效的技术应用去建设智慧型系统，如旅行社组团管理系统、旅行社经营核算系统以及旅行社网络营销系统等。然后用平台整合这些系统形成有效的数据中心，用数据中心逐步实现所有业务流程的数据化、在线化，从而形成相应的旅行社智慧型服务综合平台。下面简要介绍智慧旅行社建设中的几个主要技术应用。

（一）旅行社的OTA模式

OTA是指在线旅行社，是旅游电子商务行业的专业词语。这里的OTA指传统旅行社的在线应用，如中青旅、春秋旅行社、中国国际旅行社等，它们利用OTA开展了在线组团、自由行、定制旅游等产品服务。这些旅行社通过OTA模式提供专业的在线服务，实现网上的旅游产品预订，包括自由行产品、定制服务产品、休假旅游产品等。OTA的出现将原来传统的旅行社销售模式放到网络平台上，更广泛地传递了旅游线路信息，互动式的交流更方便了客人的咨询和订购，从而引领旅行社经营走向智慧。但传统的旅行社如何开展OTA服务，如何把传统的旅行社与OTA结合，目前仍然是发展中研究的热点。专门的OTA企业，如携程、同程、去哪儿等，如何与传统旅行社融合发展，是OTA模式发展中面临的新问题。

旅游发展的散客化趋势已造就了一批新型的旅游模式，如国内主要OTA平台代表携程、去哪儿、驴妈妈、艺龙、同程、途牛等，它们利用OTA模式占据了国内巨大的在线市场，已严重倒逼了传统旅行社的生存环境。据相关统计，我国90%以上的旅行者不是通过传统的旅行社，而是通过OTA预订产品的。为了适应旅行市场在线化的发展，改善自身在旅行社业态的不景气，港中旅、中青旅、国旅等大型旅游企业，也都开展了在线业务建设，并建立了自己的电子商务平台，以保卫自己的市场份额。这些大型旅行社在线业务的发展，也说明了智慧旅行社发展的必然，智慧建设必须在线服务先行。

传统旅行社要突围自己封闭的墙，必须利用OTA模式实现全面的业务在线化和数据化。之前，国内的很多旅行社交易平台网站的服务水准和服务能力没有实质的提升，只提供预订服务功能，但不提供旅行服务，对第三方提供的产品不负责确认真实性，也不对旅游者的体验过程负责，从而影响了在线服务的进一步发展。一些网络平台甚至只提供静态信息展示和卖家的联系方式，无法在线预订和提供实时服务。如今，传统旅行社越来越意识到在线服务的重要性，大多开始建立自己的网络平台，像携程这种网络平台也在建立自己的目的地接待体系，旅行社与网络平台出现一个深度融合的局面，从而演变成一个旅行社的O2O发展模式。从旅游服务的专业性和质量保障看，网络平台与旅行社相互融合的OTA模式将是旅行社发展的主流，已经逐渐转变为一种智慧旅行社的应用模式。

(二) 旅行社ERP技术

近年来，ERP技术在一些大型旅行社得到应用，将传统的表单报团流程向电子化流程推进，业务操作均以电子化的方式完成。访问咨询—个性化行程定制—销售人员接洽—销售人员将订单交予计调部门处理—计调部门与地接供应商联系等全流程电子化。ERP技术与门户网站的无缝对接，形成了旅行社特有的电子商务系统。经营者利用趋于完善的电子商务平台，以网络为媒介与客户进行沟通并完成交易，或实现了组团的自动化。从客户访问咨询开始，就进入电子化的业务流程。这种以ERP技术为基础的模式，也逐渐转变为智慧旅行社建设的一种应用模式。

(三) 旅行社客户关系技术

客户关系技术已成为智慧旅行社建设中的重要技术应用，以支持旅行社营销决策。CRM系统在客户资源、智能存储、分析客户相关信息数据(如来源地、游客偏好)等应用的基础上，已逐步开展对客户信息进行各类统计分析、提供客户关怀(如节日/生日祝福、出行提醒)、统一发送产品相关信息、自动营销等应用研究。CRM系统还具有记录业务过程中未成团(未达成最终交易)的客户信息，分析和汇总原因，便于日后开发潜在客户。此外，CRM系统还具备内部管理的功能，在帮助销售人员管理成团（已完成交易）信息的同时，既是销售人员绩效考评的依据，也是公司组织员工内部培训的重要资料来源，因此CRM将成为智慧旅行社不可缺少的应用系统。

（四）供应商管理和在线采购技术

这是旅行社偏重采购管理的智慧型技术，利用该技术可实现对供应商的基础信息、资格管理、价格管理、合同管理、采购过程等全程控制，实时查询供应商产品资源以及采购、付款情况，其数据在业务系统和财务系统中可实现同步。在线采购系统可以实时查询景区景点资源，在线采购门票、饭店、交通工具、旅游保险等服务产品，并实现在线采购合同管理及在线的支付功能。该技术通过在线系统的统计分析，可提供核算报表，根据结果进行快速的采购决策，有利于旅行社控制业务成本。在线采购系统非常适合大型旅行社以及联合型经营的旅行社实现统一采购。

（五）电子合同及订单管理技术

旅行社的电子合同是目前智慧管理中的难点，目前已有旅行社开始应用在线电子合同，如浙江旅游信息中心应用的旅行社电子合同管理技术。利用该技术可在线完成电子合同的填报、打印，电子合同在线统计、查询与分类管理，向主管部门的在线申报与备案等。而有效的订单往往和电子合同联系在一起，通过网络组团报名的订单都要填写电子合同，通过在线的方式填写电子预订单，实现预订单的在线流转，形成有效的电子合同及订单管理技术。该技术通过使用电子预订单，可收集客户信息，形成数据库，并与CRM系统对接，通过在线的方式交换电子订单，实现有效订单的在线流转，从而形成规范化电子行程单，并对行程进行在线监控，通过对数据的分析，实现行程预报和预警机制。该技术还具有在线订单结算功能，对结算单进行统计管理，并借助在线系统进行财务数据交换，完成业务的统计和监管。

三、智慧旅行社案例

下面介绍两个传统旅行社开展智慧建设的一些应用情况。

（一）杭州信达国际旅行社的智慧建设

旅行社是旅游业的龙头行业，是资源和客源之间的中介，是各种旅游资源的整合者与代理销售者，也是旅游信息的提供者与客源的组织者，在旅游业中不仅起穿针引线的作用，而且是旅游产品的制作者、推销者和实施者。要利用旅行社自身的人、财、物、供、产、销，围绕企业的经营目标来提供一条成本低、利润高、质量好的服务流水线，就要求企业有一套良好的管理制度与贯彻执行的内在结构。杭州信达国际旅行社始终围绕这一信念，在开展智慧旅行社建设的过程中，始终把旅游电子商务发展放在首位，为游客提供便捷的商务服务。

1. 公司介绍

杭州信达国际旅行社有限公司是杭州市优秀旅行社，公司位于杭州最中心的武林商圈朝晖路，是经国家旅游局、工商局正式批准注册，具有独立法人资格的旅行社。公司主要经营会议会展、旅游度假、票务预订等业务；为客户提供杭州旅游、国内旅游、华东地接旅游、公司旅游、自助游、会议接待，以及酒店预订、机票预订、景区门票预订等服务，为顾客提供真正意义上的一站式旅游服务。

该公司进入旅游市场以来，获得各方的广泛好评，发展迅速，被评为浙江省公众满意-质量诚信双优单位、杭州市大学生实训基地、杭州市平安示范旅行社等；有多次接待千人会议、千人旅游的经验，并与全球500强中的多家企业签订长期供应商协议，上海世博会期间该旅行社是可以直接出票的票务代理旅行社之一。这几年，该公司围绕电子商务，业务在线化、管理在线化、服务在线化发展迅速，积极应用移动互联网，开展有效的网络营销和移动服务，获得了游客的一致好评。图7-1是该公司的门户网站首页。

2. 智慧建设概况

杭州信达国际旅行社开展智慧建设，主要围绕门户网站的建设以及网络渠道的建设推进，积极探索门户网站的电子商务模式以及第三方在线代理商渠道的建设与优化，同时利用第三方平台开设旅游电子商务网店。

该旅行社网络部经理指出，由于电子商务网站平台有游客足迹遗留，可方便与客户取得联系，了解客户满意度，旅行社应发挥电子商务的能力和技术优势满足游客四大主要需求，即及时准确的信息提供、有效和持续的沟通、安全无缝的在线交易、有效和持久的客户关系管理系统，通过网站实现对游客的智慧

图 7-1　信达国旅的电子商务门户网站

跟踪和智慧服务。对于客户来说，通过旅行社电子商务的开展，旅行社能够提供实时的信息服务、信息交互以及直接的网络交易。下面分别介绍自建门户网站、第三方在线代理商渠道以及第三方平台开设旅游网店这三种销售模式的建设概况，并进行智慧商务的对比与分析。

(1) 旅行社自建门户网站

旅行社自建网站的优点是品牌唯一，无须给第三方佣金，对旅行社长久发展、在线组团、品牌自身推广有优势，但是由于智慧型网站建设成本高，团队人员需具备高素质，旅行社进入门槛较高，需要时间培育网络品牌。目前，该旅行社由于资金、人力的原因，自建门户网站投入较少，智慧服务的效果并不理想。

(2) 旅行社依靠第三方在线代理商渠道销售产品

该模式的优点是成本、团队及门槛等要求较低，品牌见效快。缺点是品牌共享，如旅行社选择消费者使用较多的携程、艺龙、去哪儿、驴妈妈及飞猪旅行等第三方在线旅行预订代理商进行产品推广时，其中有些网站并未提及产品由该旅行社提供；另外，市场数据和业务数据旅行社无法自己掌控，利用这些渠道旅行社最多能提供一些智慧服务，而旅行社的智慧管理无法实现。因此，此模式不利于旅行社自身品牌的推广和建设。

(3) 第三方平台开设旅游网店

该模式的优点也是成本、团队及门槛等要求较低，并且相比第三方在线代理商，更有利于品牌推广。但是在淘宝网等第三方平台上维护旅游网店的信誉以及搜索排行需要花费大量的精力，以提高网店自身的被搜索能力。

目前旅行社的客户来源主要是从线上发展为长期客户。线下的客户都是常客，主要以老年人为主。在日常的客户关系管理中，旅行社也要在网络建立客户关系的管理系统，以实现对客户的在线服务和在线管理。

但是，旅行社开展智慧型的电子商务最主要的目的是推广宣传、招揽客源，旅行社提供的基础产品还是服务，电子商务是主要的销售渠道之一。在线上交流之后，后续的营销还是以优质服务为主，即通过旅行社的 O2O 实现真正的智慧商务。

3. 网站的电子商务优势

我国这几年电子商务发展迅猛，越来越多的旅行社也加入电子商务营销大军中。相比传统旅游营销，旅游电子商务优势明显，主要集中体现在以下几大方面：

(1) 与旅游产业和产品有很高的契合度

首先，旅游产业的关联性很强，需要交通、邮电、商业、轻工、城建、文化和文物等部门的协调与合作，因而进行决策时，除要考虑向旅游者提供餐饮、住宿及其他相关产品和服务外，还要满足各相关行业的需要。旅游电子商务可以把众多的旅游供应商、旅游中介、旅游者联系在一起，景区、旅行社、旅游酒店及旅游相关行业可借助同一网站招徕更多的顾客。在优势互补的基础上提高了资源的利用效率，形成银行、旅游中介商、旅游产品生产者、旅游者四方得利的共赢局面。其次，多数旅游产品具有无形性和不可储存性的特点，其生产和销售的过程是在服务的过程中完成的，避开了现代电子商务中配送体系不完善的问题，有利于智慧商务的建设与实现。

(2) 有利于旅行社降低经营成本

旅游者对旅游电子商务认知度的不断提升，极大降低了旅行社的经营成本。

①降低了旅行社的信息传播成本,网络媒介具有无时间地域限制、无时间版面约束、内容详尽、双向交流、反馈迅速等特点。

②网络营销无须付出店面租金成本。

③减少了旅游市场的交易成本。电脑网络形成的“媒体空间”取代了“物质空间”,“虚拟市场”取代了“传统市场”,旅行社和消费者可进行直接交易。

(3)应用电子商务创新经营模式

①旅行社能够利用网络吸引新顾客。作为新的营销渠道,网上订购比较方便快捷,不受时空的限制,扩大了市场“空间”,增加了吸引力,互联网可吸引那些在传统营销渠道中无法吸引的顾客到网上订购。

②旅行社利用电子商务可以与旅游者进行交互式沟通,针对旅游者的需求,可以提供个性化服务。

4.满足消费者的独特需求

随着社会经济的发展和生活水平的提高,个性化的消费日益成为人们的追求目标,反映在旅游业上,就是追求个性化的旅游。个性化的旅游线路、个性化的旅游经历、个性化的旅游纪念品等,加上不断改善的高速交通网络,大大缩短了旅途时间,从而加剧了这种个性化需求的发展。在我国旅游业的产值中,在线旅游的电子商务份额在不断增加。显然,若依靠传统的业务模式将增加极大的运营成本,而这恰恰为旅游电子商务提供了一个广阔的发展空间,它会以类似“定制”的方式去满足众多的远距离、小批量的旅游消费需求,这就是智慧商务发展中的巨大潜力。

5.提升行业的国际竞争力

随着境内外双边经贸交流合作的进一步加强,国外旅游服务公司长驱直入,凭借成熟的电子商务经验,它们引发的绝不是简单平等的传统旅游竞争。一旦旅游市场全面开放,网络旅游迅速成熟,那么,整个旅游行业现在的竞争格局将被改变,全国现有的数十万大小旅行社中约有90%将可能不复存在。因此,传统旅行社在线化发展刻不容缓,我国旅行社只有积极参与运用电子商务,适应国际旅游需求的新特征和国际旅游交易的新方式,不断提升品牌形象和服务水准,才能将资源优势转化为产品优势和市场优势,从而提高自身的国际竞争力，在国际旅游市场上赢得一席之地。

以上电子商务的发展优势，正是信达国旅选择电子商务为智慧建设内容突破口的主要原因。

（二）杭州同人国际旅行社智慧建设

杭州同人国际旅行社有限公司（以下简称“杭州同人”）是华东地区首家全新概念的新型旅行社企业。它突破了传统旅行社运作的陈旧模式，完全依托网络技术、自主开发的软件平台，以先进的科学管理模型以及新型运作模式来构建自己的服务平台，发展智慧型旅游电子商务，成为以电子商务为核心的智慧旅行社信息平台。

通过公司自建的智慧型信息服务平台，“杭州同人”利用信息技术开拓了新的市场和渠道，尝试用新的方式在业界率先实现“旅游功能国际化”“旅游产品国际化”“旅游营销国际化”“旅游服务国际化”和“旅游管理国际化”。“杭州同人”现设英语部、法语部、德语部、西班牙语部、阿拉伯语部、日语部、繁体中文部七个业务部门，以及采购部、计调部、IT 部、财务部四个主要业务服务部门，并计划根据目标市场的扩大增设韩语部和俄罗斯语部。

“杭州同人”自成立之日起就高度重视应用现代信息通信技术发展智慧旅游信息平台，实现基于服务平台的智慧管理与智慧服务。公司依托雄厚的人才和技术优势，先后自主研发了旅行社 ERP 系统、CRM 系统和 OA 系统并投巨资搭建旅行社电子商务平台。“杭州同人”还针对目标市场游客偏好等因素，联合国内外多家旅行社共同建立“旅游资源数据库”，保证了准确、实时、在线化的数据资源获取，成为旅行社智慧化运营的基础保障，对提高旅行社市场竞争力产生重要的积极意义。下面是公司自主研发的几个应用系统。

1. ERP 系统应用

依托自主开发的企业 ERP 系统，“杭州同人”将传统的表单报团流程向电子化流程推进，目前公司的业务操作均以电子化的方式完成。产品设计流程、组团流程、销售流程、结算流程、资讯服务流程、计调流程、采购流程等都通过 ERP 系统统一管理。基于完善的电子商务平台，“杭州同人”以网络为媒介与客户进行沟通并完成交易。客户从访问咨询开始，就进入其电子化业务流程。

2. CRM 系统应用

“杭州同人”开发的 CRM 系统，主要为会员客户提供服务，它与 ERP 系统可实现数据的无缝交换。系统具备客户资源管理、未成团管理、成团管理、潜在客户管理等应用功能。目前公司正在进一步完善 CRM 系统，加速开发 CRM 的数据挖掘功能，为下一步智慧商务提供数据支持。公司将依据 ERP 和 CRM 的整合功能，构建具有电子商务特色的智慧旅行社应用模式，监管经营中的管理、服务、营销的所有业务需求。

3. OA 系统应用

“杭州同人”的日常办公均使用自主研发的 OA 办公系统，已完全进入无纸化办公时代。利用 OA 办公系统实现内部流程的电子化流转，如用于公司内部的项目审核、财务管理以及员工的绩效考核等工作流程，基本实现了旅行社办公流程的信息化、信息资源化、传输网络化，极大地提高了整个公司的运行效率及智慧决策。

4. 官方网站集群

“杭州同人”的官方网站包括传统网站和微网站等，通过集群实现信息的统一、业务流程的统一、营销活动的统一。“杭州同人”的官方网站是多语种网站群的主网站，主要由几大旅游产品及路线推荐板块组成，集旅游路线推荐、在线预订及支付功能等于一体。“杭州同人”通过网站经营线上 B2C 入境旅游业务，目标市场对准来中国旅游的国外游客，业务开展以此网站为主体，客户通过网站访问完成组团订单业务的完全信息化管理。

四、智慧建设的主要业务管理系统

目前，智慧建设主要有以下业务管理系统：

（一）管理信息系统（MIS）

智慧旅行社的业务主要依靠 MIS 进行管理，经营管理中的预订、接待和办公自动化等都属于管理信息系统业务内容。智慧型 MIS 的实施涉及旅行社的各个部门，旅行社靠 MIS 来提高业务的智慧处理效率，是旅行社智慧管理的主要技术系统。

(二) 计算机预订系统(CRS)

它是一个旅游业内部的专用预订系统,一端连接航空公司、饭店等服务单位,另一端连接各地区的旅行社单位,用于预订机票、客房等服务,同时还可用于连接单位间的费用清算。智慧旅行社主要用 CRS 开展预订业务和旅行社的营销。计算机预订系统不但提高了旅行社业务处理的效率,而且为旅行社带来了更多的订单,产生更大的收益,是旅行社智慧管理和智慧商务建设中的主要系统。

(三) 客户关系管理系统(CRM 系统)

该系统是客户关系技术在旅行社的具体应用,建设的重点是挖掘有价值的客户,维系已有的老客户,为客户创造收益。智慧旅行社依靠 CRM 系统对客户关系进行统一管理,并为关系客户实施自动销售和一对一营销。依靠 CRM 系统可以在经营中以客户为中心,通过有效的关怀管理提升客户满意度,培养旅行社的忠诚客户,提升和挖掘客户价值。该系统使旅行社实现了敏捷服务及差异化服务,是智慧服务建设中的主要技术系统。

(四) 网站系统

智慧旅行社有自己的网站,由公司网络部的员工进行管理和维护,并且加入了第三方网站。它在网站上发布产品相关信息,销售和管理旅游包价产品。旅游者通过它的网站搜索旅游信息,预订、购买自己喜欢的旅游产品。网站作为一个信息交流平台,使旅行社与旅游者、旅行社与供销商、旅行社之间的信息传递不再受时间和地域的限制。在网站上与客户进行互动交流,也提高了旅行社的营销效益,是智慧服务和智慧商务的主要技术系统。

信息系统业务占比和网站建设及业务占比情况如表 7-2 所示。

表 7-2 信息系统业务占比和网站建设及业务占比情况

信息化项目(信息系统)	百分比	业务选项(网站)	百分比
办公自动化系统(OA)	78.30%	同行合作	34.50%
总务管理系统	25.90%	发布产品信息	87.10%
客户关系管理系统(CRM)	45.80%	产品报价	75.30%

续 表

信息化项目(信息系统)	百分比	业务选项(网站)	百分比
系统维护系统	40.40%	目的地介绍	61.40%
线路管理系统	43.60%	产品设计(线路)	73.10%
出境游管理系统	12.50%	预订产品	52.90%
地接外联系统	47.30%	客户联系	23.90%
财务管理系统	28.20%	网上支付	18.50%
计调管理系统	67.40%	网上监督投诉	12.10%

五、电子商务开展中的智慧创新

在电子商务开展过程中,围绕智慧建设有四个方面的创新点。

(一) 销售模式创新

旅游电子商务系统的设计是建立在传统旅行社业务的基础上,具有完整的产品开发、销售、营销及信息流通体系;同时,它拥有比传统旅行社大得多的覆盖范围和多得多的用户基数。基于这些特性,旅游电子商务企业通过对互联网技术的运用和提升,从客户需求角度出发的营销策略,整合出其特有的在线销售模式,介绍如下:

(1) 在产品开发上,加强消费者行为研究。利用互联网技术,收集及分析客户网上消费行为,并根据具体的调研得出相关结论,从而运用到客户细分、市场选择及价值定位等的战略决策上,个性化地设计满足客户要求的产品。

(2) 在信息交流上,实现在线交流模式。利用平台优势,突破原有价值链单向信息传递的弊端,通过信息和产品资源的整合,建立了全国甚至全球覆盖的旅游要素在线预订平台,消费者通过互联网、呼叫中心和手机无线等电子商务渠道可一站式地获得相关旅游信息,预订产品,实现支付。

(3) 在客户管理上,立足于消费者关系维护。基于消费者行为研究,提供高质量的客户体验,是旅游电子商务企业的核心价值,且通过其在线预订模式的标准化、便捷化和高针对性,增加客户黏性,提高自身的利润。

（二）自媒体营销创新

旅游电子商务作为一种直接面对消费者的媒介，可以和消费者进行无阻碍的沟通，其庞大的客户资源及海量的数据库成为其核心价值，并通过资源端的整合和规模效应所产生的价值链提升营销效果和扩大营销的覆盖面。其所运用的旅游营销手段，主要核心内容都是在资源整合和数据库营销的基础上予以实现的。同时，其主导的营销策略可根据市场和产品的需求，变得更灵活多样。利用自媒体营销可以实现以下智慧营销创新：

(1) 在产品开发上，注重结盟营销。结盟营销是结盟方利用自身的核心优势，为了更大可能提升规模效应、扩大自己的市场占有率、提高信息和资源共享力度而组成的利益共同体。旅行社联盟可以利用电子商务中的自媒体实现智慧型营销，如微信营销、微信组团、微信支付、微信关怀等。

(2) 在信息交流上，主推互动营销。人与网及人与人之间的互动，起到广泛传播的效果。互动营销、社交网络营销都可以让电子商务在营销过程中充分利用旅游者的意见和建议，用于产品的规划和设计，为旅行社的市场运作服务。

(3) 在客户管理上，做到精准营销。对于旅游电子商务企业来说，精准营销的目标是通过加强客户信息处理，来增加客户的忠诚度，同时通过数据库分析提高客户转化率，有针对性地将产品和消费者紧密精准地联系到一起为智慧旅游的销售提供很大的帮助。

（三）营销评估的创新

传统营销模式最明显的不足就是无法对其营销项目的效果进行评估，这是由营销与销售体系相脱节的模式造成的。在新模式中，旅游电子商务在其收获利益的前提下，其营销项目的目标即将潜在客户的切实需求直接转化成为可达成销售的过程。因此营销效果的评估主要集中在将多少潜在消费直接转化成为实际的消费。因此，评估体系则可以建立在潜在消费与实际消费的转化维度来进行考评，并可以将其销售成果直接作为营销效果进行评估，弥补长久以来旅游营销无法进行效果评估的不足。这也是利用电子商务实现智慧营销的一条可行途径，有效的评估可以快速定位到企业的目标客户。

(四) 营销模式创新

根据“营”与“销”相结合的模式,提出旅游电子商务在旅游营销上的创新模式,如图 7-2 所示,这是智慧营销开展的基础。

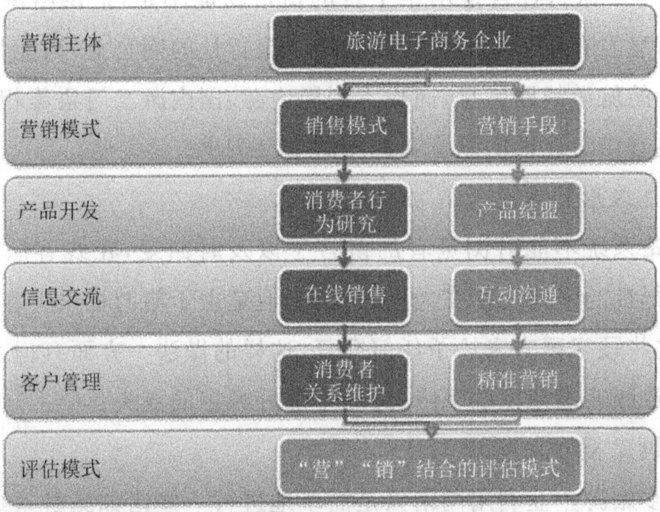

图 7-2 旅游电子商务的创新营销模式

总之,基于互联网技术的旅游电子商务实现了在线预订的销售模式,既为消费者获取信息提供了专业载体,同时又兼具旅行社的服务功能,实现销售、营销、服务的一体化经营,并通过海量数据库进行消费者调研,打破了长期以来旅游营销与销售处于脱钩的局面。这种“营”与“销”相结合的创新营销模式,在旅游电子商务平台与消费者及消费市场这三者之间建立起一个紧密联结的纽带,为今后市场的快速增长和日益多元化的客户需求开辟了一条新的途径,将成为今后旅游社发展智慧商务的新契机。

六、智慧建设中存在的不足

旅游电子商务在我国旅游市场中具有很大的发展潜力和空间,旅行社的转型升级需要借助电子商务有步骤地开展智慧系统的建设。但目前智慧型的旅游电子商务充分发展的条件尚未成熟,尤其在旅行社企业,智慧建设发展中仍然存在一些问题。

（一）网络体系不够智慧，信息匮乏

1. 网站平台的智慧功能不足，内容更新不及时

传统旅行社的电子商务网站平台的智慧功能不足，内容接驳技术还很缺乏，具体表现在：旅行社自建网站平台的窗口功能不足，提供给浏览者的商务信息单一，信息发布不够及时。比如在某些旅行社的网页上，只能找到出境游、自由行、游轮的旅游线路信息，而找不到周边游、国内游及门票等相关信息的链接，无法满足有出游意愿的浏览者的旅游信息需求。

2. 虚拟社区形同虚设

自建网站系统不能对浏览者的留言予以及时回复，在线客服的功能不到位。尽管旅行社的网站上存在大量的留言，但是由于旅游社很少在线关注自己的网站，对这些顾客留言未给予任何回复，这样的做法一方面有损企业形象，另一方面也导致顾客满意度的下降，造成了部分顾客的流失。

3. 自制网站搜索功能差

目前很多旅游企业利用网络只是简单地进行一些诸如旅游景点、旅游路线等介绍性的描述，还没有完全充分利用电子商务来提供专业的、全面的、实用的、个性化的旅游搜索服务，网站内容不完整，顾客都希望能在网上通过各种方式搜索感兴趣的信息，而多数网站没有搜索功能或只提供了简单的线路查询。

（二）缺乏智慧型、复合型人才

旅行社缺乏智慧型的员工，旅行社的智慧建设需要涉及多方面的知识，相关人员不仅要精通网络技术，还要精通市场营销知识、管理和旅游等方面的专业知识。然而，既熟悉电子商务又精通旅游业务的复合型人才还非常缺乏，这必然会对旅游业的智慧发展有阻碍作用，需要企业自己培养相关的智慧型专业人才。

（三）系统安全的技术不足

安全问题是影响消费者在网上进行交易的问题之一。由于互联网迅速流行，旅游电子商务正在不断扩大市场份额，已被公认为旅游最有潜力的新的增长点。然而，在网络上处理交易时，电子商务网络系统会受到电脑病毒、黑客等方面的危害，进而使一些消费者不愿意在网上进行支付，担心自己的个人财产

会被黑客所窃取。另外,消费者在进行网上交易时,有些用户的隐私会被泄露,这使得一些消费者对网络安全缺乏信任,进而不愿意在网上进行交易。这需要旅行社具备安全方面的应急处理能力。

(四)经营模式缺乏创新意识

旅行社在智慧建设和系统的整合上缺乏创新意识,虽然已建立多个信息系统支持企业发展,但缺少旅行社自身的智慧服务特色。相关的信息系统都以旅游业务点为处理原则,没有在底层数据上实现整合,缺少业务上智慧型的协同性。旅游电子商务系统需要在经营模式上实现创新,智慧地处理旅行社内外的所有业务。

七、点评观点

点评观点一:

智慧旅游建设是近些年来活跃在旅游经济舞台中的新趋势。旅游业自身的性质、特点以及社会信息化、经济网络化,决定了旅游业具有发展智慧型电子商务得天独厚的优势,发展旅游电子商务也成了传统旅行社的必然选择。

智慧旅行社的建设和发展对改变人们旅游的方式产生了极大的影响,选择在网上预订旅游的旅客越来越多,在线服务越来越普遍。因此,旅行社必须抓住信息化时代的机遇和挑战,努力去适应网络时代的变革与发展,利用电子商务为游客提供更个性化、更满意的旅游服务,实现旅行社经营管理的创新,提高旅行社的竞争实力,促进旅游电子商务不断完善健康地发展。旅行社的智慧建设围绕电子商务展开,目前还是缺乏有效的智慧服务,如自建网站平台发布的一些旅游线路缺乏智慧选择的服务,还缺乏在线旅游视频的热点信息。可以围绕门户网站的智慧营销开展一些实质性的系统建设,如基于 O2O 的订单管理系统,从而促进在线旅游者的出游率,增加旅行社的线上交易量。

点评观点二:

旅游电子商务是旅游业中增长最快的领域,而且对传统旅游业的运作方式具有一定的颠覆性,这种颠覆性在旅行社行业表现得尤为突出,像携程、艺龙和芒果网等电子旅游服务商正以完全不同于传统旅行社的新模式改写着旅游发展历史,创造着奇迹。因此,传统旅行社以电子商务作为突破口开展智慧建设,是一个明智的选择。

智慧旅行社建设应该重点在智慧服务建设，给游客以一个全新的体验。从游客的角度看，智慧服务的体验远比传统旅游刺激，因为互联网上每天都有新东西、新服务。养成求新的思维方式和习惯，也比传统旅游本身重要得多。今后我们每个人都会接触到更多旅游电子商务，希望旅行社有更智慧的服务提供给游客，让游客真正体验“一机在手”获取所有服务，因此，旅行社的在线服务智慧还需要进一步完善。

点评观点三：

旅游电子商务的出现为旅行社带来机遇和挑战。

通过旅游电子商务，旅行社可以让更多想要去旅游的客户看到旅行社发布的旅游信息，这就意味着旅行社可以卖出更多的旅游产品。这和传统的线下模式相比，大大提高了旅行社的效率，增加了旅行社的收益。但是，旅游电子商务的出现也为旅行社带来了很多挑战。旅游电子商务不断发展，意味着会有越来越多的旅行社加入这个阵营，如果旅行社没有创新，没有智慧，没有不断提升自己的旅游服务能力，那么哪怕它拥有旅游电子商务，也无法在同行中脱颖而出。

信达国际旅行社因为主要是线上营销，所以有一个网络部专门来管理。而且它会按照不同时间段推出不同的旅游产品，并且为不同的顾客提供不同的服务。虽然它不及携程、途牛这种OTA大佬，不过从它的部分旅游产品在淘宝首页可以知道，它还是做得不错的。但是，网站的智慧性还存在不足，门户网站和旅行社信息系统的业务数据对接不足，这从网站服务的敏捷性可以看出，智慧服务还需努力。

点评观点四：

信达国际旅行社是一家专业性极强的优秀旅行社，其宗旨是“诚信服务，使命必达”。而该旅行社也一直在很好地贯彻落实公司的宗旨，作为较早开展旅行社电子商务的老牌旅行社之一，信达国旅在旅游电子商务方面拥有话语权，该旅行社拥有自己独立的网站运营系统以及自己的天猫旗舰店，在搜查关键词“杭州周边游”或“杭州一日游”等旅游产品时，信达国旅的数据都位列搜索结果的前三，而进入信达的天猫店铺可以很容易地找到它提供的杭州旅游、国内旅游、华东地接旅游、公司旅游、自助游、会议接待，以及酒店预订、机票预订、景区门票预订等服务，信达成功的要素主要在于店铺评分接近满分，这系列评分的来源都是在信达消费过的游客，游客给予高分评价的原因在于其卓越的服务。

但是智慧旅行社的建设仅是旅游电子商务是不够的，它需要旅行社的智慧管理和智慧服务的协同，而目前信达国旅在智慧管理方面还明显不足，门户网站的智慧服务也是不够的，这可能需要旅行社的综合服务平台建设，有一个集成的数据中心支持。而这方面信达国旅还需要继续努力，开展一些实质性的系统整合和数据整合的建设。

旅游业是第三产业，也是服务行业，它涉及与多个行业的业务关联和联系，如金融业、IT 业及交通服务业等。智慧旅行社建设不仅仅是自己本身，它的智慧建设涉及这些相关行业，要改变传统的旅行社经营模式，在智慧建设中首先要创新经营模式，如可以通过网络在线预订系统随时随地选择旅游地点及旅游出行方式，从而实现网络交易与服务的有效结合，而且在结合过程中，需要相关业务的数据互联，信达国旅也要加强与金融业的合作与协调，实现在线流程的改造，通过推广多种支付手段，加强缴费系统的安全性，确保消费者的信息财产安全，这些都是信达国旅在智慧建设中需要不断完善的。

应用案例及分析

浙江省中国旅行社的电子商务创新思路

浙江省中国旅行社始建于 1956 年，是浙江省历史最悠久、规模最大的旅游企业之一，为浙江中旅旅业集团有限公司的全资子公司，拥有员工近 600 名。浙江省中国旅行社作为国家特许经营中国公民出境旅游组团社之一、浙江省首批五星级品质旅行社，其出国组团人数在全省同行业中遥遥领先。公司下设宁波、台州、衢州、温州、丽水等十余家分(子)公司，主要经营范围包括入境游、出境游、国内游、交通租赁、政府公务、商务会展等多项业务，并可根据游客的要求安排个性化旅游服务，如网上代订机票、代办签证、代订酒店等。公司以优秀的旅游品质、诚信的服务赢得海内外客户的称赞，连年被评为全国百强国际旅行社、浙江省十佳国际旅行社，还夺得浙江省最佳业绩奖、百佳诚信旅游企业等称号。浙江中旅从2014年开始关注智慧旅行社的建设，并把开展电子商务的智慧商务建设作为发展的重点。

一、电子商务的创新措施

2010年以来，公司根据快速发展的旅游业务，以及未来大旅游的发展前景，开展电子商务的基础性建设，用电子商务创造市场的竞争优势。

（一）电子商务基础——ERP管理

ERP系统是指建立在信息技术基础上，集信息技术与先进管理思想于一身，以系统化的管理思想，为企业员工及决策层提供决策手段的管理平台。它是从MRP(物料需求计划)发展而来的新一代集成化管理信息系统，扩展了MRP的功能，其核心思想是供应链管理。它跳出了传统企业边界，从供应链范围去优化企业的资源，优化了现代企业的运行模式，反映了市场对企业合理调配资源的要求。它对于改善企业业务流程、提高企业核心竞争力具有显著作用。公司引入ERP管理，主要改善以下业务管理的工作。

1. 出境管理业务

所有出境操作人员的业务操作都通过此信息系统，将自己研发制作的产品发布于系统中，到最后财务的挂账、记账、财务账单生成、结算等，形成业务一条龙的完整电子化业务流程，利用ERP系统实现业务数据的可视化流转。

2. 业务板块管理

业务板块的管理分为出境旅游管理、国内旅游管理和采购管理等。出境旅游管理的重点是外部协作以及申报等工作；而国内旅游管理涉及的部门比较多，不同部门的业务操作人员运用系统的操作流程实现业务的电子化管理，内容包括制作产品、发布线路、组接团管理、到账单生成、自动结算等环节；采购管理是根据组团产品的需要，实现旅游地的住宿、餐饮、景区游览等服务产品的电子化采购。

3. 改善内部业务流程

内部业务流程通过ERP实现在线化，包括办公自动化、财务和计调等业务内容。ERP和网络结合起来形成一种新型的行政管理流程。公司内部的收接发通知与公文、个人通知，上班考勤打卡，车辆管理和调度，网站信息维护等行政内容都可在ERP系统中得以完成。

（二）与第三方合作

在开展电子商务的过程中，公司采用多渠道合作的发展战略，与第三方合作积极开展间接的电子商务，如与天猫、淘宝合作，以网店的形式开展电子商务；与携程、途牛等大型OTA平台合作，代理和销售公司的标准化服务产品；利用智能的移动终端，与社交网络服务商合作，如微信平台、微网站、微名片、票来了系统等，出售自己的个性化服务产品，同时利用社交网络进行客户维系，实现一对一的营销，以提升在线直销的公司业绩。

（三）发挥门户网站的创新优势

浙江省中国旅行社不同于其他让第三方运营耗费大量资金的旅行社，它不仅自主研发属于自己的门户网站，还对外承接大型的网站设计和建设。在自主建设的网站中，中旅的网站开发水平位列浙江省排名前几名，并且凭借门户网站的影响得到了浙江省电子商务示范旅行社的荣誉称号。

此项评比的内容具有多面性，中旅因具有其独特性而获得称号。例如，中旅网站不仅使用英语、法语、日语三种语言，还有德语，为防止其他旅行社的模仿，它对中国市场进行隐匿，只对德国市场开放。从中看出，中旅网站不仅具有先进的技术、独特的创新，还有极高的产权保护意识。

中旅开发的网站满足基本电商网站的需求，从客户在线产品可以时时刷新，更新位置预订、查看产品情况到最后的产品在线交易完成以及签署电子合同，都可以在门户网站中完成。虽然网站与携程类似并且不及携程具有的产品功能，但中旅自己研发的网站更贴近旅行社本身，富有其旅行社内部的专业特色，撇去其他旁枝末节的功能，主推自己主打的组团产品，适当地加上自由行以及单项组合产品，实现门户网站的简洁及实用性。

二、电子商务竞争力分析

浙江省中国旅行社将ERP管理系统运用到企业内部所需的业务应用系统（包括财务、物流、人力资源等核心模块），大大地优化了企业内部的业务流程。同时通过自己开发的门户网站，与第三方电商合作一同营销公司的服务产品。这些发展的创新之处体现的竞争力有以下几个方面：

(1) ERP系统优化了公司日常的行政办公、业务流程，实行业务信息的自动流转，同时大大节省了业务处理时间，提高了工作效率。

(2) 由于ERP系统是一个在全公司范围内应用的、高度集成的系统。数据在各业务系统之间高度共享，所有源数据只需在某一个系统中输入一次，保证了数据的一致性。中旅所有出境操作人员业务通过此信息系统，将自己研发制作的服务产品发布于系统中，实现产品营销、自动销售、自动核算的全过程电子化，为电子商务的全面开展奠定了技术基础。

(3) 在自主研发属于自己的门户网站来推广产品的同时，实现了前、后台业务的自动对接，不但实现了门户网站的在线直销，还实现了门户网站与第三方OTA渠道的信息接驳，为公司的多渠道营销争取了市场份额。

(4) 利用微信平台从以往的以组团产品为核心卖点，转变成做单线的组合产品，如自定义的小包团，针对个人旅游提供签证、机票等服务，完全实现了电子商务的个性化服务要求。

(5) 与快钱、银联合作，实现在线支付便利化。

(6) 做电子合同使客户交易更加便利化，从而间接增强企业的电子商务形象。

三、未来发展的对策

如果想要在旅游市场中获得较大份额的市场占有率，中旅在电子商务方面需要做的事情还有很多，旅行社应该充分利用电子商务时代的市场特征。

(1) 要正确认识电子商务，旅游企业要学会利用自己的专业和服务开辟形成服务的电子化，为旅游消费者提供电子化的一条龙服务。

(2) 旅行社行业在未来发展对策中，还应该将现代的移动网络技术引入旅行社的日常经营中，比如优化企业内部网站，利用网络建立广泛的咨询服务网和利用CRM开展客户关系营销，为游客提供完善而全面的咨询服务，以及新产品开发、市场销售、产品配送、售后服务、业务分析等，由此形成一批旅行社的忠诚客户，提升旅行社的竞争力。同时，改造自身的业务流程，从而更好地适应旅游消费者多元化的需求。

(3) 为了进一步的发展，旅游企业也可以针对不同的客源地，采用不同的营销方法和合适的推拉式营销模式并在内部网站上充分体现。同时,进行旅游市场调研,找准旅游企业自身的目标消费群体并进行精准的定位也是必不可少的。

(4) 还应该紧跟时代发展的潮流,借鉴国内外最新的技术,利用ASP在线统计技术(及时反馈顾客浏览网站页面、售后评价信息)、物联网技术、网络营销、协作服务等进一步地实现电子商务在旅游业中的支持服务。

(5) 电子商务人才也是不可或缺的,在未来发展对策中,通过学历教育、继续教育、在职培训等多种形式培养具有旅游知识和电子商务知识的复合型人才是企业长足发展的关键。旅行社在未来发展中,要以市场为导向,开发、设计出迎合客户实际需求的旅游产品,并实现在线直销和服务。

四、点评与总结

浙江省中国旅行社将电子商务的运用发挥得很好,在内有业务整合和流程整合能力的ERP管理系统方面,方便企业的日常业务管理和公司外部业务的电子化管理,以及公司产品在线化和业务数据的管理;在与第三方渠道合作方面,实现与飞猪旅行共同合作所构建的天猫旗舰店平台,公司拥有了很庞大的网络客户群体;还建立了微信公众号,主要用来推广小包团和做客户的售后维护工作,加入了新时代自媒体的潮流,与客户建立了更加亲密的关系,有利于形成自己的O2O商业模式,可有效提升在线直销的公司业绩。

电子商务的应用目的并不是为企业盈利,而是通过各种手段来扩大企业的渠道和知名度,从而转化为消费,为企业带来利益。而且,随着现在信息技术的高度发展,电商的变化也是非常快的,所以企业要想很好地发展,必须要不断地引进最新的技术和最优秀的人才,只有这样企业才能处于不断发展的状态,才能更好地生存。

纵观我国传统旅行企业,要想更好地发展电子商务,不被时代所淘汰,就必须与电子商务接轨,融入最新的元素,这样才能与OTA平台竞争,形成和谐的电子商务业态。电子商务的发展需要技术的支持,只有拥有一支技术过硬的研发团队使其充分被旅游企业运用,才能促进旅游业在线化的蓬勃发展。

浙江省中国旅行社以"网络化、规模化、品牌化"为发展目标,为了实现该发展目标，公司需要借助电子商务与遍布全国和海外的合作伙伴合作，利用网络为海内外游客提供全方位、多元化的的旅游产品和优质服务，秉承“行万里，找中旅”的企业精神，这样才能锐意创新，开拓进取，不断续写新的辉煌。因此，未来公司需充分利用电子商务手段，实现跨区域合作，建立统一的旅游资源研发中心和统一的网络营销平台，互通有无，协力合作，形成强大的“虚拟旅行社”联盟，利用地域优势与大型旅游服务机构同台竞争，在全域旅游发展中发挥自己的专业优势。电子商务是“抗强扶弱”的有效手段，自20世纪末以来，在全球范围内已经上演了无数次“小鱼吃大鱼”的成功实践。对于旅游服务这种资源分散、个性化要求高的行业，谁的资源整合能力强，对市场反应快，谁就掌握了竞争优势，而电子商务是整合这些资源最有效的技术手段。

☞ 思考题

(1) 中旅的电子商务创新措施有哪些？它有怎样的竞争优势？

(2) 通过网络进一步了解ERP软件的特点、作用和在电子商务中的优势。

(3) 中旅与第三方合作属于什么类型的电子商务？应采取怎样的策略开展与第三方的合作？

(4) 通过网络及中旅的门户网站，进一步了解该公司开展电子商务的情况，从你的角度点评中旅的电子商务开展情况。

(5) 旅行社企业应采取怎样的战略有效开展旅游电子商务？

第八章　旅游目的地信息化与智慧目的地

引例：海南国际旅游岛智慧建设的提出

智慧目的地的概念来自于智慧城市发展的倡导，是旅游业发展过程中的一种业态创新，是从旅游业和谐发展的角度引入的一个全新概念，它是旅游目的地信息化发展的高级阶段，也是信息技术与旅游目的地深度融合的结果。海南省是一个岛屿省，旅游是其一个重要的支柱产业，如何发展旅游一直成为海南经济的热点问题。为此，海南省政府在2009年年初提出了一个以建设“国际旅游岛”为发展目标的规划定位。但是用什么来支持国际旅游岛的建设呢？海南省政府当时首先想到了信息化，用信息化推动国际旅游岛的建设。用什么样的旅游信息化手段可以创造竞争优势成为区域旅游发展探索的热点，也成为海南省政府迫切需要解决的问题。2009年9月，海南省政府举办了首届中国旅游信息化发展论坛（三亚），通过召集专家举办论坛、会议的方式来寻找答案。在论坛上，来自于全国近百位学者各抒己见，许多专家学者提出了各自的旅游信息化意见，并第一次提出了智慧旅游这个新概念，当时的智慧旅游就是把海南建成一个智慧的旅游目的地，以助推国际旅游岛的建设目标，但当时并不清楚智慧目的地是什么，如何去开展智慧目的地的建设。后来的实践表明，智慧目的地的建设往往超越了旅游范围，但它必须是围绕旅游业的发展组织智慧型的建设，它和智慧城市建设密切相关。

本章将围绕智慧目的地的建设，系统性介绍智慧目的地的概念及分类、智慧目的地建设涉及的范围和内容、智慧营销和新媒体的内容，以及目的地的智慧管理和智慧服务等新业态内容。

第一节　智慧目的地的概念及分类

旅游目的地的概念大可以是一个国家、一个城市，小可以是一个小镇、一个村庄。对于一个城市目的地来说，智慧城市与智慧目的地的建设概念几乎相似；对于一个村庄目的地来说，智慧乡村和智慧目的地的建设概念相当。因此，目的地不同，智慧建设的内容和范围差异性也很大。但从旅游的角度来看，智慧目的地建设的核心内容还是主要围绕服务、管理、营销等方面。

一、智慧目的地的概念及定义

目的地是一个旅游区域性的概念，智慧目的地根据不同的区域有不同的智慧目的地建设途径。如果是一个城市型目的地，它的智慧目的地建设与智慧城市建设有许多相关性；如果是一个景区型目的地（远离城市），它的智慧目的地建设与智慧景区建设有许多相关性。但智慧目的地建设有一个共同点，它都是围绕游客的旅游服务展开智慧性建设。

（一）智慧目的地的概念

为了便于研究和界定概念，根据旅游目的地的概念范围，我们将智慧旅游目的地的研究范围界定在市级目的地（含县级市）。从学术的角度看，智慧旅游目的地是指旅游目的地在智慧城市建设的同时，将旅游业放在突出的位置，智慧旅游目的地提供的核心旅游产品质量不仅依靠旅游企业，还包括旅游相关企业提供的支持活动，不仅有企业的旅游服务、管理和营销等活动，还有旅游目的地自身的服务、管理和营销活动，这些活动都依赖信息通信技术的支撑，实现精准的管理与服务。因此，智慧目的地是利用“云计算”、物联网等平台为旅游者在旅游前、旅游中、旅游后的全程旅游接待活动提供敏捷的创意服务，实现多方位、差异化的旅游服务。具体而言，就是将旅游目的地的吸引要素（食、住、行、游、购、娱）和发展要素（文化、资讯、环境、科教、制度、综合）智能化地无缝衔接，使旅游目的地成为以旅游服务引领其他服务产业的新经济增长模式。此外,西班牙 SEGUTTUR 集团主席安东尼研究认为,智慧目的地是指因地制宜地在景区或旅游地引入先进的技术设施,在促进游客与环境深度互动的同时,保证旅游目的地可持续发展、和谐发展,同时还可借助这些技术设施改善当地居民的生活环境和质量。

因此,智慧目的地建设既涉及对游客的智慧服务,又涉及对当地居民的智慧服务,既涉及目的地旅游资源,又涉及与旅游相关的其他资源,其中涉及更多的是政府角度的智慧建设,如何为目的地旅游市场提供更好的管理与服务,如何管控旅游市场的发展以及旅游活动的安全。另外,还涉及政府智慧建设项目与旅游企业智慧建设项目的协同问题,最关键的是目的地大数据建设的使用和管理问题,这些建设都和政府与企业相关,如数据怎样才能相互访问和使用。因此,智慧目的地建设的规划、协调、分工是发展中的关键点。

(二) 智慧目的地的定义

智慧目的地建设的目标是方便游客,使目的地的旅游能健康、和谐地发展。为了达到这样的目标,信息通信技术的应用是关键,借助于新技术使旅游目的地的管理、服务、营销能满足游客、企业、当地居民各自的需要。如游客能借助移动互联网轻松获取服务,企业能借助移动互联网轻松知道游客需要什么,当地居民借助移动互联网轻松了解目的地的市场环境。因此,智慧目的地的建设与政府、企业、游客、当地居民都相关,而且智慧建设必须由政府来统一规划,明确政府与企业不同的建设职责,共同打造目的地的智慧环境。根据这样的相关要求,我们可以给智慧目的地下一个简单的定义:所谓智慧目的地就是要求目的地的旅游活动能使政府、企业、游客、当地居民相互之间有感知,使目的地各类信息系统的数据相互之间可以无缝对接和流转,数据成为目的地旅游活动的生产力,政府通过目的地的旅游管控平台对所有旅游活动实现可视化,包括景区、乡村旅游点,形成目的地旅游数据、信息、知识能智慧流转的生态系统。根据这一定义,目的地的旅游需要一系列的智能型信息系统,利用云计算技术、物联网技术、定位技术、增强/虚拟现实技术、移动互联网技术等构建在线业务流程,使所有的技术系统在线化、网络化、平台化,形成目的地协同的智慧管理、智慧服务、智慧营销新业态。

智慧目的地建设除了自身的旅游内容以外，也和智慧城市、智慧社区建设的内容存在很大的相关性，有些智慧目的地还和智慧乡村旅游建设的内容相关。因此，目的地自身必须把针对游客的智慧型系统建好，然后构建目的地的智慧管控平台把管理与服务整合起来，有些地方的智慧旅游实践称其为一体化综合平台。这个智慧管控平台就是整合目的地的主要技术系统，以形成自身的数据中心，它可以实现目的地的智慧管理与服务，包括智慧营销。之后，不同的目的地机构可以通过管控平台的互联，形成更大区域的目的地智慧旅游架构。因为任何智慧建设只有通过管控平台互联才是最有效的，大旅游、大服务不可能直接与信息系统互联，这样智慧建设的成本更大，很难实现全域性旅游的智慧。

二、智慧目的地的分类

不同类型智慧目的地的建设范围和内容差异很大。通常智慧目的地可分为省级智慧目的地、市级智慧目的地和区县级智慧目的地。简要了解这些智慧目的地的分类概念，对智慧目的地建设的重点内容可以有较好的把握。从政府的角度来说，智慧目的地是智慧旅游建设中的重点，目前还没有一个智慧目的地建设的有效规范。

(一) 省级智慧目的地

省级旅游目的地的智慧旅游建设旨在宣传本省的整体旅游形象，有一个公共的网络服务平台和网络口号标识(见图 8-1)，以形成鲜明的省级智慧旅游特色，并用旅游带动本省其他服务产业的发展。因此，省级智慧目的地的打造一般由省级政府主导，政府在其中充当最大的出资人、组织者、领导者、宣传者和使用者的角色，由政府官员带头成立专门的智慧旅游课题研究和推进小组，统

图 8-1 山东智慧旅游网络标识

一规划和监督实施;购买企业的技术设备和服务,搭建公共服务平台,其中部分项目鼓励企业的融资和参与。建设内容主要围绕旅游公共服务,以及专门针对景区的智慧管控平台。

省级智慧目的地体系包括营销、管理与服务体系,以旅游智慧管控平台建设为主。智慧城市的技术框架为智慧旅游营销体系的构建提供了极为广阔的渠道和方式,三网融合使得旅游目的地的营销实现线上与线下的衔接。而智慧旅游营销策略则更侧重于由政府在受众面最普遍的全球知名传媒上开展全覆盖的整体形象营销,为省内主要的知名景区(点)的信息化应用推广提供服务,将智能化、信息化与景区的特色相结合,形成具有个性化体验、鲜明的旅游特色和旅游吸引印象,并鼓励和推动各地市智慧旅游的全面建设。

相对于智慧目的地的营销体系,智慧旅游管理与服务体系是省级智慧目的地打造的重点,也是智慧城市基础构建以及旅游智能化产品和技能应用更为关键和广泛的区域。在省级旅游公共服务平台的框架下,链接各个市、区县的公共服务旅游云计算平台,为省级智慧旅游管理与服务体系提供了神经中枢;智能化呼叫平台、移动通信平台、各级互联网络平台、电视网络平台等融合在一起为省级智慧旅游管理与服务体系提供了构架;泛在化的省级旅游咨询服务系统为省级智慧旅游管理与服务体系提供了血脉;基于定位导航系统的智慧停车场、智慧酒店、智慧景区等智慧旅游管理与服务部件为省级智慧旅游管理与服务体系提供了关键的内容支撑。

(二) 市级智慧目的地

市级旅游目的地的智慧目的地建设规模和力度介于省级与区县级智慧旅游目的地之间,市级政府在智慧规划建设中也是处于主导地位,是智慧旅游目的地建设的规划者、组织者、宣传者、实施者和联络者。市级政府在进行智慧规划时与省级政府密切相关,从规划的申请、审批、拨款,到规划的落地,市级政府都需要有上级的同步指导。因此,市级智慧目的地的建设资金来源一般包括省级政府财政、市级政府财政和企业融资,更多的资金用于企业激励。企业在其中的参与相对于省级会更多一些,这是因为拥有参与承办市级智慧旅游建设项目能力的企业相对比较多,更多的是因为市级智慧目的地更具有针对性,操作相对于省级更明确和简单。与省级智慧目的地不同,智慧旅游营销体系对于市级旅游目的地来说与旅游管理、服务体系同样重要，甚至更为重要。这一方面是因为市级旅游资源并不像省级旅游资源那么丰富和知名；另一方面，市级的旅游营销操作手段和路径更具体和更有针对性。智慧城市基础上的互联网平台、物联网平台、呼叫平台、移动通信平台等这些信息化基础设施的构建，为市级旅游目的地的旅游营销开拓了广阔的市场空间。

市级的智慧旅游建设同样围绕公共服务平台展开，且具有自己的网络标识（见图 8-2），以显示出自己的智慧旅游特色。智慧旅游的管理与服务体系，一方面可以借助省级旅游管理与服务体系搭建的支撑平台，如实现旅游云计算中心的信息资源共享、旅游集散中心的合作等；另一方面，要在本市建设智慧旅游管理与服务的亮点，形成一两个领先于其他地区的特色项目，形成本市特有的智慧景区和环境。构建与智慧旅游宣传营销体系相匹配的具有一定智慧管理与服务的设备设施，如智慧终端亭，形成管理与服务相融合的平台环境和智慧旅游管理与服务体系。例如，建设本市的智慧酒店、智慧景区、智慧农家乐等，与市级公共服务平台整合在一起。总之，市级智慧旅游目的地建设是承接省级智慧旅游建设的成果与基础延伸至市级范围，在此基础上遵循自身的特征与规划，创造以某一领先技术应用和游客体验为亮点的面向全国甚至全球的智慧旅游名片。

图 8-2　杭州智慧旅游网络标识

（三）区县级智慧目的地

区县级智慧目的地建设范围相对比较小，主要围绕旅游景区的智慧管理、服务与营销开展实体性的建设，涉及的建设项目较为具体。在总体建设框架上，区县级旅游目的地的智慧化建设一般更多地借助省级和市级智慧目的地建设的顶层设计规划，以及网络环境的支撑和成果。区县智慧旅游作为市级智慧旅游体系的组成部分和精细化延伸，或者作为区县整体城市规划中的旅游信息化总体要求来实施。通常，区县政府中实施专门系统化的智慧旅游规划一般是本地区拥有特别突出的旅游资源和信息化资源（如浙江省淳安县的智慧旅游围绕千岛湖景区资源而展开)。区县级智慧旅游目的地营销体系相对于省级、市级的营销体系在整个智慧旅游目的地建设中的地位更为重要,甚至超过区县级智慧旅游管理与服务体系。这是由于一般区县的知名度比较小,区县要想大力发展旅游业,用智慧旅游体系提升自己的竞争优势,就必须借助信息化手段宣传本地旅游资源和旅游特色,智慧营销成为重中之重。而智慧管理与服务的建设重点通常由企业去完成,通过企业敏捷的服务将智慧旅游与区域形象衔接起来,使智慧管理与服务成为区县整体营销的助力点。区县级智慧旅游营销体系的构建还需要借助上级智慧城市和智慧旅游宣传平台和营销体系,并突出宣传区域内最为知名的旅游景区(点),可形成鲜明的智慧体验印象。

区县级智慧旅游管理与服务体系同样是借助省级和市级智慧旅游管理与服务体系搭建起来的,是比市级智慧旅游管理与服务体系更为精细的旅游管理与服务平台,是市级智慧旅游管理与服务体系的延伸和具体化。区县旅游的智慧管控平台是建设的重点,它连接下面企业的具体智慧服务系统,又可以帮助企业连接和交换外部数据,因此智慧管控平台是大旅游中最基本的技术平台。

第二节 智慧目的地建设涉及的范围及内容

智慧旅游代表了旅游业未来发展的业态和潮流,目的地的旅游是否智慧关系到整个智慧旅游建设的推进,因此目的地智慧建设已成为我国旅游业向现代服务业迈进的重要途径之一。已有实践表明,智慧目的地规划建设需要以满足游客需求、服务游客行程为核心,以加快和扶持旅游信息化基础建设为重点,科学地应用新技术、新功能,不断调整和完善并逐步构建智慧旅游目的地的服务体系。智慧目的地的建设框架如图 8-3 所示。

智慧目的地的建设架构主要围绕三大核心目标的实现而展开:一是为行业管理提供更高效、更智能化的信息管理平台,即目的地智慧管理体系;二是为各类游客提供更加便捷、智能化的旅游服务,即构建目的地智慧服务体系;三是促进目的地旅游品牌树立,塑造新型智慧旅游目的地形象,有效提高目的地营销效率和效益,即构建目的地智慧营销体系。

图 8-3　智慧目的地的建设架构

一、目的地智慧管理体系

目的地智慧管理实现了传统旅游目的地管理向现代旅游目的地管理的转变,旅游行政管理部门通过与相关政府部门信息共享、协作联动,建立预测预警机制,进行联合管理服务和应急事件处置。在目的地智慧管理中,当地政府充当着引导者的角色,引导旅游景区及相关旅游企业开发运营智慧旅游产品,同时保证游客对于智慧旅游产品的及时获取和参与体验,不断摒弃传统目的地管理体系的弊端,充分发挥智慧目的地管理体系的优势。

目的地是否实现管理的智慧化,很重要的一方面是看当地旅游企业的经营管理是否智慧化。因此,智慧目的地管理体系建设的重要组成部分是推动传统的旅游景区、旅游饭店、旅行社等涉旅企业广泛采用智慧化的信息技术实现基础设施和核心业务的电子化管理。目的地智慧管理建设的另一方面,是推动政府部门着眼于目的地智慧管理体系建设,根据旅游市场宏观监管的需要开展智慧管理体系建设,如通过旅游舆情监控和数据分析,挖掘旅游热点和游客兴趣点,引导旅游企业策划对应的智慧旅游产品,从而推动智慧目的地的旅游产品创新。同时,鼓励和支持旅游企业利用信息化技术改善经营流程,提升管理水平,增强产品和服务的竞争力,以增强游客、旅游资源、旅游企业和旅游主管部门之间的互动和信息感知,高效整合旅游资源,推动旅游业服务管理的智慧化发展。

通常,目的地智慧管理体系以办公、政务的数字化、智慧化为核心,通过实施智慧旅游的集成指挥调度和管理平台建设，实现智慧化管理。集成管理平台利用移动互联网体系实现对目的地管理事件的接入和指挥调度，对事件各环节责任人员进行监督和评价。同时其与智慧旅游框架内的各应用体系实现联动控制和数据交换，包括对目的地各种智能设备的远程操纵、控制和管理。为目的地行政管理部门各应用体系提供统一的信息共享平台，如信息发布、信息共享和信息使用，满足企业和游客对各应用体系的需要。已有研究表明，典型的智慧目的地管理体系通过一个一体化管理平台来实现，其核心职能就是可视化管控。智慧目的地管理体系功能架构如图 8-4 所示。

图 8-4 智慧目的地管理体系功能架构

除此以外，智慧目的地管理体系中还包括智慧化的旅游应急处理系统，内容涵盖旅游灾害及异常情况预警、处理和智慧化的恢复。此类系统将各种紧急与突发情况建立预案，实施体系保障，进行旅游恢复及启动的计划与实施。由于旅游目的地往往是各种应急情况的高发地区，智慧化的目的地应急处理系统应该具备应对突发事件的应急处理能力。这种应急系统以计算机网络体系为基础，以有线和无线通信体系为纽带，以电子化的信息接驳为核心，有效集成了警用地理信息体系、全球定位体系、数字录音录像体系、监控体系、LED 显示体系等，将各信息体系高度集成，有效地提高了信息发布体系的快速反应、协同行动和敏捷决策的市场调控能力。

二、目的地智慧服务体系

从政府的角度看，企业和旅游者永远是政府服务的对象，如何提供更好的服务对目的地的智慧服务体系建设非常重要。这是因为作为推动发展智慧旅游的主体，政府部门需要着力带动旅游服务信息化的导向机制形成，并借助一系列的政策推动和标准引导，培育起旅游市场的智慧化应用环境。所以说，政府部门的旅游公共服务，是智慧服务体系中的关键内容。所谓智慧服务体系，就是借助技术手段，利用移动化的网络环境，促使旅游公共资源的合理安排、整合协调、动态监管，发挥其对旅游信息的公众化服务和行业规范性指导，通过准确地掌握游客的旅游活动信息和旅游企业的经营信息，实现旅游信息的自动流转和有效使用，使传统的旅游服务向敏捷的在线化、个性化、差异化服务转变。

目的地智慧服务体系是指通过智能传感网构成智慧网络，将旅游数据中心建设成为旅游公共服务平台的关键资源，使整个旅游目的地景区、景点、酒店、交通、农家乐、会所等服务资源融入互联网或移动互联网，对目的地吸引物等资源进行全面、透彻、及时的感知，为游客提供智慧化的食、住、行、游、购、娱一体化服务的平台。典型的目的地智慧服务体系的建设框架结构如图 8-5 所示，它的建设目标是以旅游公共服务系统为主体，为提升目的地的旅游服务能力进行设计及规划。

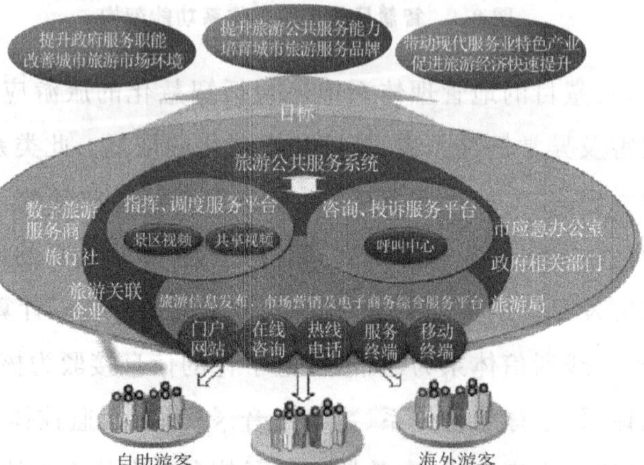

图 8-5　目的地智慧服务体系的建设框架结构

从应用的实践看，目的地智慧服务体系总体架构一般由一个综合服务平台、若干个支撑体系以及相应的基础设施环境构成。一个平台是指目的地智慧旅游服务平台，包括窗口服务和后台管控；支撑体系是指旅游行业规范及监管、旅游产品及服务超市、语言服务交流响应、智能虚拟导游服务、跨平台感知及响应和综合运营中心等大数据支持,如游客流量预测系统、游客出行服务系统。这些支撑体系都可以是独立的处理系统或服务系统,但它们都整合在综合服务平台的框架下,实现数据的自动流转和使用。

在目的地的游客服务中,关键是旅游高峰时段的游客服务和疏导,让游客可以体验到高科技带来的旅游舒适感,这就需要精准的游客流量预测。平台下的游客流量预测系统依据历史游客数据、目的地历史服务量、天气情况、节庆节日等诸多因素,参考门票、酒店、餐饮、停车位等的预订量,分析得出未来客流量趋势,并判断高峰、低谷流量时间点;采用智能视频分析技术,可通过检测和分析采集视频中的预设目标的运动方向,对游客数量进行实时统计。结合其他渠道的数据对游客身份、来源进行识别、分类和分析,并将分析结果提供给旅游管理部门、旅游企业等用于经营参考和决策;通过对游客流量的实时监控和预测,实时对游客数量进行预警管理,从而实现高峰客流的有效疏导。

可提升游客高科技体验的还有游客出行服务系统。智慧化的游客出行服务系统可为游客提供航班、列车、汽车等到达目的地的交通线路及信息查询,实现按出发地、目的地、出发日期及时间、到达日期及时间、航空公司、班车/轮渡/列车班次等多种查询方式。系统数据可依据客户所提供的当地交通信息资料或由专业数据提供商提供的数据进行及时维护和更新。系统可提供分类检索及查询,查询数据初步由主管单位和各目的地收集录入,平台运营后不断更新的数据又将为游客提供更完善的查询支持,实现内容更新的有机循环。

三、目的地智慧营销体系

目的地机构的另一职能就是围绕旅游开展市场营销,因此旅游目的地智慧营销体系是智慧目的地建设的重要环节,也是建设的重要内容。在智慧旅游时代,政府需要转变角色,创新视角,进行旅游目的地智慧旅游营销。根据政府在智慧目的地架构中发挥的作用,智慧目的地营销体系可分为两类:政府主导型营销和政府引导型营销。

在政府主导型目的地智慧营销的过程中,政府担任主导作用来推动目的地智慧旅游的发展。目的地智慧旅游营销体系的构建是一个系统工程,它涉及的利益主体众多、范围广泛，需要一个强有力的主导者。尤其旅游产业没有清晰的边界，政府在营销方面主导且能得到企业的认可，对政府的旅游部门是一个非常有挑战性的创新，正因为如此，目前在目的地真正做好智慧旅游营销的机构并不多。主导型旅游目的地政府智慧旅游营销的核心体现在政府主导，包括对旅游政策的推动、规划把关、资金扶持和规范管理。但是需要指出的是，这不是要政府包揽所有，而是要互利互惠，是政府与市场两个层面的有机结合，或者说是这两种利益在新的层次达到政府主导型目的地智慧营销发展模式的新合作。政府主导型的智慧目的地营销多数出现在旅游"强、鲜、活"，旅游经济份额比较大的目的地，如浙江的奉化、淳安等处。

政府引导型的目的地智慧营销主要是鼓励相关企业参与到智慧营销体系的建设中来，采用各种方式进行智慧营销的建设，如图 8-6 所示。在政府引导型目的地智慧营销过程中，不是将企业营销与政府营销相结合，而是政府承担了地方旅游目的地形象的营销引导角色，具体的智慧营销还是由企业自己去做，或者政府制定相关的鼓励和激励政策。目的地智慧营销的最终目标是实现游客旅游体验舒适度和满意度的提升，政府在对公共基础设施和信息化投入的同时，应该积极引导中小企业积极参与、投入智慧旅游的建设与发展，通过有偿的商业信息服务补充和完善目的地智慧旅游营销体系，由主导型旅游目的地政

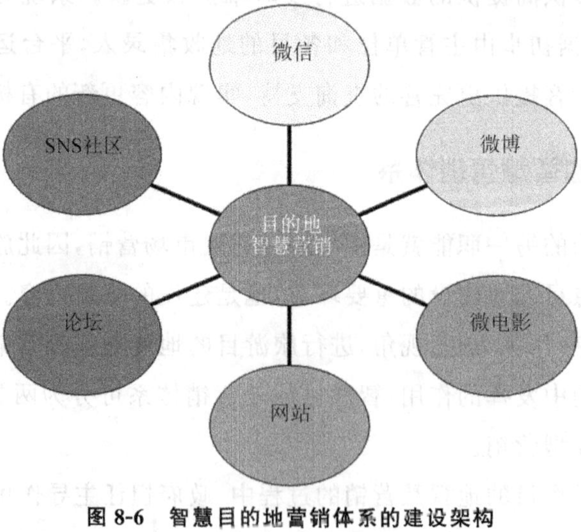

图 8-6 智慧目的地营销体系的建设架构

府智慧营销向服务型，再逐步向旅游政府引导型目的地智慧营销转变，按照市场化运作整合各方优势资源，以游客互动体验为目标完善智慧目的地旅游的营销功能，以旅游资源整合开发为重点打造新型线上和线下旅游产品，为推动目的地旅游业智慧转型发展提供信息化的支撑。在这样的政策引导下，企业可以广泛地利用微信、微博、微电影、社区、微网站等建立自媒体平台，开展有效、非常有个性化的智慧营销。

第三节 目的地智慧营销与新媒体

智慧目的地建设营销是重中之重，通过营销的智慧建设，把目的地吸引物以及企业的服务产品传播出去，从而提升目的地的旅游竞争力。通常，旅游目的地智慧营销是相对于目的地传统营销提出的，主要指基于信息通信等新技术，如互联网或移动互联网，积极利用新媒体传播手段进行的目的地营销活动。在旅游目的地基于新媒体的智慧营销中，潜在旅游者作为信息接收者或转变成信息生产者，积极参与到新媒体的互动体验中，由单向交流变成有效的双向沟通，大大提高了旅游信息的传播速度，拓展了旅游信息的传播深度与广度。

一、目的地智慧营销的定义与特点

国内外传统的旅游目的地营销方式都在随着移动互联网的应用而改变，新技术和大数据的出现，又促进了智慧旅游新业态概念的提出，许多目的地积极探索新业态以适应智慧旅游带来的变化，目的地智慧营销概念应运而生。虽然目的地智慧营销还没有确切的定义，但它在实践中已明确了云计算、大数据、新媒体、移动互联网的运用，即目的地智慧营销通过整合实现新技术、新系统的灵活运用，使各系统能实现相互感知和数据流转，释放数据的流动性而提升信息的传播力，让接受者能参与到信息的传播中来，从而提升目的地营销的效率和效益。这区别于单纯的网络电子营销概念，它能集合不同营销理念和方式，以达到融合旅游目的地与游客的营销新模式。

理念上，旅游目的地智慧营销包括眼球营销、个性化营销、精准营销、关系营销等思维方式。旅游目的地在思考营销策略的层面时，一方面以注意力的眼球营销为基础，通过网站设计对游客有吸引力的旅游产品、事件活动、旅游形象等，利用智慧旅游体系中的自媒体营销平台，将它们传递到目标客源市场。另一方面，借助智慧旅游的核心技术能力和智慧传播，旅游目的地可以实现精准营销和差异化营销，从而将那些在眼球营销下的感知者们变成潜在的游客和现实的旅游消费者。

内容上，旅游目的地"智慧营销"与旅游电子营销有重合的地方，但更多的是在旅游信息化的统一框架下实现电子营销的延伸与整合。电子营销或者网络营销都体现了旅游业在信息化过程中对信息技术的利用，但是它们是纵向的单一模式，横向上缺乏相互之间的融合，没有达到在智慧旅游下物联网与互联网融合后线上线下的一致。而智慧营销实现了内容和活动的统一，采用人工智能技术和移动互联网实现数据的释放，使旅游信息得到充分的利用，使得游前、游中、游后的紧密互动、信息流转更为有效。智慧营销是全球化的，它不但在内容上，而且在渠道上、系统上、获取方式上都是相融合的，相互之间没有层次和等级之分，如图 8-7 所示。

图 8-7　目的地智慧营销的全球化理念

目的地智慧营销的最显著特点是受众面广，可以覆盖更多的散客，且相互能够感知、互动，识别更多的目标受众。这个特点可以从两个方面解读：其一是智慧旅游使人们的旅游消费方式、消费理念产生改变，这就意味着旅游企业或者旅游目的地的营销方式要紧跟时代变化。例如，散客市场是旅游客源中的重要组成部分，有构成总体庞大、单个或少数存在、需求个性化和复杂化的特点。当前我国旅游业受发展阶段和基础条件等原因限制，仍然是以满足团体客源为主，对散客市场总体上采用无差异化的策略来覆盖；而智慧旅游的出现使旅游业对散客客源的触角更加灵活和深入，也便于旅游目的地和旅游相关企业展开差异化的市场营销策略，可以实现对散客的个性化和定制化服务。其二是智慧旅游使旅行业、旅游服务业和旅游目的地的营销更加直接地面对广大游客，且接触的频率更高，渠道更多样化，更个性化，对广泛的散客吸引力更大。因为在智慧旅游大背景下，个性化的散客利用智能设备可以获取的利益更多，这也迫使他们对整个"智慧系统"依赖度更高，因而智慧营销对散客更有吸引力。

二、目的地智慧营销的建设重点

近几年来，旅游在我国国民经济中的比重越来越大，各级政府也越来越重视旅游产业的发展和市场营销。未来几年，旅游目的地的市场竞争将越来越激烈，尤其在旅游产业的转型升级中，仅仅依托资源而进行的粗放式经营将逐步成为历史，利用信息通信技术的科学旅游观将成为主要趋势。因此，目的地机构实施目的地智慧营销战略与策划，提前筹划和布局，是目的地营销赢得未来市场的关键所在。随着大数据应用的实施，各地旅游局正在依托大数据技术，在移动互联网的基础上，运用新一代信息技术、物联网、云计算等技术手段实施目的地智慧营销的系统性建设。在现阶段，目的地机构的智慧营销建设重点主要体现在以下几方面。

（一）新技术运用的政府引导

目的地智慧营销的新技术运用需要政府引导，鼓励涉旅企业借助新兴技术手段转变营销方式。由于旅游企业较为分散且以中小企业居多，旅游企业的营销更多依托于目的地营销来实施。旅游目的地智慧营销首先要有政府系统的规划，进行顶层设计，引入先进的营销理念及手段，为当前、未来的客源做好战略引领和市场布局。随着旅游供需的变化，目的地之间的市场竞争日趋激烈，各地旅游局应当及早进行目的地智慧营销体系构建，从品牌打造、特色产品、细分市场、主题节庆等各方面进行布局，尤其借助新兴技术手段应对未来市场的变化，积极推进基于“互联网＋营销”的智慧建设，利用“互联网＋”改变和重组旅游供需，创造旅游的增量。

（二）用智慧营销创新推介模式

产品和广告推介模式是智慧营销建设的重点，目的地智慧营销需要创新产品广告推介模式，没有好的推介模式而盲目进行智慧系统建设是不可取的。精准广告已经成为广泛使用的目的地智慧营销方式，能够提供精确的定向和数据报告，有效地掌控旅游市场的网络舆情，通过对地域、时间、人群、行为实现精准定向，在各大网站、新媒体及移动端发布各类广告，能够对广告曝光量、广告点击量甚至广告互动量提供实时的监测和精确数据，为目的地智慧营销提供了很好的技术手段。因此，一个好的推介模式都是建立在精准定位和舆情可控的技术基础之上的。

（三）应把内容营销作为建设重点

目前有许多目的地营销系统，其内容或相关软文无法互动或流动，形成各系统的“信息孤岛”，营销内容无法在网络上相互接驳，给目的地旅游形象造成了很不利的影响。智慧营销可以有效地解决这个问题，只要目的地智慧营销注重采用内容营销的方式和有效的渠道整合，就可以有效提升目的地营销的效果。随着旅游者对传统广告越来越抗拒和忽视，内容营销已经跨越了传统公关软文的范围，正在成为最能够获得受众关注的沟通形式。可以说内容营销是信息时代情感流程互动的基础，由于旅游业的特点，在很多情况下，引人关注的旅游目的地软文内容或一个游客的游记文章在社交网络中自由流转，其产生的效果将远远超过半版报纸广告。

（四）新媒体在自媒体建设中的应用

新媒体特别适合小企业应用，形成自己的自媒体平台，是目的地智慧营销建设的绝佳阵地。目前的新媒体主要包括微博、微信等社交软件，如用微信打造专业性强、口碑好的微营销平台，已成为旅游饭店营销的首选。微营销是现阶段市场营销中极具威力的一种营销手段，微营销通过微博、微信等新媒体，可以有效地与消费者即时互动，吸引消费者参与。与传统营销手段相比，微营销具有更好的传播性和扩散性，以及更低的成本和更好的绿色环保效应。新媒体作为目的地智慧营销服务的一块新领域，近年来在旅游业界体现了强大的生命力。微博、微信、QQ等社会化媒体已经占据了年轻人移动网络社交大量的时间。

三、目的地智慧营销中的新媒体

在目的地智慧建设中，新媒体的应用是最多且最有效果的，已成为智慧旅游营销的主要媒体。如浙江省的微信营销、旅游企业的微信服务号等，它们主要用于市场营销。既然新媒体在智慧营销建设中如此重要，这里有必要系统地介绍一下新媒体营销的概念、特点和分类。

（一）新媒体营销的概念

旅游目的地新媒体营销是相对于传统意义上的目的地营销提出的，主要是基于信息技术的社交网络，利用移动互联网作为营销载体而开展的目的地营销活动，如微博营销、微信营销等。新媒体不同于传统的广播、电视等媒体，它可以与信息接收者即时互动，快速知道营销的即时效果。如现在使用最普遍的微信营销，旅游企业可以在微信平台上与旅游者直接互动，企业在自己的微信公众号上发布营销信息，营销过程中立即可以获知旅游者的响应情况，并掌控营销的互动效果。

在新媒体环境下，旅游企业营销的过程已经发生了方方面面的改变。从主体到客体，从营销渠道到信息反馈，都已不再是传统营销的运行模式。随着新媒体营销对传统目的地营销影响的不断深入，适应新媒体营销带来的改变成为旅游企业进行有效营销的前提，企业已开始利用新媒体建立自己的自媒体营销平台，而且自媒体平台的营销成本几乎可以忽略不计。

（二）新媒体营销的特点

目的地新媒体营销较传统营销具有营销范围全球化、营销模式双向化、营销过程简洁化等特点。近几年来，新媒体技术的发展使得营销变得不再锋芒毕露，不再是简单的产品推销，而变成了一种更加柔性化的信息传播存在。甚至新媒体营销可以不再需要第三方策划、制作、推广，完全由自己的自媒体平台直接操作。旅游目的地通过官方微博、官方微信、论坛社区的构建，都可以自己直接为旅游者传达目的地的旅游信息。这些信息涵盖了旅游目的地的各个方面，是对目的地最好的推广。移动的智能设备更为新媒体营销创造和提供了充分条件，身处户外的消费者在行程中只需要手机等移动终端，便可以获得目的地的旅游信息。

(1) 目的地新媒体营销的全球化特点，主要基于互联网信息技术的新媒体传播从根本意义上实现了信息传播的跨地域性和跨渠道性，相对于报纸杂志、广播电视的地域性，这种网络传播的影响力优势显而易见。地球村不再是空谈，双向的信息沟通只需鼠标轻轻点击或手指点点便可以实现。旅游目的地营销在网络方式的基础上，已将移动互联网和移动传媒作为载体，以难以置信的速度覆盖着全球的受众游客。随时可交互的新媒体应用环境如图 8-8所示。

图 8-8　随时可交互的新媒体应用环境

(2) 目的地新媒体营销的双向化特点，它是对旅游最有影响力的营销，因为游客需要这样的参与体验。传播学认为，新媒体营销的网络传播模式是双向的，营销的主客体界限模糊，使整个过程具有交互性。正是这种双向的交互性，使得新媒体营销不受时空的任何限制，而传统营销因受到时间、空间的限制，并不具备即时更新营销信息、实时满足游客需要的信息需求，营销效果也因此大打折扣。相对于传统意义上的目的地营销，新媒体营销在发布营销信息过程中，便可短时间内快速了解游客的反应和需求，并收取反馈信息，实时进行产品的重组与改进，真正实现定制化和个性化的服务。

(3) 目的地新媒体营销的简洁化特点，是指它的过程和操作都非常简单，一般的旅游者都可以参与进来并进行即时互动。这种简洁化特点可以为消费者节省大量时间，并可使消费者在短时间内货比三家，甚至让目的地做到按需提供产品，使市场调研与产品销售从某种意义上达到同步。在自媒体平台上，网上虚拟旅游体验、微电影、游戏场景等高科技广告植入，都使得旅游产品的营销过程显得更加简洁且更为隐秘，在提高了营销效率的同时，也更能赢得旅游者的喜爱，获得良好的营销效果和收益。

（三）新媒体的分类

随着信息技术的发展和移动互联网的普及，新媒体形态越来越丰富，并且随着“互联网＋”的深度融合发展，新媒体处于不断创新变化中，新的形态层出不穷。随着技术的进步，将新媒体的分类进行严格的界定是不现实的，这里按照传播媒介不同，将现有的新媒体分为以下四类：

1. 基于互联网的新媒体类型

基于互联网的新媒体通常指门户网站、搜索引擎、SNS网络社区、BBS网络论坛、网络团购、网络电视、网络游戏、网络广播、电子杂志/电子书、电子邮件、即时通信、博客/播客/微博、微信、微电影，如图8-9所示。这种新媒体类型还在不断发展的过程中，现对部分类型介绍如下。

图8-9 基于互联网的新媒体类型

(1) 博客

根据《第34次中国互联网络发展状况统计报告》,截至2014年6月,我国博客和个人空间用户数量为4.44亿人,较2013年年底增长772万人。网民中博客和个人空间用户使用率为70.3%,较2013年年底下降0.4个百分点。博客用户在网民中的占比为19.3%,用户规模为1.22亿;个人空间的使用率为66.1%,用户规模为4.11亿。博客也是旅游企业营销的一种关系渠道:酒店、景区开设博客,在博客上与住客互动,在博客上发表最新动向;旅行社开设博客,发表旅游达人的见闻,吸引游客参加线路。

(2) 微博

根据《第34次中国互联网络发展状况统计报告》,截至2014年6月,我国微博用户规模为2.76亿,网民使用率为43.6%,与2013年年底相差不大。其中,手机微博用户规模为1.89亿,使用率为36.8%。微博的出现使得企业与个人参与网络交流的行为更加方便和高效。微博也是旅游企业新媒体营销的一种关系渠道。微博营销成本低,用户使用方便,客户黏性高。旅游企业开通企业微博,以吸引游客关注,如千岛湖景区、西溪湿地景区等,都在新浪、腾讯等平台开通了官方微博。

(3) 微信

微信属于SNS的范畴。具体来说,SNS是一个采用分布式技术,即采用P2P技术构建下一代基于个人社会网络的基础软件。微信等社交软件的出现改变了人与人之间的交流方式。人们可以通过网络进行通畅的语言和文字交流。人们通过微信构成了一个覆盖面广阔的虚拟社区,而且在这个虚拟社区里还可以通过游戏或群组的方式将使用者聚集在一起。

(4) 论坛

论坛的出现为网民提供了良好的聚会场所,网民按照自己的兴趣在相应的论坛里发言交流。论坛也是旅游企业进行新媒体营销的渠道之一。在论坛里,人们没有身份地位的区分,没有地域的阻挡,没有时间的约束,只为了共同的兴趣和关注而交流。天涯社区等著名论坛火爆的人气引起了旅游企业的关注。旅游企业也参与到论坛交流中,或者与论坛合作,策划一些热门事件的讨论和转帖。也有些旅游企业通过论坛来组织活动,与旅游者进行知识性的交流互动，为企业做免费推广。

(5) 微电影

微电影使得人们可以方便地应用移动终端观看浏览。众多旅游企业纷纷运用此种方式来开展视频营销。例如千岛湖景区通过《情定千岛湖》微电影吸引众多游客前来。西溪湿地景区的《I SEE 西溪》演绎了独特的杭州传奇，吸引了无数潜在的游客。

2. 基于数字网络的新媒体类型

如数字电视、车载电视、数字屏幕等。

3. 基于无线网络的新媒体类型

如手机短信/彩信、手机电视/广播、手机报纸、移动终端(手机、iPad)客户端等。

4. 基于跨网络的新媒体类型

如 IPTV，即交互式网络电视，是一种利用宽带有线电视网，融互联网、多媒体、通信等技术于一体，向家庭用户提供包括数字电视在内的交互式服务新技术。

第四节 目的地智慧管理与智慧服务

管理与服务一直是旅游业转型升级中的核心问题，旅游业中反复研究的服务质量这个老问题，一直与旅游的管理有关，长期以来的粗放型旅游发展已经严重影响到我国旅游业的可持续发展，服务的满意度困扰着旅游的发展。信息技术与旅游业的深度融合是实现智慧化管理和智慧化服务的有效途径。下面将介绍目的地智慧管理与智慧服务建设与应用。

一、目的地智慧管理建设与应用

目的地智慧管理主要是针对旅游目的地的各项管理业务，如企业管理、服务管理、营销管理、市场管理等，利用信息化技术对游客、景点、酒店、旅游线路、交通工具以及其他类型的目的地旅游资源实现智慧化管理，全面提高管理水平，创造管理效益。目的地智慧管理将实现目的地传统管理方式向现代管理方式的转变，及时准确地掌握游客动态信息和景区经营信息，实现景区资源和旅游监管从被动处理、事后管理向过程管理和实时管理的转变。目的地智慧管理典型的应用如游客统计分析系统、游客智能疏导系统等。

1. 游客统计分析系统

游客统计分析系统主要采用监控设备、感应设备、分析设备、网络设备以及相应的智能统计软件，根据管理的需求实现对目的地游客的智慧性统计与分析，其结构如图 8-10 所示。

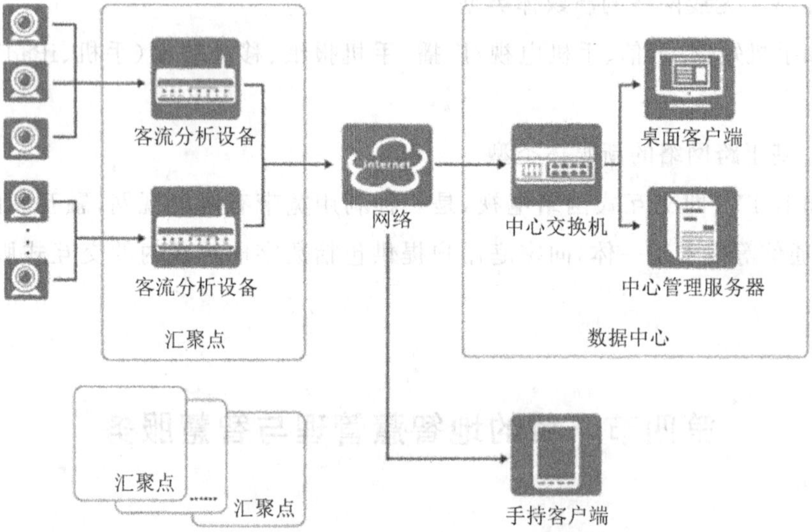

图 8-10　游客统计分析系统结构

游客统计分析系统通过整合移动运营商等社会资源，能够实现统计数据的标准化和规范性，使相关企事业单位在游客统计分析系统建设中实现成本最小化、效益最大化。通过移动通信基站、视频监控、GPS 定位、电子门禁等技术手段，建立全域化的游客统计分析系统。利用该系统对客流量、停留时间、移动轨迹、旅游消费等信息进行监测和分析，保障旅游客流的均衡化，避免局部景点极端客流高峰出现，减少叠加客流对旅游景区及城市正常运行的干扰，提高旅游交通管理的针对性、预见性和有效性。

2. 游客智能疏导系统

游客智能疏导系统主要采用视频技术、电子屏技术、大屏切换技术、网络接驳技术，结合无线监测网络和移动互联网技术，通过智能的信息接驳技术和应用软件，实现对目的地大范围内的游客疏导和管理，帮助游客避开旅游高峰的路堵和拥挤，以防止突发事件的旅游安全问题。游客智能疏导系统的建设架构如图 8-11所示，系统的信息接驳和发布受旅游指挥调度中心统一调度，游客通过智能手机获取旅游指挥的疏导信息。

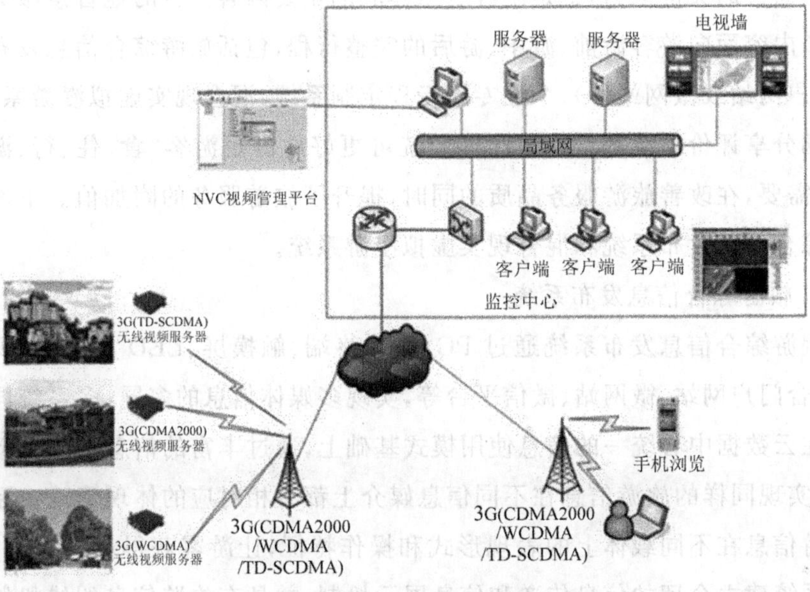

图 8-11 游客智能疏导系统的建设架构

游客智能疏导系统主要基于旅游指挥调度中心大屏 GIS 平台，集中显示重要地段（如高速路口、车船码头、国道等）的交通和人流情况，可根据情况进行统一指挥调度，分流和疏导游客。对设置在通往旅游景区道路上的限流和分流卡点进行控制，根据各旅游景区的饱和程度、车流量和路况信息，分期分批进行放行或分流，控制临时停车场增补。系统发布信息的途径主要是网络，以及充分利用杭州市交通道路上的电子屏、车站码头的 LED 大屏等电子设施，综合运用全媒体、互联网以及移动终端等技术设备，及时向外界主动推送最近时间内各主要旅游区域的游客数量情况、旅游服务接待能力等基本信息，通过信息化建设做好外宣，引导还未前来、准备前来旅游的游客避开高峰期购票、游览，以避免造成游客过多而引起等待、拥挤、踩踏。在发生应急事故时，实时接入旅游委员会应急联动响应系统和危机统一指挥决策系统，以便快速发布信息与应急处置。

二、目的地智慧服务建设与应用

目的地智慧服务系统是智慧目的地的核心组成部分，是驱动智慧目的地建设不断前进的关键动力，也是游客智慧体验的重要内容。目的地智慧服务系统的服务内容面向游客游前、游中、游后的完整行程，包括旅游综合信息发布系统(含门户网站或微网站等)、个性专属行程定制系统、混合现实虚拟漫游系统、全程互动分享评价系统等。构建此类系统可更好地满足游客“食、住、行、游、购、娱”的需要，在改善旅游服务品质的同时，提升了旅游服务的附加值。下面介绍旅游综合信息发布系统和混合现实虚拟漫游系统。

1. 旅游综合信息发布系统

旅游综合信息发布系统通过 PC、移动终端、触摸屏、LED 大屏、电视等终端，结合门户网站、微网站、微信平台等，实现多媒体信息的多屏、多系统同步发布。在云数据中心统一的信息使用模式基础上，通过丰富的信息载体传播旅游信息，实现同样的旅游信息在不同信息媒介上都有相对应的体现形式。系统注重旅游信息在不同载体上的表现形式和操作特征，让游客获得最佳用户体验。同时系统建立合理的信息传递和信息展示机制，并具有旅游信息纠错机制。系统通过整合已有的社会资源，可在全市重点区域铺设互动屏，实现游客中心、交通集散地、3 星级以上酒店、3A 级以上景区、较大规模社区服务中心的全覆盖。互动屏系统可与当地云数据中心无缝集成，能基于 GIS 地图，对分散的多媒体终端进行分时段、分内容的独立或批量控制。游客可以通过互动屏，实现目的地各景区景点的三维实景地图导览(展示、介绍和导游)、虚拟体验、电子商务服务(在线预订支付酒店、餐饮、飞机票、门票等)、即时分享服务(通过在触摸屏上集成摄像头功能，为游客提供拍照、留影等服务，并将其即时分享至个人微博或邮箱)和旅游资源推荐(触摸屏推荐和广告营销)等个性化、综合性服务。

2. 混合现实虚拟漫游系统

混合现实虚拟漫游系统采用混合现实技术和虚拟现实技术，结合移动互联网和图像技术，将虚拟物体融合到真实的环境中，或将真实物体融合到虚拟的环境中。在混合现实中，旅游者用自己的手机就可以感受到景区真实世界的存在，利用附加的信息增强旅游者对景区真实世界的观察和感知，增强了游客对环境的真实体验，从而引起游客对景区游览的向往。混合现实虚拟漫游系统的效果体验如图 8-12 所示。

图 8-12　混合现实虚拟漫游系统的效果体验

该系统主要采用虚拟现实、3D GIS、视频映射变换技术，结合 GPS、跨媒体搜索、语音合成和互联网技术，构建一个实时、准确、信息量丰富和交互真实感强的立体空间展示系统等技术，并融入 Blog、Web 2.0、SNS 等理念，开发基于三维实景地图的虚拟游地图日记平台，创新双向互动的虚拟旅游服务模式，满足游客对游前、游中、游后的三维虚拟旅游空间的体验。

混合现实虚拟漫游系统构建在“一云多屏”系统平台上，有游客行程定制子系统、游客查询子系统、游客导览子系统等应用。其中的游客行程定制子系统充分满足了个性化旅游的发展需求，游客可以根据自己的时间要求安排游览行程。

应用案例及分析

慈城古镇的智慧旅游探索与实践

慈城古镇位于宁波市江北区，为中国历史文化名镇。慈城古镇是江南地区唯一保存较为完整的古县城，享有“江南第一古县城”的美誉，面积约 2.17 平方公里。古县城内保留有唐代的街巷格局，存有大量的书院、藏书楼、药铺、庙宇、官宦宅地、陌巷民居和考棚、孔庙、县衙等传统建筑,面积约60万平方米。慈城古镇通过旅游开发更好地保护了古镇建筑,为此在2009年获得了联合国教科文组织亚太地区文化遗产保护奖,也成功创建了国家4A级旅游景区。

一、项目背景

随着旅游的开发,旅游活动、游客量与日俱增,保护与旅游的矛盾更加突出,如何更好地利用旅游保护古镇建筑及环境成为焦点问题。2014年为国家旅游局倡导的智慧旅游年,慈城古镇管委会决定用智慧旅游新业态理念解决保护和旅游的矛盾,提升慈城古镇旅游的管理与服务,由此开始了轰轰烈烈的智慧保护探索。慈城古镇智慧保护的开发主体是按照"五点一线"(校士馆、冯俞宅、孔庙、县衙、慈湖景区及东入口道路和沿线景观)工程进行推进,已累计投入超过16亿元,保护修缮了大批古建筑,完成了太湖路、太阳殿路历史街区的风貌改造,开放了孔庙、古县衙、校士馆、清道观、冯俞宅、冯岳彩绘台门等旅游景点。

二、主要建设内容

结合慈城古镇旅游发展现状,并充分利用慈城目前已有数字景区的建设成果,重点解决保护问题、管理问题和游客满意度问题。第一阶段主要建设数据中心平台、智能管理中心、智能服务中心、智能营销中心等,同时实现与原有系统及其他第三方系统的数据交换和整合。

借助物联网技术、互联网/移动互联网、虚拟现实等技术,通过软件系统的应用和数字化网络的部署,建立起便捷的慈城智慧景区信息传播网络和高效的景区管理运营体系,在"以应用体验创新满足游客体验需求"的过程中,实现慈城古镇旅游经营资源和服务设施相统一的作业体系,进而促进慈城古镇旅游景区的效益化经营和保护相结合的可持续发展。

三、主要系统特色

系统构建主要采用移动化的新技术,基于互联网的构架,便于管理,便于服务,便于移动终端的使用。整个应用系统的特色体现在以下几个方面。

（一）微内核

该特色主要把操作系统中更多的成分和功能放到更高的层次(即用户模式)中去运行,而留下一个尽量小的内核,用它来完成操作系统最基本的核心功能。在云 3D GIS 引擎中,地图、分析、管理、编辑等功能模块都是微内核元素,如图 8-13 所示。

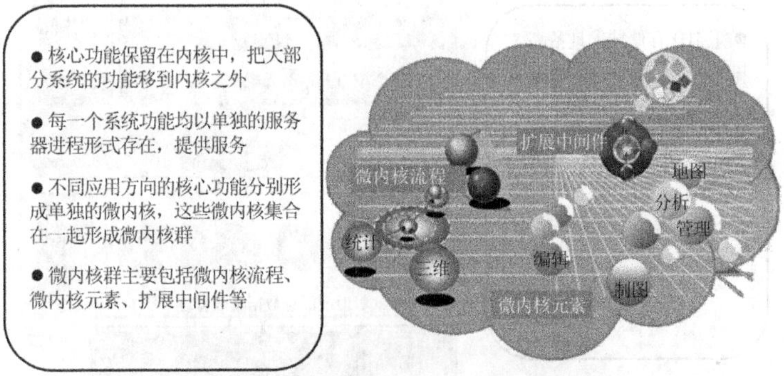

图 8-13 基于移动终端应用的微内核

（二）跨平台

该特色包括:①跨操作系统,使 GIS 平台能够在主流系统环境下运行;②跨GIS 平台,通过数据中心中间件实现 GIS 平台的跨越;③支持多种硬件架构,完全支持 MIPS、ARM、Intelx86、Power、嵌入式 OS(iOS、Android、WinMobile 等)架构;④与硬件架构同步,引入多处理机调度和管理机制,统一任务可在多个处理机中执行。基于互联网技术的跨平台结构如图 8-14 所示。

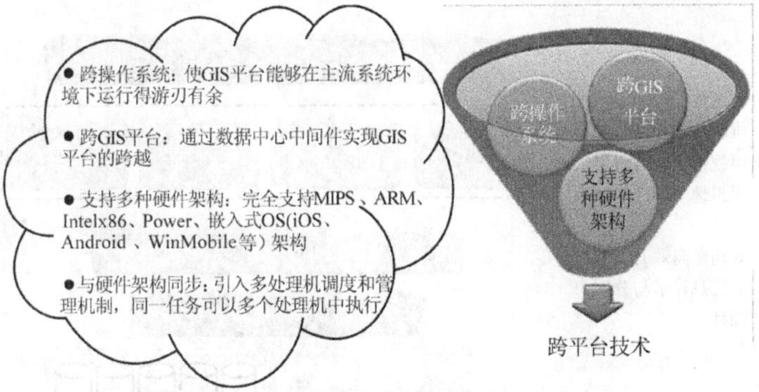

图 8-14 基于互联网技术的跨平台结构

（三）虚拟化存储

该特色主要用于地理信息系统中的时空数据虚拟存储，通过建立高效、无缝的多源、多尺度、多时相时空数据模型，对地理空间数据进行高效存储和管理，从而提高移动终端对地理信息系统操作的实用性。虚拟化存储的概念架构如图 8-15 所示。

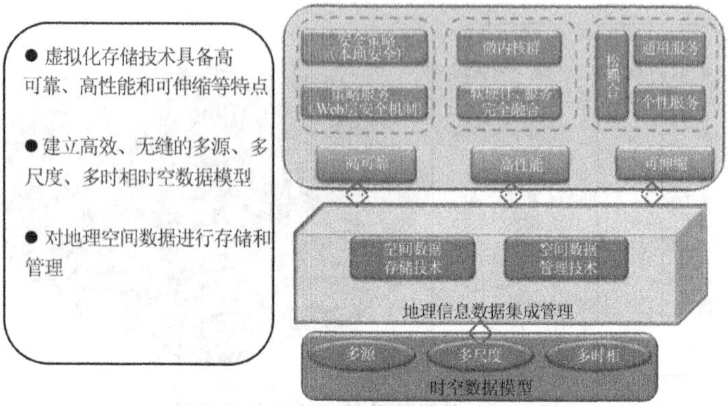

图 8-15 虚拟化存储的概念架构

（四）多维时空信息管理分析与可视化

可视化管理是未来智慧旅游建设中的重要内容，通过可视化可以实现敏捷的管理和提供敏捷的服务。该特色主要通过多维时空地理信息动态可视化、三维模型的构建、虚拟显示、虚拟地理环境、三维全景等技术，获得流畅、逼真的三维空间信息可视化展示，从而提高对古镇保护管理的效率和效益，也实现了对旅游活动的有效监管。可视化内容架构如图 8-16 所示。

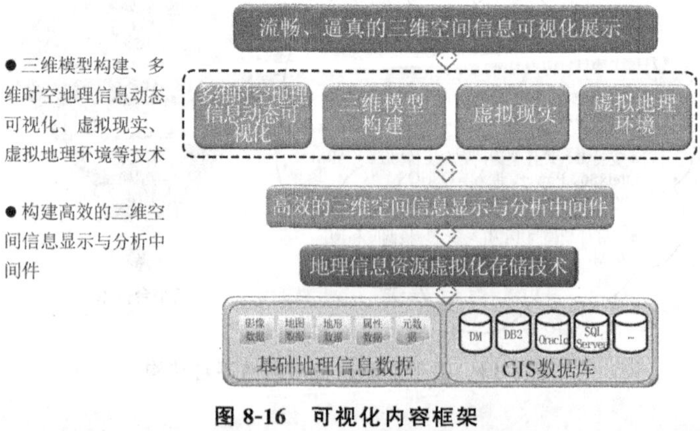

图 8-16 可视化内容框架

（五）构建管理维护中间件

中间件是模块化平台架构中的重要内容，便于系统根据实际需要临时组合，以提高和发挥平台的运行效率。这里中间件的特色主要为地理空间信息云服务提供管理和维护等方面的技术支撑，聚合来自其他平台的 GIS 服务，提供 OGC 服务发布工具。中间件结构的主要内容如图 8-17 所示。

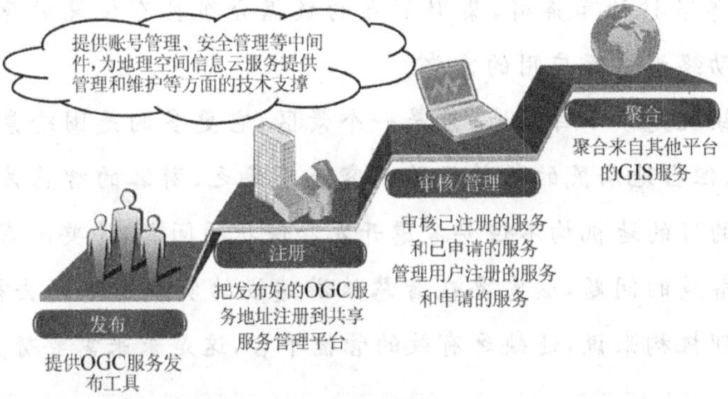

图 8-17　中间件结构的主要内容

（六）集成管理与系统智能整合

未来的应用都是集成化和智能化。所谓智能化就是平台下的系统可以智能整合，智慧管理首先要把系统通过集成手段整合起来，形成可控、可视化的平台。这种整合的特色将硬件、网络、服务器、客户端、移动端等应用系统视为基本组件，支持自由搭建，面向政府、企业、大众等提供按需服务，或者根据旅游活动的需要智能组合成有效的应急系统，从而提高针对旅游活动的管理效率。按需组合的内容框架如图 8-18 所示。

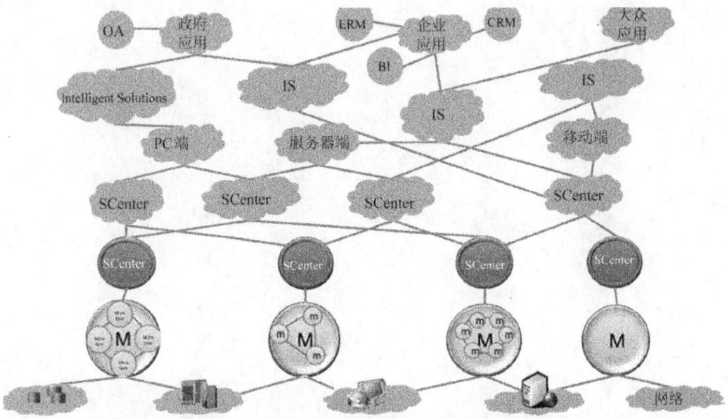

图 8-18　按需组合的内容框架

（七）高性能计算

智慧保护和智慧服务中大多数系统都实时与地理信息系统对接，而客户端都是移动式的智能终端，系统具有高性能的云计算能力才能支持前端的实用性。该特色主要采用多层次可伸缩云 GIS 体系架构，即地理数据存储可伸缩，地理计算可伸缩，地理信息服务可伸缩；地理计算虚拟集群架构采用 MPI 和 MapReduce 等多种计算集群，集群节点的数据分布具有位置敏感性。这些特性满足了移动终端实际应用的需要。

慈城古镇既是一个目的地，又是一个景区，它更多的是围绕景区的角度开展智慧建设，但当地居民的智慧体验内容还很缺乏，游客的智慧体验内容也不丰富。古镇的目的地机构不但要考虑开发和保护的问题，还要思考建设的技术系统如何更智慧的问题，这需要在智慧旅游建设的实践中不断去探索，尤其对于目的地管理机构来说，还缺乏有效的管控平台，这是未来需要努力的方向。

☞ 思考题

(1) 慈城古镇作为一个旅游目的地和景区，其智慧建设有怎样的特色？

(2) 通过网络去了解慈城古镇的营销信息，或直接去慈城古镇体验，分析其智慧建设尚存在的问题。

(3) 慈城古镇的智慧建设有许多项目点，能分析下它的智慧发展机制和实现路径吗？

第九章　智慧旅游新业态的发展机制与实现路径

引例：深大智能的生态机制路径

2016年4月28日，由中国文物保护基金会、中国旅游报社、新华视讯手机电视台联合主办的2016中国“互联网＋旅游目的地”创新发展大会于重庆成功举办。深大智能集团副总裁华钦勇受邀出席，并发表了“LOTS生态的创新与实践”主题分享，他从生态的角度提出了帮助景区实现智慧化建设的有效途径及发展机制。LOTS(local online travel supplier & service)可实现景区的创新型运营，并构建目的地完整的生态服务体系，助力景区赢在转型升级的新时代。华钦勇就LOTS生态机制进行了详细阐述，为在场的旅游景区、目的地、旅游局等在“互联网＋”时代下旅游发展模式带来了发展新思路，引发与会者的热烈响应与共鸣。LOTS指的是打造本地化的在线旅游供应商与服务商，借助“互联网＋”的时代趋势，帮助景区从需求侧营销向供给侧营销转变，构建可持续发展的智慧型全域旅游生态圈。目前深大智能集团通过投资、建设、运营三位一体，为敦煌、黄果树、蓬莱等全国30多家景区和目的地构建了LOTS生态，全面整合当地旅游资源，推动了区域经济发展。LOTS生态机制需要构建旅游目的地LOTS生态，需要整合景区周边旅游服务商圈、目的地准进入圈、线下全员营销推广圈、旅游衍生业态圈、线上游前营销预定圈、互联网媒介圈、互联网大数据圈。而其中最关键的核心在于打造懂旅游、懂互联网的本地化的运营团队。在智慧服务层面，重点做好带有社交属性的产品，提升游客游中服务体验；在营销渠道层面，应布下“天罗地网”——无论是线上分销，还是线下宣传，都应保证游客进入目的地后，可以随时随地了解目的地；在服务层面，把游客的旅行体验做到极致，做大二次消费增量，这就需要通过LOTS生态，整合目的地周边食、住、游、娱、购、行等多方资源，让游客可以真正感受目的地的智慧体验，轻松地获取服务。这也说明了生态机制是智慧旅游发展中不可缺少的内容，因为智慧旅游必须从实实在在的服务体验做起。

本章将专门讨论智慧旅游新业态的发展机制与技术路径，通过对前面各章案例应用实践的介绍，我们初步了解了智慧旅游发展机制和业界发展的需求有关，新业态的实现路径与机制和现代游客的新需求有关，不同的发展机制就会产生不同的发展路径。下面我们先介绍智慧旅游发展机制的相关研究内容。

第一节　智慧旅游新业态的发展机制

任何一个新业态的形成，都由它的社会需求和一定的发展机制促成。智慧旅游的社会需求都与公众游客、涉旅企业、政府部门有关，不同的对象有不同的应用需求；智慧旅游发展机制主要与技术应用因素有关，也与旅游现有发展的机制以及行业之间的规制墙有关，在新技术环境下必须有所创新地改变现有规制墙，倡导新技术、新模式、新融合、新理念的应用，才能形成有效的智慧旅游发展机制。否则“互联网＋”在旅游业就无法相融和互联，“旅游＋”也没有技术支撑而无法实现，最终就会影响大旅游以及全域旅游的发展设想。为此在探索智慧旅游发展机制以前，还是需要把相关的融合技术应用研究简要回顾一下。

一、相关融合技术研究

相关融合技术研究主要探索它对发展机制的影响，尤其是新技术的应用对现有的行业机制必然会产生影响和冲击，从而产生新生事物发展过程中的阻力。智慧旅游新业态的发展同样需要相关融合技术的支持，为此我们主要梳理了信息系统的平台化研究、业务流程和情感流程融合研究、数据中心建设中的集成创新等融合技术，因为数据中心是智慧建设融合的基础。

（一）信息系统的平台化研究

在互联网环境下，平台化技术是融合技术发展中的重要技术。旅游业与信息技术的融合以前主要体现在信息系统的开发应用，如酒店的PMS系统、景区的电子门票系统、旅行社的经营管理系统等。但这些系统仅融合了部分的业务流程，存在许多数据无法相互流动的孤岛问题。要体现两者的深度融合，仅有部分的流程信息化是不够的，我们必须开展平台化建设，用平台整合所有业务资源和系统，包括整合所有的信息系统及数据资源，形成数据都能共享的融合机制。信息系统的平台属于软件平台。从理论上说，一个企业或一个组织单位的软件平台只有一个，否则在运营上无法管控。为此，在应用实践上不同主体会有不同的平台化建设内容，如酒店的综合服务平台建设、旅游景区的综合管控平台建设、政府部门的综合管理平台建设等。课题组参与了浙江深大智能科技有限公司的景区服务平台建设讨论，参与了杭州绿云科技有限公司的酒店综合服务平台建设讨论，这些平台建设既迎合了企业的需求，也迎合了消费者的需求，正在引领景区和酒店的智慧化建设。政府的市场监管同样存在平台化建设的需求，如四川省旅游局、北京市旅游局在2014年都已经开始了平台建设实践的探索，浙江省旅游局也在2015年启动了平台建设的实践，主要针对风景区的管控。在当前智慧建设中，平台建设已成为旅游业与信息通信技术深度融合的共性需求。在现阶段，基于平台化的融合技术研究已充分利用移动互联网和社交网络的应用特性，除了业务流程深度融合外，还实现了与游客之间情感交流的深度融合，使旅游服务出现了移动化的、随时随地可交流的智慧沟通新业态。

对于旅游企业，同样存在平台化建设的要求，这个要求就是实现企业内信息系统的整合，形成自己的数据中心，虽然不是大数据，但数据中心同样为企业提供有效的智慧管理和智慧服务。如酒店的移动服务与移动管理的融合研究、景区的定位服务与移动营销的融合研究等，它们的背后都需要一个能有效使用的数据中心。尤其是在酒店直销方面，移动服务的平台化研究非常符合消费者需求，可为酒店提供更好的个性化服务和差异化服务。如课题组给杭州黄龙饭店、西溪国家湿地公园等提供了具体平台化建设的建议，在实践中取得了很好的落实进展和评价。已有实践表明,在企业的智慧建设中,平台化建设的关键在企业数据中心的建设,它不一定是大数据,但是企业智慧服务中所需要的数据。数据中心最大的优势就是消除了企业内的“信息孤岛”。研究表明,通过数据中心可实现各信息系统的数据释放和流转,从而实现综合服务平台的数据资源整合,最终达到企业预期的智慧服务与智慧管理的终极目标。

(二) 业务流程与情感流程融合研究

现有研究表明,业务流程与情感流程的深度融合研究主要基于移动互联网,为了探索该融合的机制与路径,课题组开展了基于移动互联网的使用意愿研究,从游客使用意愿的影响因素中寻找融合机制的路径。通过对调查问卷数据的分析、研究发现,感知有用性、感知易用性和感知成本对消费者继续使用影响最大;而期望一致性对感知有用性和感知成本有较大影响,需要一致性和期望一致性对用户使用满意度都存在影响。这些研究结果对业务流程和情感流程融合研究具有积极的指导意义,要求在平台建设中,各业务环节应加强与消费者的沟通与交流,关注消费者感兴趣的交流内容和方式,让他们体验到沟通过程对他们的选择产生有效的价值。因此,平台系统中交互的有用性和易用性是基本要求,然后通过业务流程和情感流程的深度融合,满足需要一致性和期望一致性,即提高消费者使用移动互联网获取服务的满意度。如酒店的微信平台在提供信息服务和互动交流的时候,满足了游客情感互动流程的需要,有效的互动沟通提升了相互的信任了解,这时如果消费者有获取商务的需求,我们在微信平台上可提供便捷的预订服务流程,让消费者非常便捷地获取服务,真正实现了业务流程和情感流程在同一服务平台上的深度融合。

业务流程和情感流程融合的研究,既可以说它是一种技术研究,也可以说它是一种构建理念。技术研究是探索其融合技术的应用,毕竟每个人的情感交流的互动是不同的,也是非常随意的,要有这样的技术支持它在平台中的设计和使用;构建理念是探索融合策略的实现,每个企业有自己的融合策略,去吸引消费者的沟通和互动,从中了解消费者的情感交流特点和需要,尽可能地挖掘潜在的商机。在现阶段,用信息技术实现企业的业务流程和客户的情感流程深度融合,首先要做的事情就是对信息系统的智能改造和升级,即实现信息系统的在线化和网络化,也称为移动互联网化。如酒店 PMS 系统的在线化、财务管理系统的在线化、旅行社经营管理系统的在线化、企业采购系统的在线化、景区资源管理系统的在线化、景区电子门禁系统的在线化、旅游电子政务系统的在线化等。这些信息系统通过在线化改造，实现了系统对客服务的延伸，有利于消费者的在线情感交流，有利于信息系统的平台化整合，也实现了管理和服务的移动化，从而实现业务流程真正与客户在线交流的深度融合。实践表明，这种融合能给企业带来持续的收益，有利于培养企业的忠诚客户，有利于利用社交网络开展更广泛的精准营销，从而真正实现"互联网＋旅游企业管理与服务"的转型升级。

（三）数据中心的集成创新研究

集成的数据中心是深度融合技术的基础，也是智慧旅游中不可或缺的技术应用和建设内容，它的主要集成单元是企业所有的应用数据库，以及外部的相关数据。企业开展智慧旅游建设，不是建一个或几个系统就能实现的，其核心是数据的积累和使用，有了大量的数据基础并联机分析才能实现更好的管理与服务，而这个基础就是数据中心。企业要有自己的数据中心，在经营的管理与服务过程中，存在多个信息系统，这些系统通过在线化改造后，业务流程自然就可以实现数据化。在改造过程中，把各系统的数据通过采集系统整合起来，为经营过程中的管理与服务所分享，就形成了企业的数据中心。如企业经营过程中的价格策略，就来自于数据中心的数据分析，把各渠道的预订情况汇总，结合当前的库存产品，就可以形成当前收益最大化的价格策略。这里最难的问题就是各渠道的预订数据汇总，而有了数据中心，这个问题就变得非常简单了，可以快速实时地处理这些经营管理决策。如课题组在千岛湖和温州洞头考察实践时，在它们的智慧旅游方案中提出了数据中心的建设内容，起到了非常好的建设效果。又如浙江世贸君澜集团的智慧酒店建设，在酒店综合服务平台的建设体系中同样增加了数据中心建设内容，用数据中心集成所有前、后台信息系统的数据，增加了管理与服务系统之间数据的流动性。

企业数据中心建设的难点是外部数据的集成创新，特别是与第三方的OTA渠道数据对接的整合。现在建设的难点不是技术问题，而是利益相关问题。如酒店在数据中心建设过程中就会碰到这样的问题，酒店企业与携程旅行网的分销渠道数据对接，需要得到酒店PMS服务提供商的许可，如果不经过该服务商的同意，酒店的数据接口就很难对接上，这给酒店的完全电子商务开展带来了许多困扰。类似这样的外部数据整合有许多，包括旅行社业务数据与酒店数据中心的对接、景区相关数据与酒店数据中心的对接，还包括酒店经营联盟中各成员酒店相互之间业务数据的对接。因此，数据中心建设的集成创新不仅包括数据对接的技术创新，还包括经营理念的创新、经营管理的创新、数据使用或应用模式的创新，用这些创新理念构建的企业数据中心是完全的、有效的，在数据中心之上运行的所有应用软件也是有智慧的。

当然还存在理念的融合、管理的融合以及不同行业之间的融合，特别是开展全域旅游建设，都需要这些融合的支持，否则无法形成大旅游的智慧环境。

二、发展机制研究

我国旅游的转型升级，最终是新业态替代相关老业态的一种变化，如未来传统营销被网络营销所替代，传统客服被网络客服所替代，景区导游被电子导游、电子导览所替代，旅游预订被在线（网络）预订所替代。随着智慧旅游的发展，旅游还会不断产生新的业态，如旅游舆情监测、移动服务、移动商务等。在现阶段，信息化与旅游业融合正在向纵深发展，智慧旅游建设已在全国各地兴起，但是由于智慧旅游涉及服务体验，它需要旅游企业的积极参与和接受，目前还缺乏有效的应用发展机制，如何发展智慧旅游业界还在不断地探索。政府有自己的智慧旅游发展机制，企业也有自己的智慧旅游发展机制，两者的出发点和智慧建设需求是不一样的，从旅游服务的角度看，旅游企业是智慧旅游建设的关键。因此，智慧旅游的发展必须有企业的主动参与，目前主动参与建设的企业是少数，大多数旅游企业还在观望。这种观望就是需要业界研究有效发展的应用机制，智慧旅游的建设需要研究游客行为的变化，研究游客出行的一些新特点。另外，还要探索深度融合的规范标准，智慧旅游的新业态需要探讨一些标准的支持；还要探索智慧型技术系统研发的实现路径，以及智慧旅游新服务推广所需要的政策支持。如用云计算强大的整合机制可使各应用系统通过数据库深度融合在一起，游客通过手机二维码就可以获得旅游景点的详细信息，可为旅游者提供游后社交的功能服务，使旅游供应商的智能服务得到进一步提升。

(一) 智慧旅游发展的原因

互联网的革命以及移动互联网的普及,加上智能手机作为信息获取终端的普及,这是智慧旅游发展起来的技术原因;再加上游客等社会需求,人们需要利用互联网便捷地获取服务,旅游供给方和需求方都存在技术应用的需求。智慧旅游建设是一个新生事物,它的普及和发展需要一定的机制推动和引导,但最终发展的机制由市场需求决定,形成被市场认可的新的应用业态。当然,不同的新业态形成将会出现不同的发展机制形式。

智慧旅游总体上是一个技术系统、管理系统与服务系统三者综合考虑建设所形成的旅游业态,仅靠技术系统无法形成有效的智慧旅游新业态。因此,从目前各地开展的情况看,有些地方技术系统与管理系统结合得比较好,出现了较好的智慧管理业态;有些地方的企业技术系统与服务系统结合得比较好,出现了较好的智慧服务业态。如浙江省旅游信息中心非常重视全省的旅游营销,积极利用微信平台开展移动化的社交营销,基于微信的技术系统及营销管理与服务的有机结合,形成了非常有影响力的、基于社交网络的智慧营销效果,在全国产生了积极的影响。这种效果是政府部门之间的推进机制和营销需求所决定的,这说明智慧旅游的发展存在一定的机制引导,探索这些机制有利于我国智慧旅游的健康发展。课题组通过对景区、酒店、游客、政府部门问卷调查的数据分析,得出了比较有共性的智慧旅游发展的原因,主要是以下四点:

1. 新技术的不断出现与进步

由于新技术的出现,并受智慧城市建设的影响,传统的信息系统智能化被整合在一起,由此产生了旅游信息化更高的期望,即智慧旅游被提出。如门户网站的使用,企业能否感知访客的行为呢?网络营销的使用,企业能否可视化感知营销的效果呢?在线预订的使用,消费者能否感知房型和房类的状态呢?游客游览过程中,景区的监测中心能否感知游客的轨迹和数量呢?所有这些,现在的新技术都能做到并实现。如四川的九寨沟风景区,由于数字景区的基础比较好,在新技术的影响下,就提出了智慧景区的建设。因此,云计算、人工智能、虚拟现实、大数据等技术的进步,要求旅游信息化从智能走向智慧。

2. 移动互联网发展下的游客需求

移动互联网和移动终端的智能发展，同样令游客提升了获取服务的期望。尤其是智能手机的普及使用，使游客只要在网络环境下，就有获取信息和发布信息的需求。这种需求逐步发展成商务获取的需求，如在线订票、在线确认、在线支付、在线查询等，这一系列的商务请求，就要求各业务环节能实现数据的交换，从而形成数据的智能流转，最后发展成各信息系统的数据释放与流动，智慧旅游就这样形成了。因此，游客的需求是智慧旅游产生的原因，他们习惯于从移动互联网获取信息，习惯于使用诸如手机、平板电脑一类的智能终端，旅游企业利用现代的新技术去迎合游客的这种需求，让游客有更好的智慧体验。我们为什么说智慧旅游必须以游客体验为基础，缺乏体验就很难形成所谓的新业态，其实这种体验就是满足现代游客的这种随时随地可获取服务的需求。

3. 旅游发展中的转型升级诉求

我国在最近10年的旅游发展中存在较多的问题，如环境问题、管理问题、服务问题、利益分配问题、发展模式问题等，归纳起来我国的旅游发展就是一种粗放式的发展，对环境生态的影响比较大，未来不可持续。因此从政府宏观调控的层面，要求旅游业全面实现转型升级，以提高我国旅游业的管理与服务水平，同时保护环境，保证旅游公共资源为民众服务。旅游如何转型升级，智慧旅游发展就是一个最好的契机，它可以提升旅游的管理与服务，实现智慧化的管理、智慧化的服务，有利于整个旅游行业的转型升级。企业也是这样，希望通过智慧旅游的建设来提升服务，用智慧服务招徕游客，实现可持续的旅游经营。

4. 旅游电子商务发展的需要

盈利和持续收益永远是旅游企业的终极目标，旅游电子商务的最大特点就是规模效益、低成本、不受时间和空间的限制，它可以帮助企业获得持续的收益。但是电子商务尤其是完全电子商务需要各信息系统的智能整合，碎片型的企业信息系统无法满足完全电子商务开展的需要。智慧旅游的建设实现了企业信息系统集成与整合，形成各信息系统数据的释放与流转，有利于企业旅游电子商务的开展。因此，企业智慧旅游建设的终极目标就是为了开展完全电子商务，实现电子商务流程中的智慧管理和智慧服务。

开元旅业集团、浙江君澜集团等开展智慧酒店建设，几乎都是为了电子商务发展的需要，智慧建设必须和业务发展结合起来；奉化溪口风景区、西溪国家湿地公园的智慧建设，也是为了景区电子商务发的需要，开展了全面的智慧营销和智慧服务的系统建设；淳安、温州洞头的智慧目的地建设，同样是为了旅游电子商务发展的需要，借助智慧旅游建设发展持续的旅游经济。可以说电子商务发展的需要，推动了这些企业智慧建设的探索与实践，由开始的观望渐变为主动的系统建设或平台建设。

除了以上几个主要原因外，多变的旅游热点、个性化的游客需求、全域旅游的发展需求、行程中的变更需求、企业扩展中的管理需求等都是推进智慧旅游发展的真实原因。不同的原因往往会形成自身的发展机制，不管是政府的建设行为，还是企业的建设行为，都有其自身建设的发展机制。

(二) 智慧旅游发展机制

一个新生事物发展得是否顺利，关键是它的形成机制和发展路径是否成熟。课题组在浙江省、江苏省、山东省、海南省等地调研发现，在开始阶段，智慧旅游建设的现象都是政府热、企业冷的状况，积极投入并参与建设的企业只是少数。尤其是在国家旅游局确定的智慧旅游年(2014 年)，各地政府举办了各种类型的智慧旅游发展高峰论坛以推动智慧旅游建设的稳步发展。就拿浙江省来说，在举办的各种高峰论坛中，参与者多数是政府部门、各级旅游局或乡镇的主管部门，而像景区、饭店、旅行社等旅游企业参与的并不多。大多数确定为省级的示范试点企业并没有实质性推进，而是在等待和观望，缺乏实际的建设行动。为什么会出现这样的情况，是技术问题还是游客接受度问题？在多次访谈中，我们了解到关键问题就是智慧旅游建设的发展机制还存在一些问题。

我们通过访谈以及借鉴国外电子旅游的发展机制，认为智慧旅游的发展机制首先应厘清政府、企业、游客三者之间的建设关系、利益关系和推动关系。政府是智慧旅游建设的推动主体，企业是智慧旅游建设的实施主体，游客是智慧旅游建设的得益主体，如果三者的主体地位搞错或错位，则智慧旅游发展的机制就不可能顺畅，而且这些关系的推进必须以游客体验需求为导向。就目前来说，许多地方政府所做的智慧旅游战略规划，把自己作为建设的主体来对待，使许多地方有了规划没有落地项目，或者有了落地项目，建成后系统运维出现了问题，导致规划热了一阵子又回到原来的平静状态，政府花了钱却没有达到理想的新业态体验效果。因此，访谈中许多业界管理者认为，政府所花的钱应放在如何推进的层面，通过奖励来鼓励企业主动参与智慧旅游的建设。如有许多政府规划了电子商务系统，其实政府是不能去做商务的，但可以鼓励企业用移动互联网去做商务。如果所有的企业都把商务互联起来，则一个区域旅游的"互联网＋"商务就形成了，企业自己为了商务会去管理、去维护，政府所做的事情就是每年评估，按目标要求去奖励开展的企业及产生的效益，这样一个区域旅游的智慧服务环境就慢慢形成了。

已有的建设实践表明，任何智慧旅游项目都要有针对游客的体验，一个没有考虑游客因素的智慧旅游项目是不成功的，这就是游客作为得益主体的关键所在。苏州、南京都是围绕游客来规划落地项目，这也是它们注重游客体验使智慧旅游发展走在全国前列的主要原因。如南京的"惠游南京""漫游南京""微游南京"等落地项目都是政府牵头、企业参与的推动项目，得到了企业的积极响应和良好的推广，企业在智慧项目实践中尝到了甜头，游客在智慧旅游服务中获得了实惠，形成了智慧旅游新业态的生态环境。为此，我们在智慧旅游发展的机制问题上，得出如下研究结论：

政府应是智慧旅游建设的推动主体，需要有因地制宜的激励机制和竞争机制配套，其中激励机制起主导作用，通过企业自己申报来评定激励对象；旅游企业是智慧旅游建设的实施主体，需要有统一框架下的市场机制和竞争机制，其中市场机制起主导作用，通过游客的使用体验和喜爱来形成符合市场需要的新业态。这里的统一框架就是目的地机构制订的智慧旅游发展规划，它们都必须围绕游客增加体验，以让游客获得智慧服务实惠为目的来展开项目建设。而激励机制、市场机制、竞争机制都要根据市场的需求和游客的需求来建立或形成。这样的发展机制对智慧旅游项目的推进和旅游市场的健康发展都是生态性的和可持续的。

1. 智慧旅游激励机制

智慧旅游的商业模式如何至今尚未明确，因此要发展这样的新业态，开始需要有政府的激励机制来推动，来引领。目前国外正在发展的智慧旅游实践计划也主要依靠政府补贴，而关于智慧旅游发展商业模式的理论还相当匮乏。对于企业来说，看不清其明确的商业模式，便不会主动地积极参与。Morabito 认为智慧旅游也许正深刻改变着我们对商业模式和战略重要性的思考方式。我国旅游业都是中小型企业居多,它们有时还看不到智慧旅游对商业模式改变的重要性,这时如果政府推出一系列激励机制,如系统建设的激励、大数据建设的激励、电子商务建设的激励等,可以吸引和鼓励企业参与建设的积极性,这样就加速了智慧旅游新型商业模式的形成,使智慧旅游新业态变成旅游发展的常态。如江苏、山东的智慧旅游建设,一些地市采用了有效的激励机制,其智慧旅游新型的商业模式正在快速形成。苏州工业园智慧旅游商业模式、奉化溪口风景区智慧旅游商业模式、南京夫子庙智慧旅游商业模式等都是政府激励机制推进建设的发展典型。

2. 智慧旅游市场机制

未来旅游能占领市场的核心因素就是服务,好的智慧服务必然会被游客认可。智慧旅游建设涉及多种类型的应用框架,也包含各种类型的应用系统,它们最后都体现在服务上,谁的智慧旅游服务做得好,有好的服务体验,谁就能吸引游客,获得未来旅游市场份额,这就是市场机制的自动调节。开展智慧旅游建设,不管是目的地机构,还是目的地旅游企业,都必须遵循这样的市场机制。如国外有一种智慧推荐系统,就有很好的智慧体验,如 Koceski 和 Petrevska 在 2012 年研究的 MyTravelPAL 系统首先在应用界面上可向游客推荐一定地理范围内其可能感兴趣的旅游景点,圆圈的大小表示与用户关联的程度。一旦用户集中在一个特定的区域,它们的旅游资源也会显示在界面上供游客选择和决策。智慧旅游推荐系统拥有将旅游选择和海量旅游信息进行分类和排序的功能,能帮助游客以更有效的方式寻找感兴趣的旅游景点,或者为游客提供意外的选择。智慧旅游推荐系统不仅能提供旅游景点和活动的推荐列表,还能帮助游客创造景点线路规划。如 Kurata 研究的 CT-Planner 能够根据游客的喜好和要求(如时间、行走速度、行走意愿等)提供可以逐步完善的导游计划。这些功能都给游客带来非常好的体验,从而可以获得客户,并获得市场认可,这就是市场机制的作用。又如上海春秋旅行社的智慧建设,其高层领导强调的就是服务,智慧建设没有减少集团经营的门店,而其他旅行社在智慧旅游影响下,都减少了旅行社门店。春秋旅行社由于智慧服务到位了,游客体验增加了,其销售取得了喜人的增幅,获得了可喜的旅游市场份额,这是市场机制作用下通过智慧服务取得持续发展的典型。

3. 智慧旅游竞争机制

智慧旅游发展过程中，除了激励机制、市场机机制外，另一个发展机制就是竞争机制，这种机制主要适合智慧系统研发的第三方服务商，谁的系统智慧型好、服务功能完善，谁就取得应用客户的青睐。竞争机制的竞争点主要是新技术应用，包括信息系统的整合技术，因为一个智慧型系统的智慧取决于软件的智能技术，以及这些智能技术整合在一起的整体效果。如国外的智慧旅游非常注重新技术的应用，包括智能技术的应用，有学者认为增强现实（augmented reality，AR）应作为智慧旅游发展的重要内容，已被旅游组织广泛采用。增强现实是一种综合各种多媒体信息与真实世界的可视化技术，AR系统通过将虚拟信息叠加到真实物体和空间以增强时间和空间的接触，形成智慧的可视化效果，并实现在线化的互动，可给游客带来非常好的服务体验。另一种是智慧卡在旅游业中的应用，这种新技术非常有竞争性，智慧卡可以接收数据，并与它们的阅读设备共享数据，这样消除了与电子销售点和数据库之间的连接，可以在不同系统之间接驳信息。如 Basili 等人介绍了一种依托近场无线通信技术开发的智慧旅游卡（smart tourist card，SMTC）。它是一种移动旅游助手，整合了移动和接触式技术，可以为游客提供广泛的定制化、互动式和定位服务。这样在指挥系统中应用这一类的智慧卡，可有效接驳旅游中的各类信息，使智慧型系统具有更好的应用竞争性。竞争机制的另一层含义就是在智慧旅游建设中涉及有推广意义的新技术应用，如接驳技术、定位技术、大数据分析技术、感应技术、互动技术等，可以作为旅游信息系统或旅游服务平台建设的技术规范或标准，这就是新技术应用的竞争机制，谁掌握新技术谁就可以获得市场。

如全球第一家智慧酒店杭州黄龙饭店，在规划建设时选择了与美国 IBM 公司合作，共同打造全球第一家智慧酒店。黄龙饭店看中的是 IBM 公司的整合技术，如融合网络技术，它可以把视频线、音频线、电脑线、数据线融合在一起，可为智慧酒店建设节省许多网络布线成本，具有非常吸引用户选择的竞争优势。又如奉化溪口风景区，智慧景区建设选择的合作伙伴是卓锐科技有限公司，因为卓锐的 3D GIS 技术能提升游客的服务体验，在移动的电子地图服务中有较好的竞争优势。

第二节 智慧旅游新业态的实现路径

智慧旅游新业态的实现路径与机制有关，好的发展机制有利于形成新业态路径，可以让企业少走弯路，引导企业按照路径图去开发建设。如智慧农家乐的建设，只要政府有好的激励机制和政策，游客有合适的应用需求，经营户有好的发展理念，则智慧农家乐的技术系统就有人去开发，市场就有比较完善的技术服务商，这些服务商会引导智慧农家乐的新业态不断发展和完善，吸引农家乐经营户选择应用智慧系统。因此，智慧旅游新业态的路径是由多因素决定的，它需要政府、经营户、游客三者之间的需求融合并结合技术服务商的积极性才能形成有效的发展路径图。

一、游客移动互联网使用意愿研究

移动互联网的迅速发展是21世纪全球信息通信领域最令人瞩目的现象之一。根据美国联邦贸易委员会(Federal Trade Commission)对其的定义，移动互联网为用户提供进入万维网的便捷的无线连接，使用户能够通过手持移动设备从互联网中获取数字内容与服务。如旅游者用手机通过移动互联网就能获取目的地旅游信息，其便捷性就是随时随地可获取和个性化，其应用内涵是旅行中的移动性。手机视频、手机支付、手机报、手机电子商务等都是移动互联网的前沿应用服务内容。

从消费者的角度分析，深度融合关键看消费者使用新技术(如移动互联网)的意愿，为此我们用ECM-IT模型来研究客户的使用意愿。在该模型中，用户使用信息系统后的认知仅由感知有用性来表示，然而用户在实际使用中，除了感知有用性，用户对于某一信息系统的使用后认知还有其他期望和需求。为了提出我们的研究模型，课题组对信息系统和新技术服务继续使用的期望和需求进行了小范围的调查，主要针对自助游的消费用户，共调查了58位自助游消费者。经过对自助游者的调查整理，技术系统用户继续使用除了感知有用性外，还应包括感知易用性、娱乐性、成本费用、风险等其他因素变量。调查发现，这些变量会影响部分用户继续使用新技术系统的意愿，也是部分用户需要一致性所考虑的因素。同时，我们对自助游相关研究学者进行了访谈，他们一致认为继续使用主移动互联网新技术的意愿要受使用后的期望值和需求一致性的影响。

已有学者的研究结果也表明，对 ECM-IT 模型的扩展可以有效提高该模型的解释度，更好地对用户继续使用行为进行预测和解释。因此，基于以上理论基础及模型，尤其结合相关学者访谈的观点，我们认为把期望一致性和需要一致性结合起来有可能提高模型的解释度。本研究将 ECM-IT 模型的期望一致性和需要一致性结合起来；把感知有用性、感知易用性、感知娱乐性、感知成本和感知风险作为研究因变量，尤其是后面新加入的 3 个变量反映了自助游者的一种期望和需要，对继续使用行为的预测分析会产生影响；把用户满意度作为中间变量，把新技术系统用户继续使用意愿作为结果变量。

本研究在继续使用行为研究中引入"需要一致性"变量，扩展了用户继续使用意愿的研究模型，得到了以下具有理论与实践价值的研究结论：需要一致性显著地正向影响感知有用性、感知娱乐性、感知易用性和感知成本，期望一致性显著地正向影响感知有用性和感知成本；感知有用性、感知娱乐性和感知成本在需要一致性对用户满意的影响作用中起中介作用；感知有用性和感知成本在期望一致性对用户满意的影响作用中起中介作用；感知有用性、感知易用性、感知娱乐性、感知成本和用户满意均对继续使用意愿存在显著的正向影响，其中感知有用性的影响作用最大(标准化路径系数为 0.31)；感知风险对用户满意与继续使用意愿不存在显著影响，这一结论与之前的研究有所不同。这些结论对新技术系统中的智慧服务提供了积极的理论指导，如移动互联网的智慧服务只要能为用户带来绩效，实现用户的使用目的是决定用户继续使用意愿的最重要因素，因此服务商应该加强对技术系统中旅游服务智慧功能的改进。如充分利用手机体积小巧、便携、能随时随地上网的特点，扬长避短，挖掘能够为用户旅游活动过程中的各个阶段提供帮助的移动服务或基于位置的服务，以提高用户对新系统智慧服务有用性的感知，从而实现智慧服务与旅游服务的深度融合。

二、新业态形成路径分析

本研究通过市场访谈和相关案例的分析，归纳出智慧旅游新业态产生通常有两种途径：第一种是游客的需求加良好的体验；第二种是有很好的技术可以引领服务，从而形成广泛应用的新业态。对于第一种情况，如目前发展迅速的微信订房新业态就有良好的互动体验，消费者可以与酒店方进行在线的交流和互动，这时游客就会在微信环境下"无中生有"地产生订房动机，慢慢就形成了一种利用微信的消费常态，这种业态就是在新需求的驱动下形成的。而对于第二种情况，通过技术引领服务形成的新业态路径比较复杂，它需要有比其他服务业态独特的地方，又需要经历消费者认可、推广、营销等多种途径。如目前所谓的"云服务"，就是依靠云技术和移动互联网形成的业态。像专车云服务、咨询云服务、订房云服务等的后台都有强大的云数据中心，需要强大的技术力量支持，通过这些技术来引领叫车服务、咨询服务、订房服务等，从而颠覆传统的服务业态。

（一）引领服务的发展路径

对于第二种情况，课题组选择了酒店业的在线直销新业态展开探索。为了研究在线直销新业态的应用情况，课题组对当前 OTA 订房市场做了一次简单的市场访谈调查，走访了浙江宾馆、杭州梅苑宾馆、黄山国际大酒店、南京饭店等近 20 家酒店的销售部负责人和住店客人，得到他们最一致的看法是：酒店方对 OTA 最不满意的就是预订佣金费用高昂，消费者对 OTA 最不满意的是房价偏高而无法在线沟通。这说明当前 OTA 服务商的在线订房并不是最好业态的生态链，仅是一种标准化的规范服务，缺乏预订流程中的个性化要求。调查中发现个性化的消费者希望能在酒店直接订房，而酒店也希望能有自己的在线客户群体。为此，笔者就产生了利用社区网络环境探索一个在线直销的订房业态的想法，力求为单体酒店探索一条可行的实施路径。我们的探索是通过开发一个 APP 开始的，首先分析目前在线订房的业务流程，通过分析确定了订房过程的关键流程，决定从选择流程、确认流程、支付流程等环节做实验，环境是微信社交网络，对象是消费者手机和酒店销售员手机，利用简单的微信服务公众网搭建平台。我们从消费者的角度去构建订房流程，因为消费者的智能手机在移动互联网的帮助下可非常便捷地访问到酒店的公众账号，了解酒店的基本信息。研究过程是在移动互联网环境下通过实验来验证消费者的选择流程、交易各方的确认流程以及交易成功的支付流程。通过实验并在杭州的单体酒店试用，得出了如下研究结论：

对于酒店在线直销的新业态，它的实现途径包括酒店方和客户方，其途径必然经历选择流程、互动流程和支付流程等环节，而互动流程往往是在社交网络环境中实现，因此它由不同的系统和不同的网络环境相互嵌入来实现，而互动流程环节是新业态形成的关键环节，是企业在线直销必然经历的环节。其他旅游在线服务的新业态同样遵守这样的实现途径，沟通永远是商务的开始，是第一位的，这就是未来服务不是以智商取胜，而是以情商取胜的关键所在。

因此，不管是什么类型的技术系统，只有积极采用先进的技术、先进的理念、先进的创意提升服务，它才能引领智慧旅游中的服务，而这样的引领服务才有发展的前景，因为这种引领会受到旅游企业喜爱，也会受到旅游者的青睐。

引领服务还可以通过政府的推动，如开展示范试点的应用途径。一个旅游目的地可以通过智慧建设的试点，让游客亲历体验，让旅游企业自己感受试点所带来的竞争优势。如智慧饭店的试点、智慧旅行社的试点、智慧景区的试点，以及智慧乡村旅游的试点，用以点带面的发展路径来全面推进智慧旅游建设。如南京、温州、淳安、奉化、江阴等旅游目的地，都是通过试点示范来推进智慧旅游建设的。旅游目的地形成一个试点示范的建设机制，对于智慧旅游建设的推动非常重要，而一个好的示范机制，必须听取旅游企业、第三方服务商、旅游职能部门、其他涉旅企业的广泛意见。

（二）需求导向型的发展路径

需求导向型的发展路径包含两个方面：一个是游客体验需求侧的导向型；另一个是企业供给侧的需求导向型。需求侧的导向型可以不断提高游客在目的地的旅游体验，在目的地利益相关者之间提供智慧平台收集和发布信息，促进旅游资源的有效分配、高效服务，整合旅游供应商资源，以满足游客的实际需要。对于供给侧的需求导向型，不管是旅游企业还是第三方技术服务商，在研发智慧型技术系统时必须以满足游客智慧体验为开发原则，实时提供丰富的旅游信息、定位和定制化的互动服务，在旅行过程中使游客能够分享他们的旅行经历，以此为其他游客在旅游决策制订过程中提供参考和帮助，同时增强游客在社交网络构建的自我形象和地位，游客的这种体验可以为服务商带来智慧系统的开发需求，也可以为旅游企业带来客源。

供给侧需求导向型的核心需求就是利用信息通信技术支撑旅游业以更加智慧化的方式运行并实现可持续的发展。在智慧旅游环境下，依托信息通信技术的智慧旅游信息系统向旅游者和服务供应商主动提供更多的相关信息、更好的决策支持、更大的灵活性，最终创造更愉快的旅游经历，以满足现代游客的个性化旅游需求以及企业的管理需求。这些应用形成的智慧型系统包括服务推荐系统、决策支持系统、情境感知系统等，并具有自主代理搜索、挖掘网络资源、环境智能以及增强现实等功能。在案例研究的分析中，供给侧的这些应用需求目的就是能够实现旅游企业的智慧服务、低成本扩展、快乐旅游及精准管理。如普陀山的智慧旅游建设、天台山风景区的智慧建设、宁波慈城古镇的智慧建设以及温州市的智慧旅游建设都是围绕供给侧需求导向的路径开展的智慧旅游，发展的目标是为了提高区域旅游的创新能力以及市场竞争力，改善旅游供给侧的业务流程并优化，从而实现区域旅游智慧化的转型升级。

从旅游产业角度来看，智慧型信息系统的潜力关系到自动化进程、效率提高、新产品开发、需求预测、危机管理和价值共创。不管是采用需求侧发展路径还是采用供给侧发展路径，其形成的智慧型信息系统必须实现旅游企业、第三方技术服务商和游客三方的互赢，各方都能在智慧旅游发展过程中得到实惠和需求的满足感。如移动设备的广泛应用，特别是智能手机及其各种 APP 应用，标志着一个无处不在的与互联网联通的时代到来，需求侧有 APP 应用的需求，供给侧有 APP 应用的需求，第三方技术服务商研发了一个旅游 APP，这时游客通过 APP 获得了便捷服务的实惠，中间没有代理服务环节，旅游企业也可以得到低成本的电子商务，包括个性化营销，这是最直接的一种商务实惠，而第三方技术服务商能够获得交易成功的佣金，同样得到了实惠，这种共赢的发展路径都是由各方的需求驱动的。

已有的实践表明，通过供给侧引领的发展路径一般需要政府配套相应的机制，如激励机制和推进机制等，而通过需求导向的发展路径往往只需要市场竞争机制，不管是供给侧的需求还是需求侧的需求，它们都会通过市场调节形成有效的生态发展机制环境。

三、新业态形成路径

为了探索智慧旅游新业态形成的路径，我们走访了温州旅游局信息中心、南京旅游局信息中心以及杭州市旅游委员会信息中心，同时走访了温州洞头风景区、千岛湖风景区、西湖风景区、奉化溪口风景区、无锡太湖风景区以及三亚市的部分旅游风景区。为了更好地比较和分析不同的实现路径，课题组还走访了杭州卓锐科技有限公司，了解智慧旅游综合服务平台建设的情况，走访了专门研发"互联网＋"酒店技术系统的绿云科技有限公司，走访了专门研发智慧旅游技术系统的北京巅峰科技有限公司，并对开元旅业集团、黄山旅游集团、君澜集团、浙旅集团等开展了现场调研。另外，从游客的角度出发，我们用问卷的形式调查了游客对智慧旅游的认知、体验等现状，获取游客认知智慧服务的使用路径。通过这些调研以及结合部分参与的智慧旅游规划实践，课题组获得了智慧旅游新业态发展的核心基础以及新业态形成的路径。

（一）深度融合

智慧旅游是一个传统旅游业与信息通信技术结合的新生事物，它既有技术性，又有旅游业的特殊性。旅游业的特殊性就是旅游业态越来越复杂，既可以是观光旅游、农业生态旅游，也可以是传统工业旅游，而更多的是人们需要的休闲旅游，这些不同的旅游业态有不同的信息化重点。在项目调研中，关于智慧旅游有许多业界的看法，有的关心的是营销的智慧，有的关心的是管理的智慧，而游客更多的是关心服务的智慧。凡是在开展中遇到困惑的地方，基本都是信息通信技术应用较薄弱的地方，所在的行业与信息化缺乏有效的深度融合，或者主管领导和经营者都缺乏信息通信技术相关的知识。如有的酒店集团知道信息通信技术的作用，也成立了信息公司，但由于缺乏深度融合的理念，对信息公司的定位、发展方向无法把握，使得信息公司在经营过程中左右为难。其实一个集团的信息公司涉及的集团资源很广泛，开展的工作都与集团各部门有关联，尤其是智慧建设的工作，需要集团人力资源、财力资源、各系统资源的支持；如果信息公司定位不准，很难协调各部门统筹工作，传统业务和信息化的深度融合开展起来就非常艰难。杭州黄龙饭店为什么能成为全球第一家智慧酒店，因为饭店的杜总具备丰富的信息通信技术应用知识，具有良好的IT应用能力，他在饭店改造过程中重点抓信息通信技术应用的基础性工程，保证饭店经营与信息通信技术的深度融合，包括管理、服务、营销方面所需的信息化需求，最终形成了中国智慧酒店的第一品牌，为饭店经营树立了新的技术标杆。

我们在案例分析和调查中同样可以得出结论，智慧旅游与“两化”深度融合密切相关，深度融合是智慧旅游开展的基础，或是智慧旅游发展中的必然途径。如西溪国家湿地公园的智慧景区建设，因为它有比较好的数字景区建设基础，故成为智慧景区建设的示范单位。四川九寨沟风景区的智慧景区建设同样具有数字景区建设的基础，有比较完善的信息技术系统应用，因此成为智慧景区建设中的第一阵列。但是，我们在调查中发现，许多的目的地和景区在智慧建设过程中并没有明显的效果，而这些目的地或景区的信息化程度都是比较差的，仅是一些碎片化的应用，没有形成整片的应用效果，这些建设仅是一般的信息化工作，还谈不上真正意义上的智慧旅游建设。不同行业的融合也可以说明这一点，饭店业由于信息化基础比较好，有完善的前台信息系统以及后台的管理信息系统，所以饭店业的智慧建设就领先于传统业的旅行社和景区。例如在智慧管理和智慧服务方面，旅行社和景区目前做得较多的是利用社交网络开展一些智慧营销的建设，这些都足够说明智慧旅游建设必须有深度融合的基础，如果仅是一般融合，它只能是处在信息化的进程中，还不具备智慧旅游建设的基础。智慧旅游建设需要具备管理、服务、营销多方面的深度融合基础。

（二）智慧旅游新业态形成路径

有了深度融合的基础，结合在传统业态中服务、管理、商务功能方面的应用需求，再综合旅游业管理系统的因素、技术系统的因素以及服务系统等因素，智慧旅游新业态的形成路径如图 9-1 所示。

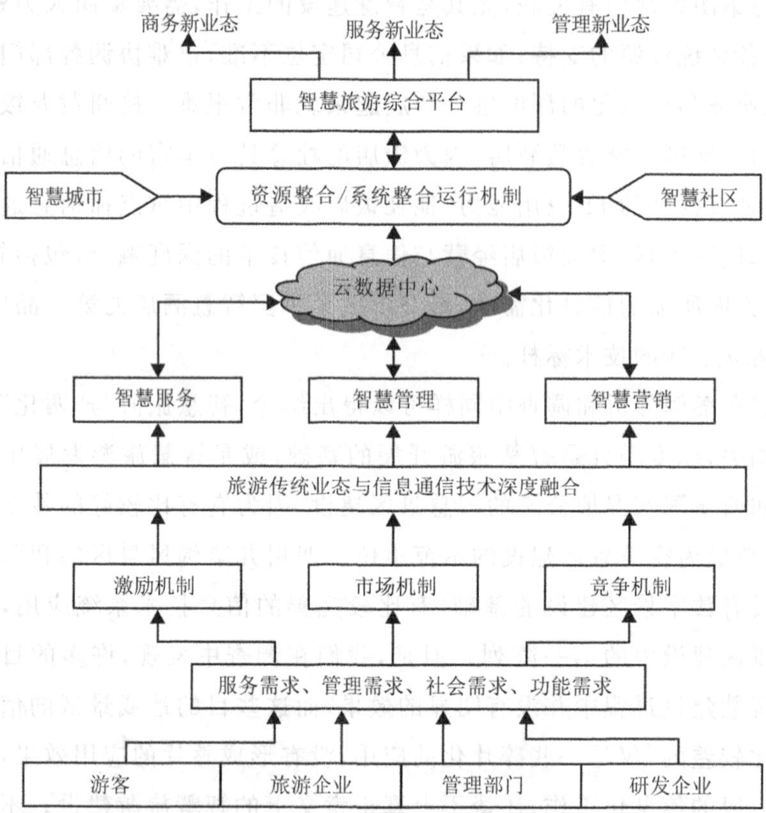

图 9-1　智慧旅游新业态的形成路径

在图 9-1 中，智慧旅游必须建立在一定需求的基础上，有服务需求、管理需求、社会需求、功能需求等，最后通过一定的发展机制，形成一个以数据中心为基础的具有一定应用特色的智慧旅游平台，可能是服务特色，也可能是管理特色或营销特色。目前许多地方政府在不了解自己的需求基础上，盲目推进智慧旅游建设，也不知道企业需要什么，不知道游客需要什么，搞了不着边际的所谓智慧旅游建设规划，到最后看不到落地的项目，或者做了几个智慧旅游项目但并不符合游客的智慧体验或者不符合企业的经营体验，企业看不到收益在哪里，这就是没有遵循有效的机制路径去开展的智慧旅游，缺乏持续发展的基础。因此，在明确智慧旅游建设需求的基础上，还需要选择一个有效的机制。对于政府推进的智慧旅游建设，需要有一个激励机制，可用奖励的方式激励企业去参与智慧旅游建设项目；对于企业建设的智慧旅游可以由市场的竞争机制来推进;而对于旅游公共服务建设可以由市场机制来推进。如利用移动互联网实现智慧服务,企业都意识到移动互联网可以实现企业的在线直销服务,谁的系统做得好,谁就可以获得在线客户,这完全可以通过竞争的机制开展智慧商务建设。目前的微信平台发展之快就说明了这一点,因为微信平台既有营销的功能,又具有商务的功能,它结合大数据就可以实现个性化的智慧商务服务,企业非常有热情投入见效快的系统平台建设。

智慧旅游新业态发展途径的终极目标是形成一个综合平台,这个平台可以是第三方的服务平台,也可以是景区综合管控的服务平台,或者是如酒店企业那样的酒店服务平台。通过调查已有的智慧实践案例,建设者一致认为平台化是智慧旅游发展的一个主要应用形式,如 iHotel 智慧酒店平台、智游宝智慧景区平台等都已成功地在市场运用。这样的综合服务平台整合了企业所需的智慧管理、智慧服务、智慧营销等对应的信息系统内容。从理论角度看,平台化是整合了所有应用系统,包括应用系统下面所有的数据,这符合当前大数据应用的发展要求。如智慧酒店平台,它整合了门户网站、前台 PMS 系统、财务管理系统、工程设备系统、电子商务系统、客房管理系统、人力资源系统、OTA 渠道、电子分销渠道以及餐饮管理系统等。一个酒店是否智慧,关键看这些系统整合的程度,以及综合平台对管理、服务、营销操作的有效性。任何企业的智慧建设,都可根据自己经营的需要建立不同应用要求的综合服务平台。

在图 9-1 中,智慧旅游经过多个途径的发展建设,最后形成一个智慧旅游综合平台,可以是区域旅游的管控平台,也可以是景区的管控平台,或者像酒店企业那样的一体化服务平台。

(三) 智慧旅游发展途径的新特点

智慧旅游是一种业态,它是在新技术应用基础上形成的,智慧旅游更是一种发展理念,这个理念需要技术应用的行动,不是靠单纯的管理就能实现。因此,它的发展途径需要理念与技术应用的结合,图 9-1 就体现了这样的新特点。下面具体分述该路径图的三个基本特点。

1. 以深度融合为基础

如图 9-1 所示的路径图构架的最大特点是体现了旅游传统业态与信息通

信技术深度融合，这是发展路径的基础点，也体现了一些目的地机构信息化的重要性，有了这个基础才可以进一步开展相关的智慧旅游建设。就拿最简单的旅游门户网站来说，它是一个窗口式的信息系统，为客户提供信息服务或商务服务，但现在许多旅游企业，包括目的地机构的门户网站，仅是一般的服务信息化而已，把图片、信息搬到窗口，方便用户查阅，但许多业务信息并不能在网站上处理，甚至有些信息还查询不到，这就是没有深度融合的一种现象。一个网站要有智慧，它必须和企业内所有的信息系统，以及所有的业务流程融合在一起，实现数据在各信息系统之间的有效流转。这时访客可以实现更多的查询业务，甚至处理需要的业务，这才是智慧型的网站，它和访客之间还可以相互感知，知道访客访问的行为，关注网站的什么信息，甚至离开网站后去了哪里。因此，图 9-1 的深度融合需要考虑到各方面的需求，包括旅游企业、行业管理部门、第三方的研发企业以及游客。

2. 以平台为建设目标

这里深度融合的理念就是指智慧旅游建设不是简单地建几个信息系统，而是需要用信息技术代替原来的业务流程和情感流程。只有整合这两种流程才能体现旅游业的深度融合，实现有效的智慧体验，要做到这一点必须有一个技术平台。这种以平台为目标的融合需要“互联网＋”和信息系统的有机结合，在全域旅游发展理念的思维下，还需要“旅游＋”和“互联网＋”的融合，才能形成完整的智慧旅游新业态发展路径。因此，智慧旅游建设不是简单的软件系统建设，而是平台建设，这个平台需要整合数据，需要整合信息系统，需要整合互联网渠道，同时需要整合经营中的管理与服务，这样形成的平台才有自己的大数据，才能实现真正的资源整合，以及有效的智慧旅游运行机制。因此，图 9-1 中平台的形成必须在资源整合的基础上，并具备有效的运行机制。当下许多目的地机构的智慧建设形成不了平台，因为它没有系统建成后的运行机制，资源整合也不到位。

例如，近几年乡村旅游发展迅速，我们在调查中发现游客现在有智能手机查询农家乐的需求，但农家乐经营户不知道怎么去做基于微信的智慧服务平台，或者没有财力去做这样的综合服务平台。这时我们的政府可以用激励机制去鼓励研发单位做，开发适合农家乐经营户使用，又适合消费者使用的微信服务平台，并整合查询流程、预订流程、互动流程、管理流程等环节，即农家乐经营服务流程与微信社交深度融合，还要整合其他OTA、地方门户网站、农家乐经营户网站、智慧社区等渠道的数据，从而形成渠道、信息系统、微信社交等共同分享的数据库中心，这就是农家乐的大数据，最后形成一个基于微信服务的智慧平台，供农家乐和消费者使用。这样的平台研发需要资金支持，这时政府可以通过激励机制补贴给研发单位，用产学研的形式开发应用平台，而农家乐和消费者都是免费使用该平台，但他们需要支付增值服务的费用，这就是智慧农家乐建设与应用的基本路径。当然，智慧农家乐建设的路径不是唯一的，可以有多条实现路径。有了这样的智慧服务平台，政府可以精准地管理农家乐经营户，为经营户提供更好的服务，并引导农家乐经营户健康经营。同时，政府利用智慧型系统可得到第一手农家乐经营的数据，研发单位也可以挖掘这些数据形成对经营户有帮助的分析报告，有偿提供给需要的经营户或政府管理部门，这是未来研发单位依赖大数据时代很重要的收入来源。

3. 以大旅游为整合范围

我们在项目调研以及实地访谈中了解到，智慧旅游建设不仅涉及旅游业本身，还涉及许多相关的行业。如淳安千岛湖的智慧旅游建设需要和海事部门、工商部门等一起讨论方案；杭州的智慧旅游建设需要和交通部门、气象部门等一起讨论规划方案；温州洞头的智慧旅游建设需要和渔业部门、海事部门、公安部门、交通部门等一起讨论方案。这就是大旅游的概念，智慧旅游建设的技术系统涉及许多相关行业和部门，在开始建设时需要协调和沟通。因此在研究智慧旅游发展途径时，需要考虑这些因素。图9-1反映了这些相关因素，我们把它归纳为智慧城市和智慧社区。也就是说，在进行智慧旅游建设时，要考虑当地智慧城市的需求，或者考虑使用智慧城市的设施，同时考虑智慧社区的相关需求，旅游只要和这些相关部门的数据对接起来、互联起来，建设和形成的旅游新业态就一定是有智慧的。

第三节　研究不足及建议

智慧旅游新业态是移动互联网普及和新技术应用后形成的一种业态，由于目前还没有成为旅游发展的常态，因此在研究过程中收集案例存在一定的难度和不足，也给新业态研究中研究对象选择带来一定的局限性。尽管课题组参与了一定的智慧旅游建设实践，如到千岛湖风景区、温州洞头风景区、普陀山风景区等调研，但收集的旅游企业的参与情况数据很有限。智慧旅游发展是未来旅游业发展的方向，就像美国的电子旅游一样，是顺应游客需要的创新行动，希望未来对智慧旅游深入研究有更好的旅游企业数据，尤其是基于“互联网＋”的智慧旅游研究，还需要有相关行业的数据支持，实现旅游业内部以及与外界行业的互联互通。到那时，实用的智慧旅游新业态就成为常态了。

一、研究存在的不足

智慧旅游新业态的研究还没有可借鉴的经验，作为新生事物，它只有发展中的应用实践，还没有形成成熟的理论，因此本课题的研究只有探索并参与一定的实践，才能找到智慧旅游新业态的发展新理论。这样的状况导致本课题在研究过程中获取的数据不够完整，政府主导的建设大多数仅是规划文本，很少有相关的对研究有帮助的对比数据；而企业尤其是传统企业开展的智慧旅游成功项目并不多，许多企业管理者还不知道智慧旅游是什么，更不知道怎么去开展智慧旅游。因此，目前获取的数据是不完善的，还需要进一步的跟踪研究，尤其是政府和企业之间的智慧旅游建设，推动关系和建设关系的生态链还没有形成，企业对智慧旅游建设的认知还不够。另外，由于本课题研究过程中人力的不足，对大面积开展新业态调研也存在许多局限，可能会获取一些片面的数据，也需要在后续研究中加以完善。

二、进一步研究的建议

通过对在研究中遇到的情况，以及与一些企业访谈后的汇总，我们认为在智慧旅游建设的激励政策、建设主体的影响因素、智慧旅游建设的生态链关系、新业态体验的关键因素等方面，应开展系统性的应用研究，这对于未来我国智慧旅游常态化建设将有较大的帮助。

（一）智慧旅游建设的激励政策研究

激励政策是推进智慧旅游建设的重要手段，也是科学旅游观确立的主要推手。如何激励一个新生事物的发展，用什么方式激励，这些问题值得研究。不同的行业，如饭店行业、中介行业、IT行业、景区吸引物行业等，都存在不同的激励手段和方法，如果不开展研究，有些激励就达不到效果。如台湾的休闲农庄发展，政府为了鼓励企业推进产业发展，就有专门的机构进行研究，它们不是开始就选择企业进行激励的补贴，而是在年底对休闲农庄开展的创新项目进行申报评比，在获取名次的基础上进行有针对性的补贴。该方法收到了非常好的效果，农庄经营户会积极参与到经营的创新活动中去，真正改善了休闲农庄的体验环境。智慧旅游的创新同样需要有好的激励政策，让旅游企业以及乡村旅游经营户能看到政府合理的激励政策，通过改善自己的管理与服务提升经营的竞争能力。

（二）智慧旅游建设主体的影响因素研究

智慧旅游建设的主体是旅游企业，它们能否积极参与到智慧旅游建设中，用智慧管理或智慧服务来提升自己的创新能力，存在许多影响的因素和约束，我们需要深入地开展系统性研究，以便更好地引导企业用智慧旅游创新服务。尤其是单体的旅游企业，是什么原因导致它们在观望、等待，它们到底存在怎样的担心和困扰？经营者的个体特性与影响因素存在怎样的关系？怎样的管理者具备智慧旅游建设的条件？我们需要通过调研具体分析来获得答案。尤其是智慧饭店的建设主体、智慧景区的建设主体以及智慧乡村旅游的建设主体都存在不一样的影响因素，需要通过对不同参与对象的调查分析、访谈互动，才能了解不同实体所存在的影响因素。对于旅游企业来说，明确自己的不足，知道影响的原因，因地制宜根据自己的情况有序地开展智慧旅游建设是非常必要的。

（三）智慧旅游建设的生态链关系研究

智慧旅游建设是信息时代融合发展的新生事物，涉及多个产业，如饭店产业、景观产业、信息技术产业、旅游服务产业、休闲农业产业以及信息服务产业等。不同的产业共同关注智慧旅游，需要一定利益关系的生态链才能获得可持续发展。要变智慧旅游新业态为旅游发展常态，它需要和谐的生态链支撑，因此智慧旅游建设的生态链关系值得研究和探索。当前许多地方政府推进的智慧旅游建设，企业响应度不高，规划的智慧旅游项目无法落地，就是因为缺少生态链的有效支撑。政府与企业之间存在生态关系，企业与企业之间也存在生态链关系，只有系统性地研究这些生态链关系，理顺相互之间的利益关系，才能快速地推进智慧旅游建设，智慧旅游新业态才会被企业广泛接受。

（四）智慧旅游新业态体验的关键因素研究

智慧旅游新业态建设的关键是游客体验，游客是否乐意接受新业态，存在一定的过程，这个过程的长短取决于影响使用的一些因素。我们要探索哪些是影响游客使用的关键因素，这有助于游客接受新业态的使用意愿。对关键因素的研究，可以指导智慧技术系统设计的框架和功能结构，有利于消费者更喜欢新业态的体验和使用。从目前存在的技术系统使用情况来看，有相当部分的系统体验不足，技术和功能结构没有体现消费者的实际喜爱和需求，造成系统的使用效率不高，推进存在一定的障碍。智慧型技术系统的研发不能仅从技术的角度考虑，还需要从游客习惯的角度、隐私安全的角度、便捷性的角度考虑，使开发的智慧型系统能够得到大多数消费者喜爱，有利于新业态的普及和推广。

智慧旅游是旅游信息化的高级阶段，它的推进涉及多个产业的交叉融合，需要政府的推动，这是发展服务业的国家战略。用旅游服务引领服务业，推进服务经济的增长和转型升级，需要各种落地政策的推动。因此，智慧旅游新业态还需要官、产、学结合的研究，这种联合研究既有利于解决建设中的矛盾，也有利于解决发展中的矛盾，更有利于创新理论的升华。未来的进一步研究可以开展官、产、学的联合申报，这样既有政府的层面，又有产业的层面，也有学术界的层面，共同围绕存在的问题和技术点开展研究，形成既有理论支撑的，又有产业协作的智慧旅游生态链。这样的研究成果有较强的实用性，有利于智慧旅游新业态的形成和发展。

应用案例及分析

景域集团的“互联网+旅游目的地”创新

上海景域集团的智慧旅游建设的创新目标紧紧围绕目的地和度假服务产品展开，集团通过分析目的地互联网渗透率的现状，发现游客的需求特点正在从观光旅游向度假休闲旅游转变，公司的发展定位决定向旅游目的地度假产品转变。景域集团围绕目的地度假发力推广三大品牌，即渠道品牌驴妈妈、服务品牌奇创、产品品牌帐篷客。

一、公司介绍

景域集团的创业历程从2004年的奇创旅游规划咨询机构成立开始，诚信、激情、创新、多赢的八字纪律成为景域的核心企业文化，创始人洪总始终把企业看成：“我们是一个家庭　和睦共处　互帮互助”“我们是一支军队　纪律严明　作风硬朗”“我们是一所学校　终身学习　永不毕业”。这样的企业文化不仅塑造了景域发展的纪律，更是所有景域人的情怀，每个景域人在入职的第一天便开始牢记：我们要把为用户创造价值作为一切价值选择的标杆，而我们每天的激情投入、努力创新则是我们内心对信任我们的客户和用户的一份最真实的承诺。

2004—2008年是景域集团发展的第一阶段，所有团队全部投身于奇创这个中国旅游产业发展的智库平台，秉承着“为传奇而创造”的宗旨。2008年至今，景域从蓬勃发展的旅游市场当中透视出了新的发展机遇，进入了景域快速发展的第二阶段。2008年驴妈妈旅游网成立，发展理念是“像妈妈般地关爱驴友（驴友是对中国自助游爱好者的昵称）”，首创了景区电子化门票解决方案，系统地改变了中国景区门票市场的供应格局。2009年起，景域旅发、景域营销、帐篷客度假酒店、景域旅投相继成立，其中景域营销是国内唯一一家专注于旅游行业的营销策划及执行的机构，并累计为数百家景区及目的地提供品牌策划、网络传播、节日策划及执行等相关服务。景域旅发定位于为景区提供专业委托管理、实效运营及项目投资服务，现在已经在运营管理的包括中国苗王城、湖州长兴图影度假区、玉林五彩田园旅游区等多个景区，并在五年内完成运营50家景区的目标；帐篷客度假酒店定位于中国首家微目的地型风情度假连锁酒店，第一家酒店于2014年10月在中国最美乡村安吉的万亩白茶园中正式开业，仅仅一年时间，帐篷客就成为风靡中国的时尚品牌，几乎囊括了中国所有休闲度假类酒店奖项，全年入住率超过90%；而景域旅投则着眼于供给侧改革的重要机遇，聚合景域积累多年的项目经验，围绕具备潜力的景区、度假区实施项目投资。

从2008年起，景域即开始获得资本的青睐，红杉资本、鼎晖创投、江南资本、锦江投资等国内外著名投资机构先后成为景域的投资人；在资本助力下，2012年起景域连续四年进入“中国旅游集团20强”，而且是其中唯一的业务贯穿全产业链的O2O一站式服务集团；2015年12月17日，景域更是作为自助游O2O第一股正式挂牌上市，为景域征程再次扬帆。2015年，景域文化营收达31.17亿元，进入中国上市旅游企业营收额的十强企业。至今，奇创、驴妈妈、景域旅发、景域营销、帐篷客、景域旅游等六大事业板块围绕景域三大核心战略，即渠道平台及互联网金融战略、目的地资源战略和双边市场战略，构筑了景域完整的旅游产业O2O闭环，配合驴妈妈在全国落地100家子公司，整个旅游产业链上从资源到渠道再到服务的业务流被全面打通，构筑了景域发展最为稳定的金三角。

二、“互联网+旅游目的地”的发展理念

20世纪90年代，国内游客的团散比约为7∶3。2003年，国内游客的团散比调整为3∶7，中国旅游市场正式进入散客时代。国家旅游局发布的2015年统计数据显示，自由行是中国游客最主要的旅行方式。40亿人次国内游人群中，自由行人群占比80%，高达32亿人次；1.2亿人次出境游客中，2/3游客选择自由行，达到8000万人次。面临自由行大行其道的散客时代，景域选择了在线旅游度假市场线上线下融合发展的战略，并用“互联网+旅游目的地”的发展理念，结合驴妈妈旅游网的渠道品牌魅力，大力发展目的地的独家产品，获得了广大游客的青睐。2015年，在线旅游度假产品市场增速全行业第一，成为度假产品线上线下融合发展的应用典范。

(一) 互联网发展受到的启发

随着互联网的日益普及,互联网对经济社会产生了深刻的影响,改变了现代人的生活方式,也给诸多行业带来了全新的革命:"互联网+传统集市",产生了淘宝;"互联网+传统百货卖场",出现了京东和天猫;"互联网+传统银行",冒出了支付宝和余额宝;"互联网+传统红娘",诞生了世纪佳缘;"互联网+传统租车",产生了滴滴打车;"互联网+传统餐饮",涌现了美团、饿了么;"互联网+传统纪录片",有了柴静《穹顶之下》病毒式的传播;"互联网+口碑",有了青岛大虾对山东旅游形象毁灭性的影响……互联网发展之快、影响之大、波及之广,在10年前甚至5年前都不可想象,而这种深刻影响还仅仅只是开始。随着中国城镇化率的不断提高(2014年年底,中国城镇化率为54.77%,即14亿中国人中有7.6亿人已居住在城市),中国网民数量会持续增加,互联网将更加深刻地影响更多人的工作和生活方式。由此,景域在互联网思维的影响下,形成了"互联网+旅游目的地"的发展战略。

(二) 消费群体对象的定位

消费核心对象定位在80后和90后这些年轻群体。

80后旅游者大多数已经成为企、事业单位的业务骨干或中层干部,绝大多数具有高中或大学文化教育程度;95%以上使用移动智能终端,75%使用微信、微博等社交媒体,精神上追求独立自主,注重物质、文化与精神享受,消费上重视品牌、品质、体验与舒适。世界旅游城市联合会发布的《2014年中国公民出境(城市)旅游消费市场调查报告》显示,35岁以下的内地游客数量超过67.5%,80后成为中国主要的出境游人群。时至今日,80后不仅已经成为社会的核心层,也已经成为旅游消费的主力军,并将引领与主导当前及今后一段时期的旅游市场。90后旅游者以高中生、大学生、研究生以及刚开始工作的白领为主。90后个性张扬,大多喜欢使用QQ、微信、微博等互联网应用的时尚社交媒体,爱晒、爱拍照、爱吐槽、爱跟风,喜欢时尚、潮流、个性化的新模式,享受活在当下的快意。90后不仅引领了音乐、互联网、数码产品的流行风尚,且90后推崇"超前消费",虽然收入微薄或还没有收入,但其消费能力、市场地位却不容小觑。

(三) 用互联网整合旅游渠道

在没有互联网以前,"组团社+地接社"是团队旅游时代传统的销售渠道,进入“互联网+”散客旅游时代后，网络成为旅游销售的主要渠道。在互联网普及应用的浪潮下，一大批旅游网站迅速崛起，OTA类的携程、去哪儿、途牛、驴妈妈、同程，攻略社区类的猫途鹰、蚂蜂窝、穷游网，工具类的在路上、面包旅行等，成为旅游资讯与旅游销售的主力军。2015年12月最新发布的中国旅游集团20强名单中，携程、去哪儿、途牛、同程、驴妈妈（景域）共5家OTA进入20强名单，将很多传统的旅游大企业拉下榜单。劲旅咨询发布的《2015—2016年中国在线旅游市场研究报告》显示，2015年中国旅游市场总交易规模约为41300亿元，其中在线市场交易规模约达5402.9亿元，较2014年的3670亿元同比增长47.2%，在线渗透率增长约2个百分点，达13.1%。互联网渠道这样快速发展的趋势，使得景域集团在打造目的地度假产品时积极使用互联网整合各种渠道，尤其是移动互联网的应用。同时利用自己的旅妈妈旅行网品牌、帐篷客休闲产品品牌等的影响力，整合目的地度假产品各旅游渠道，让游客通过互联网便捷地得到目的地度假产品。

三、服务产品的定位和设计

“互联网+旅游目的地”对于旅游目的地而言，既是挑战，又是全新的机遇。由于目的地互联网渗透率较低，在旅游业态中是最有发展潜力的一个领域。

（一）“互联网+景区”产品

旅游景区是大多数旅游目的地的核心引客要素，互联网的迅猛发展正在引领旅游景区新一轮的“互联网革命”。如乌镇是“互联网+景区”的应用典范。过去的乌镇只是江南六大古镇之一，旅游发展落后于周庄和同里。借助2014年首届世界互联网大会在乌镇的举办，乌镇全域实现了二维码电子门票通关、Wi-Fi全覆盖、手机支付宝和微信支付等，互联网深入到乌镇的每一个角落。通过深度拥抱互联网，乌镇成功实现了弯道超车，一跃成为中国古镇旅游的领头羊。景域通过互联网技术，与目的地机构战略合作，借助自己的平台，整合度假地的景区资源，形成游客说走就走的“互联网+景区”服务产品。

（二）“互联网+酒店”产品

“互联网+酒店”创新发展是打造目的地度假又一个新路子。以上海景域集团投资开发的安吉帐篷客度假酒店为例，2014年10月18日开业的首家帐篷客酒店落户于安吉溪龙乡万亩白茶园，帐篷客秉承“用户至上、以人为本、产品为王”的互联网思维，在选址、产品、服务、营销等以驴妈妈旅游网的大数据分析为支撑，在充分研究用户需求基础上，有针对性地进行规划设计和建设运营。针对高端度假客群对私密性和回归自然的需求，酒店选址在安吉溪龙乡隐蔽的万亩白茶园里，视野范围内看不到诸如电线杆、高压线、高速公路等现代人工设施；每个帐篷客房都独立分散，客人可以不受干扰地独享绿色与清净。未来景域与目的地的战略合作，都将用互联网的思维去整合目的地的住宿产品，形成游客专享的“互联网＋酒店”服务产品。

（三）“互联网＋交通”产品

“互联网＋”传统出租车，短短3年时间诞生了市值1000亿元的互联网公司新巨头——滴滴打车，彻底改变了城市出租车市场的格局，真正实现“叫车即来，下车即走，乘车舒适、安全便捷”。互联网正在渗透到旅游目的地，并将对旅游目的地的交通格局产生深刻影响。景域集团正在部署交通的出行理念，为自由行游客打造“互联网＋交通”的服务产品，为游客创造说走就走的出行服务。

（四）“互联网＋营销”产品

进入互联网时代，品牌以及品牌传播的重要性更加凸显。中国旅游业，也从旅游资源为王的时代，进入旅游品牌为王的时代。许多旅游资源很好的目的地，普遍存在着网络上少信息，微博、微信不发声等问题，游客因不知晓而忽视其存在。除了主动的、必要的发声以外，信息的时效性和游客的共鸣度，也是很多旅游目的地在网络营销上的痛点。如何让目的地普通的旅游景区通过互联网营销在竞争中脱颖而出？以景域营销执行的宿迁三台山森林公园开园入市与网络营销为例，针对三台山森林公园平常的森林旅游资源和不算突出的花海景区，景域营销团队为三台山森林公园创意了“争做衲田主”的网络公开征集活动，通过“创意海报＋卡通人物＋网络视频”的组合拳，加上线下传统媒体＋线上微博微信的传播与推送，引发全国网友的广泛关注和积极参与。2015年“五一”开园三天时间，三台山森林公园共接待游客13.27万人次，“争做衲田主”视频点击量超过360万，景区官方微信点击量突破100万人次，成功实现了人气、财气、名气的“三丰收”。

四、创造旅游需求的新业态

“创新是旅游发展的关键”，从满足需求到引领需求，从引领需求到创造需求，旅游目的地度假产品的创新永无止境，旅游新业态的创新无限广阔。以景域集团投资开发并于 2014 年 10 月开业的安吉帐篷客为例，帐篷客选择在中国白茶之乡——浙江省安吉县溪龙乡的万亩白茶园里新建帐篷式度假酒店，开创了中国野奢度假酒店的新品类。在中国酒店业整体不景气的态势下，安吉帐篷客酒店售价高达数千元一晚，远超过安吉县城和湖州市的五星级酒店房价，全年平均入住率超过 90%，到节假日要提前 1～2 个月提前预订。“游客因为帐篷客选择他们的度假地”，帐篷客通过创造全新度假业态(帐篷客＝野奢酒店＋度假生活＋购物平台＋管家服务)，将本不是旅游地的溪龙乡变为高端度假客趋之若鹜的旅游地，也推动了安吉县的旅游形象从传统的观光旅游目的地提升为高品质的休闲度假地。

相对于旅游需求端的巨大改变与旅游渠道的快速变化，旅游目的地产品供给端将有无限的机会，景域集团已看到了目的地度假产品的前景，特别是中国的中西部地区和东北地区，旅游目的地大多数还是“景区当家”状态，宾馆、餐饮、购物、娱乐等旅游要素基本处于从属配套角色，全域旅游还处于起步阶段。“行业的痛点就是发展的机会”，当旅游供给结构性改革遇到全域旅游发展机遇，根据旅游市场这一现状，景域集团始终用创造需求的发展理念，为旅游目的地提供全地域、全要素的产品与服务，拥有广阔的提升空间与巨大的创新机会。

思考题

(1) 景域集团围绕智慧旅游建设为什么选择旅游目的地以及度假产品展开?

(2) 景域“互联网＋旅游目的地”体现了怎样的发展理念和竞争思维?

(3) 为什么要用互联网思维去创造旅游需求的新业态? 它的创新点在哪里?

(4) 结合景域集团的相关网站，了解其最新的度假产品及相关行动。

第十章 智慧旅游发展的应用前景

引例：黄河智慧游的启动带来了什么

中国旅游目前已进入散客时代，自助游、个性游已成为主流，人们对旅游信息的便捷化、个性化、智能化有着更高的要求，越来越多的人习惯于网上预订、网上支付、网上查询，而互联网及新技术的应用能够为散客群体提供其所需的旅游服务。因此，智慧旅游已成为完善目的地旅游功能的有效方式，成为当前旅游市场发展的迫切需要。面临智慧旅游的应用前景，2014 年 5 月 23 日上午，“对话黄河 · 智慧旅游峰会”在三门峡国际文博城会展中心举行，国家旅游局、国际促进和合作司、河南省人民政府、沿黄九省(区)旅游局、河南十八地市旅游局、三门峡市委市政府等领导及 OTC 公司负责人，包括沿黄九省(区)主流媒体记者和主流门户网站代表约 300 人出席了峰会。此次峰会以“大黄河、大旅游、大智慧、大合作”为主题，旨在加强沿黄九省(区)智慧旅游合作，促进沿黄九省(区)旅游业共同发展，大力发展黄河旅游带，打造国际知名旅游品牌，在沿黄九省(区)“黄河之旅”旅游联盟的基础上，深化彼此互动，多层次、多领域促进九省(区)旅游业合作共赢。由此，“黄河智慧游”正式启动。“黄河智慧游”启动的目标有三个：一是整合资源。黄河沿线地形地貌丰富多彩，自然景观优美，河南将继续大力推进跨行政区域、跨所有制、跨行业的旅游资源整合，支持实力强、影响大的景区企业采取托管、兼并、联营的方式，进一步做大做强，不断提升市场竞争力，打造国内一流、国际知名的河南黄河旅游品牌。二是进行信息技术的引领。河南编制实施《旅游信息化发展规划》，总结推广智慧旅游城市经验，运用现代信息技术手段，大力推动景区数字化、酒店智能化、营销网络化、服务便捷化，实现旅游可定制、客流可控制、服务上水平、管理上台阶，用智慧为黄河之旅增色添彩。三是加强区域合作。确立平等的市场准入门槛，树立统一的品牌形象，推动建立统一的宣传营销网络，采取发行旅游一卡通、入境游包机补贴等措施，推动大黄河旅游带持续健康发展。这些目标的确立，使峰会的九省（区）代表一致看好“黄河智慧游”建设的应用前景。“黄河智慧游”的重点项目以黄河金三角的智慧旅游项目开始实施，借助智慧旅游首先实现陕西省渭南市、河南省三门峡市、山西省运城市和临汾市新近签署的旅游合作框架协议，今后将实现黄河金三角地区三省四市智慧的“一证游”，作为“黄河智慧游”建设的旅游新业态示范。

智慧旅游建设的实践表明，发展智慧旅游既有利于满足游客的需要，方便游客获取服务，更有利于旅游产业的整合与持续发展，能通过智慧型的感知体系把控旅游市场发展的趋势。如游客在旅游前可以在家里感知目的地景区的舒适度和生态指标；旅游企业也可以通过自己的综合服务平台感知旅游者的近期需求，预测未来游客的变化趋势，为经营准备和市场营销提供决策的依据。因此，智慧旅游的建设能使政府、企业、游客三者之间形成融合化发展的氛围，提升公众的旅游幸福指数。

第一节　用智慧旅游推进我国旅游强国建设

近年来，我国旅游业发展得到了全球的关注，2014 年我国出境游人次首次突破 1 亿大关，国内游人次更是达到 36.1 亿，入境过夜游客达 5562 万人次，全年旅游总收入达到 3.38 万亿元，超过百万人次的目的地国家已有韩国、泰国、日本、美国、越南和新加坡等，这些数据表明中国已成为名副其实的旅游大国。但是，如何由旅游大国向旅游强国转变，是我国旅游界需要认真研究的重大课题，旅游强国仅有这些发展的业绩数据还远远不够，还需要解决服务效益问题、管理效率问题、环境生态问题以及可持续发展问题等。我国目前旅游发展还处于粗放型阶段，服务质量问题突出，环境破坏严重，旅游市场秩序混乱，旅游管理粗放，这些已成为我国旅游发展中的共性社会问题，离旅游强国的要求存在很大的差距。而我国目前正在推进的智慧旅游建设，可以有效解决当前旅游快速发展中的突出问题，智慧旅游不但可以改善服务与管理，还可以改善旅游环境，使旅游市场有序化。国务院副总理汪洋在2015年1月12日主持召开国务院旅游工作部际会议时强调，应着力发挥旅游在扩内需、稳增长、增就业、减贫困方面的作用，要着力创新旅游管理体制，着力发展现代旅游产业，着力规范旅游市场秩序，推动我国由旅游大国向旅游强国转变。实践表明，智慧旅游的发展方式可以有效推进并实现我国由旅游大国向旅游强国的转变，而旅游服务质量、旅游发展方式、旅游商业生态环境是衡量旅游强国的重要标志。

一、用智慧旅游改变服务的方式

传统的旅游服务靠的是人，现代的旅游服务靠的是人机结合，而智慧的旅游服务靠的是无处不在的网络。高质量、个性化的旅游服务需要智慧旅游技术系统的支持，如目前的自由行服务产品，定制化服务产品都需要智慧旅游的支撑。随着旅游产业的不断扩大，游客量的增加，不管是旅游景区还是乡村休闲目的地，服务的问题都非常突出，尤其是节假日，人工的服务无法满足现代游客的需要，而智慧旅游依赖大数据的分析，以及各系统间甚至各产业间的互联，可以对旅游情况进行预测，接待企业可以提前做好准备，实现敏捷的个性化服务，从而提升游客的服务满意度。如奉化溪口风景区，利用自己的电子商务以及微信服务平台，可以预测国庆节假日的游客量情况，管委会据此情况可以要求景区、酒店等接待单位提前做好准备，利用景区APP和接待企业的微门户网站，做好信息的发布和接驳工作，让游客可以及时了解景区内的旅游实时信息，帮助游客及时获取交通信息、酒店信息以及景点的拥堵信息等，保证了风景区在繁忙的节假日也能让游客获得较好的旅游体验满意度。

二、用智慧旅游改变发展的方式

改革开放30多年以来，我国旅游的发展方式一直是资源型和粗放型的，这种方式不但造成资源环境的生态破坏，而且往往是不可持续的，开发的旅游产品经营几年就做不下去了，旅游的发展往往靠的是门票经济。智慧旅游在提供优质服务的同时，可以预测旅游发展未来的趋势。如通过预测游客需求的潜在变化，智慧调整旅游的经营策略，形成一个可持续的旅游发展模式，而不是对一个旅游地进行盲目的经营、开发和规划。尤其是智慧旅游给景区、酒店、旅行社带来了新的业态、服务理念和经营理念，这对整个旅游产业的发展都会产生积极的影响。如浙江君澜集团从 2014 年年初开始使用 iHotel 酒店平台开展智慧酒店的建设，实现了酒店集团管理、成员酒店管理的一体化，实现了服务与管理平台的一体化，集团根据酒店市场的发展变化以及 iHotel 平台的数据分析，决定重点发展度假型酒店的战略定位，并借助于 iHotel 平台建立智慧型的度假服务圈，用智慧度假圈推动度假型酒店连锁的建设，从而抢占了酒店发展的制高点，为君澜集团发展奠定了良好的技术基础。这种智慧度假圈的发展方式可以快速复制度假酒店，为度假酒店布局创造了有利条件。

三、用智慧旅游创新商业生态平台

旅游强国另一个发展标志应是具有完善的旅游商业生态平台，它的多个产业链的生态在经营上是平衡的，而不是盲目地发展某个产业。例如，我国目前的饭店产业发展是失衡的，不管是房地产业还是通信产业，它们都会涉足饭店业，尤其是建高档的星级饭店，往往一个县级城区建有多个高星级的饭店，这种缺乏市场有效评估的盲目建设就会造成商业生态的不平衡，大面积出现酒店业的亏损现象。发展智慧旅游，由于采用“互联网＋”实现“旅游＋”，形成了不同产业的互联互通，即智慧旅游实现了相关服务产业的互联，对经营的发展趋势实现了可视化预测的生态平台，这样可以对产业的商业发展前景有一个比较好的把握，尤其通过旅游产业链上下游的数据交换和分析，就会对自己的商业前景有较好的预测。如旅游在发展过程中，可以用“互联网＋”实现与金融的互联，实现与休闲乡村的互联，实现与旅游交通车辆的互联，同时实现景区、饭店、旅行社的互联互通，形成了真正意义的“互联网＋旅游”，这就是创新的旅游商业生态平台。这个平台实现了旅游的跨界融合和发展，实现了国家旅游局 2015 年提出的“旅游＋”创新发展。因此，发展智慧旅游可以形成一个创新的商业生态平台，在这个平台下不同产业会协同发展，这种生态平台是会自我调整的，类似于工业4.0的智能工厂，它的生产服务设施和配置以及管理构架根据市场当前需求可自动组织。

四、用智慧旅游实现旅游强国梦想

《关于促进旅游业改革发展的若干意见》（国发〔2014〕31号）给我国的旅游产业发展重新定位并指明了方向，要求用旅游服务引领服务产业促进我国的服务经济增长，这是国家层面对旅游服务产业的重新定位，而这种引领需要靠智慧旅游的推进，用智慧旅游打造旅游强国梦。从现阶段来看，智慧旅游推进的是旅游的智慧服务、智慧管理和智慧营销，这种推进就是促使旅游市场的有序化、规范化和科学化；从发展的角度来看，智慧旅游要推进与传统农业、传统工业、传统服务业的融合，形成融合于大社会环境的大旅游格局，这种推进不但能创新旅游的管理体制，而且可以培养出一批具有国际竞争力的骨干旅游集团，从而形成或建立一个经济效益、社会效益和环境效益互相促进的旅游可持续发展体系。如酒店业的君澜集团、纽宾凯集团、华住集团、杭州绿云科技等积极利用互联网整合资源，成为智慧化酒店建设的先锋；景区观光业的奉化溪口风景区、杭州西溪湿地公园、千岛湖风景区、九寨沟风景区等积极开展智慧景区建设，成为我国智慧化景区建设的先锋；同程网、携程旅行网、途牛网、去哪儿网、驴妈妈旅游网等积极利用互联网整合度假型资源，成为我国旅游电子商务发展的先锋。这些酒店、景区、现代旅行服务商已成为我国旅游强国梦发展的中坚力量，也为整个旅游强国的建设提供了发展的示范。

第二节　研究成果的作用

我国旅游业一直处于粗放型的发展阶段中，许多地方旅游资源的破坏非常严重，其主要原因就是过度开发、游客超载、信息不通、监管不力。智慧旅游新业态的实现可以改变当前发展的格局，改变服务的方式，改变发展的模式，游客可以在游前知道目的地的情况，决定是否要去；企业也可以事先感知，决定做何种准备去接待游客。因此，智慧旅游对政府、企业、游客都是利好的业态形式。本课题的研究成果对未来智慧旅游新业态的发展将会产生如下影响。

一、对政府倡导的指导作用

我国的智慧旅游建设和发展中，政府起着非常重要的主导作用。智慧旅游作为旅游业界的一个新生事物，它的发展离不开政府的推动作用，政府需要一个好的发展推进机制，旅游新业态形成也需要一个有效的模式途径。本课题的研究成果，对政府如何推动智慧旅游建设，如何提升现代旅游服务产业，如何用旅游服务引领服务业促服务经济增长，如何实现真正的科学旅游观，都具有实际的指导作用。如淳安千岛湖的智慧建设，在课题组的指导下，淳安智慧旅游建设走在杭州所有县级区域的前头，引领了区县旅游的发展。同样，温州洞头的智慧旅游建设也走在温州所有县级区域的前头，真正引领了县级区域智慧旅游的建设。

除了在浙江指导部分区县开展智慧旅游建设，课题组还对四川广元、河南郑州的部分区县开展指导工作，以及对三亚的区县旅游地开展智慧旅游的指导工作。在研究过程中，课题组大多采用智慧旅游讲座的形式，讲座的内容和观点受到当地旅游业界的一致好评，尤其对基于“互联网＋旅游”的智慧建设，课题组给予了当地具体实现路径的指导。因此，政府部门推进智慧旅游建设，需要根据自身的情况遵循有效的模式路径，而不是拍脑袋去落实建设项目。一个地方的旅游资源，游客的旅游消费行为，环境的管理、服务、技术融合的程度，都决定了该旅游地应有的智慧旅游建设的实施方法和路径。

二、对企业智慧建设的引领作用

企业的智慧建设都是非常具体的针对游客的服务项目，需提供敏捷的智慧服务。旅游业的许多智慧服务都是基于移动互联网的，而游客对移动互联网的使用意愿是各不相同的，因此需要分析各种影响因素来定制具体的应用系统，如定位服务、移动服务、咨询服务等，有些都有隐私的具体要求。本课题的研究成果可以有效为旅游企业的智慧建设提供理论指导，使企业可以利用智慧服务引领产业发展。如浙江君澜大饭店开发的微信服务平台，利用课题组研究的旅游移动服务使用的影响因素分析，根据分析结果构建的微信服务模型，在平台建设和应用中收到了非常好的应用效果。君澜在饭店界引领了微信的广泛应用，为饭店经营的智慧型服务创造了良好的经济效益和口碑。用微信开展营销、用微信订房、用微信开展客户关系管理等已成为饭店的经营服务特色。

旅游企业在规模、类型、特色方面存在各种各样的情况，需要各种应用的有效途径来实现智慧旅游。只有企业认知了智慧旅游新业态的作用，才能成为智慧旅游主要的建设者。智慧的管理、智慧的服务、智慧的营销，都是企业发展中的经营目标，因为有了这些目标企业才有竞争优势，才能引领产业的发展。本课题的研究成果，通过各种讲座、研讨会的形式，可以得到有效推广，为旅游企业的智慧系统建设以及未来的发展提供指导，系统的应用为游客提供了更好的旅游体验，旅游服务引领服务业的目标就可以真正实现。

三、对游客使用的体验作用

智慧旅游新业态的关键是游客服务体验，其次才是管理。本课题研究的智慧旅游新业态形成机制与路径，是以游客体验为主线，如游客的咨询环节、获取信息环节、比较环节、交易环节、支付环节等需要有智慧型的体验。旅游移动服务的使用意愿研究模型也是根据这些环节来构建的，如果本课题研究成果在智慧型服务系统中得到推广应用，相信对游客的体验作用将有极大的改善。如微信服务系统、预订服务系统、旅游电子商务系统以及客户关系管理系统等，都可以用智慧的角度和理念去改善服务，增加游客在系统中情感交流的体验。如游客在获取信息时是否可便捷地比较，互动界面是否友好、便捷，游客在比较过程中是否可以便捷地交易，游客在交易过程中是否可便捷地支付，这些操作的体验可以大大推进智慧旅游发展的进程。

目前，旅游目的地规划的智慧旅游建设方案有相当部分在规划中以管理为主，都是从政府的角度去管理市场，而忽视了政府的服务职能。这种智慧旅游建设形成的系统或平台就缺少游客体验，甚至缺少企业体验，系统的运行无法得到企业和游客的认可，也是不可持续的。如目的地机构建设的目的地营销系统很少有成功的，因为它们没有和企业系统对接，缺少企业的体验，最终没有得到企业的支持和认可，营销信息并没有流动起来。因此，不管是政府建立的智慧旅游系统，还是企业建立的智慧旅游系统，都需要有体验的感知，有了体验，才能使用，有了应用，才能推广。

四、对旅游业转型升级的推进作用

自从智慧旅游开展以来，尤其是2014年被国家旅游局确立为智慧旅游年以来，智慧旅游已被公认为助推旅游业发展，推进旅游业转型升级的主要手段。智慧旅游不管是在业界的推动，还是在学界的研究，都将推动我国旅游业的转型升级，并引领服务业的经济增长。智慧旅游具有改变旅游供需结构的功能，同时改变旅游业的增长方式，变旅游业的粗放式发展为和谐的精细式发展、可持续发展。如杭州西溪国家湿地公园和千岛湖风景区，自从开展了智慧旅游建设，不但服务效率得到提升，而且电子商务的份额在不断提高，智慧的服务极大地提高了服务效益。因此，旅游的经营方式将随着智慧旅游发展的深入不断转型变化。本课题的研究成果应用到智慧旅游建设的实践中去，必将更有效地推进旅游业的转型升级和科学发展，可以推进景区的移动服务、位置服务以及商务的完全电子化。

如开元旅业集团开展的信息化工程有效推动了企业经营的转型升级。在工程开始建设以前，集团每万元的营业收入管理成本是51.7元，当时集团的营收也就是2亿多元。信息化工程完成以后，集团的经营实现了集中管理、开放服务，2年以后集团营收实现了翻倍，达5亿元，当时的集团每万元营业收入管理成本仅是51.9元，几乎没有增加。这就说明了一个企业通过信息化的驱动实现了经营管理的转型升级。在智慧化建设中，开元集团发展的步子更大了，管理与服务的效率更高了，它已成为浙江乃至全国旅游饭店信息化发展的典范。

第三节　应用前景

智慧旅游是我国旅游业发展过程中一个新的里程碑，其发展目前还缺乏成熟的理论支持，还没有严格意义上的学科定义。但智慧旅游的应用实践已在全国全面展开，开拓性的应用正在各地涌现，如酒店信息化平台、景区综合一体化平台、社交网络营销平台等智慧型的应用。因此，对智慧旅游发展的理论研究，尤其是对智慧旅游新业态发展的研究，将对未来智慧旅游健康发展具有非常积极的指导意义。本课题的研究也不例外，其研究成果在旅游业界的应用同样具有非常好的前景，至少可以为目的地机构、企业开展智慧旅游建设提供一些思路，让其少走一些弯路。

一、智慧旅游的引领作用

我国旅游业的快速发展，给我国新常态下的经济发展注入了动力，但是也带来了一些新的问题，如环境问题、管理问题、市场调控问题等。因为以往的旅游发展基本是一种粗放型的发展方式，它付出的代价是环境遭受的影响。智慧旅游出现以后，推进了旅游发展的转型升级，用高科技的手段实现旅游的智慧管理和智慧服务，从而引领旅游的发展进入精细化管理和个性化服务时代，让旅游真正引领服务业，进入可持续的和谐发展道路。

（一）消费的引领作用

在移动互联网时代，智慧旅游吸引业界的就是游客体验，如电子导航的体验、电子导览的体验，在沟通方面如微信服务的体验、增强现实的应用体验等。这些体验增加了游客的兴趣，从而形成了引领消费的作用。旅游商家通过智慧服务项目的建设，可以吸引潜在的消费者，挖掘市场的旅游消费需求。在现阶段，游客通过自己的手机就可以获取所需的服务，不管是酒店的咨询服务，还是在客房里的消费服务，客人“一机在手，全部搞定”，这就需要酒店具有基于移动服务的所有技术系统来应对客人的服务需求，智慧酒店新业态就可以满足这样的时代要求。景区和乡村旅游也是这样，通过智慧系统的建设，可以增加游客在旅行中的好奇性，增加其在休闲活动中的兴趣，从而引领游客在旅游中的快乐消费。

如莫干山的莫梵民宿，民宿的主人通过微信与客人沟通，主动设计了民宿的微信服务号、微信促销广告，设计了精美的图片和完整的信息，个性化的产品吸引了许多民宿消费者，同时这些互动的信息引领了许多潜在的消费者。虽然主人做的微信服务还不够智慧，但他的这些智慧营销手段已给他带来了丰厚的收益。

（二）服务的引领作用

服务永远是旅游永恒的话题，但是在信息时代有许多服务的形式，面对面服务仅是其中的一个方面。旅游除了面对面服务以外，还需要在线的沟通服务、在线的关怀服务、在线的售后服务以及在线的支付服务。这些在线服务如果在经营过程中缺失，同样不是好的旅游服务。智慧旅游发展的根本点就是改进了这些服务，实现了高效的智慧服务，这样的智慧服务提升了旅游的服务质量，可以引领其他服务业促进区域的服务经济增长。如和旅游服务相关的有社区服务、金融服务、医疗服务、保险服务和商业服务等，智慧旅游的服务可以引领这些相关服务业的智慧建设，或者通过“互联网＋”把这些服务互联起来，就可以形成完整的、智慧化社会服务体系。

如武汉的纽宾凯集团有酒店服务、物流服务、幼教服务、房地产服务等多个服务产业，集团的发展战略就是以智慧酒店发展为契机，用酒店的智慧服务带动其他服务业，酒店服务的智慧化起到了引领作用。

（三）发展的引领作用

旅游的发展目前面临的瓶颈就是环境问题。如果旅游过度开发进而破坏了环境生态，这不是我们需要的发展方式。以前由于缺乏信息技术的应用，没有对环境进行有效的实时监测，缺乏对生态信息变化的了解，当人们感知到环境已受到旅游活动的影响，这时已经晚了，必须付出代价去修复环境，否则这样的旅游发展不具备可持续性。智慧旅游的出现，使信息技术与旅游业出现了深度融合的局面，旅游的发展需要面对方方面面的管理，如旅游资源管理、经营管理、服务管理、环境管理和生态管理等，这些管理都具有相应的智慧型系统，它要求我们的旅游发展必须在这些有序的智慧管理下进行，而且这些技术系统都是智慧化的，由此形成了一个可持续旅游发展的智慧商业模型，在这样的智慧模型下，可以引领旅游业步入可持续发展的健康轨道。

如九寨沟风景区的智慧建设，其核心就是围绕服务和环境资源管理，智慧服务为游客提供更好的体验，便捷的移动服务和咨询服务成为建设的重点内容；智慧生态主要围绕环境管理，用智能化的手段实现物物相连，监测环境生态信息的变化，跟踪旅游活动对九寨沟环境气象带来的影响，如小范围的暖气流影响、植物生长变化等，这些智能化的系统建设，为九寨沟风景区的智慧管理奠定了基础，智慧九寨沟带来的发展优势是能及时、全面、准确获取景区旅游资源、生态环境、游客等方面的信息，旅游景区管理者可以快速做出准确的决策和调控，从而缓解景区发展中出现的矛盾，实现人与自然和谐发展。

二、智慧旅游的应用前景

在现阶段，智慧旅游正在形成一定的生态。企业的转型升级、扩展管理需要智慧型的系统，否则就缺乏市场的竞争能力；政府的市场调控、有序发展需要智慧型的系统，否则就缺乏市场的管控能力；游客旅游动机形成的资讯、行程中的个性化变更需要智慧型的系统，否则会影响游客旅行的舒适度和个性化体验。智慧旅游给旅游的政府服务、企业服务、游客服务带来了和谐的生态环境。

已有的实践表明，智慧旅游新业态已经被广大游客所接受，由于智能手机的普及，游客"一机在手，信息全有"。游客的需求推动了旅游业智慧建设的发展，推动了目的地的智慧建设，如智慧交通、智慧社区、智慧金融等。围绕旅游，智慧建设应以旅行社为主导，但由于旅行社没有资源，缺乏有效的资源整合能力，仅是提供旅行服务，所以智慧建设涉及的项目并不多，大多数传统旅行社都在做的事情主要是在线化服务的建设，未来在线旅行社是其发展的主要趋势，还没看到传统旅行社建设智慧旅游的综合平台。因此，OTA 已占据了大多数的在线旅游份额，未来可能的发展趋势就是 OTA 和传统旅行社重组合并，或者传统旅行社发挥自己的专业特长，同样发展在线旅游市场，与 OTA 抗衡。这里就不对旅行社的智慧旅游前景进行介绍了，下面主要围绕景区、饭店、乡村等具有自己资源的智慧旅游前景做简单的分析。

（一）在旅游景区的应用前景

智慧景区建设主要围绕智慧服务、智慧管理、智慧营销和智慧生态展开。智慧服务主要是移动化的定位服务和位置服务，如电子导游、电子导览等。景区需要知道游客在什么时候、什么地点、需要怎样的服务，精确定位为游客提供服务；智慧管理主要是实现智慧型的移动化管理，包括资源管理、游客容量管理、车辆管理以及商务管理等内容，帮助管理者实现精细化管理及敏捷管理；智慧营销主要是实现能监测网络舆情的差异化和定制营销，知道游客需要什么，怎样对不同游客的不同需求分类，推送怎样的信息等；智慧生态主要监测和跟踪生态信息的变化趋势，知道什么时候景区的环境生态是在向好还是向坏的方向发展，为景区的环境保护可事先做好防护和治理措施。智慧旅游新业态的研究，可有助于景区这些工作的开展，在旅游景区具有非常好的应用前景。

我国有几万家旅游景区，浙江省就有 2000 多家旅游景区，每年接待几十亿的内外游客量，精细化的管理和敏捷服务迫在眉睫，需要智慧化的手段来提升。智慧景区的建设对旅游的供需结构将产生积极的变化并能为旅游经济带来增量。如果每家旅游景区都产生收益的增量，将产生非常可观的经济收益，这就是智慧景区建设带给旅游界的最直接的应用前景。如普陀山风景区、千岛湖风景区、奉化溪口风景区等，自从 2013 年开展智慧旅游项目的建设后，都产生了非常可喜的旅游增量，游客满意度不断提升。

(二) 在旅游饭店的应用前景

自从 2010 年在杭州出现全球第一家智慧酒店以来，旅游饭店的智慧化建设进入了实质性的阶段，智慧酒店给饭店的管理与服务带来的提升引起了酒店业主广泛的兴趣。但在 2010 年至 2012 年年底这一阶段，智慧酒店的发展并不顺利，原因是智慧酒店建设缺乏有效的开发模式和应用模式。2013 年以后，微信服务在我国饭店开始得到应用，基于移动互联网的智慧酒店建设开始有新的发展机遇，饭店看到了微信用于营销、用于服务的希望，由此智慧酒店建设出现了新的转机，智慧酒店联盟、智慧酒店协会、智慧酒店标准相继出现。至 2014 年，关于智慧酒店的应用软件产品不断涌现，如微信开门、微信经营管控、能耗智慧管控、酒店服务平台、酒店大数据等，已在旅游饭店开始应用。尤其是酒店服务平台，如 iHotel 平台，它可以智能整合酒店各种资源，为酒店集团、成员酒店的管理与服务提供一体化平台，实现真正的酒店智慧管理与智慧服务，它和本课题的研究成果结合，可为酒店提供有效的平台整合方案，成为智慧酒店建设的应用基础。

我国有近 2 万家旅游饭店，饭店总数达 30 多万家，通过智慧酒店建设可改变饭店业的供需结构，改变业态的商务流程，实现有效的酒店供给侧改革，从而产生非常庞大的经济增量。而目前在建的智慧酒店还是少数，大多数饭店业还是在观望，尤其还缺乏有效的软件产品。因此，本课题研究的成果结合软件平台化的开发，可以形成非常有吸引力的产品。如通过旅游移动应用研发酒店的在线直销产品，可以帮助酒店提升电子商务占比率，形成有效的智慧商务。我国饭店业自己的在线直销比例还很低，大多数饭店都是依赖 OTA 开展电子商务。要改变这种局面，只有依靠智慧酒店的推广，让智慧酒店新业态成为我国饭店业追赶的目标，通过自己的在线直销来创造收益增量。

（三）在乡村旅游的应用前景

近年来，我国乡村旅游发展迅速，观光农业、休闲农业已成为当前旅游的热点，管理、服务、营销已成为乡村旅游发展中的瓶颈问题。乡村旅游的信息化、智慧乡村旅游等新概念相继出现，乡村旅游同样面临着新业态的时代变更。对于乡村旅游的经营户来说，他们小而散，技术应用概念薄弱，随着移动互联网的普及应用，基于微信的社交网络在农家乐经营户开始应用，手机网站、APP 等成为乡村旅游经营户的得力助手，由此以移动互联网应用为特色的智慧乡村旅游开始出现，智能手机成为农家乐经营户提供智慧服务的主要终端。游客可以利用自己的手机迅速定位分布在田野上的农家乐位置，实现敏捷的移动服务和位置服务。

目前在乡村旅游中使用最多的是社交网络，利用微信平台开展服务，在浙江大多数农家乐已提供 Wi-Fi 上网服务。因此，服务是乡村旅游中使用最早的，但目前还没有形成系统，都是一些应用的点，如微信营销、微信服务等。经营户目前已有对管理应用的需求，特别是旅游旺季时，经营户应接不暇，出现一些影响舒适度的管理混乱，经营户渴望有使用便捷的管理类应用软件。政府部门也是一样，渴望一个能综合管控的软件，如浙江省农办的管理部门，现在对农家乐住宿要求登记，要求公安局报户口，但这些管理的软件还很匮乏。因此，智慧旅游可以把农家乐、民宿的服务、管理、营销整合起来，形成可以综合管控的智慧乡村旅游服务平台，既满足了政府的需要，也满足了经营户的需要，尤其满足了现代游客的需要，智慧乡村旅游的发展前景广阔。

未来的旅游在乡村，城市生活的居民一到周末就离开喧闹的城市，奔向广阔的乡村田野，去享受那里的自然风光、清新空气。如浙江省这几年乡村旅游已在各村、镇全面掀起，至 2016 年年底浙江省乡村旅游已有注册床位数超 30

万张,给传统的农村、村民带来可观的经济收益,休闲农业成为新农村发展的主流趋势。实践表明,乡村旅游发展中同样遇到信息服务、预订服务、营销服务、商务服务等问题,而且它们面临的环境都是移动互联网。因此,本课题研究的成果包括智慧乡村旅游新业态,智慧农家乐、智慧民宿等智慧应用,利用新一代的网络环境和技术,实现敏捷的智慧服务和智慧营销。这次关于旅游移动服务应用的数据采集,就是面向农家乐等乡村旅游经营户和游客收集的,这对指导乡村旅游经营户开展智慧化建设具有积极的现实意义。在未来,我国农家乐的移动订房、移动订餐、移动营销、移动采购、移动环保等将成为典型的乡村旅游发展中的智慧服务新业态。

应用案例及分析

基于大数据角度的 iHotel 酒店平台创新

一、iHotel 产生的背景

iHotel 酒店信息化平台是杭州绿云科技于 2011 年推出的一款以传统 PMS 为核心基础,从酒店数据整合的角度,融入了云计算与 SaaS 模式的新一代酒店管理系统,具有开放、无限延展、资源整合、一体化的平台特点。

iHotel 的核心基础是 PMS,而 PMS 发展至今已有 40 多年的历史。由于网络技术的原因,在相当一段时间内,PMS 的软件架构和呈现模式一直未发生较大的变化。互联网和通信技术的飞速发展,带来了 PMS 的革新变化。2006 年,国内出现第一款基于 SaaS 模式的 PMS,市场上开始出现云端产品的竞争。2011 年,绿云推出基于 SaaS+B/S 的 iHotel 系统原型,2011 年 7 月发布正式版本 iHotel 1.0。

iHotel 不仅获得了专业机构如中国计算机用户协会的认可,以及“2012 年中国信息化成果创新产品奖”,更受到了广大连锁酒店集团、高星连锁、经济连锁及单体酒店的推崇。截至 2016 年 6 月,iHotel 已在全国近 5000 家酒店用户得以应用。

随着智能硬件和移动互联网的发展,iHotel也一直在与时俱进。无论是最新的OTA、在线支付平台、社交软件或新媒体平台,还是诸如智能门锁、微信开门、自助机、iPad/手机移动PMS,都在不断充实和完善iHotel的内涵与外延,为酒店提供更加全面和精细化的功能与移动化服务。

二、iHotel的设计框架

iHotel酒店信息化平台完全基于云计算,不仅适合连锁酒店集团使用,也适合单体酒店及经济型酒店使用。该系统目前有标准版、商务版、快捷版等多种应用框架,以适应不同类型的酒店。

在数据存储上,iHotel可提供多种存储方案,可以存储在公共的云库中,也可以存储在企业集团自己的私云库中,或者选择存储在酒店自己的本地服务器中。一个数据库(业务库)内可存放多个酒店数据,以提高服务器使用效率;一个酒店的数据可分为运行库和历史及报表数据库,以保证随着使用时间的增长系统的性能不会受到明显影响;集团信息分为主数据库、用户及配置数据库、会员数据库、CRS数据库、历史及报表数据库等多个库,以达到分布式处理、提高系统性能的目的;成员酒店对应的运行数据库可放在集团总部,也可按照酒店要求分布在成员酒店本地,以减轻成员酒店的网络压力,消除它们的疑虑。因此,这种可水平扩充的架构,能有效节省连锁酒店集团或单体酒店运营的整体经济成本,并提升系统扩展性能和计算能力,同时整个体系的规模也可以按照经营总量拓展而智能化地灵活部署。

在用户体验上,无论是针对终端消费者和系统用户,还是针对酒店的管理者,iHotel都致力于提供最佳的用户体验,让使用者方便用、喜欢用,尽量降低培训成本,提升系统应用效率。为此,iHotel采用富互联网应用(rich internet applications,RIA)技术,使客户体验C/S模式,避免纯浏览器方式在使用上的不便利,是B/S架构和C/S架构的完美结合。另外,增加对移动平台(iOS苹果设备、Android移动设备等)的支持,只要在有Wi-Fi或3G/4G信号的地方,就可随时随地使用相关功能;特别增加对门户网站的一体化支持,使客户能非常方便地得到信息支持和随时使用。

在技术使用上,所有产品都将尽量构建于开源框架的技术体系下,以便提供更加开放的技术能力和强健的性能，同时还可以有效节省成本，降低整个系统的总体成本。具体实现上，iHotel 开发平台采用最先进且稳定成熟的技术框架，即 Linux 技术、Java-SSH 技术框架、开源数据库 MySQL 和大型数据库 Oracle、富互联网应用 RIA 技术 Flex (flash builder)等，保证了系统灵活的智能组合应用。系统完全可在 Internet 上运行，也可为了增加安全性和稳定性，在 VPN 虚拟专用网络上运行。

在使用方式上，酒店用户可以采用传统方式，即一次性购买软件平台使用权；也可采用 SaaS 软件服务方式，即按需采用，按年或月支付使用费。对超大型连锁酒店集团，还可采用委托定制、一次性支付版权费的方式，如上海锦江都城(锦江之星)酒店管理有限公司。iHotel 的技术框架结构如图 10-1 所示。

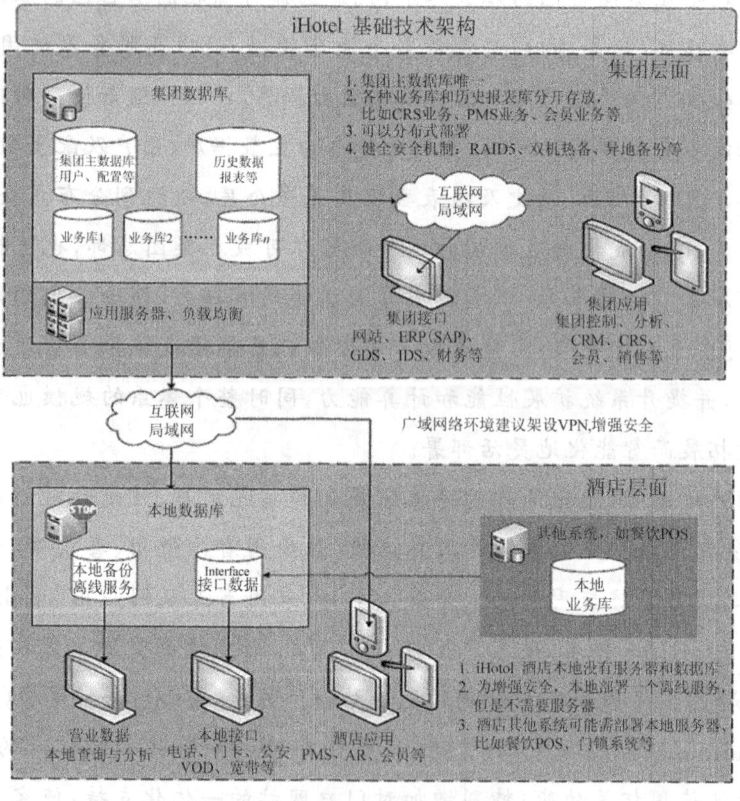

图 10-1　iHotel 的技术框架结构

三、iHotel 开放平台的互联特点

iHotel 平台构建于开源框架技术的体系下，连接一切可连接的资源，实现了同业异业、同构异构系统间的数据互通，并打造了一个无限开放、无限延伸的一体化大平台，是智慧酒店建设不可缺少的理想平台。

（一）内部资源联通

在酒店内部，iHotel 平台实现了与餐饮系统、OA 办公系统、财务系统、收益管理系统、酒店智能设备、BI 商业智能等酒店运营模块的对接，从而将酒店内部的各种资源进行了整合，以最少的沟通时间、最低的沟通成本，最大限度地发挥了每个功能模块的效用。这种内部资源的互联互通使酒店的整个运转更加流畅，而客人也能感受到诸如入住、退房办理便捷，自助点餐方便等体验，从而增加对酒店服务的好感度和回头率。

（二）外部资源联通

第三方连接方面，iHotel 平台实现了与各种营销渠道和行业联盟之间的对接，包括国内主流 OTA、境外 OTA、微信公众号、酒店官网、酒店手机网、移动 APP 等，在拓宽营销渠道、增加营销模式多样性和灵活性的同时，也减少了员工操作步骤，降低了人工管理成本，同时给会员获取个性化服务带来便利。其外联结构功能如图 10-2 所示。

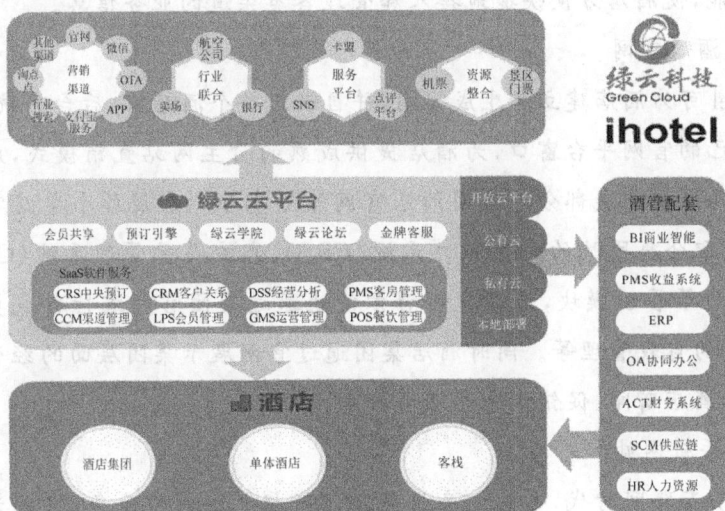

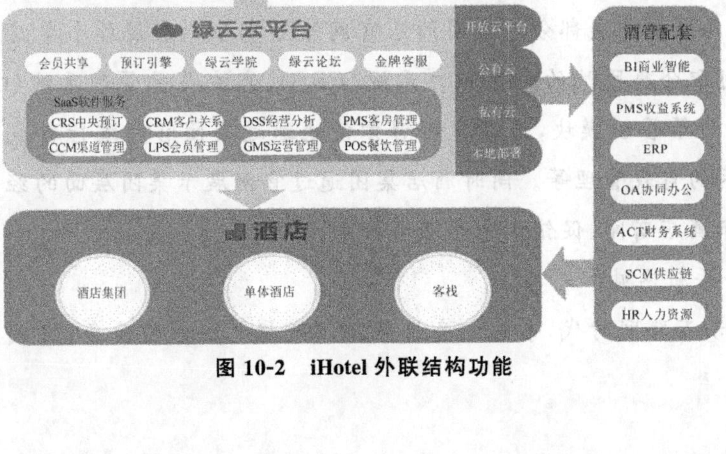

图 10-2　iHotel 外联结构功能

同时，iHotel也实现了与各类酒店服务商的无缝对接，包括酒店信息化软件研发商、酒店智能硬件公司、收益管理公司、大数据公司等，在提升酒店信息化及智能化程度的同时，更让酒店营销数据的采集与分析变得前所未有的便捷。

当然，iHotel平台与酒店上下游资源的对接也十分轻松，包括景区资源、航空公司、银行等，为入住客人带来便利的同时也提升其满意度与忠诚度。

此外，iHotel紧跟移动互联网的发展步伐，与第三方支付平台对接，实现客人结账在线支付，包括支付宝、微信扫码支付等，为酒店客人提供了更多支付选择和支付便利。对酒店自己而言，则是提升了工作人员的效率，降低了人力成本，减少了财务核算环节。

无论是连锁酒店还是单体酒店，都可以根据自己的需求进行上述功能和模块的定制，连接酒店想连接的部分，真正做到节约成本、提升效用。

四、iHotel的电子商务特色

iHotel酒店信息化平台与电子商务服务系统相结合，帮助酒店通过酒店官网、手机网站、微信、微网站等渠道向客户生动展示自己的产品、特色、风貌，及时发布各类促销信息，提供网上预订、网上会员管理、网上支付、网上点评、在线咨询等服务，并向客户提供定制化信息服务。在此基础上，iHotel酒店信息化平台还提供酒店PMS系统与各类渠道商、服务商及协议公司的直连接口及渠道管理功能，使酒店方便快捷地接入和管理各类渠道的业务信息。

（一）酒店官网

iHotel可为酒店建立和生成官网，并自动与整个酒店前、后台系统对接，形成酒店自己的官网平台窗口，为酒店提供成熟的自主网站直销模式，成为酒店电子商务的重要组成部分。集团酒店官网除了能分别实现各个单店官网的功能外，还可配合集团端的中央预订系统(CRS)、客户关系管理系统(CRM)、中央结算系统等管理模块，让客户能够方便地通过集团官网进行各成员店的预订、集团卡的自我管理等。同时酒店集团通过官网展示集团层面的经营服务形象，并发布酒店新闻、促销优惠等活动信息。

（二）手机网站

在移动互联网时代，手机订房业务日渐赶超电脑预订业务，将成为酒店电子商务的主流趋势，手机网站也已成为增强酒店移动互联网营销能力的重要手段。iHotel 手机网站可随时、随地、随身提供服务，同时链接 iHotel 酒店信息化平台和酒店官网，支持实时查询数据，在支持灵活的房量与价格配置的同时，也支持在线支付和担保，提供全面的酒店会员体系，为酒店打造移动的直销平台。

（三）微信营销

iHotel 微信营销产品在微信应用普及之际应运而生，通过微信平台，帮助酒店建立微信服务圈，酒店可利用微信展开营销、直销，微信服务将成为酒店经营的新业态。微信营销包括微信自助服务（包含自助登记、自助结账、开门服务、在店自助服务及交互式服务等）、微信会员服务、微信预订、微信促销、微店系统等。酒店利用微信可以实现个性化的营销和定制服务，是目前酒店效果最好的互动式营销的社交网络应用。

（四）直连平台

iHotel 在面向酒店客户的同时，也面向各类渠道商、服务商开放，从而为酒店提供全面的电子商务解决方案，形成酒店电子商务的直连平台。直连功能在为酒店建立直销窗口（如官网、手机网站、微信等）的同时，也与各大分销渠道实现了业务数据的直连对接。直连技术的优势是客人通过各种搜索引擎、订房 APP、订房网站、订房微信可以与酒店 PMS 系统或集团中央预订系统进行实时数据交互，从而直接或间接获得酒店的最优价和实时房间的确认，使客人、酒店、第三方都可获得最大利益。直连平台的建立可降低酒店运营成本，提高客户体验，减少服务差错，提高电子商务的网络营销工作效率。

2015 年 10 月，住友酒店集团 405 家门店 PMS 成功切换为 iHotel 系统，创造一次性切换酒店数量的世界纪录，一举为住友集团信息化实现了跨越式提升，实现了成员酒店之间的直连；2015 年 12 月，绿云与国内规模最大的中档连锁酒店集团——深圳市维也纳国际酒店管理有限公司正式签约，合作开发新一代的云 PMS 系统。截至目前，锦江之星、君澜集团、住友酒店集团、岷山集团、中青旅山水、维也纳酒店集团、隐居集团、书香集团、四季青藤连锁等都已成为 iHotel 平台的忠诚用户，为连锁集团成员酒店、酒店联盟之间提供了有效的直连方案。

五、iHotel 平台设计的创新优势

基于iHotel研究团队的多年研发经验，结合互联网优势、酒店实际需求与酒店客人消费特点，绿云iHotel平台一面世就受到酒店业界的青睐，也成为提升中国酒店业信息化应用水平的重要平台，更是智慧酒店建设中理想的核心平台。

（一）结构设计上的创新优势

我国酒店信息化推进十分缓慢是软件系统结构设计方面的原因，系统间互联非常不方便，运行和维护成本高。原来的结构设计一方面是PMS的功能并不足以吸引酒店，另一方面是有些酒店自主研发的封闭式系统不仅研发和维护费用昂贵而且系统运行状况不佳，导致大量的中小型酒店无法承受系统的使用成本。iHotel的出现则改变了这样的局面。B/S架构＋云计算不需要服务器即可部署酒店自由定制的模块，降低了软、硬件成本，也降低了系统的运维成本。尤其强大的开放、连接功能整合了所有能够整合的资源，让酒店的销售渠道、营销方式和接待模式都得到前所未有的扩宽和提升，由此带来了酒店的运转效率提升、运营成本下降，客户使用好评度攀升。2015年12月，经过5个多月的系统选型和试用，中青旅山水旗下43家门店全面采用绿云iHotel酒店信息化平台作为核心信息系统，采用的产品包括PMS、POS、CRS、LPS、CRM、CCM、网站、微信等全系列产品，解决了传统架构信息化系统无法满足酒店发展需要的问题。

（二）管理与服务融合设计的创新优势

iHotel是一个综合性的信息化平台，它融合了酒店的管理与服务。在管理方面，既包括集团层面的酒店管理，又包括单体酒店层面的经营管理；在服务方面，既包括平台对酒店用户的服务，又包括平台对酒店消费者的服务，如微信服务、预订服务、营销服务、查询服务等。这种融合设计降低了酒店面向网络化经营的成本，也给消费者获取酒店服务带来了便利。目前许多连锁酒店集团选择iHotel的主要原因，就是看中了iHotel在酒店管理与服务融合方面的创新优势。

（三）本地数据库和集团数据库融合设计的创新优势

酒店数据库设计是非常核心的问题，可以通过云技术存放在集团总部，也

可以存储在公共云中，但由于网络或者政治因素，酒店经营的数据无法传输到酒店外网存储。iHotel可以有效解决各种因素造成的数据存储问题，可以把数据库存储在本地，也可以存储在集团数据库中，这个集团数据库可以用私有云构建，也可以用公共云构建。不管数据存储在哪里，对于酒店的本地数据库和集团数据库都可以实现一致性管理，经营中的数据临时存储，不会影响集团数据库的完整性。这种数据库的融合设计，可以有效解决酒店经营中的突发事件，保证经营数据的一致、正确。

（四）数据存储分库设计的创新优势

一般的酒店集团系统，要么酒店数据全部在集团总部，就是标准的云PMS系统；要么成员店数据全部在酒店本地，集团中央加个B/S帽子，就是石基昆仑、西软、中软、千里马等传统软件的做法。而iHotel的分库设计思想是，一个集团的所有数据库可分成集团的CRS数据库、会员数据库、成员店业务数据库三类。其中业务数据库可有多个，每个业务数据库可存放多个酒店的数据。一个酒店的数据库又可分为运行库、历史及报表数据库，以保证随着使用时间的增长，系统性能不会受到明显影响。成员酒店对应的业务数据库可放在集团总部，也可按照酒店要求部署在成员酒店本地，或部署在邻近的区域中心或其他成员店内。因此，这种可水平扩充的架构，能有效节省连锁酒店集团的整体经济成本，提升系统扩展性能和计算能力，同时整个体系的数据规模也可按照经营总量的拓展而灵活部署，可适合超大型连锁酒店的复杂数据存储需求。另外一个重要因素就是，可解决成员店的网络问题、管理公司业主的心理影响、政治和保密等特殊要求。如岷山集团在西藏两家店（两店共用一服务器）、沈阳一家店的网络问题，数据存储就采用分库版的iHotel。

从智慧酒店建设的角度来看，iHotel作为一个平台似乎还有许多不足的地方。现有的iHotel虽然将酒店管理、服务（含营销）融合在一起，但目前实现的功能还是以管理为主，服务还没有真正地做起来。对于综合性的酒店平台，服务是未来主要的增值内容，它不但为酒店用户提供服务，如PMS服务、大数据服务、电子商务服务等，还需要为酒店消费者提供服务，如预订服务、查询服务、智能搜索服务等，在iHotel平台下形成的酒店大数据对酒店业的发展和智慧经营有指导意义。相信iHotel将来会有更加先进的模块、工具和更具细节化的流程设计来为酒店服务，如可以成立酒店大数据事业部、预订服务部等以满足市场发展的应用需求，用 iHotel 来提升我国酒店的信息化、智能化水平，也为客人入住带来更好的智慧体验。

☞ 思考题

(1) iHotel 平台的互联特点能给酒店带来怎样的竞争优势？

(2) 从智慧酒店发展的机制角度看，iHotel 平台还存在哪些不足需要完善？

(3) 从酒店大数据建设的角度看，选择 iHotel 平台的应用途径是否具备创新优势？

(4) 电子商务是酒店发展中的必然选择，iHotel 平台的电子商务特色是否迎合新一代消费者的需要？针对智慧商务，还需要有怎样的与时俱进的措施和方法？

参考文献

[1] 陈炜. 网络直销研究综述[J]. 北方经贸,2009(8):69-71.

[2] 程书芹. 基于四维度模型的智慧景区服务创新——以厦门鼓浪屿为例[J]. 环球市场信息导报,2015(19):14-16.

[3] 迟紫境. 优秀旅游城市的转型与智慧旅游城市建设研究[D]. 北京:首都经济贸易大学,2012.

[4] 党安荣,张丹明,陈杨. 智慧景区的内涵与总体框架研究[J]. 中国园林,2011(9):15-21.

[5] 邓贵平,邵振峰. 基于视频巡航的九寨沟智慧景区管理与服务[J]. 计算机工程与设计,2011(11):3920-3924.

[6] 邓贤峰,李霞. 智慧景区评价标准体系研究[J]. 电子政务,2012(9):100-106.

[7] 高伟. 九寨沟智慧景区管理体系建设[J]. 科技创新导报,2015(20):177-178.

[8] 葛成唯. 基于智慧旅游的目的地旅游管理体系研究[J]. 中国西部科技,2013(1):73-74.

[9] 葛军莲,顾小钧,龙毅. 基于利益相关者理论的智慧景区建设探析[J]. 生产力研究,2012(5):183-184.

[10] 郭伟,贾云龙,邓丽芸. 我国智慧景区发展研究[J]. 中国集体经济,2012(25):132-133.

[11]《智慧旅游导论与实践》编委会. 智慧旅游导论与实践[M]. 北京:科学出版社,2014.

[12] 黄超,李云鹏."十二五"期间"智慧城市"背景下的"智慧旅游"体系研究

[C]. 2011《旅游学刊》中国旅游研究年会,2011.
[13] 金准,廖斌. 我国智慧景区的变革与创新[J]. 北京第二外国语学院学报,2015(1): 73-83.
[14] 李长凤,明庆忠,段晨,等. 基于智慧旅游的四地营销模式研究[J]. 乐山师范学院学报,2015,30(6): 67-70.
[15] 李洪鹏,高蕴华,赵旭伟. 数字景区转型智慧景区的探索[J]. 智能建筑与城市信息,2011(7): 112-113.
[16] 李梦. "智慧旅游"与旅游信息化的内涵、发展及互动关系[C]. 中国旅游科学年会,2012.
[17] 李文璟. 论智慧旅游背景下的武当山——太极湖景区营销策略[J]. 郧阳师范高等专科学校学报,2015,35(4): 109-111.
[18] 李云鹏. 基于旅游信息服务视角的智慧旅游[N]. 中国旅游报,2013-01-09.
[19] 梁倩,张宏梅. 智慧景区发展状况研究综述[J]. 西安石油大学学报(社会科学版),2013(5): 52-56.
[20] 梁焱. 基于云计算的智慧黄山景区数据基础设施规划方案[J]. 中国园林,2011(9): 26-29.
[21] 林枫. 饭店企业网络预定服务关键因素研究[D]. 杭州: 浙江大学,2005.
[22] 林若飞. 旅游目的地智慧营销的理论与方法[J]. 旅游研究,2014,6(2): 56-61.
[23] 明桂生,李萍. 桂林智慧景区游客服务平台研发及应用[J]. 中国科技信息,2014(11): 112-114.
[24] 秦洪花,李汉清,赵霞. 智慧城市的国内外发展现状[J]. 信息化建设,2010(9): 18-25.
[25] 邵振峰,章小平,马军,等. 基于物联网的九寨沟智慧景区管理[J]. 物联网与地理信息系统,2010(5): 12-28.
[26] 宋磊,林洪波,王绪华. 基于 3D-GIS 的智慧泰山景区信息集成平台[J]. 中国园林,2011(9): 30-32.
[27] 汪侠,甄峰,吴小根. 基于游客视角的智慧景区评价体系及实证分析——以南京夫子庙秦淮风光带为例[J]. 地理科学进展,2015,34(4): 448-456.

[28] 王虹，廖文. 政府主导型智慧旅游发展模式研究[J]. 社会科学论坛，2014(5)：194-201.

[29] 王露瑶，程金龙，周瑞雪. 我国智能景区建设的现状及思考[J]. 四川旅游学院学报，2014(4)：54-56.

[30] 王兴琼，罗晓彬. 试论酒店网络直销：前景、问题及对策[J]. 北京第二外国语学院学报，2008(5)：7-13.

[31] 王艳梅，叶俊. 智慧旅游下大别山旅游景区口碑营销策略研究[J]. 黄冈师范学院学报，2015，35(1)：28-31.

[32] 俞秋姝，陈章旺. 智慧景区服务创新研究——以福州三坊七巷为例[J]. 北京第二外国语学报，2014(5)：49-55.

[33] 谢攀. 古村落旅游景区智慧管理系统构建[J]. 旅游管理研究，2015(5)：59.

[34] 许忠荣. 基于网络平台的直销模式研究[J]. 商场现代化，2007(31)：123-124.

[35] 杨主泉，白鹭. 微博时代的官方旅游营销创新研究[C]. 中国旅游科学年会，2013.

[36] 叶铁伟. 智慧旅游：旅游业的第二次革命：上[N]. 中国旅游报，2011-05-25.

[37] 易慧玲. 基于智慧旅游视角下的景区服务质量研究[J]. 乐山师范学院学报，2015，30(1)：78-82.

[38] 张凌云，黎巎，刘敏. 智慧旅游的基本概念与理论体系[J]. 旅游学刊，2012(5)：27.

[39] 章小平，邓贵平. 智慧景区建设浅探：上[N]. 中国旅游报，2010-01-18.

[40] Arif A S M, Du J T, Lee I. Understanding tourists' collaborative information retrieval behavior to inform design[J]. The Journal of the Association for Information Science and Technology, 2015, 66(11): 2285-2303.

[41] Buhalis D, Kaldis K. Enabled internet distribution for small and medium sized hotels: the case of Athens[J]. Tourism Recreation Research, 2008, 33(1): 67-81.

[42] Carroll B, Siguaw J. The evolution of electronic distribution: effects on hotels and intermediaries [J]. Cornell Hotel and Restaurant Administration Quarterly,

2003,44(4): 38-50.

[43] Chan N L, Guillet B D. Investigation of social media marketing: how does the hotel industry in Hong Kong perform in marketing on social media websites? [J]. Journal of Travel and Tourism Marketing, 2011,28(4): 345-368.

[44] Fesenmaier D, Werthner H, Wober K. Destination Recommendation Systems: Behavioral Foundations and Applications [M]. Cambridge, MA: CAB International, 2006.

[45] Gavalas D, Kenteris M. A web-based pervasive recommendation system for mobile tourist guides[J]. Personal and Ubiquitous Computing, 2011, 15(7): 759-770.

[46] Gilbert D C, Beveridge D W, Lee-Kelley L. Electronic distribution of hotel rooms-anexploratory study of the European hotel industry [J]. Journal of Hospitality and Leisure Marketing, 2005,12(3): 45-61.

[47] Hruschka H, Mazanec J. Computer-assisted travel counseling[J]. Annals of Tourism Research, 1990(17): 208-227.

[48] Kim D J, Kim W G, Han J S. A perceptual mapping of online travel agencies and preference attributes[J]. Tourism Management, 2007, 28(2): 591-603.

[49] Kramer R, Modsching M, ten Hagen K. Development and evaluation of a context-driven, mobile tourist guide [J]. International Journal of Pervasive Computing and Communication, 2007,3(4): 378-399.

[50] Krishnamurthy S. E-commerce Management: Text and Cases [M]. Thomson South-Western, 2003.

[51] Kunz R, Johnson C. Balancing Traditions with Change [M]. Michigan: Educational Institute of the American Hotel and Motel Association, 2000.

[52] Lamsfus C, Wang D, Alzua-Sorzabal A, et al. Going mobile: defining context for on-the-go travelers[J]. Journal of Travel Research, 2015, 54(6): 691-701.

[53] Ling L, Guo X, Yang C. Opening the online marketplace: an examination of hotel pricing and travel agency on-line distribution of rooms[J]. Tourism Management, 2014(45): 234-243.

[54] Loban S R. A framework for computer-assisted travel counseling[J]. Annals of Tourism Research, 1997,24(4): 813-834.

[55] Lyu S O, Hwang J. Are the days of tourist information centers gone? Effects of the ubiquitous information environment [J]. Tourism Management, 2015(48): 54-63.

[56] Ma J X, Buhalis D, Song H Y. ICTs and internet adoption in China's tourism industry[J]. International Journal of Information Management, 2003,23(6): 451-467.

[57] Martin D, Alzua A, Lamsfus C. A contextual geofencing mobile tourism service[C]. Information and Communication Technologies in Tourism, Innsbrnck, 2011: 191-202.

[58] Strakov M, Price J. The year of direct online distribution[EB/OL]. http://www. hotelnewsresource. com/index. php. 2004.

[59] Meng B, Kim M H, Hwang Y H. Users and non-users of smartphones for travel: differences in factors influencing the adoption decision[J]. Asia Pacific Journal of Tourism Research, 2015,20(10): 1094-1110.

[60] Noguera J M, Barranco M J, Segura R J, et al. A mobile 3D-GIS hybrid recommender system for tourism [J]. Information Sciences, 2012, 215(8): 37-52.

[61] Noone B, McGuire K A, Rohlfs K V. Social media meets hotel revenue management: opportunities, issues and unanswered questions [J]. Journal of Revenue and Pricing Management, 2011(10): 293-305.

[62] Okazaki S, Campo S, Andreu L, et al J. A latent class analysis of Spanish travelers' mobile internet usage in travel planning and execution [J]. Cornell Hospitality Quarterly, 2015,56(2): 191-201.

[63] Olsen M D, Connolly D J. Experience-based travel: how technology will

change the hospitality industry [J]. Cornell Hotel and Restaurant Administration Quarterly, 2000,41(1): 30-40.

[64] Ozturan M, Roney S A. Internet use among travel agencies in Turkey: an exploratory study[J]. Tourism Management, 2004,25(2): 259-266.

[65] Phelan K V, Chen H-T, Haney M. "Like" and "Check-in": how hotels utilize Facebook as an effective marketing tool[J]. Journal of Hospitality and Tourism Technology, 2013,4(2): 134-154.

[66] Plantes P J. Disintermediation: the new competitor [J]. Health Management Technology, 2000,21(9): 79-80.

[67] Law R, Law A, Wai E. The impact of the internet on travel agencies in Hong Kong [J]. International Journal of Contemporary Hospitality Management, 2004,11(2): 100-107.

[68] Siguaw J A, Enz C A, Namiasivayam K. Adoption of information technology in US hotels: strategically driven objectives[J]. Journal of Travel Research, 2000(39): 192-201.

[69] Chung T, Law R. Developing a performance indicator for hotel websites [J]. International Journal of Hospitality Management, 2003, 22(1): 119-125.

[70] Wang D, Park S, Fesenmaier D R. The role of smartphones in mediating the touristic experience[J]. Journal of Travel Research, 2015, 51(4): 371-387.

[71] Wang Y, Fesenmaier D R. Defining the virtual tourist community: implications for tourism marketing[J]. Tourism Management, 2002, 23(4): 407-417.

[72] Xiang Z, Gretzel U. Role of social media in online travel information search[J]. Tourism Management, 2010,31(2): 179-188.

附录A 北京市智慧旅游建设规范(试行)

这里主要介绍北京市的旅游饭店、旅游景区、旅行社、乡村旅游等智慧建设的规范性内容,相关规范中的评分细则限于篇幅没有在这里引用介绍。建设规范介绍的目的主要是说明智慧旅游建设中的政府推动和引领作用,供读者在智慧实践中借鉴和参考。

一、北京智慧饭店建设规范(试行)

文章来源:旅游环境与公共服务处。发布时间:2012年5月11日。

0 前言

本规范由北京市旅游发展委员会提出、归口并负责解释。

本规范起草单位:北京市旅游发展委员会、中国电子器材总公司。

1 范围

本规范规定了北京智慧饭店的条件及评定的要求。

本规范适用于北京市的各星级饭店。

2 规范性引用文件

下列文件中的条款通过本规范的引用而成为本规范的条款。凡是注日期的引用文件,其随后所有的修改单(不包括勘误的内容)或修订版均不适用于本规范。凡是不注日期的引用文件,其最新版本适用于本规范。

GB/T 14308—2010 旅游饭店星级的划分与评定

3 术语和定义

下列术语和定义适用于本规范。

3.1 智慧饭店

智慧饭店是利用物联网、云计算、移动互联网、信息智能终端等新一代信息技术，通过饭店内各类旅游信息的自动感知、及时传送和数据挖掘分析，实现饭店“食、住、行、游、购、娱”旅游六大要素的电子化、信息化和智能化，最终为旅客提供舒适便捷的体验和服务。

3.2 物联网

物联网是通信网和互联网的拓展应用和网络延伸，它利用感知技术与智能装置对物理世界进行感知识别，通过网络传输互联进行计算、处理和知识挖掘，实现人与物、物与物的信息交互和无缝连接，达到对物理世界实时控制、精确管理和科学决策的目的。

3.3 云计算

云计算是一种通过网络统一组织和灵活调用各种信息通信资源，实现大规模计算的信息处理方式。云计算利用分布式计算和虚拟资源管理等技术，通过网络将分散的信息通信资源（包括计算与存储、应用运行平台、软件等）集中起来形成共享的资源池，并以动态按需和可度量的方式向用户提供服务。用户可以使用各种形式的终端（如 PC、平板电脑、智能手机甚至智能电视等），通过网络获取信息通信资源服务。

4 建设内容及要求

4.1 供电、网络与通信

供电应采用多路冗余方式供电，能为旅客提供多种物理接口和电压，并提供不间断电源。

固定电话应提供叫醒服务，权限可区分市话、国内长途、国际长途，详单应可在前台打印。固定电话交换机应可接入 SIP 终端，可从电脑、平板电脑上发起呼叫。固定电话机应提供一键式接入服务。

客房应配有有线网和无线网，互联网出口应具有链路冗余，互联网具有带宽管理的技术手段和多种计费方式，为保证旅客上网安全应具有防病毒和木马的手段,具有上网行为监控功能及上网日志记录功能,能分析主流协议,对于敏感信息能报警。

移动运营商信号应能覆盖饭店的所有公共区域和客房,手机能进行顺畅的语音和数据通信。

4.2 饭店管理

应有ERP系统,包括物资管理、人力资源管理、财务管理。

应有PMS系统,包括预订、查询客房状态、留言、出账管理、报表、夜审等功能,并方便与其他系统对接。

应有CRM系统,包括客人回访、建立客人档案、满意度调查、投诉处理等功能,并能对各类数据进行挖掘分析,提供多种方式进行在线预订服务。

4.3 会议设施

灯光能分区控制且亮度可调节,隔音效果好,有同声传译功能,有会议投票、表决、主席控制系统,有电视电话会议功能,有多媒体演讲系统;会议室内任何角落都应能听到清晰的语音,无杂音;会议室应提供无线网络覆盖,有远程会议系统,能通过网络或者智能终端设备进行预订。

4.4 广播电视系统

应能收看适宜数量的中文节目和外文节目,具有视频点播功能,配备有线电视和卫星电视。饭店公共区域应能播放背景音乐。

4.5 智能停车、电梯与监控系统

智能停车系统应提供智能卡计时、计费或者视频车牌识别计时、计费服务;车库入口应显示空闲车位数量;应提供电子化寻车定位导引。

电梯应给客人配备身份识别卡,进入电梯可识别客人的楼层并自动点亮该楼层;无卡者进入电梯,应拒绝其任何按键操作;电梯应配备盲文,可供盲人操作。

监控系统应具有防盗功能、防破坏功能,视频清晰度高,能在黑夜环境中识别车牌号码;应设置电子围栏,对超过围栏的进行提醒;图像信息可供其他系统调用,能识别火灾并与消防系统联动。

4.6 网站服务

应有品牌集团网站或者单体饭店网站,应支持多语言。

4.7 智能信息终端

客房信息终端应支持多种形式(电视、电话和移动终端),支持多种功能(包括音、视频播放,全球定位功能,带有便携式操作系统,能进行3G无线通信,能进行触摸控制,支持无线网,支持视频通话,具有较高的分辨率),支持多种语言。

4.8 智能控制

客房智能控制应设置控制单元,网络通信方式支持TCP/IP方式传输数据,可扩展性好。智能终端应可控制空调、灯光、电视、窗帘等,并具有模式(睡眠、舒适等)设定功能。客房内应有行之有效的节能措施。

4.9 智能云服务

智能云服务应提供丰富的信息呈现:能显示北京市天气、温度,能显示房间温度,能显示房间湿度,能显示房间空气质量,能显示饭店介绍,能显示饭店公告,能显示饭店特色餐饮,能显示会议设施介绍,能显示特色服务介绍,能显示服务指南,能进行客房展示,能显示航班信息,能显示火车信息,能显示周边信息(即客人周边三公里"食、住、行、娱、游、购"信息),能进行地图查询,能显示景区信息,能显示北京地铁线路图,能显示旅客消费明细,能在各个界面以明显方式发布广告及公告,能显示北京市PM2.5,能运用三维全景实景混杂现实系统技术使客人实现以第一人称视角虚拟漫游饭店,向客人展示完全真实的三维的饭店景象。

智能云服务应提供丰富的功能:借物品服务,客房服务,点餐服务,查看前台留言,通知退房,提供用户投诉窗口,提供满意度调查。

智能云服务应可根据游客评价,形成上报信息并形成报表;后台应能采集饭店已入住客房内温度、湿度等数据,对饭店客房舒适度数据进行集中收集和管理;后台应能进行商业智能分析、客户行为分析、饭店经营数据分析,并生成报表。

智能云服务应提供丰富的电子商务服务:可为饭店内的餐饮、商店提供菜品、商品预览,连接饭店收费系统,直接将消费账合并到客房计费,可预订周围餐厅,可预订旅行线路,提供叫车服务,提供酒店预订功能。餐厅应提供平板电脑智能点餐服务。

4.10 公益文化

网站或者智能终端中应设置公益募捐宣传栏目,可进行电子化募捐,设置节能环保、中华文化、城市文化、政策法规等宣传栏目。

4.11 创新项目

本规范鼓励饭店在管理、客户服务、节能减排等方面创新,并在本规范中设置评定项目。

二、北京市智慧景区建设规范(试行)

文章来源:旅游环境与公共服务处。发布时间:2012 年 5 月 11 日。

0 前言

本规范由北京市旅游发展委员会提出、归口并负责解释。

本规范起草单位:北京市旅游发展委员会、北京巅峰美景科技有限责任公司。

1 范围

本规范规定了北京智慧景区评定的基本要求。

本规范适用于北京市各种类型的 A 级旅游景区。

2 规范性引用文件

下列文件中的条款通过本规范的引用而成为本规范的条款。凡是注日期的引用文件,其随后所有的修改单(不包括勘误的内容)或修订版均不适用于本规范。凡是不注日期的引用文件,其最新版本适用于本规范。

GB/T 17775—2003 旅游景区质量等级的划分与评定

3 术语和定义

下列术语和定义适用于本规范。

3.1 智慧景区

智慧景区指景区能够通过智能网络对景区地理事物、自然资源、旅游者行为、景区工作人员行迹、景区基础设施和服务设施进行全面、透彻、及时的感知;对游客、景区工作人员实现可视化管理;优化再造景区业务流程和智能化运营管理;同旅游产业上下游企业形成战略联盟,实现有效保护遗产资源的真实性和完整性，提高对旅游者的服务质量；实现景区环境、社会和经济的全面、协调和可持续发展。

3.2　物联网

物联网是通信网和互联网的拓展应用和网络延伸，它利用感知技术与智能装置对物理世界进行感知识别，通过网络传输互联进行计算、处理和知识挖掘，实现人与物、物与物的信息交互和无缝连接，达到对物理世界实时控制、精确管理和科学决策的目的。

4　建设内容和要求

4.1　通信网络

4.1.1　公用电话网

4.1.1.1　应建有供游客使用的公用电话。数量充足，设置合理。

4.1.1.2　部署有电话报警点，电话旁公示景区救援电话、咨询电话、投诉电话。游客可拨打报警点电话向接警处系统的值班人员求助。

4.1.2　无线通信网

能接收移动电话信号，移动通信方便，线路顺畅。

4.1.3　无线宽带网(WLAN)

应覆盖有无线宽带网络，游客在游览过程中可以方便地将手机、电脑等终端以无线方式连接上网。

4.2　景区综合管理

4.2.1　视频监控

4.2.1.1　视频监控应能全面覆盖景区，同时能够重点监控重要景点、客流集中地段、事故多发地段。

4.2.1.2　监视界面图像能在各种显示设备上显示，并能进行各种操作。视频监控应具备闯入告警等功能。

4.2.1.3　视频监控面板能控制画面缩放和镜头转动等，能实现图像的实时远程观看以及3G物联网视频监控等。

4.2.1.4　能支持录像的检索和调看，可自定义录像条件，录像数据存储保留时间应超过15天。

4.2.2 人流监控

应包含和实现入口人流计数管理、出口人流计数管理、游客总量实时统计、游客滞留热点地区统计与监控、流量超限自动报警等。

4.2.3 景观资源管理

4.2.3.1 能对自然资源环境进行监测或监控，主要包括气象监测、空气质量监测、水质监测、生物监控等。

4.2.3.2 能对景区内的各类遗产资源、文物资源、建筑景观、博物馆收藏等景观资源运用现代化科学管理手段进行信息化与数字化监测、监控、记录、记载、保护、保存、修缮、维护等，从而便于景观建筑文物数据的查询检索以及面向公众展示。

4.2.4 财务管理

应使用专业的财务管理软件，并包含资产管理、筹资管理、投资管理、营业收入管理、税金管理、利润管理、成本费用管理等财务管理内容，以及财务预测、财务决策、财务预算、财务控制、财务分析、财务审计等财务管理方法。

4.2.5 办公自动化

办公自动化应包含流程管理，电子邮件，文档管理，公文流转，审批管理，工作日历，人员动态展示，财务结算管理，公告、新闻、通知，个人信息维护，会议管理，考勤管理等内容。

4.2.6 经营资源管理

能应用现代化的科学手段形成一套规范的体系，包含商业资源部署、商铺经营、经营监管、合同管理、物业规范等内容。

4.2.7 应急广播

广播应覆盖全景区，并且声音清晰。广播应由景区控制中心和指挥调度中心统一控制，遇灾害或紧急情况时，可立刻转换为紧急广播。

4.2.8 应急处置响应系统

应建设有旅游应急预案及应急响应系统。能够根据应急处理预案，对旅游突发事件进行综合指挥调度和协调救援服务。能够利用现代通信和呼叫系统，实现对旅游咨询和投诉事件的及时受理。

4.2.9 指挥调度中心

应具备对人员、车辆的指挥调度以及对应急资源的组织、协调、管理和控制等功能。能对监控终端进行控制，获取旅游综合信息和发布有关旅游信息。

4.3 电子门票、电子门禁

应采用电子门票形式。售、验票信息能够联网，并能够实现远程查询。应实现售票计算机化。应配有手持移动终端设备或立式电子门禁，实现对门票的自动识别检票。电子票的购买应支持手机支付或者网上金融支付等方式。

4.4 门户网站和电子商务

4.4.1 应建有以服务游客为核心内容的门户网站，且上线正常运营。

4.4.2 门户网站应包含：景区基本信息浏览，景区信息查询，旅游线路推荐和行程规划，景区推介服务，交通导航，下载服务，建有官方微博并有链接，提供多语言信息服务等内容与功能。

4.4.3 电子商务

景区门票应能实现网上预订、电话预定和网上支付、网上交易。景区旅游产品、旅游纪念品应能实现网上预订和网上交易。

4.5 数字虚拟景区和虚拟旅游

运用三维全景实景混杂现实技术、三维建模仿真技术、360°实景照片或视频等技术建成数字虚拟景区，实现虚拟旅游，增强景区的公共属性。数字虚拟景区应占游客真实游览全部景区面积的较高比例。数字虚拟景区和虚拟旅游平台能在互联网、景区门户网站、景区触摸屏导览机、智能手机等终端设备上应用。

4.6 游客服务和互动体验

4.6.1 自助导游

4.6.1.1 应为游客提供建立在无线通信、全球定位、移动互联网、物联网等技术基础之上的现代自助导游系统。

自助导游硬件设备能显示景区导游图，支持无线上网，支持全球定位系统，完成自助导游讲解。

能提供手机自助导游软件下载，通过智能手机等设备完成景区地图查询搜索、游览线路规划和线路选择、景点自助讲解等功能。

4.6.1.2 可提供基于射频识别、红外、录音播放等技术的自助导游设备。

4.6.2 旅游资讯发布

4.6.2.1 旅游资讯发布方法和形式

景区应设有广告栏或多媒体服务终端机发布旅游资讯，且布放合理，显示醒目。应能在自助导游终端发布旅游资讯。能以短信、彩信等形式向游客的手机发送信息。

4.6.2.2 旅游资讯发布内容

发布内容应包含景区基本情况介绍，景区内实时动态感知信息（温湿度、光照、紫外线、空气质量、水温、水质等），景区内智能参考信息（景区景点内游客流量、车流拥挤程度、停车场空余位置等），景区管理部门发布的旅游即时信息等。

4.6.3 游客互动及投诉联动服务平台

景区内应设有触摸屏多媒体终端机，可实现查询旅游相关信息、下载软件、打印路线信息、在线留言投诉以及触摸屏上的虚拟旅游等功能。电话投诉处置系统完善。网络投诉处置系统完善。

4.6.4 呼叫服务中心

应能与12301旅游热线平台对接。能提供旅游产品查询、景点介绍、票务预订、旅游资讯查询、旅游线路查询、交通线路查询等服务。

4.6.5 多媒体展示

景区应建有多媒体展示系统，主要借助地理信息系统、虚拟现实和现代多媒体等多种技术，运用高科技手段，利用声、光、电来展示景区景观、自然文化遗产、生物多样性、古文物再现等。

4.7 智慧景区建设规划和旅游故事及游戏软件

4.7.1 自身有详尽、专业的智慧景区（景区信息化、数字景区）建设规划。

4.7.2 编写与北京城市、旅游景区有关的旅游故事，并与旅游营销结合起来形成商业化运作。

4.7.3 编写与北京城市、旅游景区有关的游戏软件，并与旅游营销结合起来形成商业化运作。

4.8 创新项目

本规范中未提及，但景区在建设、管理和服务游客等方面运用各种创新技术、手段和方法，从而提升景区服务质量、环境质量、景观质量和游客的综合满意度等。

三、北京市智慧旅行社建设规范(试行)

文章来源：旅游环境与公共服务处。发布时间：2012年5月11日。

0　前言

本规范由北京市旅游发展委员会提出、归口并负责解释。

本规范起草单位：北京市旅游发展委员会、上海棕榈电脑系统有限公司。

1　范围

本规范规定了智慧旅行社评定的基本要求。

本规范适用于在北京注册的旅行社。

2　规范性引用文件

下列文件中的条款通过本规范的引用而成为本规范的条款。凡是注日期的引用文件，其随后所有的修改单(不包括勘误的内容)或修订版均不适用于本规范。凡是不注日期的引用文件，其最新版本适用于本规范。

2.1　旅行社等级划分与评定 DB11/T 393—2006 2007年4月12日

2.2　旅行社出境旅游服务质量 国家旅游局 2002年7月27日

3　术语和定义

下列术语和定义适用于本规范。

3.1　智慧旅行社

智慧旅行社指利用云计算、物联网等新技术，通过互联网/移动互联网，借助便携的终端上网设备，将旅游资源的组织、游客的招揽和安排、旅游产品开发销售和旅游服务等旅行社各项业务及流程高度信息化和在线化、智能化，达到高效、快捷、便捷和低成本规模化运行。

3.2　云计算

云计算指通过网络统一组织和灵活调用各种信息通信资源，实现大规模计算的信息处理方式。云计算利用分布式计算和虚拟资源管理等技术，通过网络将分散的信息通信资源(包括计算与存储、应用运行平台、软件等)集中起来形成共享的资源池,并以动态按需和可度量的方式向用户提供服务。用户可以使用各种形式的终端(如PC、平板电脑、智能手机甚至智能电视等)通过网络获取信息通信资源服务。

3.3 射频识别

射频识别指可通过无线电信号识别特定目标并读写相关数据,而无须识别系统与特定目标之间建立机械或光学接触。

3.4 物联网

物联网是指通信网和互联网的拓展应用和网络延伸,它利用感知技术与智能装置对物理世界进行感知识别,通过网络传输互联进行计算、处理和知识挖掘,实现人与物、物与物的信息交互和无缝连接,达到对物理世界实时控制、精确管理和科学决策的目的。

4 建设内容及要求

本规范从业务智慧化、管理智慧化和新技术应用三个方面对智慧旅行社的建设规范进行要求。其中,业务智慧化和管理智慧化是对智慧旅行社的基本要求,新技术应用是对智慧旅行社的成长性要求。

4.1 信息收集与资源采购

智慧旅行社应实现对旅游资源供应商的统一在线管理,包括供应商基本信息、要素价格、合同记录及财务信息等。旅游资源供应商主要包括景区、饭店、交通工具以及旅游保险等。

4.2 产品策划与发布

在实现资源采购的基础上,应可对收集来的信息和采购来的资源信息实现在线策划,形成可以销售的旅游产品,并可实现在线定向发布。

4.3 产品销售

应实现旅游产品的在线广告宣传、在线展示与查询、在线预订及在线交易,实现多渠道同步发布和销售,建议提供电子咨询单和预定单;推荐实现电子合同管理。

4.4 游客服务

应为游客提供便捷高效的呼叫中心服务,通过建设各类问题数据库,提供标准的信息咨询,接受意见反馈,并可提供游客关怀。推荐直接实现业务预定处理。

应通过网站等渠道收集游客的意见反馈，提供在线留言与评分，对收集到的意见和建议及时反馈。推荐提供旅游体验分享功能。

应实现客户关系管理，对所有游客的基本信息进行在线收集和管理并进行统计分析。

4.5　订单管理

应通过在线的方式提供电子预订单、电子订单、电子行程单、电子订单的结算单、电子导游领队任务单、团队地接任务的电子通知单，实现在线的订单流转，并可对上述电子单据进行数据统计和分析。

4.6　团队管理

应实现通过 ERP 系统对所有团队、导游领队、旅游大巴的即时信息进行管理和查询统计，实现导游领队、旅游大巴的在线调度与在线监管。

4.7　统计结算

应通过 ERP 系统对日常业务数据进行统计和结算，形成电子统计报表与结算报表，并可与财务数据进行对比分析。推荐实现业务数据与财务数据的无缝对接，直接生成财务报表。

4.8　内部管理

可通过 ERP 系统实现对业务数据和财务数据的实时监控；推荐通过 ISO 质量管理体系认证实现业务流程和文档的标准化管理。

应通过 OA 系统对旅行社企业内部日常工作加以管理，包括行政事务、资源管理、会议管理等；建立完善的人力资源管理制度，实现内部业务流程垂直分工的企业组织架构；推荐实现 OA 系统与 ERP 系统的对接，从而实现自动化绩效考核。

应使用成熟的财务管理系统实现在线的收、付款与结算等财务管理，可在线自动生成财务报表和数据报告，推荐实现业务数据和财务数据的在线对接和财务数据监控。

4.9　与行业监管的技术对接

应与旅游监管部门实现技术对接，实现旅游数据（团队、电子合同、游客和保险）的全面及时上报，配合旅游监管部门在线审批和监管，完成上下游信息的对接。

4.10 技术应用创新

应在国内业务、入境业务、出境业务、单项服务、会议奖励等业务上实现在线操作,鼓励使用电子印章技术、射频技术和全球定位技术(可应用于旅游大巴管理、团队行程管理和身份识别定位中)。鼓励通过数据挖掘技术对业务、游客、供应商数据等进行挖掘分析,应用云计算实现资源共享和云服务。鼓励积极开发或引进新技术,并将新技术应用于旅行社业务。

四、北京智慧旅游乡村建设规范(试行)

文章来源:旅游环境与公共服务处。发布时间:2012 年 5 月 11 日。

0 前言

本规范由北京市旅游发展委员会提出、归口并负责解释。

本规范起草单位:北京市旅游发展委员会、中国联合网络通信有限公司北京市分公司。

1 范围

本规范规定了北京智慧旅游乡村评定的基本要求。

本规范适用于北京市的市级民俗旅游村。

2 规范性引用文件

下列文件中的条款通过本规范的引用而成为本规范的条款。凡是注日期的引用文件,其随后所有的修改单(不包括勘误的内容)或修订版均不适用于本规范。凡是不注日期的引用文件,其最新版本适用于本规范。

GB/T 1.1—2009 标准化工作导则 第 1 部分:标准的结构和编写

DB11/T 350—2006 乡村民俗旅游村等级划分与评定

DB11/T 652.1—2009 乡村旅游特色业态标准及评定第 1 部分通则

3 术语和定义

下列术语和定义适用于本规范。

3.1 智慧旅游乡村

智慧旅游乡村指拥有民俗旅游信息化网站,具备丰富的展现方式,提供旅游服务、农产品在线和电话预定,能够向游客提供带宽上网服务、旅游信息智能推送服务（自助导览、自助导游）、旅游智能化安全监控服务的市级民俗旅游村。

3.2 旅游乡村产品预订

通过互联网技术、信息通信技术实现旅游乡村的餐饮、住宿、采摘和其他旅游项目的在线展现、网上预订、支付、电子认证及统一管理。

3.3 物联网(IOT)

物联网是指通信网和互联网的拓展应用和网络延伸，它利用感知技术与智能装置对物理世界进行感知识别，通过网络传输互联进行计算、处理和知识挖掘，实现人与物、物与物的信息交互和无缝连接，达到对物理世界实时控制、精确管理和科学决策的目的。

4 建设内容及要求

4.1 村级网站

4.1.1 应展现村级景观、餐饮、农产品、休闲娱乐信息，包括本村旅游项目图文介绍、360°全景旅游图片和旅游介绍视频等。

4.1.2 村级网站内容应支持在电脑、智能手机等显示屏上显示，实现多屏互动，便于用户随时随地浏览，同时支持点播观看。

4.1.3 应做到网页内容的实时更新。

4.1.4 在北京旅游网智慧旅游乡村频道发布网站信息。

4.1.5 能够通过微博等手段对外发布微游记、旅游攻略等文字、视频信息。

4.1.6 应可以在线支付，支持手机支付。

4.1.7 应实现对网站所有文字、图片、视频等信息的严格审查与发布，无色情与反动等信息。

4.2 民俗旅游接待户建设

4.2.1 独立网站

应独立拥有介绍餐饮菜品、住宿房型、采摘项目和其他旅游项目的内容及价格的网站。

4.2.2 电子票

能够支持游客在网上购买电子票。能够扫描识别二维码电子票或其他形式的电子票。

4.2.3 电子身份认证

能够支持以手机识别游客的电子身份认证。

4.2.4 客户服务电话

应提供固定的联系方式,便于游客咨询服务,并保持畅通。

4.2.5 刷卡便捷服务

应提供借记卡、信用卡刷卡服务,方便游客消费,POS 终端符合国家相关标准。

4.2.6 手机支付服务

能够提供手机支付,要求符合国家相关标准。

4.2.7 在线预订

应可以通过包括但不限于互联网在线预订、电话预订的方式,接受游客预订。能够以多种方式通知民俗旅游接待户预留房间、餐桌等,并短信通知用户。提前 1 天向用户确认预订结果。

4.3 无线网络

4.3.1 全村民俗旅游接待户客房、休闲渔场、观光果园和观光农园等各乡村旅游接待单位应实现室内有线网络的无线覆盖,并免费向游客提供无线上网服务。

4.3.2 全村民俗旅游接待户客房、休闲渔场、观光果园和观光农园等应达到 10M 及以上光纤接入覆盖率超过 80%,20M 及以上光纤接入覆盖率超过 20%。

4.3.3 村内的游客服务中心、小广场等游客聚集地点应实现无线网络(WLAN)热点覆盖,能够与室内无线网络无缝切换,双点畅游。

4.4 智慧应用

4.4.1 基于位置的信息服务

在旅游乡村出入口、重点旅游项目等位置利用位置服务的技术手段能够向游客手机提供各类旅游信息,包括民俗村介绍信息、周边餐饮信息、周边住宿信息、周边游玩项目信息等自助导览、自助导游信息。

4.4.2 信息触摸屏

在游客服务中心、重点旅游项目等位置应设置信息触摸屏,提供自助导游导览信息、旅游资讯信息、地图交通信息、天气预报等信息查询、语音公用电话服务和免费上网服务。

4.4.3 在线培训

能够为本村民俗旅游接待户提供农村政策法规、乡村旅游服务规范、智慧服务操作技能等互联网在线培训。

4.4.4 视频安全监控

4.4.4.1 在旅游乡村主要出入口、重点旅游项目等位置建设视频监控点。

4.4.4.2 能够实现网络在线监控、实时远程控制与调度、集中上联，在保障乡村、景区安全的前提下，便于管理部门统计了解人流、车流情况，方便管理。

4.4.4.3 能够通过视频监控系统实现对人员、车辆的识别、统计，实现对旅游景区、民俗旅游接待户的人员安全监控、人车流量统计等功能，对安全风险服务进行提示，包括人流、车流信息情况通报，气象交通信息提示，安全信息提示等。

4.4.5 农产品食品安全监控

能够对旅游乡村中休闲渔场、观光果园、观光农园等高端农产品的种植、养殖、生产等环节，采用先进的通信技术、物联网技术、视频技术等实现对农作物生长环境的监控，并集中展现，保障农产品有良好的生长环境，吸引城镇居民消费。

4.4.6 农产品销售运输安全管理

对于智慧旅游乡村高端农产品销售应提供物流跟踪管理，通过 RFID 技术、全球定位技术对农产品运输全流程进行监控和跟踪，保障运输过程安全。

附录B　成都市智慧旅游建设规划

一、成都市智慧饭店建设规划

0　前言

本标准按照 GB/T 1.1—2009 给出的规则起草。

本标准由成都市旅游局提出并负责解释。

本标准由成都市旅游局归口。

本标准起草单位：成都市旅游局、成都易天行电子科技有限公司。

本标准主要起草人：刘海、周伟、于勇、刘竹梅。

1　范围

本标准规定了成都市智慧饭店建设的术语和定义、建设内容和要求、项目申报和评定。

本标准适用于成都市行政区域内智慧饭店的建设。

2　术语和定义

下列术语和定义适用于本标准。

2.1　智慧饭店

利用物联网、云计算、移动互联网等新一代信息技术，对饭店内各类信息进行自动感知、及时传送和数据挖掘分析，建立具有在线预定、支付、客服等功能的营销平台，实现饭店的智能化，为旅游者提供个性化的服务。

3 建设内容和要求

3.1 网络与通信

3.1.1 网络

3.1.1.1 应实现无线宽带网络全覆盖。

3.1.1.2 客房应配有有线宽带网。

3.1.1.3 应具有带宽管理的技术手段和多种计费方式。

3.1.1.4 应具有防病毒和木马的手段,具有上网日志记录等功能,对敏感信息进行报警提示。

3.1.2 固定电话

3.1.2.1 固定电话交换机应接入SIP终端,可从电脑、平板电脑上发起呼叫。

3.1.2.2 应提供可视电话服务。

3.1.2.3 应提供电脑收发传真服务。

3.1.3 移动通信

移动运营商信号应覆盖饭店所有区域,手机语音和数据通信畅通。

3.2 广播电视系统

应能收看适宜数量的中文节目和外文节目,具有视频点播功能,配备有线电视和卫星电视;饭店公共区域应能播放背景音乐。

3.3 会议设施

3.3.1 应具备灯光分区控制、亮度可调节、隔音效果好、有同声传译的功能。

3.3.2 应具备会议投票、表决、主席控制系统。

3.3.3 应具备电视电话会议功能,有多媒体演讲系统。

3.3.4 应具备远程会议系统。

3.3.5 应具备会议自动签到系统。

3.3.6 应具备会议统计系统。

3.3.7 应通过网络或智能终端等设备提供预订服务。

3.4 智能系统

3.4.1 智能停车场管理系统

应建设智能停车场管理系统,提供智能卡计时、计费或视频车牌识别计时、计费服务;车库入口应显示空闲车位数量;应提供电子化寻车、定位、导引。

3.4.2　自助入住/退房系统

应建设自助入住/退房系统,提供手持登记设备(TABLET)进行远程登记服务。

3.4.3　智能电梯系统

应建设智能电梯系统,通过RFID技术自动识别旅游者的房间卡信息,升降至旅游者所在楼层;无卡者进入电梯,应拒绝其任何按键操作;应配备盲文,供盲人操作。

3.4.4　智能导航系统

应建设智能导航系统,自动感应旅游者的房卡信息,点亮指示牌,指引旅游者找到自己的房间。

3.4.5　智能可视对讲系统

应建设智能可视对讲系统,为旅游者提供视频咨询服务。

3.4.6　电视门禁系统

应建设电视门禁系统,通过电视看到来访者实时图像,自动应答。

3.4.7　智能安防监控系统

应具有防盗功能、防破坏功能,视频清晰度高,能在黑夜环境中识别车牌号码;应设置电子围栏,对超过围栏的进行提醒;图像信息可供其他系统调用;应识别火灾并与消防系统联动。

3.4.8　智能信息终端

客房信息终端应支持多种形式(电视、电话和移动终端),应支持多种功能(包括音、视频播放,全球定位功能,带有便携式操作系统,能进行3G无线通信,能进行触摸控制,支持无线网,支持视频通话,具有较高的分辨率),应支持多种语言。

3.4.9　智能楼宇系统

客房智能控制应设置控制单元,网络通信方式支持TCP/IP方式传输数据,可扩展性好。智能终端应控制空调、灯光、电视、窗帘等,具有模式(睡眠、舒适等)设定功能。客房内应有节能措施。

3.5 网站服务

3.5.1 应建设具有独立域名的饭店官方网站。

3.5.2 网站内容应符合《四川省旅游基本信息资源规范》和《成都旅游信息化服务规范》。

3.5.3 网站应提供多语言信息服务。

3.5.4 应建有移动终端应用支持，实现与网站资源共享。

3.5.5 应建有网站电子商务平台，提供24小时网上咨询、预订与支付服务。

3.6 数字虚拟饭店

3.6.1 应运用三维全景实景增强现实技术、三维建模仿真技术、360°实景照片或视频等技术建成数字虚拟饭店，实现虚拟漫游。

3.6.2 数字虚拟饭店应在饭店网站、触摸屏、智能手机上发布。

3.7 智能信息服务

3.7.1 信息呈现

3.7.1.1 应通过网站和智能信息终端显示成都市的天气、温度和房间内的温度、湿度、空气质量等信息。

3.7.1.2 应通过网站和智能信息终端显示饭店介绍、饭店公告、饭店特色餐饮、会议设施介绍、服务指南和客房展示等信息。

3.7.1.3 应通过网站和智能信息终端显示航班、火车、长途汽车、地铁、公交等信息及其线路图。

3.7.1.4 应通过网站和智能信息终端显示饭店周边“食、住、行、游、购、娱”信息。

3.7.1.5 应通过网站和智能信息终端提供地图查询服务。

3.7.1.6 应通过网站和智能信息终端显示旅游者消费明细。

3.7.1.7 应通过网站和智能信息终端发布公告。

3.7.1.8 应通过网站和智能信息终端发布公益信息、地域文化、政策法规等内容。

3.7.2 多媒体服务

3.7.2.1 应通过网站和智能信息终端为旅游者提供租借物品服务、客房服务、点餐服务。

3.7.2.2 应通过网站和智能信息终端为旅游者提供查看前台留言、通知退房等服务。

3.7.2.3 应连接饭店收费系统，将消费账合并到客房计费。

3.7.2.4 餐厅应提供平板电脑智能点餐服务。

3.8 智慧营销

3.8.1 应利用网络媒体频道、短信（彩信）平台、互联网门户与论坛、博客、微博、微信、SNS社区等各类网络互动渠道开展营销活动。

3.8.2 应建立与国际知名旅游网站、本省（市）及周边省（市）的旅游网站、会议会展采购方、国内外旅行社的内容链接与信息共享机制，提升节庆活动旅游与会议会展旅游等的综合影响力。

3.9 智慧管理

3.9.1 应有ERP系统，包括物资管理、人力资源管理、财务管理。

3.9.2 应有PMS系统，包括预订、查询客房状态、留言、出账管理、报表、夜审等功能，并方便与其他系统对接。

3.9.3 应有CRM系统，包括旅游者回访、建立旅游者档案、满意度调查、投诉处理等功能，并能对各类数据进行挖掘分析，提供多种方式进行在线预订服务。

3.9.4 应有应急预案和应急响应系统，提供报警终端、摄像头、号角喇叭等设备，具备集成音、视频报警，视频监控和广播喊话等功能。

3.9.5 应与旅游行政主管部门实现技术对接，配合旅游行政主管部门在线监管，实现旅游数据的及时上报，完成上下旅游信息的对接。

3.10 创新项目

在本标准基础上，饭店运用各种创新技术、手段和方法，提升饭店在管理、服务、营销等方面的水平。

4 项目申报和评定

4.1 项目申报

智慧饭店建设项目应提交可行性研究报告、规划建设方案和建设成效等资料，当地旅游行政主管部门转报并提供审查意见及有关补充说明材料。

4.2 项目评定

由市级旅游行政主管部门组织对智慧饭店建设情况进行评定，对达到本标准的饭店进行公告和奖励。

二、成都市智慧景区建设规划

0 前言

本标准按照GB/T 1.1—2009给出的规则起草。

本标准由成都市旅游局提出并负责解释。

本标准由成都市旅游局归口。

本标准起草单位：成都市旅游局、北京闻言科技有限公司。

本标准主要起草人：刘海、周伟、赵峰、肖杰。

1 范围

本标准规定了成都市智慧景区建设的术语和定义、建设内容和要求、项目申报和评定。

本标准适用于成都市行政区域内智慧景区的建设。

2 术语和定义

下列术语和定义适用于本标准。

2.1 智慧景区

利用物联网、云计算、移动互联网等新一代信息技术，通过智能信息系统，对景区进行可视化管理、业务流程优化和智能化运营，实现景区自身对旅游安全、旅游营销、舆情监控、日常办公、交通疏导等事务的全面高效管理，为旅游者提供旅游咨询、资料查询、电子商务、旅游体验等服务，使旅游者能主动感知信息并实现适时交易。

2.2 电子门票

电子门票指计算机系统可以自动识别的门票，具有唯一性和不可复制性，其使用需要相应的识别系统，存在形式可以是印刷品上的条形码、卡片中的芯片，或在手机等电子设备中以数字化形式进行保存的虚拟物品。

3 建设内容和要求

3.1 景区网络设施

3.1.1 公用电话网

3.1.1.1 建有供旅游者使用的公用电话。数量充足,设置合理。

3.1.1.2 建有电话报警点,并公示景区救援电话、咨询电话、投诉电话。

3.1.2 无线通信网

能接收移动电话信号,移动通信方便,2G、3G 信号覆盖全面,线路顺畅。

3.1.3 高速宽带信息网络

建有较为完善的宽带信息网络,实现景区办公区域、景区企业用户、景区居民的有效接入。

3.1.4 无线宽带网(WLAN)

覆盖有无线宽带网络,旅游者在游览过程中可以方便地将手机、电脑等终端以无线方式连接上网。

3.2 景区智慧旅游服务

3.2.1 门户网站

3.2.1.1 建有以服务旅游者为核心内容的景区门户网站,上线正常运营,网站打开速度、更新频率、服务有效性等方面可用性较强。

3.2.1.2 门户网站应包含景区基本信息浏览、活动预告、景区信息查询、旅游线路推荐和行程规划、交通导航、电子地图、景区推介服务、景区服务电话及虚拟体验等服务,接入省、市级重点旅游服务系统,并建立官方微博。

3.2.1.3 门户网站应提供多语言信息服务。

3.2.1.4 应建有门户网站手机版及手机应用,实现与门户网站资源共享,为手机用户提供景区公共信息服务。

3.2.2 电子商务

3.2.2.1 景区门票能够实现工作时间电话咨询及预订服务,24 小时网上受理咨询、预定与支付服务。

3.2.2.2 景区旅游产品、旅游纪念品能够实现网上电子商务交易与结算服务。

3.2.3 电子门票

采用电子门票形式,并实现售票计算机化。售、验票信息能够联网,应实现远程查询。应配有手持移动终端设备或立式电子门禁，实现对门票的自动识别检票。

3.2.4　数字虚拟景区和虚拟旅游

运用三维全景实景增强现实技术、三维建模仿真技术、360°实景照片或视频等技术建成数字虚拟景区，实现虚拟旅游，增强景区的公共属性。数字虚拟景区应占旅游者真实游览全部景区面积的较高比例。数字虚拟景区和虚拟旅游平台能在互联网、景区门户网站、触摸屏多媒体终端机、智能手机等终端设备上应用。

3.2.5　智能服务终端及系统

3.2.5.1　呼叫服务中心

具备拥有交互式语音应答系统、自动呼叫分配系统，支持呼入和呼出的景区旅游呼叫中心，并对接市(县)级旅游服务热线、联通116114、电信118114、移动12580和旅游企业电话咨询等服务资源，提供旅游产品查询、景点介绍、票务预订、旅游资讯查询等服务。

3.2.5.2　自助导游系统

3.2.5.2.1　依托无线通信、全球导航卫星、移动互联网、物联网等技术建立现代自助导游系统。自助导游终端能提供景区电子导游图及位置服务，支持无线上网，支持全球导航卫星系统，提供自助导游讲解。

3.2.5.2.2　为旅游者提供景区“手机随身游”自助导游软件下载，通过智能手机等设备能够完成景区地图查询搜索、游览线路规划和线路选择、景点自助讲解等功能。

3.2.5.2.3　可提供基于射频识别、红外、录音播放等技术的自助导游终端。

3.2.5.3　旅游信息发布系统

3.2.5.3.1　景区特色游览点及主要出入口设有电子公告栏或触摸屏多媒体终端机发布信息，布放合理，显示醒目；能在自助导游终端发布旅游信息；能以短信、彩信等形式向旅游者的手机发送信息；能实现多个渠道的信息发布的集成，一次发布，多方显示。

3.2.5.3.2　发布内容包含景区总体概况信息，景区内实时动态感知信息(温湿度、光照、紫外线、空气质量、水温、水质等)，景区内智能参考信息(景区景点内旅游者流量、车流拥挤程度、停车场空余位置等），景区管理部门发布的旅游动态信息等。

3.2.5.4 旅游者互动多媒体服务系统

景区内设有触摸屏多媒体终端机，可实现旅游景区信息、交通信息、服务设施信息等信息查询，以及电子地图、触摸屏上的虚拟旅游等功能。

3.2.5.5 多媒体体验中心

景区建有多媒体展示体验中心，主要借助地理信息系统、虚拟现实和现代多媒体等多种技术，运用高科技手段，利用声、光、电来展示景区景观、自然文化遗产、生物多样性、古文物再现等，提升旅游者旅游体验。

3.2.6 旅游者咨询投诉联动服务

应提供旅游者咨询投诉联动服务，统一接收来自电话、网络、终端设备等方面的咨询和投诉，实现完善的投诉处置和反馈。

3.3 景区智慧综合管理

3.3.1 视频监控

3.3.1.1 视频监控应全面覆盖景区，重点监控重要景点、客流集中地段、事故多发地段。

3.3.1.2 监视界面图像能在各种显示设备上显示，支持切换、记录、回放等各种基本操作。视频监控应具备闯入告警等功能。

3.3.1.3 视频监控面板能控制画面缩放和镜头转动等，能实现图像的实时远程观看以及3G物联网视频监控等。

3.3.1.4 支持录像的检索和调看，可自定义录像条件，录像数据存储保留时间应超过15天。

3.3.2 客流监控

应包含和实现入口客流计数管理、出口客流计数管理、旅游者总量实时统计、旅游者滞留热点地区统计与监控、流量超限自动报警等。

3.3.3 景观资源管理

3.3.3.1 应对自然资源环境数据进行监测或监控，主要包括气象监测、空气质量监测、水质监测、生物监控等。

3.3.3.2 应对景区内的各类遗产资源、文物资源、建筑景观、博物馆收藏等景观资源运用现代化科学管理手段进行信息化与数字化监测、监控、记录、记载、保护、保存、修缮、维护等，便于景观建筑文物数据的查询检索以及面向公众展示。

3.3.4　财务管理

使用专业的财务管理软件，包含资产管理、筹资管理、投资管理、营业收入管理、税金管理、利润管理、成本费用管理等财务管理内容，以及财务预测、财务决策、财务预算、财务控制、财务分析、财务审计等财务管理方法。

3.3.5　办公自动化

办公自动化应包含流程管理，电子邮件，文档管理，公文流转，审批管理，工作日历，人员动态展示，财务结算管理，公告、新闻、通知，个人信息维护，会议管理，考勤管理等内容。

3.3.6　经营资源管理

能应用现代化的技术手段形成一套规范的体系，包含商业资源部署、商铺经营、经营监管、合同管理、物业规范等内容。

3.3.7　应急指挥与调度

3.3.7.1　应急广播

广播应覆盖全景区，声音清晰。广播应由景区控制中心和指挥调度中心统一控制，遇灾害或紧急情况时，可立刻转换为紧急广播。

3.3.7.2　应急报警点

应急报警点应提供报警终端、摄像头、号角喇叭等设备，集成音、视频报警，视频监控和广播喊话等功能。

3.3.7.3　应急处置响应

建有旅游应急预案及应急响应系统，能够根据应急处理预案，对旅游突发事件进行综合指挥调度和协调救援服务。

3.3.7.4　指挥调度中心

具备对人员、车辆的指挥调度以及对应急资源的组织、协调、管理和控制等功能。能对监控终端进行控制，获取旅游综合信息和发布有关旅游信息。

3.3.8　交通引导

景区道路合理设置电子道路指示系统。景区交通实现运营车辆卫星定位，实现车辆运营状态与道路交通状况的可视化管理。在停车场建有智能停车系统,实现停车位监测和进出电子指示。

3.4 景区智慧营销体系

3.4.1 网上营销体系

3.4.1.1 利用网络媒体频道、短彩信平台、互联网门户与论坛、博客、微博、微信、SNS社区等各类成熟网络互动渠道开展旅游营销信息发布和营销互动活动。

3.4.1.2 建立与国际知名旅游网站、本省(市)及周边省市的旅游网站、会议会展采购方、国内外旅行社等的内容链接与信息互动机制,提升节事活动旅游与会议会展旅游等的综合影响力。

3.4.2 媒体管理与舆情监测

3.4.2.1 对线上、线下众多媒体旅游宣传信息进行有效收集与管理,实现基于事件、媒体等多种维度的报表分析与查询,促进对景区营销活动各个方面进行有序梳理与优化。

3.4.2.2 应建立旅游市场舆情监测与预警,对重点媒体、论坛、博客、微博等的舆情信息进行动态监控,将海量信息按照信息内容的正负面、影响力、信息属性及时间等进行分类,提取相关信息,定期自动生成相应报告,按照预定策略对潜在的危机事件及时预警和处置。

3.4.3 旅游故事及游戏软件

3.4.3.1 编写与旅游景区有关的旅游故事,与旅游营销结合起来形成商业化运作。

3.4.3.2 编写与旅游景区有关的游戏软件,与旅游营销结合起来形成商业化运作。

3.4.4 旅游者信息分析

对旅游者行为信息进行收集、整理与分析,实现对旅游者行为的统计、评估与决策分析。

3.5 旅游信息资源管理

3.5.1 旅游服务资源信息管理

3.5.1.1 应建有标准统一、资源共享、接口开放的数据中心管理系统,形成景区旅游公共信息数据资源库,实现旅游公共服务信息的采集、处理、发布、利用的规范化和自动化，并实现与市级行业监管部门的系统对接与信息共享，为行业监管与分析提供数据支撑。

3.5.1.2 应建有区域旅游资源信息库，完善采集更新机制，全面汇聚景区旅游企业、相关机构、从业人员、旅游者等旅游管理信息，食、住、行、游、购、娱等旅游服务资源信息，进行旅游信息资源的统一采集、存储、处理、共享、查询与分析，满足景区旅游信息资源开发利用与数据分析的需要。

3.5.2 地理信息管理

应建有景区各类资源详细的地理位置图层，可实现基于地理信息系统的查询。建立基于地理信息系统和卫星定位的旅游位置服务，为导游、导航应用提供基础支持。

3.6 景区建设方案与管理机制

3.6.1 总体方案

应编制详尽、专业的智慧景区(景区信息化、数字景区)建设总体方案，明确建设目标、总体框架、建设内容与实施计划。

3.6.2 旅游信息服务与管理机制

3.6.2.1 旅游公共信息管理机制。应建立公共信息服务人员队伍，建成基本稳定的公共信息采编报送渠道和规范化的采集、编写、发布流程，形成旅游公共信息采集发布的长效机制。

3.6.2.2 旅游景区监管机制。应建立旅游热线投诉、在线投诉处理机制，推行使用旅游电子示范合同文本。应实现与旅游、工商、公安、交通、质检、物价等部门的信息共享与协助，协同相关监管执法部门，建立健全以部门协同、联合执法为主要形式的旅游市场监督管理机制。

3.7 智慧创新应用

在本标准的基础上，景区运用各种创新技术、手段和方法，能提升景区建设、管理、服务、营销等方面的水平。

4 项目申报和评定

4.1 项目申报

智慧景区建设项目应提交可行性研究报告、规划建设方案和建设成效等资料，当地旅游行政主管部门转报并提供审查意见及有关补充说明材料。

4.2 项目评定

由市级旅游行政主管部门组织对智慧景区建设情况进行评定，对达到本标准的景区进行公告和奖励。

三、成都市智慧旅行社建设规划

0 前言

本标准按照 GB/T 1.1—2009 给出的规则起草。

本标准由成都市旅游局提出并负责解释。

本标准由成都市旅游局归口。

本标准起草单位：成都市旅游局、成都市颐乐旅游开发有限公司。

本标准主要起草人：刘海、周伟、吴洋、徐茜。

1 范围

本标准规定了成都市智慧旅行社建设的术语和定义、建设内容和要求、项目申报和评定。

本标准适用于成都市行政区域内智慧旅行社的建设。

2 术语和定义

下列术语和定义适用于本标准。

2.1 智慧旅行社

智慧旅行社指利用物联网、云计算、移动互联网等新一代信息技术，借助便携的终端上网设备，将旅游资源的组织、旅游者的招徕和安排、旅游产品开发销售和旅游服务等旅行社各项业务及流程高度智能化，实现高效、便捷和规模化运行。

3 建设内容和要求

3.1 智慧营销

3.1.1 营销渠道分析

应利用现代技术收集、分析旅游者数据和旅游产品消费数据，选择营销渠道。

3.1.2 旅游舆情监控

加强旅游市场舆情监控和数据分析，对舆情信息进行动态监控与分类，依据自动生成的分析报告制定营销策略。

3.1.3 营销系统

3.1.3.1 网络营销。依托互联网，开展企业展示、品牌推广、产品推销等营销行为。

3.1.3.2 同行分销。利用或搭建分销系统平台，实现在线分销与订单结算。

3.2 智慧服务

3.2.1 门户网站

3.2.1.1 应建立安全、稳定的 Web 门户网站，提供多语种、及时和准确的信息服务。

3.2.1.2 应建立 WAP 门户网站，为移动用户提供相关服务。

3.2.2 电子商务

利用电子商务平台，实现网上招徕、咨询、预定、支付和合同签订等一体化的旅游服务。

3.2.3 旅游产品

3.2.3.1 产品策划与定制。应实现旅游产品在线策划与发布，根据旅游者需求提供旅游产品定制服务。

3.2.3.2 产品展示与查询。应在线提供旅游产品信息展示和查询服务。

3.2.4 旅游呼叫

应提供多媒体旅游呼叫服务，通过自助语音、短信、电子传真和邮件等方式提供旅游咨询服务。

3.2.5 旅游投诉处理

应建立标准化在线旅游投诉处理系统，统一接收电话投诉及网络投诉，实现投诉处理与反馈。

3.2.6 旅游保险

应与保险公司进行系统对接，实现旅游保险产品同步销售，自动生成保险单，并与保险公司实现自动的业务统计和结算。旅游者可在线查询相关信息。

3.2.7 无线网络

应在游客接待区覆盖无线网络，可为旅游者提供手机、电脑等终端设备无线上网。

3.2.8 自助查询

应在游客接待区安装多媒体自助终端机，为旅游者提供产品推广、产品促销、活动推广等查询服务。

3.2.9 服务质量跟踪体系

建立基于网络平台的服务质量跟踪体系，实现实时的旅游信息交流和意见反馈，具有在线留言与评价功能。

3.3 智慧管理

3.3.1 资源管理

3.3.1.1 供应商信息管理。应实现旅游供应商信息的在线管理，包括供应商基本信息、要素价格和合同记录等，实时查询供应商产品资源信息。

3.3.1.2 采购管理。应与景区、饭店和导游服务公司等进行在线信息对接，实现在线资源采购、财务结算和采购合同管理。

3.3.1.3 客户信息管理。应建立客户信息管理平台，通过系统对旅游者基本信息进行收集和管理，对客户信息进行分类和统计分析。

3.3.2 订单管理

应通过电子商务平台实现电子订单的管理，包括产品订单、结算单和导游任务单等，实现在线订单流转、数据统计和分析。

3.3.3 团队管理

3.3.3.1 旅游团信息管控。应实现旅游团信息管理与查询统计，包括出团计划、团队基本情况和团队行程等信息。

3.3.3.2 导游管理。应建立导游管理系统，实现导游分级分类在线调度、审核查询和旅游者评价等功能。

3.3.4 内部管理

3.3.4.1 行政管理。日常管理工作应建立网络化管理体系、远程监控系统、办公自动化系统和移动办公系统，包括行政事务、计划管理、资源管理、会议管理、请示审批和办公指南等。

3.3.4.2 人力资源管理。建立完善的员工考核和内审机制，通过人力资源信息系统实现自动化绩效考核。

3.3.4.3　财务管理。应使用专业的财务管理系统，进行财务决策、在线收(付)款、统计结算等财务管理。财务报表和数据报告可通过系统在线自动生成，实现业务数据和财务数据的在线对接和财务数据监控。

3.3.4.4　业务监控。应实现业务在线监控与管理，实时了解电子商务平台、分社和服务网点等经营情况。

3.3.5　对接行业主管部门

应与旅游行政主管部门实现技术对接，配合旅游行政主管部门在线监管，实现旅游数据及时上报，完成上下游信息的对接。

3.4　其他创新应用

在本标准的基础上，旅行社在建设、管理和服务等方面应用其他创新技术、手段和方法，提升旅行社服务质量和旅游者的综合满意度。

4　项目申报和评定

4.1　项目申报

智慧旅行社建设项目应提交可行性研究报告、规划建设方案和建设成效等资料，当地旅游行政主管部门转报并提供审查意见及有关补充说明材料。

4.2　项目评定

由市级旅游行政主管部门组织对智慧旅行社建设情况进行评定，对达到本标准的旅行社进行公告和奖励。

附录C　贵州省智慧景区建设指导规范(试行)

本规范由贵州省旅游局提出、归口并负责解释。

本规范起草单位：贵州省旅游局。

0　引言

旅游景区是自然环境优良，人文资源丰富的区域，是优质的景观资源、珍稀的自然生态系统、珍贵的历史文化资源，具有不可替代的景观、生态和文化价值。建设智慧景区，通过信息化系统部署实现景区管理、营销、服务、体验的智能化，对旅游景区实现可持续发展，提供高质量的旅游环境具有重要意义。

贵州省委十一届二次全会提出推进“5个100工程”重点平台建设，其中包括100个旅游景区建设。贵州省十二届人大一次会议通过的《政府工作报告》指出，要重点打造100个旅游景区。通过100个旅游景区示范带动，引领全省旅游产业转型升级，努力把旅游业做特、做优、做强，把贵州省建设成为符合资源禀赋和市场需求的国内一流旅游目的地。立足于文化与旅游深度融合，着眼于创新旅游业态和转变发展方式，加强旅游景区品质品牌建设，深入挖掘文化内涵，打造著名旅游目的地，提高旅游产业竞争力和带动力。加强旅游景区基础设施建设，提高旅游景区综合管理能力，提升旅游景区服务质量。加强旅游景区整体包装、对外宣传和市场营销，增强旅游景区知名度和影响力。

智慧旅游云工程是贵州省委省政府《贵州省大数据产业发展应用规划纲要(2014—2020年)》明确提出的贵州重点领域应用工程，是利用物联网、云计算、地理信息系统、虚拟现实、互联网或移动互联网、新一代通信等技术成果和技术手段，搭建基于贵州旅游大数据的数据整合和采集、数据管理、数据应用的基础平台，同时在全省统一指导下，实现本行业数据与云上贵州系统平台的数据资源交换和开放共享。通过基础平台集聚的资源，切实围绕游客需求、各涉旅企业和行业用户需求、政府管理和公共服务需求，进一步吸引资本、市场、技术、人才等产业要素的聚集和凝聚，共同进行针对贵州旅游产业大数据应用的智慧服务、智慧营销、智慧管理相关标准建设，以及核心平台、装备的研制开发和应用体系建设，共同打造和共享贵州智慧旅游产业价值链，从而激发企业创新活力，整体带动旅游服务体系升级、企业经营能力升级和政府公共服务能力升级，促进形成贵州旅游业态优良的生态环境和产业集群，为实现贵州旅游产业的转型、升级和可持续发展打下坚实基础。截至 2015 年 6 月，贵州省智慧旅游云工程建设已经完成《“云上贵州·智慧旅游云”工程总体设计方案》的编制和发布。基于云上贵州系统平台，完成了智慧旅游云平台系统的研发和部署，实现了贵州省智慧旅游云数据中心、贵州省旅游运行监管及应急指挥调度平台、贵州省旅游大数据综合分析系统等功能模块。

本指导规范旨在为贵州省智慧景区建设提供依据和技术规范，为景区适应现代技术发展并实现转型升级指明方向，为贵州省智慧旅游云工程建设提供景区基础数据资源，引导实现全省景区数据资源的聚集和共享，推动贵州省智慧旅游云工程建设与智慧景区工程建设同步发展，为贵州省发展旅游大数据产业提供基础数据支撑。

本规范在制定过程中，借鉴了国内外相关资料，并直接引用了国家相关标准条文。

1 范围

本规范规定了贵州省智慧景区评定的基本要求。

本规范适用于贵州省各种类型的旅游景区。

2 规范性引用文件

下列文件对于本规范的应用是必不可少的。凡是注日期的引用文件，仅注日期的版本适用于本规范。凡是不注日期的引用文件，其最新版本（包括所有的修改单）适用于本规范。

GB/T 17775—2003 旅游景区质量等级的划分与评定

GB 50298—1999 风景名胜区规划规范

GB/T 26358—2010 旅游度假区等级划分

GB/T 16766—2010 旅游业基础术语

贵州省大数据产业发展应用规划纲要(2014—2020年)

“云上贵州·智慧旅游云”工程总体设计方案

3 术语和定义

3.1 智慧旅游

智慧旅游又称“智能旅游”,是利用云计算、物联网等新技术,通过互联网及移动互联网,借助便携式的终端上网设备,主动感知旅游资源、旅游经济、旅游活动、游客等方面的信息,及时发布,让人们能够及时了解这些信息,及时安排和调整工作与旅游计划,从而达到对各类人员信息的智能感知、方便利用的效果。

3.2 智慧景区

智慧景区是利用物联网、云计算、移动互联网等新一代信息技术,通过智能信息系统,对景区进行可视化管理、业务流程优化和智能化运营,实现景区自身对旅游安全、旅游营销、舆情监控、日常办公、交通疏导等事务的全面高效管理,为游客提供旅游咨询、资料查询、电子商务、旅游体验等服务,使游客能主动感知信息并实现适时交易。

3.3 旅游电子商务

旅游电子商务是指利用先进的计算机网络及通信技术和电子商务的基础环境,整合旅游企业内部和外部资源,促进旅游信息的传播和推广,实现旅游产品的在线发布和销售,为游客与旅游企业之间提供一个交互平台以实现知识共享与增进交流的网络化运营模式。它是在传统旅游商务活动的基础上,根据互联网的特性,将旅游商务活动嫁接到互联网上,其核心就是为游客和旅游企业提供一个信息交流和产品促销的网络平台。

3.4 移动互联网

移动互联网就是将移动通信和互联网两者结合为一体,是指互联网的技术、平台、商业模式和应用与移动通信技术结合并实践的活动的总称。移动互联网是一种通过智能移动终端,采用移动无线通信方式获取业务和服务的新兴业务，包含终端、软件和应用三个层面。终端层包括智能手机、平板电脑、电子书、MID等；软件包括操作系统、中间件、数据库和安全软件等；应用层包括休闲娱乐类、工具媒体类、商务财经类等不同应用与服务。

3.5 物联网

物联网是通信网和互联网的拓展应用和网络延伸，它利用感知技术与智能装置对物理世界进行感知识别，通过网络传输互联进行计算、处理和知识挖掘，实现人与物、物与物的信息交互和无缝连接，达到对物理世界实时控制、精确管理和科学决策的目的。

3.6 云计算

云计算是通过网络将庞大的计算处理程序自动分拆成无数个较小的子程序，再交由多部服务器所组成的庞大系统经搜寻、计算分析之后将处理结果回传给用户。

云计算是基于互联网的相关服务的增加、使用和交付模式，通常涉及通过互联网来提供动态易扩展且经常是虚拟化的资源。

3.7 智慧旅游云数据中心

智慧旅游云数据中心是采用云计算技术搭建的云端数据中心，主要实现智慧旅游云系统平台及相关应用系统的部署，实现旅游数据的采集、存储、分析、交换，是旅游数据资源的承载体。

3.8 景区核心区域与非核心区域

景区核心区域是指景区内部道路、游客通道、游客服务中心、综合办公区、停车场、人流聚集区等游客服务场所和管理人员工作场所。

景区非核心区域是指景区管辖范围内核心区域以外的区域。

3.9 最大承载量

最大承载量是指在一定时间条件下，在保障景区内每个景点游客人身安全和旅游资源环境安全的前提下，景区能够容纳的最大游客数量。

3.10 游客高峰时段

旅游景区日游客量达到或超过最大承载量的60%。

3.11 突发事件

突然发生，造成或者可能造成严重社会危害，需要采取应急处置措施予以应对的自然灾害、事故灾难、公共卫生事件和社会安全事件。

3.12 应急协调小组

由旅游景区所在地人民政府牵头,旅游、卫生、公安、交通等相关职能部门组成的临时协调机构,负责景区外旅游城镇和旅游通道的应急处理工作,并履行跟踪值守、信息汇总和综合协调等职责。

3.13 地理信息系统

地理信息系统是在计算机软件和硬件支持下,运用系统工程和信息科学的理论,科学管理和综合分析具有空间内涵的地理数据,以提供对规划、管理、决策和研究所需信息的空间信息系统。

3.14 基于位置的服务

基于位置的服务是通过运营商的无线电通信网络(如GSM网、CDMA网)或外部定位方式(如北斗导航定位系统)获取移动终端用户的位置信息(地理坐标或大地坐标),在地理信息系统平台的支持下,为用户提供相应服务的一种增值业务。

3.15 大数据技术

大数据技术是由数量巨大、结构复杂、类型众多的数据构成的数据集合,是基于云计算的数据处理与应用模式,通过数据的整合共享、交叉复用形成的智力资源和知识服务能力。

3.16 电子门票

电子门票是指计算机系统可以自动识别的门票,具有唯一性和不可复制性,其使用需要相应的识别系统,存在形式可以是印刷品上的条形码、卡片中的芯片,或在手机等电子设备中以数字化形式进行保存的虚拟物品。

4 建设内容和要求

4.1 景区基础建设

4.1.1 电力环境建设

景区内部道路、游客通道、游客服务中心、综合办公区、停车场、人流聚集区等核心区域需具备电力供应条件。电力系统需具备扩展能力,在景区非核心区域需要电力保障时,电力系统可进行扩展并向非核心区域提供电力。

景区需具备双路电供应或备用电力供应,主电路停止工作后,备用电源可提供景区主要信息系统电力供应2小时以上。主要信息系统包括电子门禁系统、电子门票系统、视频监控系统、停车场管理系统、通信网络系统等保证景区游客基础服务和经营管理不受影响的信息系统。

电力系统及其附属设施建设需考虑与景观协调。

4.1.2　网络基础建设

4.1.2.1　有线通信网

景区需要在游客聚集区域，提供公用电话和应急报警电话，以有偿和无偿形式为游客提供有线电话服务。

(1) 建有供游客使用的公用电话。数量充足，设置合理。

(2) 建有电话报警点，并公示景区救援电话、咨询电话、投诉电话。游客可拨打报警点电话向接警处系统的值班人员求助。

4.1.2.2　无线通信网

景区核心区域需具备无线通信能力，能接收移动电话信号，移动通信方便，线路通畅，能够达到移动终端语音通话要求。

4.1.2.3　高速宽带信息网络

建有较为完善的宽带信息网络，实现景区办公区域、景区企业用户、景区居民的有效接入。

4.1.2.4　无线宽带网

覆盖有无线宽带网络，旅客在游览过程中可以方便地将手机、电脑等终端以无线方式连接上网，最大并发用户数不小于景区最大游客承载量。

(1) 游客能够到达的区域和景区核心区域需具备Wi-Fi网络覆盖能力。

(2) 网络覆盖的区域，需设置不影响景观的Wi-Fi标识符、提示牌和登录告示牌。

(3) 景区Wi-Fi登录方式和登录界面需统一，简单易操作。

(4) Wi-Fi网络的数据管理系统需具备互联网访问条件或访问接口，通过互联网可以对景区Wi-Fi系统进行访问，可以读取景区Wi-Fi网络的终端接入数据、网络流量等数据。

4.1.3　指挥中心建设

建设指挥中心提高景区保障游客安全和处置突发事件的能力，最大程度地预防和减少突发事件及其造成的损害,保障游客的生命财产安全。

指挥中心建设内容主要包括大屏显示系统,数字会议音响系统,集中控制系统,综合保障系统(包含综合布线、防雷接地、UPS供电系统、空调制冷、消防报警等),场所装修等几部分。

4.2 景区智慧服务

4.2.1 门户网站

建设景区门户网站,以服务旅客为核心内容,分类全面展示景区资源和信息,上线正常运营,网站打开速度、更新频率、服务有效性等方面可用性较强。

(1) 门户网站应包含景区基本信息浏览、活动预告、景区信息查询、旅游线路推荐和行程规划、交通导航、电子地图、景区推介服务、景区服务电话及虚拟体验等服务,接入省市级重点旅游服务系统,并建立官方微博、微信链接。

(2) 门户网站应提供多语言信息服务。

(3) 应建有网站手机版及移动端应用,与门户网站资源共享,为手机用户提供景区公共信息服务。

(4) 门户网站应提前5天发布门票预订(售)信息、景区内游客量信息、出游提示、预警信息、优惠办法、出行参考等。

4.2.2 电子门票

(1) 建立景区门票实名预售制,实现线上线下售票一体化,门票信息能够联网实现远程查询,并将景区实时游览人数的数据接入智慧旅游云数据中心。

(2) 应采用电子门票形式,充分实现售、验票信息网络化。电子票的购买应支持多种支付方式。

(3) 应配有手持移动终端设备或立式电子门禁,实现对电子门票和纸质门票的自动识别检票、统计。

(4) 应增加二维码、身份证识别、自助售票/取票机等售验票方式,实现绿色入园,并增设显示终端及时告知游客已售和剩余门票数量。

4.2.3 智能停车场

建设停车场管理系统,实现对停车位监测、车辆进出电子指示和停车场的可视化管理。能实现互联网对停车场管理系统的远程访问功能,并将实时泊位信息接入智慧旅游云数据中心。

(1) 能够通过车牌识别进行车辆来源地分析。

(2) 能够将车位信息及时接入景区大屏显示系统、门户网站、景区 APP、综合管理平台等系统。

(3) 能够实现网络化预订车位。

4.2.4　自助导游

(1) 依托无线通信、卫星导航、移动互联网、物联网等技术建立现代自助导游系统。自助导游终端能提供景区电子导游图及位置服务,支持无线上网,支持卫星导航系统,提供自助导游讲解。

(2) 为旅客提供景区自助导游软件下载,通过智能手机等设备能够完成景区地图查询搜索、游览线路规划和线路选择、景点自助讲解等功能。

(3) 可提供基于射频识别、红外、录音播放等技术的多语种自助导游终端。

4.2.5　旅游信息发布

(1) 景区特色游览点及主要出入口设有电子公告栏或多媒体触摸屏终端机发布信息,能在自助导游终端发布旅游信息,能以短信、彩信等形式向游客的手机发送信息,能实现多个渠道的信息发布的集成,一次发布,多方显示。

(2) 发布内容包含景区总体概况信息,景区内实时动态感知信息(温湿度、光照、紫外线、空气质量、水温、水质等),景区内智能参考信息(景区景点内游客流量、车流拥挤程度、停车场空余位置等),景区管理部门发布的旅游动态信息、突发事件应急处理信息等。

(3) 建有大屏信息发布系统,布放在高速公路出口处、景区游客中心前广场、停车场以及核心景点人群集中区等区域,布放合理,观看醒目。

(4) 智能广播系统需覆盖景区人流聚集区域、重要景点、事故多发地段,并实现指挥中心统一管理。

4.2.6　咨询投诉联动服务

(1) 建立旅游投诉热线、在线投诉处理机制,提供游客咨询投诉联动服务,统一接收来自电话、网络、终端设备等方面的咨询和投诉,实现完善的投诉处置和即时反馈。

(2) 拥有交互式语音应答系统、自动呼叫分配系统,支持呼入和呼出的景区旅游呼叫中心,并对接外部服务资源,提供旅游产品查询、景点介绍、票务预订、旅游资讯查询等服务。实现呼叫中心系统与应急指挥调度系统的紧密融合,拓展指挥调度中的综合通信能力。呼叫中心系统也可采用购买服务或服务外包方式进行建设。

(3) 应由专人负责高峰时段的投诉和处理工作,做到当日问题当日解决。

4.3 景区智慧管理

4.3.1 信息资源管理

(1) 应建有标准统一、资源共享、接口开放的数据中心管理系统,实现旅游公共服务信息的采集、处理、发布、利用的规范化和自动化。数据中心管理系统能实现互联网远程访问功能,并将数据接入智慧旅游云数据中心。

(2) 应建有区域旅游资源信息库,完善采集更新机制,全面汇聚景区旅游企业、相关机构、从业人员等旅游管理信息,食、住、行、游、购、娱等旅游服务资源信息,进行旅游信息资源的统一采集、存储、处理、共享、查询与分析,满足景区旅游信息资源开发利用与数据分析的需要。

(3) 向上级部门上报旅游资源相关数据,向本级部门共享旅游相关信息资源,为行业监管与分析提供数据支撑。应实现与旅游、工商、公安、交通、质检、物价等部门的信息共享与协助,协同相关监管执法部门,建立健全以部门协同、联合执法为主要形式的旅游市场监督管理机制。

4.3.2 景观资源管理

(1) 应对自然资源环境进行监测或监控,主要包括气象监测、空气质量监测、水质监测、生物监控等。

(2) 对景区内的各类遗产资源、文物资源、建筑景观、博物馆收藏等景观资源,应运用现代化科学管理手段进行监测、监控、记录、保护、保存、修缮、维护等,便于对景观建筑文物数据进行查询检索。

4.3.3 经营资源管理

(1) 对景区内的营业性质企业进行分类管理,包括商业资源部署、经营监管、合同管理、物业规范等,应用现代化的科学手段形成一套景区经营的规范体系。

(2) 对人事信息、硬件设备信息、软件设备信息等进行数字化记录、监测。

4.3.4 观光车船管理

建设旅游观光车船导览和车船调度系统,实现车船运营状态与交通状况的可视化管理。

(1) 采用物联网感知技术(如 RFID、卫星定位等),确保旅游观光车船在行进时能准确识别景点方位,智能播放对应的音视频文件,为游客提供车船内外景色同步的精准导播,在无景点的区域自动播放观光车船乘用安全宣传和区域形象宣传。

(2) 旅游观光车船应安装卫星定位设备,可结合景区地理信息系统,建设一套满足景区车船智能排班、实时定位、根据人流车流数据进行管理的智能化综合调度系统。

4.3.5 财务管理

使用专业的财务管理软件,包含资产管理、筹资管理、投资管理、营业收入管理、税金管理、利润管理、成本费用管理等财务管理内容,以及财务预测、财务决策、财务预算、财务控制、财务分析、财务审计等财务管理方法。

4.3.6 项目管理

应建设景区项目管理系统,对景区已进行和正在进行的项目进行分类管理,对正在进行的项目进行流程管理操作。

4.3.7 办公自动化

(1) 景区应建设办公自动化(OA)系统,实现景区无纸化办公,将景区人员日常办公进行分类和分权限,实现在线审批、审核。

(2) 办公自动化系统应包含流程管理,电子邮件,文档管理,公文流转,审批管理,工作日历,人员动态展示,财务结算管理,公告、新闻、通知,个人信息维护,会议管理,考勤管理等内容。

4.3.8 高清视频监控

(1) 应全面覆盖景区,重点监控重要景点、客流集中地段、事故多发地段,主要区域应选择 200 万像素以上的数字高清摄像头,固定 IP 地址,进行全天 24 小时视频监控。

(2) 监视界面图像能在多种显示设备上显示。视频监控应具备闯入告警等功能。

(3) 视频监控能控制画面缩放和镜头转动等,能实现图像的实时远程观看和远程视频监控,并将实时视频监控接入智慧旅游云数据中心。

(4) 支持录像检索和调看,自定义录像条件,录像数据存储保留时间应超过15天。

4.3.9 客流监控

(1) 应包含和实现入口客流计数管理、出口客流计数管理、游客总量实时统计、游客滞留热点地区统计与监控、流量超限自动报警等。能提供互联网对客流监测系统的远程访问功能,并将客流实时数据接入智慧旅游云数据中心。

(2) 可以通过高清车牌识别模块统计进入交通要道和入口处车流量,通过停车场车位数据及时反映景区车流量情况,并将车流量实时数据接入智慧旅游云数据中心。

(3) 可以通过预订分流、门禁分流和观光车分流实行三级分流。

4.3.10 应急指挥调度

4.3.10.1 景区综合管控平台

建设景区综合管控平台,实现对景区日常运行监管和应急指挥调度。平时通过平台实现景区内视频监控、信息发布、热点标注、应急预案、应急演练等功能,及时通过平台实现应急点定位、预案调取、一键报警、区域通知、广播分流、大屏提示、救援队伍安排、线上调度、现场视频会议、接警上报等功能,能实现平台的互联网远程访问功能,并将数据接入智慧旅游云数据中心。

4.3.10.2 应急广播

应全面覆盖景区,重点覆盖重要景点、客流集中地段、事故多发地段,声音清晰。指挥调度中心统一控制,遇灾害或紧急情况时,可立即转换为紧急广播。

4.3.10.3 应急报警点

应急报警点应提供报警终端、摄像头、号角喇叭等设备,集成音视频报警、视频监控和广播喊话等功能。

4.3.10.4 舆情监测

应建立旅游市场舆情监测与预警,对重点媒体、论坛、博客、微博等的舆情信息进行动态监控,将海量信息按照信息内容的正、负面影响力、信息属性及时间等进行分类,提取相关信息,定期自动生成相应报告,按照预定策略对潜在的危机事件及时预警和处置。

4.3.10.5 地理信息管理

应建有景区各类资源的详细地理位置图层,可实现基于地理信息系统的资源查询。

建立基于地理信息系统和卫星定位系统的旅游位置服务，为导游、导航应用提供基础支持。

4.4 景区智慧营销

4.4.1 电子商务

建设景区电子商务平台，实现旅游产品的在线预订和分销。能提供互联网对电商平台的远程访问功能，并将实时门票销售预订信息接入智慧旅游云数据中心。

(1) 景区门票应能实现网上预订、电话预定、网上支付、网上交易。

(2) 景区旅游产品、旅游纪念品应能实现网上预订和网上交易。

(3) 应具有在线分销功能，实现对供应商、分销商、订单、财务的统一管理，并无缝对接门禁系统。

(4) 可通过景区微信公众号、景区 APP 等新媒体营销渠道，开展移动电子商务营销。

4.4.2 整合营销

(1) 利用网络媒体频道、短彩信平台、互联网门户与论坛、博客、微博、微信、SNS 社区等各类成熟网络互动渠道开展旅游营销信息发布和营销互动活动。

(2) 与国际知名旅游网站、本省(市)及周边省(市)的旅游网站、会议会展采购方、国内外旅行社等的内容链接与信息互动机制，提升节事活动旅游与会议会展旅游等的综合影响力。

(3) 利用新媒体、微营销、营销事件、旅游故事等手段，开展旅游营销信息发布和营销互动活动。

4.4.3 客源地分析和精准营销

通过有效整合景区数据并挖掘分析，制订景区精准营销计划。

(1) 建设用户行为数据分析系统，通过停车场车牌识别系统、景区 Wi-Fi 分析系统、门户网站会员体系等进行用户特征数据分析；

(2) 借助数据分析结果，展开针对游客偏好和特征的直接营销、数据库营销等精准营销。

(3) 对线上、线下众多媒体旅游宣传信息进行有效收集与管理,实现基于事件、媒体等多种维度的报表分析与查询,对景区营销活动各个方面进行有序梳理与优化。

4.5 景区智慧体验

4.5.1 多媒体体验中心

景区建有多媒体体验中心,主要借助地理信息系统、虚拟现实和现代多媒体等多种技术,运用高科技手段,利用声、光、电来展示景区建筑、自然文化遗产、生物多样性、古文物再现等,提升游客的旅游体验。

4.5.2 多媒体互动查询

景区内设有多媒体触摸屏终端机,可实现旅游景区信息、交通信息、服务设施信息等信息查询,以及电子地图、虚拟旅游等功能。

4.5.3 数字虚拟景区和虚拟旅游

运用三维全景实景增强显示技术、三维建模仿真技术、360°/720°实景照片或视频等技术建成虚拟景区,实现虚拟旅游,增强景区的公共属性。数字虚拟景区应占游客真实游览全部景区面积的较高比例。数字虚拟景区和虚拟旅游平台能在互联网、景区门户网站、多媒体触摸屏终端机、智能手机等终端设备上应用。

4.6 智慧创新应用

景区应主动运用各种创新技术、手段和方法,全面提升景区建设、管理、服务、营销、体验等方面的水平。

(1) 利用各种创新技术(如大数据、人工智能、可穿戴设备等),提升景区管理服务水平。

(2) 利用各种新手段(如创意营销、事件、故事、游戏等),提升景区知名度、营销服务水平。

(3) 利用各种新方法(如创新管理模式、服务模式、建设模式、运营模式等),提升景区建设能力、游客满意度。

4.7 保障体系建设

4.7.1 加强组织领导

应由主要领导牵头设立独立的、人员结构合理的信息化部门,负责统筹规划景区智慧化建设，构建智慧景区管理服务体系，积极稳步推进智慧景区建设。

4.7.2　强化规划指导

应编制详尽、专业的智慧景区建设总体规划（3～5年），明确建设目标、总体框架、建设内容、资金来源与实施计划等内容。

4.7.3　加大资金投入

景区应根据实际情况，积极拓宽融资渠道，创新投融资模式，加大对智慧景区建设的资金支持力度。在充分利用自有资金的同时，积极争取财政资金、科研立项、银行贷款、企业投资、社会融资等多方面的资金支持，为智慧景区建设提供可靠稳定的资金保障。

4.7.4　提升团队建设

景区应根据经营范围及业务范围进行专业技术人才的引进和培养，积极展开针对景区员工的智慧景区专业培训，建立智慧景区人才培养体系。

4.7.5　安全运维建设

应建设智慧景区安全体系，达到国家信息安全等级保护体系二级保护要求。

应建立智慧景区运维体系，根据实际情况选择合适的运维模式，确保智慧景区相关系统持续稳定运行。

4.7.6　加强综合评估

景区应建立智慧景区建设目标责任制，将智慧景区建设工作纳入景区部门年度考评目标，根据部门设置、岗位设置等建设分级考核制度体系。

5　智慧景区申报和评定

5.1　智慧景区申报

智慧景区建设项目应提交可行性研究报告、规范建设方案和建设成效等资料，当地旅游行政主管部门转报并提供审查意见及有关补充说明材料。

5.2　智慧景区评定

由省级旅游行政主管部门组织对智慧景区建设情况进行评定，对达到本规范要求，数据对接到贵州省智慧旅游云的景区进行公告和表彰。

索　引

T

W

X

Y

Z